de docteur-régent devenue vacante à la Faculté de Médecine de Caen, crût devoir ajouter dans la délibération : « Au cas qu'il n'y ait pas d'em-« pêchement pour lui à cause de sa religion. »

En mai 1652, le Pouvoir, se croyant tenu à quelque reconnaissance envers les Réformés qui lui avaient rendu tant de services pendant la Fronde, avait annulé, par une déclaration royale, les restrictions précédemment apportées à l'édit de Nantes. Mais, dès le 18 juillet 1656, une autre déclaration, rendue sous le prétexte d'interpréter la première, vint en ruiner les dispositions. Les Réformés, remis sous le régime de 1629, c'est-à-dire de l'arbitraire, dont plus que jamais ils avaient tout à craindre, adressèrent par leurs députés des doléances au Roi. Mazarin et les ministres n'y répondirent que d'une manière évasive. La perte de la Réforme était décidée. On ne prenait presque plus la peine de le dissimuler, et l'on ne tarda pas à voir organiser, sous forme de déclarations, d'édits ou d'arrêts, un ensemble de mesures qui ne tendaient à rien moins qu'à l'anéantir.

Un édit du 16 décembre 1656 défendit aux ministres, sous peine de prison et d'amende arbitraire, de continuer les exercices aux siéges d'archevêchés ou d'évêchés, et dans les lieux ou seigneuries appartenant à des ecclésiastiques.

Un arrêt du Conseil d'État, du 11 janvier

suivant, leur interdit de prendre le titre de pasteurs de l'Église et de prêcher dans les annexes, et enjoignit aux Réformés de laisser tendre devant leurs maisons aux processions de la Fête-Dieu.

Un autre arrêt du Conseil, rendu le même jour, bien autrement grave dans ses conséquences, défendit l'exercice et ordonna la démolition des temples dans les hautes seigneuries tombées des mains d'un Réformé en celles d'un Catholique. On y posa en principe que, partout où le seigneur avait été Réformé lors de l'établissement du culte, c'était son droit personnel, et non celui tiré de la possession de l'église, qui avait fait maintenir l'exercice; et que, par suite, les preuves même les plus évidentes de cette possession devaient être écartées sans que le nouveau seigneur catholique fût tenu d'y avoir égard. C'était ruiner par ce subterfuge les deux tiers des exercices basés sur le droit de possession.

L'alarme s'en accrut. Un arrêt du Conseil d'État, du 26 juillet 1657, ayant interdit la réunion des colloques, et la Cour refusant la convocation d'un synode national, les églises tinrent de toutes parts des synodes provinciaux, dressèrent des cahiers de plaintes et les firent porter à Paris; mais les ministres, Mazarin en tête, se bornèrent à répondre que des commissaires se rendraient incessamment dans les provinces et y informeraient sur toutes les contraventions.

En 1659, la position étant devenue plus critique, les Réformés firent de toutes leurs plaintes un cahier général et le répandirent parmi les églises. On y lisait notamment :

Qu'en expulsant du Havre tout Religionnaire qui n'y avait pas depuis longtemps son domicile, on avait réduit le ministre à loger hors des murs et à subir, chaque fois qu'il se rendait en ville, les formalités et les retards imposés à l'étranger voulant entrer dans une ville de guerre ;

Que, sous prétexte d'empêcher le travail les jours de fête, on pénétrait de force dans les maisons ; et qu'en maints lieux, où l'unique porte de sortie était celle de la boutique, on réduisait les habitants à l'alternative, ou de rester prisonniers chez eux, ou d'être traduits en justice et condamnés pour avoir enfreint, en sortant, les ordonnances prescrivant la clôture des boutiques ;

Que les ecclésiastiques, principalement les missionnaires, se faisaient ouvrir d'autorité les portes des maisons, expulsaient violemment les parents trouvés près des malades, et tourmentaient ceux-ci jusqu'à leur dernier soupir pour les contraindre à changer de religion ;

Que l'on interdisait les temples sous les prétextes les plus futiles ;

Que les enfants étaient arrachés à leurs parents et transportés au loin pour y être élevés dans la foi romaine ; et que les décisions de justice ordonnant de les rendre restaient sans exécution ;

Qu'on refusait aux Réformés l'admission aux charges, et qu'il suffisait d'être de la Religion pour ne pouvoir passer maître, même dans les métiers mécaniques.

Ces plaintes n'obtinrent pour toute réponse qu'un nouveau et illusoire renvoi aux commissaires de l'édit.

Le clergé catholique tint, en 1660, une grande assemblée où il s'occupa tout particulièrement des affaires de la Réforme. Son but avoué était l'anéantissement de toutes les églises. Les attaques individuelles dirigées jusque-là contre chacune d'elles n'y conduisant qu'avec trop de lenteur, il eut l'idée de provoquer une mesure générale, consistant dans l'envoi de commissaires spéciaux chargés de les inquiéter toutes et d'en ruiner le plus grand nombre possible. En vue de cette mesure, il dressa, le 6 octobre, pour l'usage de ces commissaires, des instructions où étaient habilement développés les moyens d'éluder tous les articles de l'édit de Nantes. L'année suivante, il les adressa dans tous les diocèses, et il les accompagna d'une lettre du 24 mai 1661, représentant l'édit comme arraché par le malheur des temps, et exhortant les prélats à saisir l'occasion de signaler toutes les usurpations commises par les Huguenots, et les curés, à concourir à l'œuvre commune par leurs soins, leurs connaissances et leurs poursuites.

Les églises effrayées s'occupèrent de leurs moyens de défense et constatèrent avec étonnement, en étudiant leurs titres, à quel degré la plupart d'entre eux étaient défectueux. Certaines églises, à la campagne surtout, n'en possédaient aucun. Les registres de quelques autres renfermaient des lacunes de plusieurs années successives, pendant lesquelles il n'y avait traces ni de consistoire, ni même de culte, encore bien que l'un et l'autre eussent constamment fonctionné et existé. Dans certaines localités, les actes ne désignaient les annexes que par la résidence, soit du ministre, soit des principales familles, et non par le lieu où l'église avait été régulièrement établie. Aux synodes, certaines annexes ne portaient d'autre nom que celui de la principale d'entre elles; de sorte que, celle-ci seule étant pourvue d'un titre de possession, les autres prenaient l'apparence d'autant d'usurpations.

En vue des attaques que l'on prévoyait, les synodes dressèrent des instructions sur les principaux moyens de défense à employer et confièrent, à des personnes capables, le soin de conseiller les églises atteintes et de faire valoir leurs droits.

L'idée suggérée par l'assemblée du clergé ne tarda pas à être mise en pratique. Le Conseil d'État reçut l'ordre de nommer, pour chaque circonscription, deux commissaires, l'un Catholique, l'autre Réformé, pour réprimer les prétendues infractions commises à l'édit de Nantes, et que l'on envoya parcourir les provinces. Le Roi devant prononcer quand les deux commissaires n'étaient pas du même avis, le Conseil d'État fut promptement surchargé des nombreux partages qui surgirent, et pour la solution desquels il était parfois embarrassé. On tenait, autant que possible, à suivre l'avis du commissaire Catholique, et comme cet avis conduisait trop souvent à des injustices manifestes, le Conseil, pour éviter de se prononcer, laissait l'affaire en suspens. On en vit quelques-unes attendre vingt ans et plus sans obtenir jugement.

A l'origine, les commissaires étaient égaux en pouvoirs, mais cette égalité ne fut pas longtemps maintenue. A chaque renouvellement, le commissaire Réformé perdait quelques-unes de ses prérogatives, ce qui le constituait en état d'infériorité à l'égard de son collègue ; et l'on en vint même à le mettre complètement dans la dépendance de ce dernier qui fut parfois chargé de le désigner. On comprend qu'alors les choix présentaient peu de garanties d'indépendance et de fermeté. Cependant, on doit le reconnaître, chez la plupart des commissaires

Réformés, la religion l'emportait sur toutes autres considérations, et l'on en pourrait citer un grand nombre, notamment le marquis de Courtomer dans la généralité de Caen, qui surent défendre avec courage les droits et les intérêts de leurs coreligionnaires.

La lutte entamée par le Pouvoir fut suivie avec tant d'acharnement, qu'il n'existe pour ainsi dire pas de semaine sans édits ou arrêts portant atteinte à la Réforme.

Le 16 décembre 1661, le Conseil défend aux Réformés les chants à haute voix dans les rues, carrefours, places publiques, même aux fenêtres. On ne les tolère, dans les maisons et chambres, qu'à voix si basse qu'ils ne puissent être entendus des passants ni des voisins.

En avril 1663, une déclaration interdit aux Réformés convertis de revenir à leur religion, et aux prêtres et religieux d'embrasser la Réforme.

Le 7 août, le Conseil réduit à la preuve par titres le seul moyen pour les églises de justifier de leurs exercices pendant les années exigées par l'édit de Nantes.

Le même jour, il ordonne que les inhumations des Réformés ne pourront avoir lieu que le matin, à la pointe du jour, ou le soir, à la nuit.

Le 13 novembre suivant, il limite à dix au plus le nombre des personnes qui pourront y assister.

Une des plus grandes plaies des familles,

ESSAI SUR L'HISTOIRE
DE
L'ÉGLISE RÉFORMÉE
DE CAEN

ESSAI SUR L'HISTOIRE

DE

L'ÉGLISE RÉFORMÉE

DE CAEN

PAR

Sophronyme BEAUJOUR

NOTAIRE HONORAIRE

SECRÉTAIRE DU CONSISTOIRE DE L'ÉGLISE CONSISTORIALE RÉFORMÉE
DE CAEN ET DU CONSEIL PRESBYTÉRAL DE CETTE VILLE

CAEN

F. LE BLANC-HARDEL	Vᵉ LE GOST-CLÉRISSE
IMPRIMEUR	LIBRAIRE
Rue Froide, 2 & 4	Place du Palais de Justice

1877

INTRODUCTION.

L'Église Réformée de Caen, organisée dès l'année 1558, avait dû constater, dès cette époque, les baptêmes et les mariages auxquels elle avait présidé. Cependant, ses plus anciens registres connus ne remontaient pas au-delà de 1607 pour les baptêmes et de 1614 pour les mariages. Les registres antérieurs, considérés comme perdus, formaient une lacune d'autant plus regrettable que, de tous, ils étaient précisément ceux qu'il eût été le plus curieux de consulter.

Une partie de ces registres primitifs a été retrouvée il y a quelques années. L'Église en a été remise en possession, et voici à quel concours de circonstances cette précieuse découverte se rattache.

Isaac Dumont, seigneur de La Fontelaye et du Bostaquet, réfugié à l'étranger après la révocation de l'Édit de Nantes, et décédé en 1709 en Angleterre, avait laissé par écrit le récit de ses aventures. M. Charles Read, président de la Société de l'Histoire du Protestantisme français, consulté sur l'opportunité de la publication du manuscrit, voulut visiter les lieux qui y étaient décrits et se rendit, à cet effet, au château de La Fontelaye, situé à huit lieues de Dieppe, et dont un ancien notaire de Rouen était devenu propriétaire. Son inspection terminée, il eut l'idée d'en parcourir les environs. Ses pas le conduisirent sur une ferme importante, nommée le Bostaquet, dont la vaste cour, entourée de bâtiments, conservait encore debout l'ancien colombier féodal. Là, révélation lui fut faite d'un amas considérable de vieux papiers abandonnés dans un des greniers depuis un temps immémorial, et sur lesquels on lui permit de jeter les yeux. Ces papiers, qui avaient appartenu à l'un des anciens membres du Parlement de Rouen, Pierre Le Sueur, sieur de Colleville, gendre du ministre de Caen, Samuel Bochart, renfermaient de vieux parchemins, d'anciens titres de propriété, des correspondances de famille et, en outre, plusieurs registres de l'ancienne Église Réformée de Caen.

M. Read annonça sa découverte, en janvier 1860, dans le bulletin de la Société. Le Conseil presbytéral de Caen s'empressa de déléguer l'un de ses membres. Celui-ci parvint à obtenir la restitution de ces précieux registres, et son rapport, présenté au Conseil le 17 mai 1861, a été publié dans le bulletin du mois de janvier suivant.

Les registres ainsi recouvrés sont au nombre de douze.

Le premier contient, du 20 novembre 1560

au 17 octobre 1563, les baptêmes et les mariages d'un seul des ministres de l'Église, Vincent Le Bas, sieur du Val.

Les autres, dont se servaient concurremment tous les ministres, renferment, avec quatre interruptions, les baptêmes du 1ᵉʳ octobre 1563 au 28 mars 1607 et les mariages du 30 juin 1566 au 4 mai 1597 ; et, avec une seule interruption, les inhumations du 8 mars 1607 au 23 juin 1657.

Les quatre interruptions, qui s'appliquent à la fois et aux baptêmes et aux mariages, existent :

Du 3 octobre 1568 au 10 septembre 1570 ;

Du 31 août 1572 au 27 mai 1576 ;

Du 3 février 1577 au 20 octobre suivant ;

Et du 4 août 1585 au 28 janvier 1590.

Elles pourraient s'expliquer par la perte des registres tenus pendant ces diverses périodes ; mais il est présumable qu'elles ont eu pour cause autant d'interruptions survenues dans l'exercice du culte public, car chacune d'elles se trouve correspondre d'abord à un édit ou événement interdisant directement ou indirectement le culte, et ensuite à un édit ou événement contraire. Nous trouvons :

Pour la première interruption, l'édit de St-Maur, du mois de septembre 1568, interdisant le culte réformé sous peine de mort ; et l'édit d'août 1570 autorisant son exercice dans certains lieux ;

Pour la seconde, le massacre de la St-Barthélemy et l'édit de pacification de mai 1576;

Pour la troisième, l'apport fait au Parlement de Normandie, le 8 février 1577, d'une déclaration rapportant l'édit de mai 1576, et l'édit de Poitiers, de septembre 1577, le remettant en vigueur ;

Et pour la quatrième, l'édit de juillet 1585 interdisant tout exercice du culte réformé, et l'avènement de Henri IV au trône.

Même dégagés de ces lacunes, ces registres ne fourniraient pas encore la série complète de tous les actes qui ont existé; car ils ne remontent pas au-delà de 1560, le premier ne renferme que les actes d'un seul des pasteurs de l'Église qui en avait alors au moins trois et les mariages ne commencent qu'en 1566. Cependant ils n'en sont pas moins très-intéressants; car ils donnent une idée assez vraie du mouvement général que la Réforme, à son origine, avait imprimé dans notre ville, et ils permettent de restituer à notre ancienne Église une partie de sa physionomie primitive.

La Réforme, dont le culte s'adresse beaucoup plus à l'esprit qu'aux sens, devait attirer principalement les classes éclairées du pays; aussi, grâce aux documents que fournissent ces registres, voit-on la noblesse, la magistrature, les lettres embrasser immédiatement ses doctrines; et le nombre considérable des seigneurs qui s'y *réunirent explique parfaitement la rapidité avec laquelle elle se propagea dans les campagnes environnant la ville.*

Ces nouveaux documents, joints à ceux découverts dans les archives de la ville et du département, font revivre notre ancienne Église sous des couleurs si complètement oubliées aujourd'hui que l'idée nous est venue d'essayer de la remettre en lumière, en en rattachant les événements aux grands faits historiques, surtout à ceux qui concernent notre ville, et en les complétant par quelques traditions de famille échappées jusqu'ici à l'action du temps et dont le nombre va diminuant de jour en jour.

Il ne s'agit pas d'une histoire du Protestantisme en général, pas même du Protestantisme réduit à la Normandie. L'œuvre est beaucoup plus modeste : ce sera le résumé, par ordre chronologique, de tout ce qui, dans les notes recueillies, concerne le grand mouvement religieux du XVIe siècle et ses institutions dans notre ville ; une sorte de mosaïque où chacun pourra reprendre ce qu'il aura fourni, mais où l'on rencontrera certains détails que ne peuvent renfermer les histoires générales et qu'accueillent volontiers les ouvrages de ce genre, à cause de l'intérêt qu'y prennent les habitants du pays.

ESSAI SUR L'HISTOIRE
DE
L'ÉGLISE RÉFORMÉE DE CAEN

CHAPITRE Ier.

PRÉLIMINAIRES DE LA RÉFORME EN FRANCE
AVANT 1559.

Les embarras financiers ont presque toujours été, sinon la cause, au moins l'occasion des grandes perturbations. En religion comme en politique, l'histoire en fournit plus d'un exemple. C'est à la pénurie du Trésor que sont dues la réunion des États Généraux de France en 1789 et ses conséquences ; et il est difficile de méconnaître que la même cause, conduisant au trafic des indulgences, soit complètement étrangère à l'explosion de la Réforme. On sait qu'en Normandie, à la fin du XVᵉ siècle, ce trafic avait donné lieu à un tel scandale que le chapitre de Rouen, se levant en masse, le 28 février 1494, avait adjuré l'archevêque Robert de Croismare d'y mettre un terme en refusant aux quêteurs et aux colporteurs l'entrée de son diocèse (1), et que le même motif avait provoqué en Allemagne, en 1517, l'affiche des fameuses thèses de Luther sur les portes de la cathédrale de Wittemberg.

En Allemagne, la Réforme a pour date l'année 1517. Pour la France, il faut remonter à une époque plus reculée. Longtemps avant Luther, la lecture de la Bible y avait éveillé les idées. On scrutait curieusement les dogmes et les mystères ; on constatait des différences entre les livres saints et les prescriptions religieuses, et l'on signalait les désordres qui s'étaient glissés jusque dans les sanctuaires. Mais Le Fêvre d'Etaples et Guillaume Farel n'ayant annoncé qu'en 1512, en pleine Sorbonne, le salut gratuit prêché par saint Paul, comme opposition au salut attaché à l'achat des indulgences, on peut s'arrêter à cette dernière date et conserver ainsi, à ces deux courageux confesseurs de leur foi, le titre qui leur a été décerné, de pères de la Réforme française.

Le Fêvre, né en 1455, et Farel, plus jeune de 34 ans, pleins d'amour pour l'étude et fer-

(1) Floquet, t. II, p. 225.

vents chrétiens, s'étaient rencontrés à l'université de Paris et s'y étaient liés d'amitié. Sous leur direction, les fidèles se réunirent d'abord à Meaux, ce qui valut à ces premiers disciples le nom d'hérétiques de Meaux, puis à Paris, et en dernier lieu à Metz; de sorte que la Réforme avait pris possession du sol français et y avait engagé la lutte religieuse avant que Luther et Zwingle eussent animé de leur ferveur l'Allemagne et la Suisse.

De 1521 à 1528, Le Fèvre traduisit en langue française et fit imprimer d'abord le Nouveau-Testament, puis les Psaumes, et enfin l'Ancien-Testament. C'était un service important qu'il rendait à l'esprit nouveau ; car, avant lui, la France n'avait pour toute bible qu'une interprétation grossière où la glose, mêlée au texte, faisait concorder la parole sacrée avec les abus de l'époque. « Les prédicateurs de « Louis XII faisaient aller Caïn à la messe et « payer les Dîmes à Abel ; la vierge Marie « lisait les heures de Notre-Dame, et Abraham « et Jacob récitaient, avant de se mettre au lit, « leur *Pater noster* et leur *Ave Maria* (1). »

Sur les instances de Farel, Olivetan publia, à Neufchâtel, une traduction nouvelle et complète de la bible que des hommes fidèles répandirent dans toute la France au péril de leur

---

(1) Nisard, p. 304.

vie. Sous l'apparence de merciers ambulants et de colporteurs, ils allaient de village en village, offrant, au milieu de leurs marchandises, cette bible à vil prix. Le bon marché, la nouveauté engageaient à l'acheter. Sa lecture surexcitait l'attention publique ; elle donnait lieu à des rapprochements, à des comparaisons, et elle faisait en silence son œuvre dans le cœur des familles où elle gagnait, sans autre prédication, de nouveaux adhérents à la Réforme.

Le pape, par une bulle du 17 mai 1525, avait réclamé l'aide du bras séculier pour la destruction des Luthériens. Le premier acte d'autorité de la Reine mère, que François Ier, partant pour l'Italie, avait déclarée régente, fut d'homologuer cette bulle par lettres patentes du 10 juin suivant, et d'en ordonner l'exécution.

La persécution fut impuissante. En 1531, devant le Chapitre de Rouen, le Promoteur et l'Official déploraient la rapidité avec laquelle les nouvelles doctrines se propageaient (1). A Caen surtout, ont eût dit qu'elles fussent entrées par toutes les portes. De grands troubles avaient eu lieu aux Carmes et aux Jacobins, et seize religieuses de l'abbaye Ste-Trinité, abandonnant leur monastère, s'étaient retirées douze chez leurs parents et quatre à Genève.

(1) Floquet, t. II, p. 224.

religion et par ce moyen gagnés à l'Église (1);
et Tavanne, quoique ennemi des religionnaires,
dit que « les feux confirmaient les hérétiques;
« un mort en gâtait mille vivants qui s'ima-
« ginaient que, s'il n'y avait nulle certitude en
« la créance des Huguenots, ils ne souffri-
« raient si constamment, étant offerte à aucuns
« la grâce en abjurant leur religion (2). »

Calvin et Farel, bannis de Genève en 1538,
s'étaient retirés à Strasbourg. Ils y fondèrent
la première église qui servit de modèle; et
les autres ne tardèrent pas à se constituer. En
France, le Poitou, l'Angoumois, la Saintonge
en furent promptement couverts.

Les inquisiteurs, de leur côté, ne restaient
pas inactifs. Les registres du Parlement de
Rouen nous les montrent sans cesse à leur
tâche. La procédure n'était pas longue. L'hérésie constatée, le malheureux religionnaire
était mené au bailli et, de là, au Parlement,
où la condamnation n'était plus qu'une formalité, surtout à l'origine où l'inculpé n'était
ni vu ni entendu. Forts de l'appui de la cour,
les inquisiteurs l'emportaient constamment dans
leurs luttes contre les officialités. En 1539, celle
de Bayeux fut contrainte de donner à l'inqui-

---

(1) Théodore de Bèze, *Histoire des Églises Réformées*,
t. I, p. 29.

(2) *Mémoires de Tavannes*, collection Petitot, t. XXIV, p. 251.

François Ier, de retour, variait alternativement dans ses déterminations. Tantôt gouverné par sa mère et par d'ardents catholiques, il persécutait à outrance; tantôt, sous l'influence de la Reine de Navarre, sa sœur, et de la duchesse d'Étampes, il suivait des sentiments plus modérés; mais c'était toujours aux supplices qu'il en revenait; et, non content de les ordonner, il y assistait lui-même quelquefois (1). Le Parlement de Rouen, excité par lui à sévir, et réprimandé quand il se ralentissait, rendait des arrêts de mort sans nombre. Chaque jour, de lugubres cortéges sortaient de la conciergerie, des malheureux étaient livrés aux flammes, et l'un des premiers avait été Étienne Le Court, curé de Condé-sur-Sarthe, brûlé comme hérétique à Rouen, le 21 décembre 1533. A la fin du règne, il n'y avait pour ainsi dire plus d'autre crime que l'hérésie; aussi le Roi ne ménageait-il plus les louanges à ses Parlements, et celui de Rouen y avait la meilleure part.

Ces horreurs cependant ne profitaient guère à la cause que l'on entendait ainsi servir. Théodore de Bèze raconte que la constance des martyrs et leur courage admirable fut cause que plusieurs furent émus de s'enquérir de la

---

(1) Lange, 19 janvier 1635.

siteur Laurentin des notaires et des avocats pour procéder, à Caen, contre des suspects d'hérésie ; et l'évêque se vit même obligé de contribuer, de ses deniers, aux frais des procédures (1).

En 1540, la Réforme avait pris une telle extension que François Ier décréta de nouvelles mesures pour en arrêter les progrès. Son édit du 1er juin enjoignit aux baillis, sénéchaux, et autres officiers, à peine de privation de leurs charges, de rechercher et poursuivre les Luthériens et de les livrer au jugement des Cours souveraines : « Le Roi, écrivait le chancelier « au Parlement de Rouen, a entendu le grand « nombre de Luthériens qui sont tant à Rouen « qu'en autres villes de Normandie, dont il a « très-grand regret, et m'a commandé vous « escripre lettres pour vous ordonner qu'en « toute diligence il en soit faict justice exem- « plaire et qu'on y vacque toutes choses lais- « sées. »

Le 12 septembre suivant, des lettres patentes ordonnèrent la tenue de grands jours, non à Coutances, à cause de la peste qui y régnait alors, mais à Bayeux, à l'effet de réprimer les désordres du Bessin et du Cotentin, et principalement « pour exterminer cette malheureuse « secte *Luthériane*. » La cour des grands jours,

(1) Floquet, t. II, p. 241.

composée du premier président du Parlement, de quatorze conseillers, d'un avocat du roi et d'un substitut du procureur général, s'installa à l'évêché et y ouvrit ses séances le 23 septembre. Deux des conseillers, Le Sueur et Petremol, envoyés à Caen où les idées nouvelles avaient fait aussi de grands progrès, blâmèrent la négligence des officiers tant séculiers qu'ecclésiastiques à réprimer les nouveautés ; et ils y revinrent à plusieurs reprises, soit pour stimuler leur zèle, soit pour parfaire eux-mêmes les procès.

Des lettres patentes du 16 décembre 1540, arrivées à Bayeux le 29, mirent fin aux grands jours le 31 du même mois, et les magistrats retournèrent à Rouen. Il fut question d'en tenir de semblables à Évreux, dans le Lieuvain et même dans la vicomté de Caen, « parce qu'à « Caen, il y avait plusieurs entachés d'hérésie. » Le Roi en avait même désigné les commissaires ; mais il y eut contre-ordre avant leur départ.

Deux ans après, en 1542, les Réformés étaient devenus si nombreux que leur courage s'en accrut. Leurs placards, hardis et menaçants, affichés chaque nuit aux carrefours de Rouen, préoccupaient la ville. Le Parlement s'en alarma, et réunit les principaux membres du clergé pour en délibérer avec eux, toutes chambres assemblées. Le premier président de

Marsillac exposa que l'infection s'était étendue des gens simples aux principales familles ; que le clergé avait eu le tort de s'endormir et d'abandonner ses ouailles au lieu de veiller sur elles ; que, sans le bras séculier, l'Église eût eu peine à se maintenir ; et que Rouen, bien que l'hérésie parût extirpée « par les grandes, « grosses et exemplaires punitions qui en « avaient été faites », était cependant en plus grand danger que jamais d'être subverti et gâté.

L'official répondit que le clergé avait rempli son devoir, mais n'avait pu faire obstacle aux progrès de l'hérésie ; que les hommes en étaient arrivés à ne plus craindre les excommunications ; et que le désordre avait pour principale cause la multitude des livres apportés chaque jour d'Allemagne et des Flandres, que les lecteurs s'arrachaient, et qui, même dans la chaire, recevaient l'approbation de certains prédicateurs.

On décida de procéder à de nouvelles rigueurs et le Parlement envoya des commissaires, à cet effet, dans les sept grands bailliages du ressort. Le conseiller Le Georgelier du Bois et l'avocat général Péricard, désignés pour Caen, trouvèrent les religionnaires en grand nombre tant dans la ville que dans les environs. Les frais des procédures suivies dans tous ces bailliages s'élevèrent à des sommes importantes. Le Roi qui avait à cœur la répression répondit d'abord par des envois fréquents aux demandes d'argent du Parlement; mais le Trésor épuisé finit par n'y pouvoir subvenir et l'on dut laisser quelque répit aux gens qui n'avaient pas été arrêtés tout d'abord.

Les poursuites avaient rempli les prisons du Parlement et amené bien des supplices; cependant la Réforme n'en continuait pas moins ses progrès. Elle s'était insinuée jusque dans les rangs du clergé. On a cité entre autres Pierre Grulé, curé de la paroisse St-Denis de Rouen, étranglé, puis réduit en cendres, par arrêt du Parlement, et un prêtre de Fontenay-le-Pesnel, près Caen, condamné à avoir la langue coupée, à être jeté vif au feu, à en être retiré trois fois et à être enfin brûlé : arrêt barbare qui reçut son exécution.

Un édit du 23 juillet 1542 enjoignit aux inquisiteurs de la foi de poursuivre les Luthériens et hérétiques comme séditieux, perturbateurs de la paix publique et conspirateurs contre la sûreté de l'État; et un autre édit, rendu le même jour, publia et déclara exécutoire une profession de foi en 25 articles, dressée par la Faculté de Paris, et à laquelle tout aspirant aux fonctions judiciaires fut tenu d'adhérer sous la foi du serment.

A François Ier, mort le 31 mars 1547, succéda Henri II, son fils. Les poursuites donnant lieu souvent à des conflits de juridiction, le

l'Autel, les constitutions de l'Église, les conciles et autres choses ordonnées par le Saint-Siége, même de faire des questions curieuses et sans fruit susceptibles d'entraîner à de grandes erreurs.

Le Parlement de Rouen resta plusieurs mois sans l'enregistrer; et, circonstance assez curieuse, c'est qu'en remplissant cette formalité, il arrêta qu'à l'avenir les prévenus d'hérésie seraient amenés devant les juges pour y être vus et entendus de leur bouche. Il semblerait que, jusque-là, les malheureux avaient été condamnés sans qu'on eût pris la peine ni de les voir ni de les entendre !

Enfin, un dernier édit du 24 juillet 1557 frappa de mort tout individu ayant, publiquement ou secrètement, professé un culte différent du culte catholique, dogmatisé, fait injure au Saint-Sacrement, aux images de Dieu, de la Sainte-Vierge ou des saints, et tous ceux qui se rendraient à Genève ou qui posséderaient des livres défendus pour les vendre ou les distribuer.

Mais persécutions et supplices étaient impuissants pour entraver le mouvement qui portait les populations vers la Réforme. Les assemblées irrégulières avaient cessé de suffire. Des églises s'étaient constituées. En 1555, l'Assemblée de prières, qui tenait des réunions à Paris, au Pré-aux-Clercs, et qui avait pris pour ministre un jeune homme de vingt-deux ans,

nouveau roi y pourvut par un édit du 19 novembre 1549, suivi d'une déclaration du 11 février 1549 (vieux style), qui attribua, aux juges d'Église, les accusations d'hérésie, et aux juges ordinaires et aux juges d'Église conjointement, les causes renfermant à la fois des cas d'hérésie et des crimes publics.

Un autre édit du 27 juin 1551 maintint la juridiction des juges d'Église sur les personnes déviant de la foi sans scandale public ni commotion populaire, mais réserva aux Cours souveraines et aux juges présidiaux la punition des coupables. Il obligea les magistrats de l'ordre judiciaire, lors de leur entrée en fonctions, à justifier d'un certificat de catholicité et d'observance des constitutions de l'Église romaine; il interdit, sous peine de confiscation et de punition corporelle, l'entrée en France de livres provenant de Genève ou de lieux notoirement séparés de l'obéissance de l'Église et du Saint-Siége; il soumit les libraires à plusieurs visites annuelles et leur défendit d'imprimer, de vendre, même de posséder des livres dépourvus de la censure de la Faculté de théologie de Paris; il imposa la dénonciation des hérétiques à tous ceux qui en auraient connaissance; frappa de confiscation les biens des réfugiés pour cause de religion, et défendit enfin à toute personne non lettrée de parler, deviser et disputer des choses concernant la Foi, le Saint-Sacrement,

nommé Jean Le Maçon, plus connu depuis sous le nom de La Rivière, mit à sa tête un consistoire composé d'anciens et de diacres d'après les indications fournies par l'Évangile sur l'organisation des premières églises chrétiennes. La même année, des églises semblables se dressèrent à St-Lo, à Dieppe, à Montivilliers et à Bayeux. Rouen ne fut érigé qu'en 1557; Caen et le Havre, en 1558. Ensuite surgirent successivement Évreux, Luneray, Harfleur, Lillebonne, Falaise, Pont-Audemer, Caudebec, Vire, Conches, Gisors, Carentan, Alençon, Leplain, Valognes, et les autres églises de la Normandie (1).

A la fin du règne de Henri II, la Normandie était en proie à une misère extrême. A Caen, d'après l'historien de Bras, « les imposts et « subsides estoyent si excessifs qu'en plusieurs « villages on ne faisoit plus aucunes assiettes « des tailles... De ce temps furent mis sus de « si grands subsides et imposts à taille que « le povre peuple ne pouvoit vivre, dont la « pluspart furent contraints d'abandonner leurs « maisons et mandier... », dont survint des maladies mortelles (2).

Tel est le fruit des guerres et surtout des persécutions religieuses.

(1) De Bèze, *Histoire ecclésiastique*, t. I, p. 220.
(2) De Bras, p. 234 et 240.

CHAPITRE II.

MORT DE HENRI II. — PREMIER SYNODE NATIONAL. — FOI ET DISCIPLINE DE LA RÉFORME.

1559.

Le traité de Câteau-Cambrésis, conclu au mois d'avril 1559, avait mis fin à la guerre entre la France et l'Espagne ; mais il est douteux que les Réformés eussent eu à s'en féliciter si, comme Henri II l'avait annoncé au Parlement de Paris, il n'avait consenti à la paix à tout prix que pour se livrer plus à l'aise à l'extermination de l'hérésie de Calvin. La mort prévint ses desseins ; il expirait trois mois plus tard des suites d'une blessure accidentelle reçue dans un tournoi, laissant le trône à François II, son fils mineur, et la régence à Catherine de Médicis.

La législation des deux derniers règnes, accompagnée d'instructions draconiennes et de semonces aux magistrats, avait rempli les prisons, répandu le sang à flots et allumé les bûchers. Parmi les Parlements, celui de Normandie s'était signalé par des répressions impitoyables ; mais les supplices, loin de ralentir les progrès du prétendu mal, semblaient en avoir favorisé l'extension.

Au commencement du nouveau règne, inauguré le 10 juillet 1559, le nombre de ceux de tout sexe et de toute condition qui avaient assisté au nouveau culte était devenu si considérable que l'application rigoureuse des pénalités encourues aurait fait « une merveilleuse « effusion de sang d'hommes, femmes, filles, « jeunes gens. » Une amnistie devenait indispensable. L'édit d'Amboise, de mars 1559 (vieux style), l'accorda ; tout le passé fut mis en oubli et rémission générale fut accordée aux coupables, à la condition qu'à l'avenir ils vivraient « en bons catholiques et fils obéissants de « l'Église. » Les prédicants seuls en restèrent exclus. Cette amnistie, dit de Bras, rappela dans leurs maisons plusieurs qui s'étaient rendus fugitifs, tant de Caen que d'ailleurs (1).

A cette époque, la Normandie était couverte de prêches. Théodore de Bèze rapporte qu'il n'y avait pour ainsi dire ville ni bourg qui n'eût église dressée à l'exemple de celle de Rouen ; et il cite notamment Caen, Dieppe, Luneray, Vire, St-Lo, Évreux (2). Les Réformés s'étaient contentés d'abord de se

---

(1) De Bras, p. 247.
(2) Théodore de Bèze, *Histoire ecclésiastique*, t. I, p. 305.

réunir avec une certaine mesure; mais, surtout après l'édit d'Amboise, une ère plus pacifique se faisant entrevoir, nombre d'églises sortirent de leur réserve et donnèrent une plus grande publicité à leurs exercices. Cette liberté relative, succédant à une répression inhumaine, ne fut pas exempte d'excès. C'est une règle malheureusement trop générale; et Théodore de Bèze, qui en a lui-même signalé, rapporte que les ministres faisaient tous leurs efforts pour s'y opposer et allaient même jusqu'à forclore des assemblées ceux qui s'en étaient rendus coupables.

La Régente, en accordant l'oubli du passé, n'avait pas entendu amnistier l'avenir et encore moins favoriser l'extension des idées nouvelles. Elle avait fait précéder l'édit d'Amboise d'une déclaration du 4 septembre 1559 et d'un édit du 9 novembre suivant, ordonnant de raser les maisons où des assemblées auraient été tenues, et portant peine de mort contre les auteurs de ces réunions; elle le fit suivre d'un édit de mai 1560 assimilant les simples assistants aux auteurs et les frappant tous indistinctement comme criminels de lèse-majesté. Mais il en fut de ces mesures comme des précédentes; elles restèrent sans influence contre le mouvement irrésistible qui entraînait les populations; et le sol continua à se couvrir de nouvelles églises.

Ces églises, disséminées jusque-là et sans union entre elles, eurent l'idée de se réunir sous l'égide d'une profession de foi et d'une discipline communes. La première ouverture en fut faite à l'église de Poitiers, qui se mit en rapport avec celle de Paris. La proposition fut accueillie avec d'autant plus d'empressement que chacun y vit un accroissement de forces pour la Réforme et une réponse toute prête aux calomnies répandues par ses adversaires. Un synode national fut décidé malgré les graves dangers à courir pour ceux qui y prendraient part, et l'on en fixa le siége à Paris, non à titre de prééminence accordée à cette ville comme on eut bien soin de le stipuler, mais à cause de sa situation particulière qui offrait à la réunion plus de sécurité qu'une ville de province.

Ce synode, le premier des synodes nationaux de la Réforme française, se réunit, le 25 mai 1559, rue des Marais, dans le faubourg St-Germain-des-Prés, sous la présidence de François de Morel, sieur de Collonge. Il dura quatre jours au milieu des bûchers et des gibets dressés dans tous les quartiers ; et le secret fut si bien gardé que l'Assemblée ne fut ni découverte ni empêchée. Il est à regretter que les noms des membres qui y prirent part, ou du moins ceux des églises qui y furent représentées, ne nous aient pas été conservés. Il n'y a trace que de quelques-uns, et la Normandie s'y trouve mentionnée comme province, sans autres détails.

Le synode dressa, « d'un commun accord », la confession de foi et, en outre, les principaux articles de la discipline que les assemblées ultérieures furent chargées de compléter.

La confession fut rédigée avec une si grande sagesse que, déclarée revisable et lue pendant plus d'un siècle au sein de vingt-huit synodes successifs, elle n'éprouva d'autres modifications que celles apportées par le 7º synode national tenu à La Rochelle en 1571, et dont les principales consistaient dans la substitution, à certains mots, d'expressions rendant plus clairement la même pensée, par exemple : *union* à *unité ; dans les lieux* à *dans les provinces ; prêtés* à *envoyés ; contentieux* à *opiniâtres*, etc. Quelques incorrections s'étant glissées parmi les nombreuses impressions qui en avaient été faites, ce synode en revisa le texte et, pour le rendre immuable, en fit dresser trois copies sur parchemin qui reçurent les signatures des ministres et des Anciens au nom de toutes les églises, et en outre celles de la reine de Navarre, des princes de Navarre et de Condé, et de différents seigneurs. Ces copies furent remises, l'une à La Rochelle, l'autre en Béarn et la troisième à Genève. Cette dernière, qui y est encore précieusement conservée dans es archives de l'État, reproduit, parfaitement calligraphiés, les quarante articles de la confession tracés en trois colonnes, d'une belle écriture fine, claire et serrée.

La Réforme a été le retour pur et simple aux dogmes et aux cérémonies de l'Église primitive. Elle a eu pour causes principales :

Les abus glissés dans le sein de l'Église romaine qui avaient conduit, à cette époque, rois et peuples à réclamer un concile général pour réformer cette Église et dans son chef et dans ses membres ;

La revendication énergique de la société laïque voulant reprendre, dans le gouvernement de l'Église, la place dont le clergé l'avait dépouillée ;

Enfin une réaction profonde contre le cléricalisme, c'est-à-dire contre l'intervention exagérée et abusive de l'Église dans le domaine civil et politique auquel elle doit rester étrangère.

Posant les livres saints comme base unique de sa foi, et repoussant toute autre autorité doctrinale, elle a réduit la tradition à un rôle purement secondaire, à celui d'un document historique sans utilité sérieuse s'il est conforme à la parole divine, nuisible s'il s'en écarte.

L'Église n'a plus été pour elle le clergé hiérarchisé et séparé complètement du reste des fidèles, mais la réunion de tous ceux qui, professant la même foi, rendent à Dieu le même culte.

En garde surtout contre le cléricalisme, elle

s'est principalement appliquée à saper toutes les institutions de nature à en exagérer l'influence. Avec elle, plus de prêtres, c'est-à-dire d'intermédiaires obligés entre Dieu et le fidèle, mais seulement des ministres dégagés de tout pouvoir surnaturel et n'exerçant d'autre autorité sur le troupeau auquel ils servent la parole divine que celle qui s'attache à la sainteté de la vie et à l'exercice des vertus chrétiennes; plus de messes, c'est-à-dire de communications exclusives du prêtre avec la Divinité; plus de confession obligatoire assurant sa domination; plus de célibat imposé lui créant une situation différente de celle des autres fidèles; plus de salut par les œuvres amenant l'influence attachée à la distribution des indulgences; enfin, mesure des plus significatives, défense au ministre, dans les synodes, de prendre part au vote en l'absence du membre laïque qui lui est constamment adjoint.

Quelque opinion que l'on ait de la Réforme, un point sur lequel partisans comme adversaires peuvent tomber d'accord, c'est que, au moins en ce qui concerne le cléricalisme, elle a atteint complètement le but qu'elle s'était proposé. Depuis plus de trois siècles, l'expérience est faite et elle est concluante. Aujourd'hui, comme aux premiers jours, les ministres, renfermés dans leur domaine naturel et se contentant sagement de leur mission religieuse, s'abstiennent de toute intervention dans le gouvernement civil et politique du pays. Discrets dans leurs rapports avec les fidèles, ils vivent entourés de la juste déférence du troupeau et de la considération publique.

La discipline, dont les premiers articles seulement avaient été arrêtés en 1559, n'a pas été moins remarquable dans son œuvre, et elle a complété l'organisation de la Réforme qui révèle, dans toutes ses parties, une sagesse profonde. Nous trouvons : au sommet, le synode national représentant l'Église entière et qui est pourvu de tous les pouvoirs religieux ; à la base, le consistoire représentant la paroisse ; et, comme pouvoirs intermédiaires, le colloque ayant juridiction sur un certain nombre de consistoires, et le synode provincial sur les colloques de sa circonscription.

L'autorité réside dans l'ensemble même du troupeau ; mais elle doit être déléguée par l'organe de tous les chefs de famille à un certain nombre de représentants qui, sous le nom d'Anciens, composent le consistoire de la paroisse. C'est au consistoire qu'appartient le choix des ministres, dont la nomination n'est définitive qu'après avoir reçu l'agrément de l'Église entière.

Au colloque délibèrent deux délégués, l'un ecclésiastique, l'autre laïque, de chacun des consistoires du ressort.

Deux délégués de chacun des colloques, l'un ecclésiastique, l'autre laïque, composent le synode provincial.

Chaque synode provincial est représenté de la même manière par ses deux délégués dans le synode national ; en sorte que cette dernière assemblée, véritable représentation de tous les Réformés du pays, est le produit d'une élection à quatre degrés ayant pour base le suffrage universel.

Dans le consistoire, l'influence religieuse est complètement absorbée par l'élément laïque. Dans les conseils supérieurs, les laïques ne sont qu'en nombre égal avec les ecclésiastiques; mais, pour maintenir aux délibérations les avantages de cet équilibre, quand l'un des délégués, ecclésiastique ou laïque, est empêché de prendre part au vote, son collègue est tenu de s'en abstenir également ; ce qui fait que l'absence de l'un prive l'autre de sa voix.

Cette remarquable organisation n'a reçu d'autres modifications que celles qu'y ont apportées le Concordat de l'an X et le décret-loi de 1852. Le Concordat l'avait un peu mutilée, mais elle a été en grande partie rétablie par le décret de 1852 qui a donné au Colloque le nom de Consistoire, et à l'ancien Consistoire, celui de Conseil presbytéral.

CHAPITRE III.

ÉRECTION DE L'ÉGLISE DE CAEN EN 1558. — SA SITUATION EN 1560.

1558-1560.

Les idées de la Réforme avaient fait de bonne heure leur entrée dans la ville de Caen. On se rappelle les troubles survenus aux Carmes et aux Jacobins, le départ de seize religieuses abandonnant leur couvent pour se retirer à Genève ou dans leur famille, les procès d'hérésie de l'inquisiteur Laurentin et l'envoi fait, en 1540, des commissaires du Parlement pour procéder à Caen contre les hérétiques. Dans l'état où se trouvaient les esprits, l'établissement définitif du culte n'était plus qu'une question de circonstance; et, si l'on en croit de Bras, le désordre des finances n'y aurait pas été étranger.

En 1557, un nommé Vénable, arrivé de Genève au Havre sous l'habit d'un porte-balle, répandit dans cette ville d'abord et ensuite dans la Normandie, de petits volumes d'un format exigu presque carré, mais gros et compacts, très-fort in-18, imprimés chez Viret et dont quelques-uns sont parvenus jusqu'à nous. Ces livres s'attaquaient à certains dogmes de l'Église romaine, ainsi qu'aux désordres du clergé, qui était alors aussi licencieux qu'il est aujourd'hui pur et respectable. Vénable fut le précurseur ou le compagnon des prédicants qui vinrent vers cette époque en Normandie. Il brava les dangers de son ministère avec le courage que la foi sait inspirer, et son apostolat contribua puissamment, d'après les récits du temps, au progrès de la Réforme dans notre pays.

Le peuple, pressuré d'impôts, était réduit dans certains villages voisins de Caen à un tel état de misère que la mendicité seule lui permettait de ne pas mourir de faim, et que les curés et les vicaires, contraints eux-mêmes de s'enfuir pour éviter la prison, avaient cessé d'y célébrer le culte divin. On cite, parmi ces localités : Périers-en-Bessin, Plumetot, Secqueville-en-Bessin, Putot et autres. Les prédicants, trouvant les églises vacantes, s'y établirent. Ils y prêchèrent la Réforme ; et leurs progrès furent si rapides que l'année suivante, en 1558, le culte nouveau avait pris pied dans la ville, et que, sous la direction de deux hommes importants de Caen, les régents Vincent Le Bas, s^r du Val, et Pierre Pinson, une église y fut immédiatement *dressée* et organisée. Le culte fut établi, à la fois, au tripot ou halle au blé, sur l'emplacement duquel a été construite depuis la maison n° 50 de la rue Notre-Dame, et dans un local de la rue Guilbert. Il était dirigé par Le Bas et Pinson, auxquels ne tarda pas à se joindre, en qualité de troisième ministre, un flamand nommé Cousin (1).

En 1559, le Parlement, effrayé des progrès faits en si peu de temps par les idées nouvelles, recourut de nouveau à l'envoi de commissaires dans les grands bailliages du ressort, et désigna, pour Caen, le conseiller Georges Du Bois et l'avocat du Roi Damours. Les deux commissaires constatèrent avec étonnement le grand changement survenu en si peu de temps dans la ville et dans ses habitants. Des hommes, naguère fugitifs et tremblants, avaient pris une liberté d'allures et une audace surprenantes, et leur firent même courir quelques dangers. Un soir, à 10 heures, la maison occupée par les commissaires se trouva envahie par des Réformés armés et *embastonnés* s'efforçant d'enfoncer les portes et les fenêtres et repoussant, à coups de pierres et d'épées, les serviteurs qui appelaient à l'aide et les voisins qui accouraient au secours. A l'arrivée de catholiques survenant en armes, les assaillants se retirèrent; mais, dès le lendemain matin, la

(1) Registres du Bostaquet.

ville se trouva couverte d'affiches affirmant les principes de la Réforme et prodiguant l'insulte aux envoyés du Parlement; et la maison fut de nouveau envahie. Les commissaires, privés de forces suffisantes et lassés d'insultes chaque jour renouvelées, prirent le parti de se retirer, et, de retour au Parlement, présentèrent un rapport que conservent encore, à la date du 28 février 1559 (vieux style), les registres secrets de la Compagnie (1).

Six mois plus tard, les Religionnaires de Normandie, portant leur nombre à 50,000, formèrent la demande de temples pour y prêcher publiquement la parole de Dieu et y administrer les Sacrements. Ils remirent leur pétition à l'amiral de Coligny, qui se chargea de la présenter à l'Assemblée tenue à Fontainebleau au mois d'août 1560. La demande avait fort peu de chances d'être accueillie, et fut en effet repoussée; mais les réunions continuèrent comme par le passé (2). Elles étaient organisées conformément à la discipline. Les ministres présidaient au culte sous l'autorité des consistoires; et les aumônes, recueillies par les diacres, servaient aux besoins des pauvres et des prisonniers.

Privé d'autres renseignements sur les évé-

(1) Floquet, t. II, p. 283.
(2) Id., t. II, p. 318.

nements antérieurs, nous en trouvons pour la fin de l'année 1560 (vieux style), dans l'un des registres découverts au Bostaquet, celui des baptêmes et mariages administrés et célébrés à Caen par Vincent Le Bas, le seul de ceux tenus à cette époque qui nous soit parvenu. Ce registre, commençant au mois de novembre 1560 et finissant en octobre 1563, est bien insuffisant pour donner à lui seul une idée complète de l'Église naissante ; cependant, il n'en est pas moins très-précieux, parce qu'il renferme des détails qu'on ne saurait rencontrer ailleurs.

Les actes, très-laconiques, sont rédigés en deux ou trois lignes au plus et ne donnent, à l'origine, que les noms du père et du parrain pour les baptêmes, et ceux des deux époux pour les mariages. Plus tard, le baptême est complété par le nom de la mère, limité souvent à son prénom : « Marthe, fille de Jean Le Febvre « et de Marthe, sa femme, présenté par « Alexandre Le Blanc » ; et le mariage, par le nom des pères des deux époux.

Les prénoms donnés aux enfants portent l'empreinte de l'inspiration biblique. Pour les garçons : Adam, Abel, Abraham, Isaac, Jacob, Siméon, Daniel, Jean, Samson, David, Zacharie ; et pour les filles : Ève, Marthe, Élisabeth, Esther, Abigaïl, Sara, Judith, Marie, Anne, etc.

Les Réformés, dès cette époque, sont déjà

répandus dans la ville entière ; car on y voit des baptêmes, des bans et des mariages faits, publiés ou célébrés dans les rues ou quartiers de Vaucelles, de St-Sauveur, du Bourg-l'Abbé, de St-Jean, de Froide-Rue, etc., ainsi qu'au Tripot et à l'Hôtel-Dieu : extension qui n'a rien d'étonnant, puisque les auteurs s'accordent à reconnaître que les Protestants étaient alors très-nombreux en ville. De Thou dit dans son histoire, pour l'année 1560, vers la fin du livre XXV : « In Armoricano quoque tractu, « Protestantium numerus mirum in modum « excrevit ita ut jam publice conciones habe- « rentur, *Cadomi* præcipue (1). »

(1) De Thou, p. 776. Genève, 1626.

CHAPITRE IV.

RECONNAISSANCE LÉGALE DE LA RÉFORME EN FRANCE.

1560.

A François II, décédé le 5 décembre 1560, succéda Charles IX, son frère, âgé alors de dix ans et demi. Catherine de Médicis reprit la régence.

La Cour parut d'abord animée de meilleures intentions. Le Parlement de Rouen reçut l'ordre de ne plus rechercher personne pour faits de religion commis dans les maisons particulières, même de remettre en liberté les gens arrêtés pour ce seul motif; et un édit rendu à St-Germain-en-Laye en juillet 1561, sans rien changer pour l'avenir aux défenses antérieures, amnistia tous faits passés sous le précédent règne et remplaça par l'exil la peine de mort qui avait été jusque-là prononcée contre l'hérésie.

Les Réformés accueillirent favorablement l'amnistie; mais ils continuèrent à Caen, comme à Rouen et ailleurs, à s'assembler publiquement pour leur culte sans tenir aucun compte des défenses. Il est vrai que, de leur côté, magistrats et Gouvernement semblaient s'entendre pour les regarder comme non-avenues.

Les avis du chancelier de l'Hôpital commençaient à être écoutés. Des idées nouvelles se faisaient jour dans les conseils de la couronne. L'adoucissement de la peine portée contre l'hérésie, le silence gardé sur les infractions, la tolérance de Catherine elle-même qui laissait Théodore de Bèze prêcher dans les cours du château de St-Germain, tout annonçait des temps meilleurs. C'est au milieu de ces circonstances que le mémorable édit du **17 janvier 1561** (vieux style) reconnut enfin la Réforme d'une manière officielle, et donna à son établissement de fait l'existence légale qui jusque-là lui avait manqué. Les Réformés eurent le droit, en attendant le Concile général, de continuer leurs assemblées religieuses de jour, mais hors des villes et sans armes, et à condition d'y recevoir les officiers royaux qui voudraient venir en surveiller la doctrine; mais il leur fut enjoint de ne réunir les synodes et les consistoires qu'avec la permission du Roi, de garder les lois politiques et de se conformer, en fait de fêtes, de jours chômables et de degrés de parenté et d'alliance pour les mariages, aux observances de l'Église romaine.

Le parti catholique murmura hautement. Les Guises se plaignirent. Les Parlements firent preuve du plus mauvais vouloir. Celui de Paris reçut deux lettres de jussion avant de consentir à enregistrer l'édit; Toulouse y apporta des modifications; Rouen, constamment hostile aux Religionnaires, mit la plus mauvaise grâce à le rendre exécutoire, et Bordeaux défendit aux officiers du ressort d'assister aux prêches.

Les Réformés, pourvus maintenant d'une existence légale, s'empressèrent de profiter de leurs nouveaux avantages. Ceux de Rouen, s'inclinant devant les clauses restrictives de l'édit, abandonnèrent les grandes halles où ils avaient tenu jusque-là leurs réunions, et se retirèrent dans l'un des faubourgs de la ville. Ceux de Caen, plus tenaces, qui s'étaient établis dans la ville de leur autorité privée dès 1558 et s'y étaient maintenus malgré tous les édits rendus jusque-là contre eux, refusèrent d'en sortir. Ils y continuèrent l'exercice public de leur culte et prirent rapidement une telle extension qu'ils ne tardèrent pas à compter dans leurs rangs la plus grande partie des habitants. « A la fin », dit de Bras qui n'est pas suspect de partialité en leur faveur, « se rendirent « appertement de ce parti là une grande partie « du peuple, spécialement en ceste ville de « Caen » (1). Ce n'est pas seulement dans cette partie si intéressante de la population que

---

(1) De Bras, p. 249.

de Bras appelle assez dédaigneusement *le commun peuple* (1), *le peuple*, que la Réforme avait fait à Caen de si nombreux prosélytes ; nous verrons, au chapitre x, que ses succès avaient été pour le moins aussi grands dans les classes élevées de la société et que l'abandon du catholicisme, dont les cérémonies furent complètement suspendues, et l'acceptation de la foi nouvelle s'étaient étendus de proche en proche et avaient gagné la très-grande majorité de la ville.

L'obligation imposée aux Religionnaires d'accepter à leurs exercices les officiers royaux eut des conséquences bien différentes de celles qu'on en avait attendues. De Bras nous l'apprend. Cette permission « fut agréable à ceux qui
« estoient déià imbuez de ceste doctrine, non
« pas pour y donner ordre, suyvant l'édict ;
« car, au contraire, ils y donnèrent authorité,
« sans que iamais aucun d'eux fist advertisse-
« ment que les ministres eussent dict aucuns
« propos contre la religion catholique (2). »

Le même résultat se produisit à Rouen. Floquet raconte que nombre d'officiers chargés de surveiller les prêches s'y laissèrent prendre et finirent par y assister comme fidèles ; que les prêtres eux-mêmes ne purent résister à la cu-

(1) De Bras, p. 240.
(2) Id., p. 249.

riosité, et que les registres capitulaires du temps ne parlent que de chapelains, de chanoines, de dignitaires même trop assidus à ces prêches, fréquentant familièrement les Religionnaires et suspectés d'avoir transgressé avec eux les règles de l'abstinence (1).

Cet empressement des officiers et leurs conversions présentaient un danger qui n'avait pas été prévu. Le pouvoir s'en occupa et rendit, pour y porter remède, un édit du 14 février 1561 (vieux style), expliquant que l'expression d'officiers royaux devait s'entendre seulement de ceux qui étaient chargés de la police, comme les baillis, les sénéchaux, les prévôts, et non des officiers des cours souveraines et autres de judicature.

(1) Floquet, t. II, p. 309.

CHAPITRE V.

MASSACRE DE VASSY. — DÉVASTATION DES ÉGLISES A ROUEN ET A CAEN.

1561.

Les Guises, furieux de l'édit du 17 janvier 1561 (vieux style) rendu en leur absence et contre leur gré, saisirent la première occasion pour montrer le cas qu'ils en faisaient et manifester leur haine contre les Religionnaires. C'est à ces motifs que doit être attribué le massacre du 1er mars 1561 (vieux style) qui fut une véritable levée de boucliers et non, comme quelques-uns l'ont prétendu, le résultat d'une rencontre purement fortuite.

Les détails de ce déplorable événement ont été reproduits dans une publication faite en 1844 par M. Horace Gourjon, d'après un manuscrit tiré de l'ancien couvent de Vassy et qui restitue très-probablement aux faits leur véritable caractère.

Le dimanche 1er mars, le duc de Guise, après avoir entendu de grand matin la messe à Dommartin, se rendit à Vassy accompagné de son frère le cardinal et de 200 hommes de sa suite armés de pistolets et d'épées. La veille, un certain nombre d'hommes d'armes et d'archers de sa compagnie avaient logé chez les Catholiques de Vassy et y avaient été vus préparant leurs armes; mais les Réformés, sans méfiance contre le duc qu'ils considéraient comme un fidèle serviteur du Roi, n'y avaient fait aucune attention. A peine à Vassy, le duc se rendit à l'église, y conféra avec quelques personnes et en sortit presque aussitôt. Il alla rejoindre sa suite dont une partie était restée à l'attendre dehors et qui se promenait, les uns dans le cimetière, les autres sous une halle proche de l'église; et il lui donna l'ordre de se rendre droit au prêche tenu en ce moment dans une grange à cent pas de distance. Les Catholiques, prévenus de ne pas sortir parce que les rues ne seraient pas sûres, restèrent chez eux; et la troupe, guidon en tête, se mit en marche sous les ordres du duc.

1,200 fidèles, hommes, femmes et enfants, assistaient au culte, la plus grande partie dans l'intérieur de la grange, les autres, faute de place, sur des échafaudages élevés à la hauteur des fenêtres. Les premières prières étaient dites, etle ministre Léonard Morel avait commencé le sermon.

La troupe, à son arrivée, tire deux coups de

feu sur les Réformés placés à l'extérieur. Ceux de l'intérieur font de vains efforts pour barricader les portes; les gens du duc les enfoncent aux cris de *tue! tue! les Huguenots!* renversent les obstacles et commencent le massacre. L'épée frappe sans distinction d'âge ni de sexe; les murailles et les échafauds se teignent de sang; les arquebuses délogent du haut des toits ceux qui les avaient percés pour se sauver; et le duc, l'épée à la main, dans la grange, après avoir excité lui-même au carnage, ne consent enfin à épargner les femmes enceintes que sur les supplications réitérées que sa femme lui fait parvenir.

Soixante Religionnaires perdirent la vie. Deux cent cinquante reçurent de très-graves blessures, telles que doigts, jarrets et jambes coupés; et le malheureux ministre, percé de coups d'épée, lié de cordes, traîné à la suite du duc et inhumainement détenu, ne dut qu'à l'intervention du prince Portien d'être rendu à la liberté le 8 mai 1563.

Quelques auteurs n'ont voulu voir là qu'un simple incident, fruit des passions de l'époque et se sont efforcés d'en décharger la mémoire des Guises, dont les domestiques, selon eux, auraient seuls causé tout le mal. Mais leurs récits se soutiennent difficilement devant ceux d'autres auteurs, que vient corroborer ce manuscrit dont l'authenticité n'a pas été mise en doute et dont l'impartialité et la modération inspirent toute confiance. D'après ce manuscrit, les domestiques du duc ne seraient pas restés étrangers à cette épouvantable scène, mais ils n'y auraient joué qu'un rôle très-secondaire et tardif. Il paraîtrait qu'au nombre de quinze ou seize ils étaient restés d'abord à l'hôtel du Cygne; que le prévôt était allé les y chercher lui-même au moment où le massacre était en pleine exécution; qu'il leur avait reproché de perdre là leur temps pendant que les autres *repassaient si bien les Huguenots;* et qu'alors seulement ces domestiques, prenant leurs armes, s'étaient réunis aux meurtriers qui avaient *longuement besongné* avant leur arrivée.

Des plaintes arrivèrent de toute part à la Cour, et la Reine promit justice. Mais les Guises, redevenus tout puissants, y avaient repris leur influence. Ces plaintes furent tournées en railleries; les diligences avortèrent; et, par une amère dérision, c'est sur les malheureux qui en avaient été les victimes que la Cour fit retomber le blâme du massacre.

L'émotion avait gagné toutes les provinces. Le prince de Condé, abandonnant la Cour, s'était jeté sur Orléans, s'en était emparé et avait lancé de là un manifeste annonçant que le Roi et la Reine n'étaient plus libres; qu'il n'avait pris les armes que pour leur service et qu'il n'avait d'autre but que de faire respecter l'édit de jan-

vier 1561. Le Parlement qui, comme tous les autres, avait reçu ce manifeste, le repoussa ; mais il avait cessé d'être le maître dans Rouen. Les Réformés de cette ville, devenus si nombreux que leur dernière Cène de Pâques avait duré trois jours entiers, se soulevèrent, s'emparèrent du château dans la nuit du 15 au 16 avril 1562, et commirent des dégâts dans plusieurs églises. Les gens paisibles, en très-grand nombre parmi eux, ne demandaient qu'à jouir en paix des libertés reçues et blâmaient hautement ces désordres ; mais dans leurs rangs s'étaient glissés des hommes violents auxquels la religion servait de prétexte, et que les ministres s'efforçaient en vain de modérer. Le dimanche 3 mai, entre 10 et 11 heures du matin, la dévastation recommença sur une plus vaste échelle. Des hordes en armes envahirent les églises, se précipitèrent sur les autels, les reliquaires et les châsses, mutilant, brisant, mettant tout en pièces. « En un mot, dit Théodore de Bèze, ils
« firent tel mesnage qu'il n'y demeura image
« ni autel, fonts ni benestiers qui ne fust tout
« brisé, en telle diligence que jamais on n'eust
« pu estimer qu'en vingt-quatre semaines....., ce
« qu'ils ruinèrent en vingt-quatre heures, en plus
« de cinquante temples, tant de paroisses que
« d'abbayes et couvents (1). » Il s'ensuivit une

(1) Théodore de Bèze. *Histoire ecclésiastique*, t. II, p. 616.

interruption complète des cérémonies du culte catholique qui ne furent reprises que le 1ᵉʳ novembre suivant.

Le contre-coup de ces violences devait malheureusement se faire ressentir dans les autres villes de la province. Caen, le Havre, Dieppe, Bayeux eurent à subir de semblables dévastations.

A Caen, les Réformés, maîtres dans la ville, venaient d'échouer dans une tentative faite pour s'emparer du château. Ils l'avaient assiégé ; mais Matignon le Jeune, lieutenant du Roi en Basse-Normandie, et le duc de Bouillon, gouverneur de la province, les avaient repoussés et avaient rétabli l'ordre. Deux habitants de Caen, rentrant en ville après avoir assisté aux désordres de Rouen, excitèrent les Réformés à suivre le même exemple. L'émotion gagnant de proche en proche, la justice manda les ministres en la chambre du conseil pour les engager à apaiser le peuple, leur représentant qu'une lutte des uns pour attaquer, des autres pour défendre les églises, serait grosse de troubles et de séditions. D'après le témoignage de de Bras, Cousin, l'un des ministres, soutenu par plusieurs des juges, se serait mis en prière dans la chambre même du conseil et aurait déclaré que l'on avait souffert trop longtemps l'idolâtrie et qu'à Caen, comme à Rouen, tout devait être abattu. Pendant la nuit du 8 au 9 mai 1562 et toute la journée du 9 mai, qui était un samedi, une foule affolée envahit les églises et les chapelles, renversant les images, saccageant, brisant tout ce qui était susceptible d'être détruit ; et, cette triste expédition terminée, elle se rendit en armes à la chambre du conseil pour réclamer un salaire qui lui fut accordé.

De Bras, qui a tracé un tableau saisissant de ces dévastations, assure qu'un mois entier ne suffirait pas pour reproduire le détail des objets qui y périrent. Il cite notamment :

Aux Cordeliers, une représentation de saint Lazare ;

Dans l'église de Froide-Rue, la chaire et les orgues ;

Dans l'église St-Jean, une grande croix en cuivre doré, de seize pieds de haut, ornant le portail, donnée par l'official de St-Lo, et un grand candélabre offert par le doyen Avoine ;

Les orgues de St-Pierre, des Croisés, de St-Sauveur, de St-Nicolas et du Bourg-l'Abbé ; et, d'une manière générale, les chaires, les pupitres et une partie des vitraux ;

Dans l'église St-Étienne, le tombeau de Guillaume-le-Conquérant, dont les ossements furent dispersés, un tableau de 1522 placé près de ce monument et les orgues ;

Dans l'abbaye Ste-Trinité, le tombeau de la reine Mathilde ;

Dans l'église des Carmes, un contre-autel d'un travail très-remarquable ;

Dans l'église du Sépulcre, des peintures et des sculptures importantes; le sépulcre d'*Allain* de Matignon et les orgues ;

Aux Jacobins, la chapelle de Notre-Dame-de-Pitié ;

En dehors des églises : la belle croix élevée sur la place qui porte encore aujourd'hui ce nom ; la croix Accarin, au carrefour de la sortie du Vaugueux, et la croix pleureuse érigée au haut de la rue de Falaise (1).

Les registres de l'Hôtel-de-Ville ont conservé des traces de ces désordres. On y trouve :

Une délibération du 24 avril 1563, donnant l'ordre de vendre, au profit des pauvres de l'Hôtel-Dieu, ou autrement comme il serait convenable pour la commodité du temps, trois calices et une croix d'argent avec crucifix, évalués à quatorze marcs d'argent et provenant des saccagements de l'Hôtel-Dieu.

Un inventaire du 8 septembre 1563, dressé par le lieutenant particulier du bailli de Caen et les gouverneurs de la ville, lorsque Brissac, après le départ de Charles IX, se fit livrer l'Hôtel-de-Ville pour y établir un corps de garde. Le prieur de l'abbaye de St-Étienne et les tré-

---

(1) De Bras, p. 53, 252 et suivantes. Lemarchand, manuscrit de la Bibliothèque de Caen, p. 28.

soriers de St-Pierre y interviennent pour réclamer des ornements d'église et des plombs qui y étaient restés déposés depuis l'époque du saccagement.

Et l'ordre, donné le 14 juin 1578, de réparer les orgues de St-Pierre, rompues et dévastées à « l'arrivée et entrée des premiers troubles advenus en ce Royaume pour le différend de la Religion. »

A partir du saccagement des églises, tout exercice du culte et des cérémonies catholiques cessa tant à Caen qu'aux environs. La dévotion du peuple s'en ressentit naturellement. La grande majorité se rangea du côté de la Réforme, et les ministres, occupant les églises de leur autorité privée, y célébrèrent le nouveau culte avec la plus entière liberté.

La Réforme, à cette époque, devait être toute-puissante dans la ville, car on ne s'expliquerait pas autrement le calme relatif qui accompagna ces scènes d'effervescence populaire. Pas de luttes, pas d'opposition ; et, l'œuvre de ruine consommée, c'est à l'Autorité siégeant à l'Hôtel-de-Ville que les auteurs vont en réclamer le salaire, comme s'il se fût agi d'un travail d'intérêt général.

De Bras raconte qu'un juge, qui était de la religion nouvelle, le leur fit accorder (1). Mais,

(1) P. 252.

ce qu'il ne dit pas et ce que revèlent les registres retrouvés au Bostaquet, c'est que ce juge, loin d'être isolé, avait comme co-religionnaires un grand nombre de dignitaires, tels que magistrats, gouverneurs et élus de la ville, avocats pour le Roi au présidial ou en l'élection, officiers de justice ou de finances; et que de nombreux avocats au siége présidial, docteurs aux droits, tabellions, procureurs, médecins, chirurgiens, régents de collége, membres de la noblesse et autres, professaient alors la Réforme, présentaient les enfants aux baptêmes des ministres et faisaient bénir leurs mariages conformément au nouveau culte.

Maintes paroisses environnant la ville essuyèrent de semblables désordres. M. l'abbé Do, dans sa *Notice archéologique sur Rots*, publiée en 1863, rapporte que la nef de l'église de cette commune avait très-probablement, comme tant d'autres, été dévastée par les Religionnaires en 1562 et que le culte y avait été longtemps interrompu. « Lorsqu'on sait, dit l'écrivain, « que l'église de St-Étienne ne put être rendue « au culte qu'en 1626, on conçoit que la nef « de Rots n'ait été rétablie que beaucoup plus « tard (1). »

Le 10 mai 1562, Bayeux fut en proie à de semblables excès. L'évêque, le doyen et le cha-

(1) Do, p. 9.

pitre intimidés se réfugièrent au château de cette ville avec les reliquaires et les objets les plus précieux, abandonnant la cathédrale aux dévastateurs. Deux ou trois cents arquebusiers s'en emparent, y déchargent leurs armes, abattent les pupitres, brisent les orgues, brûlent les chaires et les tableaux et se rendent ensuite à l'évêché, qu'ils dévastent et dont ils emmènent les chevaux. Leur exaltation était telle qu'il fut un moment question d'abattre la cathédrale; et cette perte irréparable aurait peut-être été consommée sans la présence d'esprit d'un ancien cordelier nommé Feu-Ardent. Cet homme, ancien ligueur et qui était revenu à des sentiments plus modérés, leur suggéra l'idée de la conserver pour y établir le prêche, et il sauva ainsi ce magnifique monument qui est aujourd'hui, comme il était alors, l'objet de l'admiration générale (1).

Le duc de Bouillon vint une seconde fois à Caen pour y rétablir l'ordre. Sous prétexte de les y mettre plus en sûreté, il fit transporter au château les reliquaires, les châsses, les joyaux et ornements ecclésiastiques, tant de Caen que de Bayeux ; et une fois en possession de ces objets, il fit fondre les plus précieux, abandonna les autres à ses soldats ou les utilisa à son usage et recueillit avec si peu de soin les

(1) Lange, t. I, p. 58.

« corps saints » qu'ils renfermaient que plus tard il fut impossible de les retrouver.

Du produit de ce brigandage, le duc paya ses soldats et leva, à Caen et dans le plat pays, deux compagnies de chevau-légers dont il donna le commandement à Jean de Pellevé, sieur de Tracy, et au sieur de Fervaques. Il fit ensuite venir 5 à 600 Manceaux et 50 chevau-légers, tous réformés; les mit sous les ordres du capitaine Gemmes, et, leur confiant la garde du château de Caen, il s'en alla visiter les autres villes de la Normandie.

Pendant son absence, des lettres interceptées éveillèrent les soupçons des Réformés sur ses véritables intentions. On décida de lui enlever le château de Caen et d'y faire entrer les troupes protestantes commandées par Montgommery, Coulombiers, Pierrepont, Jécoville et autres. Un sergent manceau, nommé Gervais Picard, entré dans le complot, avait promis de laisser, une nuit, la porte du donjon ouverte du côté des champs. Mais, avant l'exécution, Picard fut découvert, arrêté par le capitaine Gemmes et condamné. Il paya de sa tête cette tentative. Ses complices, sur l'ordre du duc de Bouillon, furent remis en liberté.

C'est à cet événement que se rapporte la destruction de la tour du Sépulcre. Le duc, dont l'attention avait été éveillée sur les défenses du château, trouva que cette tour était dangereuse à cause de sa proximité de la place; et, sans égard pour sa beauté ainsi que pour la sainteté du lieu, il la fit démolir à coups de canon le 29 août 1562. Il fit abattre également les arbres magnifiques qui ornaient le cimetière de l'église ; et l'on raconte qu'un des chanoines, nommé Estienne Gouville, conçut de ce vandalisme un tel chagrin qu'il en mourut le même jour de douleur (1).

Le Parlement, abandonnant Rouen tombé aux mains des Réformés, s'était retiré à Louviers et y avait rendu, le 26 août 1562, un arrêt racontant dans un long préambule tous les faits arrivés, quant à la religion, depuis les derniers temps de Henry II jusqu'au mois de mai précédent, et ordonnant :

Que les édifices religieux dévastés ou détruits seraient réparés aux frais des Religionnaires et rendus au culte ;

Que les prêches ne seraient plus tolérés ;

Et que les ministres quitteraient le pays dans les trois jours.

Il s'ensuivit des arrêts sans nombre contre ceux qui avaient saccagé les églises à Pont-Audemer, à Cormeilles, à Lisieux, ou profané les mystères. Arrêtés et conduits par charretées à Louviers, le Parlement ne les laissait pas languir, et les bourreaux n'avaient plus de

(1) De Bras, p. 266.

relâche. Mais ces sévices, restreints aux lieux où son autorité s'était maintenue, n'atteignaient pas la ville de Caen, où la Réforme avait continué de dominer en maîtresse.

Il existe, à la date du 1ᵉʳ juin 1562, une dépêche en langue italienne adressée par le légat du pape, en France, au cardinal Borromée, qui dépeint en quelques lignes la situation générale du pays à cette date et dont voici la traduction :

« ..... Les Huguenots sont maintenant en
« possession dans cet État des villes d'Orléans,
« de Tours, de Blois, et de tout le pays qui
« est aux environs de la Normandie, s'étant
« aussi rendus maîtres de Rohan (1), de Cham (2),
« du Havre-de-Grâce et de La Rochelle qui sont
« des ports de mer dont ils tiennent toutes les
« dépendances.

« Ils ont pris dernièrement Bourges et
« Bayeux où ils ont fait arrêter tous les ecclé-
« siastiques et mis l'évêque dans une prison,
« de laquelle étant échappé il s'est enfui par
« mer et est venu dans cette ville (Paris).

« Du côté de l'Italie, ils occupent Lyon,
« Châlons et presque tout le Dauphiné, avec
« plusieurs autres lieux, de sorte que, de dix-
« sept départements où l'on recevait les deniers

(1) Rouen.
(2) Caen.

« des finances du Roi, il n'y en a plus que
« trois de libres, attendu que tous les autres
« sont au pouvoir des Huguenots, ou inutiles
« à cause des obstacles existant sur les che-
« mins, dont les passages sont tellement
« bouchés que l'accès en est devenu impos-
« sible (1). »

(1) Aymon, t. I, p. 171.

CHAPITRE VI.

GUERRE CIVILE. — BATAILLE DE DREUX. — ENTRÉE DE COLIGNY A CAEN. — PRISE DU CHATEAU PAR LES PROTESTANTS.

1562.

Le massacre de Vassy donna naissance à la première de nos guerres civiles. Le prince de Condé, abandonnant la Cour, se rendit à Orléans et s'en empara. L'armée royale se mit en route en juillet 1562 pour l'y attaquer. Elle prit en chemin Blois, Tours, Poitiers, Angers; puis, changeant de direction, elle s'en vint mettre le siége devant Rouen, où elle était arrivée le 25 septembre.

Sur les ordres de la Cour, le duc d'Étampes, entré à la fin d'août en Basse-Normandie et réuni plus tard à Matignon, s'empara successivement de Pontorson, d'Avranches et de Vire. Il entrait le 27 septembre à St-Lo et ensuite à Bayeux que Montgommery, à son approche, avait abandonné pour gagner Ouistreham et de là le Havre, où les Anglais, commandés par Warwick et maîtres de la ville, lui firent le meilleur accueil.

Le siége de Rouen ne fut pas de longue durée. La ville fut prise d'assaut le 26 octobre, et Montgommery, qui était accouru pour la défendre, eut à peine le temps d'en sortir. Le surlendemain, le Roi et la Reine-Mère faisaient leur entrée par la brèche, et le Parlement rentré à leur suite inaugurait, dès le 29 octobre, ses rigueurs contre les Protestants, en condamnant à mort le ministre Marlorat, le président du Bosc et deux gouverneurs de la ville qui furent le président, décapité, et les autres, pendus.

Le culte catholique, qui avait cessé à Rouen depuis le 3 mai précédent, reprit son cours ordinaire. Le premier exercice en fut fait à la cathédrale, en présence de Charles IX et de sa mère, le 1er novembre 1562. L'interruption avait duré près de six mois.

Le prince de Condé, laissant Orléans à la garde d'Andelot, vint sous les murs de Paris. Après une attaque sans succès, il se dirigea le 10 décembre vers la Normandie et campa le 16 à Ormoi, près de Dreux, à la tête de 9,000 hommes de pied et de 4,000 chevaux. Il avait été suivi depuis Paris par l'armée royale, forte de 14,000 hommes de pied et de 2,000 chevaux, commandée par le connétable, le duc de Guise et le maréchal de Saint-André.

Le 19 décembre, un combat sanglant s'engagea près du château de Dreux, dans une plaine bornée par la Seine et la petite rivière de la Dure. Les pertes de chaque côté furent considérables. Un espace de trois lieues fut couvert de morts. Les Protestants perdirent toute leur infanterie, moins 1,500 hommes ; les Catholiques, environ 1,500 des leurs, plus leurs principaux chefs. Le prince de Condé du côté des Protestants, et le connétable du côté des Catholiques furent faits prisonniers.

A l'annonce de cette bataille, une vive inquiétude s'empara de la population de notre ville. Les Protestants de Caen, malgré leur nombre et leur influence, n'étaient pas exempts de craintes. Les dévastations de 1562 avaient donné lieu à de justes plaintes ; les intentions de la Cour étaient suspectes ; et, comme l'armée catholique en quittant Dreux pouvait se diriger sur la Basse-Normandie, on jugea prudent de prendre l'avance et de faire porter au Roi, à toute éventualité, des assurances d'obéissance et de fidélité.

Les Autorités, convoquées à l'Hôtel-de-Ville, choisirent pour délégué le procureur général syndic, Jehan Fernagu, qui était protestant. Ce choix, quand un Catholique eût vraisemblablement mieux convenu à Catherine de Médicis, est encore un indice de l'importance prise en ville par la Réforme. Un document assez curieux se rattache à cet épisode ; c'est un formulaire dressé pour l'instruction du délégué, à l'Hôtel-de-Ville, le 6 janvier 1562 (vieux style), et dans lequel, prévoyant les interrogations que la Cour pourra lui adresser, on lui indique les réponses qu'il y devra faire.

En voici le texte littéral :

« *D.* Si en ladite ville il y a aucuns troubles
« ni séditions, et si les habitans se contiennent
« en l'obéissance des édits du Roi?

« *R.* Lesdits habitans vivent en l'obéissance
« du Roi, en patience, sans troubles ni sé-
« dition, dont **M.** de Renouard (1) peut porter
« témoignage.

« *D.* Si la justice est pas administrée, et si
« l'on fait pas la justice des rebelles, pillards
« et ravageurs? .

« *R.* La justice s'exerce comme elle a été
« faite par ci-devant.

« *D.* Si, en icelle ville, il se fait prêches
« ordinaires, selon la religion réformée, et s'ils
« sont privés ou publics?

« *R.* Depuis les défenses il ne se fait prêches
« publics. S'il en a été fait en maisons privées,
« il ne s'en est ensuivi troubles ni sédition.

« *D.* Si auxdits prêches sont administrés les
« sacrements, et la cène y est administrée?

« *R.* L'on a ventillé qu'il s'est fait une cène

---

(1) Jean de Bailleul, s^r du Renouard, qui était le gouverneur du château de Caen.

« en quelque maison privée; mais, quoi qu'il
« en soit, ne s'en est mû trouble.

« *D.* S'il y a ministres ou autres personnes
« étrangères en ladite ville, et quel nombre et
« d'où ils sont?

« *R.* Les ministres de la ville y sont soufferts
« selon *le patent* du Roi.

« *D.* Si la messe se dit en cette dite ville,
« et les temples sont ouverts pour l'observation
« de la religion romaine?

« *R.* L'on n'en empêche personne.

« *D.* S'il y a grand nombre de soldats et
« gens de guerre en ladite ville, et s'il se fait
« amas de compagnies aux environs de ladite
« ville et par quelles personnes?

« *R.* Il n'y a soldats en ladite ville ni gens
« de guerre, sinon ceux qui font compagnies
« à M. de Renouard, et n'a eu connaissance
« qu'il se fasse levée de compagnies ès en-
« virons.

« *D.* S'il se fait des troussements, meurdres
« et pilleries aux environs de ladite ville, et s'il
« y a grand nombre de personnes inconnues
« portant armes?

« *R.* La justice en a informé et fait appré-
« hension d'aucuns, le procès desquels l'on
« approfondit par chacun jour. »

Fernagu n'était pas encore parti le 22 janvier
1562 (vieux style), puisqu'à cette date le greffier
de la ville, nommé Le Nicolas, lui délivre une

copie collationnée de ces articles « pour s'en « servir ainsi qu'il appartiendra. »

On ne peut méconnaître, à la lecture de cette pièce curieuse, que l'on est en présence de ces réponses *à la normande* ne disant ni oui ni non. Mais comme elle a été méditée et tracée avec réflexion, il est intéressant d'en étudier les termes pour retrouver, sous la phrase embarrassée qui l'enveloppe, la vérité qu'il s'agissait de dissimuler à la Cour. Il en résulte, pour qui sait lire entre les lignes :

Que les auteurs du saccagement des églises n'avaient été l'objet d'aucunes poursuites ; et il n'en pouvait être autrement, puisque la Réforme dominait en maîtresse dans la ville et que ceux qui avaient réclamé un salaire l'avaient reçu des mains mêmes de l'Autorité.

Que le culte, qu'on n'osait dire public, se faisait ostensiblement en ville. Le soin d'ajouter qu'il ne s'en est suivi ni troubles ni sédition semble en désaccord avec l'idée d'un culte purement privé, en maison close, où les étrangers n'auraient rien eu à voir. D'ailleurs, d'après les registres retrouvés au Bostaquet, l'un des trois ministres de Caen avait à lui seul, du 1ᵉʳ janvier 1562 à Pâques suivant, procédé à cinquante-huit baptêmes, à vingt bans et à quatre mariages, aux quartiers de St-Nicolas, de St-Sauveur, de St-Étienne, de Froide-Rue, dé St-Jean, de St-Pierre et du Bourg-l'Abbesse ; et les autres ministres, dont nous ne possédons pas les registres, en avaient peut-être triplé ou quadruplé le nombre.

Que, malgré l'expression de « *ventillé* », la cène y avait été célébrée avec la même publicité.

Enfin, qu'il ne se faisait plus, à Caen, aucun exercice de la religion catholique, ainsi que l'établit avec évidence une lettre adressée six mois plus tard au connétable de Montmorency. Le connétable s'étant plaint aux échevins de l'inexécution des ordres du Roi, ceux-ci lui écrivirent le 4 juillet 1563 pour lui protester de la soumission des habitants à la volonté royale, en ajoutant : « Ils se sont contenus jusqu'à présent sans « aucun débat ni sédition et y veulent con- « tinuer, tant de l'une que de l'autre religion ; « et, *depuis votre lettre écrite*, le service « s'est commencé à dire et célébrer selon la « forme de l'Église romaine en *aucunes églises* « de cette ville ; et y a bonne espérance que « tout se réduira de bien en mieux (1). » Ainsi on n'empêchait personne d'aller à la messe, mais on se gardait d'ajouter qu'il ne s'en disait plus.

Nous voyons, par cette lettre, que le culte romain n'avait recommencé qu'après la lettre du connétable, et encore dans quelques églises seulement ; il en résulte que cette interruption,

(1) Archives municipales de Caen.

qui aurait existé du 9 mai 1562 à la fin de juin 1563, avait duré environ treize mois.

L'amiral de Coligny, après la bataille de Dreux, avait ramené à Orléans les débris de l'armée protestante. Laissant de nouveau cette ville à la garde d'Andelot, il reprit la route de la Normandie à la tête de 4,000 chevaux; s'empara de Bernay et de St-Pierre-sur-Dives et, pour se rapprocher des Anglais, s'en vint camper à Dives. Warwick, qui les commandait au Havre, le voyant en forces, ne jugea pas prudent de l'y recevoir; et Coligny, pour occuper ses troupes, les envoya par détachements dans les pays environnants. Le prince Portien, ainsi détaché, s'empara de Pont-l'Évêque et Mouy-Saint-Phale, d'Honfleur où il arriva le 22 février 1562 (vieux style). Les Réformés, à leur approche, prirent de toutes parts les armes; et Coligny ne tarda pas à se trouver maître de tout le pays en deça de la Seine.

Caen l'appela dans ses murs. Du Renouard, qui y commandait comme lieutenant du Roi, en fit fermer les portes; mais, à l'arrivée de Mouy-Saint-Phale, que Coligny avait envoyé en avant pour reconnaître la place, les habitants les rouvrirent, firent « sonner la *grosse orloge* », se mirent en armes et reçurent l'envoyé avec de grandes démonstrations de joie (1). C'était

(1) De Bras, p. 272.

insu, les faits qu'il a reprochés à ses adversaires. Dans ces conditions, il est difficile de l'accepter comme l'historien fidèle et impartial de nos événements religieux.

Malheureusement, de Bras est le seul écrivain de cette époque pour notre ville. Ceux qui sont venus après lui n'ont fait, pour ainsi dire, que le copier; et il serait très-possible que nous n'eussions ainsi, sur cette période de notre histoire locale, que des renseignements inexacts et très-incomplets.

en pleine autorité à la confection des rôles, s'y seraient pris de manière à en grever principalement les Catholiques, et, par esprit d'hostilité personnelle contre lui, parce qu'il leur était opposé en fait de religion, l'auraient imposé à deux cents écus, l'auraient chargé du logement du chef des reîtres, le maréchal de Hessen, quoiqu'il fût alors absent de chez lui, et auraient même poussé la malveillance à son égard jusqu'à regretter que le maréchal n'eût eu que de bons procédés pour sa femme et ses enfants (1) !

Ces plaintes ont été probablement exagérées. Le ressentiment éprouvé par de Bras, et qui l'a conduit à incriminer à ce point les intentions secrètes de ses prétendus ennemis, autorise à n'accepter son témoignage, en ce qui les concerne, qu'avec une certaine réserve. L'accusation qu'il a portée contre Olivier de Brunville, et dont nous parlerons au chapitre suivant, doit mettre en garde contre ses inexactitudes; et il est à craindre que son impartialité ne soit pas davantage à l'abri de la critique. Ses sentiments religieux, ses opinions conservatrices très-arrêtées, son amour si louable pour les richesses artistiques de notre ville détruites en 1562, et l'hostilité à laquelle il se croyait en butte ne seront pas restés sans influence sur son esprit et ont pu lui faire exagérer, à son

---

1) De Bras, p. 274.

devant Orléans, rendirent la place après une capitulation leur accordant leurs bagues sauves, mais laissant à la merci de Coligny le bailli de Caen et tous ceux qui s'y étaient réfugiés.

Ce siége mit en grand danger la magnifique flèche de l'église St-Pierre. Des soldats de l'amiral, placés sur les carneaux de l'église, avaient atteint de leurs balles des gens du château. Du Renouard riposta à coups de canon et fit à la tour une brèche considérable qui, fort heureusement, put être réparée à temps. Sans cette circonstance, la ville eût été privée d'un de ses plus beaux joyaux, et, comme fruit de nos tristes dissensions, nous aurions une perte irréparable de plus à regretter.

Le culte catholique ayant cessé dans la ville, les ministres, en possession des églises, faisaient leurs exercices et célébraient la cène dans celles qu'ils trouvaient à leur convenance. On rapporte que Théodore de Bèze, alors à Caen à la suite de l'amiral, prêcha un jour dans l'église St-Jean. Les registres du Bostaquet constatent sa présence en ville, le 2 mars 1562 (vieux style), à l'occasion de quatre baptêmes qu'il y avait administrés.

Coligny, après avoir fait entendre que l'argent était le nerf de la guerre, leva sur la ville une contribution de 10,000 écus, dont la répartition a été, pour de Bras, l'occasion de plaintes amères. D'après lui, les Protestants présidant

le 14 février 1562 (vieux style), à dix heures du soir.

Un jour après, Coligny, La Rochefoucauld, le prince Portien, de Grammont, Montgommery, Bricquemaut, La Curée et le maréchal de Hessen avec ses reîtres firent leur entrée dans la ville. « Tous, dit de Bras, furent bien receuz « et obéys par les Protestants, s'estant absentez « tous les gens d'Estat (1). » Autant dire que cet accueil fut celui de la population presque tout entière, puisque la très-grande majorité des habitants de Caen, de l'aveu même de cet historien, suivait le nouveau culte ; et, quant à l'absence des gens d'État, de Bras en a sans doute exagéré le nombre, les registres retrouvés au Bostaquet établissant que les partisans de la Réforme étaient aussi nombreux parmi les gens d'État et la noblesse que dans les autres classes de la population.

Du Renouard s'était renfermé au château, où il commandait avec le marquis d'Elbeuf. Coligny, maître de la ville, fit venir des canons du Havre et l'y assiégea. L'artillerie fut mise en batterie dans le cimetière entourant l'église St-Julien. Le 1ᵉʳ mars 1562 (vieux style), la brèche ayant été jugée suffisante, l'assaut fut tenté ; et le lendemain, les assiégés, qui avaient appris la mort du duc de Guise tué par Poltrot

(1) De Bras, p. 272. Lange, t. I, p. 118.

CHAPITRE VII.

ÉDIT D'AMBOISE.

1562-1563.

La Réforme avait pris une telle extension, *la maladie,* pour employer les termes de l'édit, était tellement « entrée dans les entrailles et esprits du peuple » que la guerre et l'emploi de la force n'étaient plus remèdes propres et convenables. La lutte engagée avait rempli le royaume de troubles. Il en était résulté « infinis
« meurtres, vengeance, pilleries, forcements et
« saccagements de villes, ruines de temples et
« églises, batailles données et tant d'autres
« maux, calamités et désolations (1). » Les conseils du chancelier de L'Hôpital, enfin écoutés, conduisirent à des mesures de modération et de clémence ; et un édit, rendu à Amboise le 19 mars 1562 (vieux style), reconnut à chacun le droit de « vivre et demeurer par-
« tout en sa maison », sans être recherché, molesté ni contraint pour le fait de la religion.

---

(1) Préambule de l'édit d'Amboise.

L'édit maintint l'exercice du culte réformé dans toute ville où il avait eu lieu jusqu'au 7 mars, mais dans un ou deux lieux seulement que le Roi se réservait d'indiquer.

Il y eut en outre, dans chaque bailliage ou gouvernement en tenant lieu, Paris et son ressort exceptés, une ville aux faubourgs de laquelle cet exercice serait établi pour les gens du ressort qui voudraient y aller.

Enfin, les gentilshommes ayant haute justice ou plein fief de haubert furent autorisés à conserver cet exercice dans leurs maisons pour eux, leur famille et leurs sujets; et la même faculté fut laissée aux gentilshommes possédant un simple fief, mais seulement pour eux et pour leur famille, et à charge, s'ils relevaient de seigneurs hauts justiciers autres que le Roi, d'obtenir préalablement leur autorisation.

Le Parlement de Rouen, continuant son mauvais vouloir contre les Protestants, n'enregistra cet édit qu'à huis-clos et avec des réserves tendant à y faire apporter des modifications. Il aurait voulu, notamment, que la rentrée des Religionnaires à Rouen fût reculée jusqu'après la reddition des villes de Caen, de Dieppe et du Havre, dont les Réformés étaient encore maîtres; mais les délégués, envoyés à cet effet à la Cour, reçurent pour réponse que le Roi saurait bien reprendre ces trois villes quand le moment serait venu, et ils durent rentrer à Rouen sans avoir rien obtenu (1).

L'édit, religieusement observé, eût pu satisfaire les Religionnaires et rendre, pour de longues années, la paix au pays. Mais le caractère si connu de Catherine de Médicis n'inspirait aucune confiance. La mauvaise volonté des Parlements était notoire et la bonne foi de la Cour suspecte; et, cette défiance n'était que trop justifiée, si l'on s'en rapporte à deux dépêches italiennes du 13 mars 1563 (c'est-à-dire du 13 mars 1562, vieux style), que le nonce du Pape près la Cour de France avait adressées au cardinal Borromée (2).

La première, officielle, avait pour objet d'accréditer, près du cardinal, le chevalier Scure, l'un des familiers de la Reine que celle-ci envoyait en mission près du Pape. Il y était dépeint comme chéri de la Reine et de son Conseil, comme très-bon catholique et surtout comme « faisant profession de *dire toujours la vérité.* »

La seconde, secrète et chiffrée, transmettait les impressions personnelles du nonce sur le chevalier et sur les circonstances du moment, et renfermait, sur l'édit d'Amboise et l'état de la Réforme, un passage dont suit la traduction littérale :

(1) Floquet, t. II, p. 524.
(2) Aymon, t. I, p. 215.

« Quoiqu'on tienne les affaires de l'accom-
« modement sur le point de leur dernière con-
« clusion, et que le chevalier Scure m'ait dit
« lui-même qu'on les doit terminer, mais que, si
« *l'on trouve le moyen de violer ensuite les pro-*
« *messes de cet accord, on ne les tiendra point;*
« Je ne puis croire que ces gens-là (les
« Réformés), qui sont très-rusés, ne s'imaginent
« de leur côté qu'ils peuvent être trompés ;
« nous verrons néanmoins quel succès ce des-
« sein produira.

« Il est certain que ce royaume est main-
« tenant dans une situation où je ne vois pas
« qu'il puisse devenir tout huguenot, si ce n'est
« avec beaucoup d'artifices et une longue révolu-
« tion de temps. Cependant Dieu y pourvoira. »

Coligny, après avoir touché la contribution de 10,000 écus imposée à la ville et les rançons des gens qui s'étaient réfugiés au château, quitta Caen avec ses troupes françaises et les reîtres, et y laissa Montgommery pour gouverneur. Ce dernier fit enlever toutes les cloches de la ville, moins une qui fut laissée à chaque église, et tous les plombs qui, dès le temps de Guillaume-le-Conquérant, couvraient l'abbaye St-Étienne. Ces plombs avaient une valeur considérable, le grand-vicaire du cardinal Farnèse, abbé de St-Étienne, ayant refusé précédemment de les céder au prix de 80,000 livres et d'une couverture neuve en ardoises. Cette spoliation, opérée en grande hâte, devança la publication de l'édit d'Amboise, qui était déjà connu en ville, et une partie de ces plombs, déposés à l'Hôtel-de-Ville, y remplissaient encore l'une des salles lors de l'inventaire du 8 septembre 1563, dont il a été parlé plus haut (1).

Catherine de Médicis, l'édit d'Amboise rendu, l'avait envoyé à Caen par un gentilhomme de la chambre du Roi nommé La Curée, et y avait joint une lettre écrite de sa main, au camp devant Orléans, en date du 30 mars 1562 (vieux style). La Curée s'aboucha avec les magistrats et notifia l'édit dans une séance publique et solennelle, tenue à l'Hôtel-de-Ville le 8 avril suivant.

Le procès-verbal indique comme présents à cette réunion :

1° Le lieutenant général du bailliage, Olivier de Brunville ;

2° Les officiers du Roi au siége présidial de Caen : Jean Beaulart et François Malherbe, écuyer ;

3° Les gouverneurs et échevins de la ville : Jehan du Moulin, Michel Raoul, Jehan Lucas, Guillaume Denys ;

4° Adrien de Fang, sieur de Jécoville, et Gilles de Bonneville, sieur du lieu, lieutenant de la maréchaussée de France ;

(1) Page 41.

5° Le comte de Montgommery;

6° Michel de La Bigne, sieur du Londel; Jehan de Flavigny, contrôleur de la ville; Guillaume Gosselin, Guillaume Artur, grènetier; Étienne Chabot, greffier du magasin; Marin Lalongny, lieutenant des élus et de la romaine; Signard, Charles Treshardy, Thomas de Troismonts, sieur de La Mare; Jacques Perreau, Jehan de Cheux, Jehan Marguerye, écuyer, sieur de Torteval, élu pour le Roi à Caen; Le Gabilleur, sieur de La Cour; Jehan de La Porte, sieur de Billy; Pierre-Philippe Beaulart, Jehan Fernagu, procureur général syndic de la ville; Gilles Bouvet, Jehan Le Febure, Nicolle de Gueuteville, receveur des deniers communs, dons et octrois de la ville; Guillaume Lallier, Ouldart Poutrel, Jehan Jullien, Roger Rouxel;

Tous bourgeois et habitants assemblés « pour « traiter et délibérer des affaires concernant le « bien, profit et utilité de la ville; à savoir, « pour entendre la communication du sieur La « Curée (1). »

L'édit lu, on répondit que les membres de l'assemblée glorifiaient Dieu d'avoir, dans sa sagesse et bonté, délivré son peuple des misères et calamités dont l'avait enveloppé l'aigreur des guerres civiles et de lui avoir donné la paix;

---

(1) Archives municipales. Registre des délibérations de l'Hôtel-de-Ville à cette date.

qu'ils suppliaient le Roi et la Reine de les tenir pour bons et fidèles serviteurs et de « les « pourvoir d'homme pour commander en la dite « ville et bailliage, lequel fût vivant en la crainte « de Dieu et de la religion réformée, parce que « la *noblesse et le peuple* habitant au dit bailliage « et en toute la Basse-Normandie étaient unis « et accordés en l'observance de la dite religion « réformée, qui serait moyen de faire continuer « les sujets du Roi en son obéissance et obser- « vation de ses édits (1). »

Il n'avait été parlé de la publication de l'édit, ni dans la lettre de Catherine, ni dans les communications verbales de son envoyé. La Curée parti, les échevins et les bourgeois en délibérèrent avec Olivier de Brunville, et ce dernier fut chargé de se rendre, le lendemain, près de l'envoyé et de s'informer des intentions de la Cour. La Curée fut d'avis que l'édit devait être publié ; mais, comme plusieurs compagnies de gens de guerre tenaient encore la campagne autour de la ville, il engagea, par mesure de prudence, d'y surseoir jusqu'après leur départ, de les éloigner le plus tôt possible par les moyens les plus doux qu'il se pourrait, et de s'en entendre avec Montgommery.

De Bras raconte qu'un des juges (on a cité depuis le nom d'Olivier de Brunville) auquel

(1) Même registre.

l'édit aurait été apporté dès le jeudi d'avant Pâques, ne l'avait fait publier que le lundi suivant pour permettre aux Réformés de faire encore leurs exercices et la cène, le jour de Pâques, dans l'intérieur de la ville, et l'a rendu ainsi responsable des dévastations commises aux Cordeliers et aux Carmes à la suite de ces cérémonies (1). C'est une erreur qu'ont partagée et répétée après lui les auteurs qui ont suivi sa version. Le jeudi d'avant Pâques était le 8 avril 1562 (vieux style) et le lundi d'après, le 12 avril 1563; et nous venons de voir que le 8 avril, c'est-à-dire le jour même où, selon de Bras, Olivier de Brunville aurait reçu l'édit et l'aurait tenu secret, communication officielle en avait été donnée à l'Hôtel-de-Ville, et que le retard apporté à la publication était provenu du fait, non d'Olivier de Brunville, mais de l'envoyé même de la Reine qui, par mesure de prudence, avait engagé d'y surseoir. L'accusation tombe donc d'elle-même. Il y a plus; le motif donné à ce retard n'a jamais existé, puisque Caen, en possession alors du culte public réformé, devait le conserver et le conserva, en effet, la restriction apportée par l'édit ne portant que sur le nombre des lieux où il pourrait être à l'avenir exercé.

Nous avons reproduit cette délibération, parce

(1) De Bras, p. 275.

qu'elle rectifie une erreur propagée jusqu'à ce jour et qui était dénuée de fondement ; ensuite, parce qu'on y trouve la preuve des progrès que la Réforme avait faits dans notre ville. On y voit l'accord de la noblesse et du peuple en l'observance de la religion nouvelle, et le désir des représentants de la cité d'obtenir un protestant pour gouverneur. Nous savons qu'à cette époque, les cérémonies du culte catholique avaient cessé dans la ville, et que la Réforme y était seule en possession du culte public.

Le jour de Pâques 1563, qui était le 11 avril, les Réformés célébrèrent le culte et firent la cène au couvent des Cordeliers. La nuit suivante, furieux de se voir renvoyés des villes, ils mirent le feu à l'église et au couvent des Cordeliers, démolirent et ruinèrent toutes les maisons de ces religieux, et se rendirent ensuite au couvent des Carmes qu'ils ravagèrent.

Telle est la version donnée par de Bras qui, après s'être trompé sur le compte d'Olivier de Brunville, se trompe encore sur le motif de la dévastation du 11 avril, puisque les Réformés n'étaient pas renvoyés de la ville, et qui a probablement exagéré les dégâts de cette nouvelle exaltation populaire ; car il dit lui-même, quelques lignes plus loin : « J'escripts ces discours « avecques quelque véhémence » (1) ; et l'on

---

(1) De Bras, p. 276.

sait que la véhémence est quelque peu voisine de l'exagération.

Quoi qu'il en soit, on doit blâmer hautement et avec chaleur ces bris et ces dévastations. Hélas ! ce n'est pas d'aujourd'hui que les effervescences populaires conduisent à des excès déplorables ! Heureux encore quand elles ne s'attaquent qu'aux choses ; et il paraît que, dans cette circonstance, elles ne seraient pas allées plus loin.

CHAPITRE VIII.

ENTRÉE DE CHARLES IX A CAEN.

1563-1567.

Le gouverneur en titre du château de Caen était ordinairement un grand seigneur, suivant la Cour, et dont un lieutenant remplissait les fonctions. Le lieutenant désigné immédiatement après l'édit d'Amboise avait été le capitaine Batresse, qui avait su s'attirer la bienveillance de la ville, envers laquelle il avait fait preuve des meilleures intentions. Les échevins commirent l'imprudence de remercier Catherine de Médicis de leur avoir envoyé un gentilhomme tant « sage et accort », et un mois ne s'était pas écoulé que Batresse était rappelé et remplacé par le capitaine Laguo. Le nouveau lieutenant, dont le caractère difficile et l'esprit quinteux se rapportaient mieux aux sentiments de la Reine, commença par désarmer les habitants. Il fit porter au château l'artillerie et les munitions qui garnissaient les tours. Il s'empara de l'Hôtel-de-Ville pour en faire un corps de garde. En un mot, il saisit toutes les occasions d'élever des difficultés et de susciter des tracasseries.

La Reine avait conservé un souvenir amer des troubles survenus à Caen l'année précédente. L'envoi de Fernagu à la Cour ne l'avait pas désarmée, et les circonstances du moment n'étaient pas de nature à la ramener à d'autres sentiments. Malgré les dispositions de l'édit d'Amboise, les cérémonies catholiques n'avaient pas encore reparu dans la ville. La Réforme y restait seule en possession du culte public. La Reine prêtait volontiers l'oreille aux rapports qui l'instruisaient de l'état des choses, et le connétable, sur son ordre, écrivit aux échevins pour s'en plaindre. C'est à cette occasion que ceux-ci lui avaient répondu, le 4 juillet 1563, comme nous l'avons dit plus haut (1), que, depuis sa communication, c'est-à-dire depuis huit jours environ, « le service avait commencé « à se dire et célébrer selon la forme de l'Église « romaine, en aucunes églises de la ville » ; ce qui permet de fixer à treize mois environ la durée du temps pendant lequel il y avait été complètement interrompu.

Au moment où l'on rédigeait cette réponse, un grand tumulte s'éleva dans la ville. De Bras et les échevins, alors à l'Hôtel-de-Ville, en firent fermer les portes, et au même moment arriva,

(1) Page 55.

tout effaré, un serrurier nommé Hubermont annonçant que le carrefour St-Jean et le Marché-Neuf (aujourd'hui Marché-au-Bois) étaient remplis de gens blessés ; que des assaillants en grand nombre, l'épée à la main, se jetaient sur les passants en criant : « Mordieu ! c'est un « Huguenot ! tuons, tuons ! » et que les vêpres que l'on disait à St-Pierre en avaient été interrompues. Jean Fernagu, procureur-syndic de la ville, Jean Brise, Thomas Gohier et plusieurs autres survenant déposèrent que, du haut des carneaux de l'Hôtel-de-Ville, ils avaient vu des soldats paraissant appartenir au château frapper, l'épée à la main, indistinctement tous ceux qu'ils rencontraient ; et ils demandèrent qu'on en informât de suite pour empêcher qu'on n'en accusât injustement les Protestants qui étaient alors au prêche. Un envoyé, dépêché par les officiers de la ville, rapporta que les soldats refusaient de venir les trouver et l'avaient renvoyé à coups de plat d'épée. Peu après, tout tumulte avait cessé (1).

Cet épisode, qui a laissé des traces dans les archives municipales, est l'un de ceux qui désolent trop fréquemment les populations aux époques de révolution ou de guerre civile. L'insistance mise par Fernagu, qui était protestant, à requérir une enquête immédiate, et

(1) E. Canivet, 1er numéro, p. 13.

les cris proférés par les soldats, ne permettent guère d'en accuser les Réformés. Il serait très-possible que les Catholiques y fussent également restés étrangers, et qu'il n'y eût eu dans cette échauffourée, peut-être fort exagérée, que l'œuvre de ces gens indifférents à tous les partis et que l'on retrouve toujours quand il s'agit de troubles à susciter ou de méfaits à commettre.

Batresse, relevé de ses fonctions, et de retour à Paris, se chargea de rétablir la vérité des faits et d'apaiser la Cour. Il écrivit aux échevins, le 17 juillet 1563, qu'il avait assuré le Conseil de l'obéissance de la ville et qu'il n'avait rien omis de ce qui pouvait tourner à son avantage. Sa lettre était ainsi terminée : « Vous pouvant bien assurer qu'il
« était temps que j'y arrivasse pour votre bien,
« d'autant que les choses se démenaient par
« autre train que de présent. Toutefois, étant
« telles sinistres opinions évanouies, vous évi-
« terez désormais les occasions d'y retomber,
« vous avisant au surplus qu'en tous endroits
« où je me trouverai ci-après qu'il sera parlé
« de vous, je prendrai votre cause en main,
« la soutenant comme mon propre fait. »

Cette démarche de Batresse était un nouveau service rendu, et les magistrats lui en témoignèrent leur reconnaissance par une lettre dont la dernière partie était ainsi conçue : « Si nous

« n'avions pas le moyen de reconnaître la bonne
« affection que portez à notre république,
« au moins la postérité en trouvera le témoi-
« gnage enregistré aux registres d'icelle pour
« en avoir souvenance et souvenir à jamais. »

Les commissaires de l'édit d'Amboise, Jacques Viole et Jehan de La Guesle, conseillers au Parlement de Paris, arrivèrent à Caen le 12 août 1563. Dans une séance tenue le lendemain à l'Hôtel-de-Ville, ils justifièrent de leurs pouvoirs en présence de :

1° Le lieutenant général du bailli de Caen, Olivier de Brunville;

2° Le lieutenant criminel, Le Picard;

3° Le lieutenant particulier du bailli de Caen, l'historien de Bras;

4° Les conseillers du Roi au siége présidial de Caen, Sorin, Hérouvillette, de Villy et Beaulart;

5° Le procureur du Roi en la vicomté, Basire;

6° Les gouverneurs et échevins de la ville, de La Lande, Lucas, Dumoullin, Denys et Dutertre;

7° Et le procureur-syndic de la ville, Fernagu.

Le point délicat était toujours l'asservissement du Catholicisme en ville. Ses exercices venaient d'être repris dans quelques églises, et le lieutenant général de Brunville insista tout particulièrement sur l'entière liberté laissée aux

deux cultes. Les commissaires avaient exhorté les officiers à vivre et à faire vivre le peuple en paix et en l'obéissance de Sa Majesté. Le lieutenant général, prenant la parole, répondit qu'il en était ainsi et que la justice avait fait son devoir « de contenir le peuple pour le faire
« vivre en l'obéissance du Roi, de sorte qu'il
« n'en est advenu, depuis la publication de
« l'édit, aucune faute ni plainte, et que l'exer-
« cice de l'une et de l'autre religion est observé
« en cette dite ville, sans nulle contrainte ni
« émotion, desquelles choses les dits commis-
« saires pourront avoir expérience en exécutant
« la dite commission. »

Il n'existe aucune trace des mesures arrêtées par les deux commissaires; mais le culte réformé se maintint en ville comme par le passé, c'est-à-dire que, malgré l'édit qui limitait à deux au plus le nombre des lieux où il pourrait être exercé, il continua d'être célébré, comme par le passé, au Tripot, aux Grandes Écoles et au quartier St-Jean.

L'édit publié et la paix rétablie, le Roi et la Reine se rendirent en Normandie avec ce qu'ils purent réunir de troupes et se dirigèrent vers le Havre, dont les Anglais étaient restés en possession. Protestants et Catholiques, sous les ordres du connétable, campaient, le 20 juillet 1563, sous les murs de la ville. Huit jours après, le Havre était rendu ;

les prisonniers échangés sans rançon ; et, quelques jours plus tard, les Anglais, reprenant la mer, abandonnaient le pays.

L'expédition terminée, Charles IX se rendit à Rouen, où il fit son entrée joyeuse le 12 août 1563. Le 16, un édit confirma celui d'Amboise ; et le lendemain, dans un lit de justice tenu au Parlement, le Roi, âgé seulement de treize ans, déclara sa majorité.

Le Roi et la Reine-Mère, quittant Rouen, se dirigèrent vers Caen, où ils arrivèrent le 24 août, jour de la Saint-Barthélemy. Le Roi descendit à Mondeville, chez un protestant nommé Morin, qui était le seigneur du lieu, et, après son dîner, fit son entrée en ville, accompagné du duc d'Orléans, des princes de Navarre et de Condé, du maréchal de Matignon, lieutenant général au gouvernement de Normandie, et des cardinaux de Bourbon, de Guise et de Châtillon. Il y fut reçu par les principaux gentilshommes du bailliage, les gens de justice et des finances, les élus, l'official, tout ce que la ville pouvait renfermer d'ecclésiastiques, et un cortége de mille hommes sous les armes. La Reine-Mère, entrée deux heures avant lui, avait refusé toute réception officielle ; et tous deux se rendirent directement au château, où ils logèrent. Ils ne vinrent que fort peu en ville. Leurs principales sorties avaient lieu aux jardins de l'Abbaye-aux-Dames, où le connétable, père de l'abbesse, avait pris son logement; et, le 27 août, le Roi, quittant Caen, s'en alla coucher à St-Sylvain.

Catherine de Médicis était arrivée à Caen, animée du plus mauvais vouloir. Une ville si profondément imprégnée des idées de la Réforme ne pouvait lui être qu'antipathique; et, si elle eût pu douter de l'esprit qui y régnait, deux circonstances de son séjour eussent suffi pour le lui révéler.

La ville avait décidé de présenter au connétable une haquenée, en félicitation de la prise du Havre sur les Anglais. Cette cérémonie eut lieu le 26 août. L'Université choisit l'orateur, et ce fut un protestant, Tanneguy Sorin, qui eut l'honneur de porter la parole au nom de la ville et de ses officiers.

Le même jour, les habitants eurent à choisir en assemblée générale six gouverneurs de la ville. L'élection désigna pour remplir ces fonctions : Jehan Onfroy, docteur en droit; Pierre Ovardel, sieur du Mesnil; Pierre Beaulart, sieur de Maizet; Laurent Le Porcher; Jehan Mauger et Théodore Allain. Des six élus, quatre étaient protestants; leurs noms figurent à ce titre dans les registres du Bostaquet. Quant aux deux autres, il peut y avoir doute, l'absence de leurs noms sur ces registres n'étant une preuve décisive ni dans un sens ni dans l'autre.

Dans ces deux circonstances, quand le choix

de catholiques eût été le moyen de faire leur cour à la Reine, il était difficile à l'Université et aux habitants de donner aux élections une couleur plus significative.

Le mauvais vouloir de la Cour se manifesta principalement par la réserve du Roi et de la Reine à visiter la ville et par les réquisitions en vivres et en argent dont ils la frappèrent. Les voyages des princes sont souvent onéreux pour les populations. Celui-ci ne dérogea pas à la règle ordinaire. L'escorte de quinze enseignes de gens de pied exigea, par chaque jour, huit mille pains de douze onces, cuits et rassis, quatre mille livres de bœuf, cent moutons, douze veaux, dix tonneaux de cidre et quinze pièces de vin ; et, parmi les édits rendus pendant ce court séjour, l'un frappa Caen et les autres villes du bailliage d'une contribution de 30,000 livres, destinée aux gens de pied de la suite.

Le Roi, en partant, laissa des commissaires chargés du recouvrement de cette somme. Le Conseil de la ville, par délibération du 23 septembre suivant, en demanda la réduction en faisant valoir :

Que l'été précédent, sur l'ordre du duc de Bouillon, la crainte des Anglais descendus au Havre avait obligé la ville à entretenir quatre compagnies de gens de pied, et de plus, pendant trois mois, vingt-cinq soldats au fort de Ouistreham ;

Que, pour donner passage à l'armée de MM. d'Étampes et de Matignon, elle avait dû construire un pont sur l'Orne au bac du Coudray ;

Que le séjour de l'amiral de Coligny lui avait coûté plus de 200,000 livres en argent, bagues, joyaux et ustensiles, et en outre la plus grande partie des dépenses de son armée qui avait séjourné plus de six semaines ; que les habitants avaient eu la charge des soldats restés en ville sous le commandement de Montgommery après le départ de l'amiral, et que les rançons tirées par ce dernier des personnes réfugiées au Château avaient ruiné les principaux de la ville ;

Que le bien des habitants consistait en terres de labour environnant la ville ; que, depuis deux ans, villages et maisons de fermiers avaient été pillés et ravagés, les meubles pris ou consumés, les maisons en certains lieux brûlées, et que les habitants, par leur détresse, étaient hors d'état d'aider les laboureurs qui payaient les tailles au Roi ;

Enfin, que la plupart des habitants, par crainte de la peste qui sévissait alors à Caen, avaient abandonné la ville.

Les archives ne révèlent pas le résultat obtenu par cette réclamation ; mais on y trouve une délibération tenue à l'Hôtel-de-Ville à l'occasion de la peste dont on vient de parler, et qui mérite de nous arrêter un instant.

En novembre 1563, le fléau sévissait encore dans toute son intensité. Sur la demande de Gilles de Caumont, procureur du Roi, de François Richard et de Pierre Patris, conseillers au siége présidial, les gouverneurs et échevins, et un grand nombre d'habitants notables se réunirent à l'Hôtel-de-Ville, le 4 de ce mois, sous la présidence de Tanneguy Sorin, docteur aux droits, et arrêtèrent :

Que visite des pestiférés serait faite à l'hôpital par scientifiques personnes Marin du Vicquet et Beroald Marege, qui étaient l'un et l'autre protestants ;

Que les maisons atteintes seraient closes et marquées en lieu apparent, par les fossoyeurs de chaque paroisse, d'une croix blanche de trois doigts de large ; et que les habitants de ces maisons, même leurs serviteurs et domestiques, porteraient en ville une verge blanche pour empêcher qu'on les abordât ;

Que les administrateurs de l'Hôtel-Dieu se pourvoiraient d'un *homme de bien,* « lequel « assisterait aux malades pour les consoler et « les avertir de leur salut ; et que, aux prêches « et sermons publics, le peuple serait admonesté « et exhorté de prier Dieu qu'il veuille retirer « son ire, et de subvenir aux pauvres malades « de leurs biens et aumônes. »

Chose remarquable : ce document, délibéré en séance officielle à l'Hôtel-de-Ville, ne fait mention ni des prêtres, ni des aumônes catholiques ; pour consoler les malades, il ne parle que d'un homme de bien ; et, pour les exhortations à adresser au peuple, les prêches sont mis en première ligne et les sermons seulement au second rang. N'est-on pas admis à en conclure que, malgré l'ouverture assez récente des églises catholiques, malgré le séjour récent de la Cour à Caen et la pression qu'elle avait exercée, le culte protestant y était resté prépondérant comme étant celui de la grande majorité tant du peuple que des officiers et des magistrats ?

Les Catholiques se sentant soutenus par la Cour étaient, avec les Protestants maîtres de fait, en dissentiments continuels ; et ils adressaient à la Cour des plaintes réitérées sur la non-exécution de l'édit d'Amboise. Le 8 mars 1563 (vieux style), de Hérouville, au nom du connétable, en prévenait encore les échevins et les exhortait à faire vivre les deux cultes en paix. Au même moment, un avocat, nommé Antoine Le Mercier, venait se plaindre aux magistrats d'avoir été insulté en se rendant à la messe, et même menacé d'avoir la gorge coupée s'il y retournait.

Il existe dans les registres des délibérations de l'Hôtel-de-Ville, du 4 décembre 1568 au 30 septembre 1570, une lacune de plus de vingt-un mois. Cette perte est d'autant plus regrettable que les archives de la Préfecture ne donnent, pour cette période, que très-peu de renseignements. Nous tâcherons d'y suppléer par les documents tirés des registres du Bostaquet et qui seront résumés sous le chapitre X.

Quelques historiens ont avancé que le voyage de Charles IX avait mis fin au culte réformé dans la ville et que les exercices avaient alors été relégués à Allemagne, à Vimont et à Fontaine. C'est une erreur. L'édit d'Amboise les avait maintenus dans les lieux où ils existaient le 7 mars 1562 (vieux style); et nous avons vu qu'à Caen, où la condition était remplie, non-seulement les Réformés avaient conservé le culte public, mais qu'ils avaient refusé, malgré les termes de l'édit, de réduire à deux le nombre des lieux où ils l'exerçaient. Ce n'est qu'à partir du mois de mai 1564 qu'ils se soumirent à la restriction imposée, en ne gardant plus que le Tripot et le quartier St-Jean.

Le 16 septembre 1565, le nonce du Pape, dans une dépêche adressée au cardinal Borromée sur les événements de la France, disait : « Je n'écrirai plus à Votre Éminence sur la « religion et les autres affaires de ce royaume « à *demi huguenot* (1). » Ce peu de mots dépeint, en termes expressifs, la situation religieuse de la France à cette date.

(1) Aymon, t. I, p. 283.

C'est en 1567 que l'année commença à être calculée à Caen conformément au mode actuellement en usage. Jusque-là, Pâques était considéré comme le premier jour de l'année; et les mois de janvier et de février, tout ou partie de mars et quelquefois une partie du mois d'avril, conservaient le millésime de l'année précédente. Le changement avait été ordonné par l'article 39 d'un édit de janvier 1563 (vieux style), confirmé par ordonnance royale du 4 août suivant; mais l'ancien usage avait persisté pendant quelques années encore et il ne fut abandonné, à Caen, qu'à la suite d'une publication de l'édit faite le mardi 28 janvier 1566 (vieux style). Les registres du Bostaquet laissent encore au mois de janvier le millésime de 1566, mais ils donnent au mois suivant celui de 1567, ce qui a réduit, sur ces registres, l'année 1566 commencée le 14 mars, jour de Pâques, et arrêtée au 1er février suivant, à dix mois dix-sept jours.

CHAPITRE IX.

GUERRE CIVILE. — PAIX BOITEUSE.

1567-1570.

L'édit d'Amboise ne tarda pas à subir d'importantes mutilations. Dès le 19 mai 1563, défense fut faite aux Religionnaires de travailler, boutiques ouvertes, les jours de fête de l'Église catholique.

Le 18 décembre suivant, le culte fut restreint aux seules villes assignées aux Réformés pendant la guerre civile; et les quêtes pour les pauvres furent interdites hors des lieux d'exercice.

Enfin, un édit du 24 juin 1564 défendit tout exercice à la suite du Roi, et en outre, pendant tout son séjour, dans les villes où il passerait. Les baptêmes et les mariages seraient alors faits au lieu de culte le plus proche.

La mauvaise foi de la Cour, déjà tenue en suspicion, devenait de jour en jour plus évidente. Les Protestants reprirent les armes. L'effervescence fut grande en Normandie, surtout dans le pays de Caux; mais à Caen, par exception, la paix ne fut pas interrompue. Ce n'est pas que la ville n'eût eu à souffrir des tracasseries que le capitaine Laguo s'était plu à lui susciter; mais tous les habitants, sans distinction de religion, avaient été atteints des malheurs du temps; et, quand éclata la guerre civile, on les vit, d'un commun accord, se réunir à l'Hôtel-de-Ville, en assemblée solennelle, et y arrêter ensemble les mesures propres à prévenir le retour du passé et à maintenir la tranquillité.

Cette assemblée, tenue le 3 octobre 1567 et présidée par l'historien de Bras, réunit, à côté de l'abbé d'Ardennes, de l'official qui était doyen du Sépulcre, et du grand-vicaire de l'abbaye St-Étienne, les trois ministres de l'Église réformée de Caen : Le Chevalier, Vincent Le Bas, sieur du Val, et Pierre Pinson, les gouverneurs de la ville et un grand nombre de bourgeois et habitants. On y décida :

Que les habitants, quelles que fussent leurs qualités et leur religion, se comporteraient patiemment les uns envers les autres, sans s'offenser en faits ni dits;

Que tous seraient mis sous la sauvegarde du Roi et sous la protection les uns des autres, avec défense, sous peine de vie, de s'offenser, injurier, provoquer, et de semer de faux bruits;

Que les armes, épées et armes prohibées seraient défendues :

Que les docteurs, prêtres, curés et ministres recommanderaient la concorde dans leurs sermons et aux prêches ; et que qui les troublerait dans l'exercice de leur religion serait puni de mort.

Cet accord, respecté de part et d'autre, suffit pour maintenir la paix dans la ville, et permit à ses habitants isolés du théâtre de la guerre d'en attendre paisiblement la fin. On est heureux de trouver, dès cette époque, le germe du bon esprit dont les fidèles des deux cultes sont restés animés et dont nous trouverons dans la suite de nombreux exemples.

La guerre commencée en septembre 1567 fut suspendue par un édit de pacification du 23 mars suivant qui remit l'édit d'Amboise en vigueur. La paix, publiée à Caen le 9 avril 1568, y fut accueillie par des feux de joie et des réjouissances. Malheureusement, elle n'était pas sérieuse. Elle avait été baptisée du nom peu gracieux de Paix boiteuse, et ceux qui ne s'y fièrent pas furent les plus habiles. Les événements ne tardèrent pas à leur donner raison.

Le lieutenant général, Olivier de Brunville, décéda, le 28 août suivant, à Hérouville-St-Clair, dans la propriété de Beauregard, qu'il avait acquise et édifiée. Son remplaçant devait être choisi, par le Roi, sur une liste de trois noms présentés par la ville. Il fut procédé, le 30 août, à l'élection des candidats ; et, sous l'empire des bons sentiments qui animaient les deux cultes, la liste se trouva composée de deux protestants, Tanneguy Sorin et François Richard, sieur d'Hérouville, et d'un catholique, l'historien de Bras. Ce dernier fut pourvu de la charge du défunt.

Six mois à peine après l'édit de pacification, la Cour leva le masque, et deux édits, rendus à trois jours l'un de l'autre, inaugurèrent une nouvelle ère de persécutions. Le premier, du 25 septembre 1568, excluait les Réformés de l'Université et des offices de judicature. Le second, plus radical encore, rendu à St-Maur, dans le courant du même mois, déclarait arrachées à la Reine-Mère, et contre son gré, les mesures de tolérance des édits précédents; bannissait du royaume, dans la quinzaine, tous les ministres, à peine de confiscation de corps et de biens; et défendait, sous peine de mort, l'exercice public de tout culte autre que celui de la religion romaine.

Révoltés de la mauvaise foi de la Cour, les Protestants se levèrent de toutes parts et reprirent les armes. Une grande partie, sous les ordres du prince de Condé, se dirigea sur La Rochelle; et la seconde guerre civile, que l'édit du 23 mars avait momentanément suspendue, reprit avec plus de fureur pour ne cesser qu'en août 1570.

Les Religionnaires de Caen, qui avaient fait

preuve de courage en organisant publiquement leur culte dès 1558 et en le maintenant en ville malgré les persécutions du pouvoir et les injonctions des édits, s'inclinèrent pour la première fois devant la tourmente. C'est du moins ce que l'on peut conclure de l'interruption subite des actes d'état civil que les ministres avaient tenus, jusque-là, avec la plus grande régularité. Sans cause apparente, baptêmes et mariages s'arrêtent à partir du 3 octobre 1568 ; et comme ils ne reprennent cours que le 10 septembre 1570, c'est-à-dire immédiatement après l'édit de pacification rendu à St-Germain-en-Laye, il est présumable que, pendant la période intermédiaire, le culte public était resté suspendu.

Deux documents de cette époque donnent l'idée du triste sort réservé aux Religionnaires dans les prisons de l'officialité, et de l'influence qu'exerçait l'intolérance du moment, même sur les transactions purement civiles.

Un malheureux protestant, nommé Guillaume Le Bosquain, laboureur à St-Jean-des-Essartiers, détenu pour fait de religion dans les prisons de l'officialité de l'évêque de Bayeux, demande, par supplique du 15 janvier 1570, qu'on lui fasse bonne et briève justice et qu'on lui permette de faire apporter dans sa prison le pain nécessaire à sa vie et un peu d'étrain (paille) pour se coucher, étant sans nourriture et couchant sur terre pleine de froidure et d'humidité ou « autrement, par froidure et manque « de vivres, sera contraint de mourir de faim « et de froid en ce présent dur et misérable « hiver (1). »

Le 13 mars même année, une sentence du bailliage de Caen annule le bail consenti à Louis de Baillehache des moulins de l'Hôtel-Dieu situés dans une des tours de la ville, par le seul motif que Baillehache professait la religion réformée.

L'édit de pacification, rendu à St-Germain-en-Laye au mois d'août 1570, mit fin à la guerre civile. Il admit en principe la liberté des consciences et l'admission des Réformés à tous états, dignités et charges publiques. Il conserva le culte public aux villes qui l'avaient possédé le 1er août 1570 et l'établit en outre, en Normandie, dans les faubourgs de Pont-Audemer et de Carentan. Les seigneurs possédant haute justice ou plein fief de haubert furent autorisés à l'ouvrir, pour eux et pour toutes personnes sans exception, dans leur principal domicile, et en outre, mais seulement tant qu'ils y seraient présents, dans les autres maisons de leur domaine. Le même droit fut accordé aux autres possesseurs de fiefs, dans leur habitation, mais seulement pour leur famille et dix au plus de

(1) Beziers, p. 345.

leurs amis survenant. Les Réformés purent récuser, devant les Parlements, un certain nombre de présidents et de conseillers. Enfin les villes de La Rochelle, de Montauban, de La Charité et de Cognac leur furent remises comme places de sûreté.

A Caen, où le culte avait cessé dès le 3 octobre 1568, les Réformés ne remplissaient pas la condition imposée pour le rouvrir. Ils furent obligés, comme nous le verrons dans le chapitre XIII, de se constituer en église itinérante et de s'adresser, pour être recueillis, à différents seigneurs des environs (1).

Le parti protestant n'avait accueilli l'édit de pacification qu'avec une extrême défiance. Le chancelier de L'Hospital, écarté du Conseil, n'y avait pas été rappelé; le parti catholique extrême continuait de dominer à la Cour, et il était à craindre que la paix ne fût pas sérieuse et que la Cour, en la signant, n'eût eu le dessein de la rompre à la première occasion. Elle dura jusqu'à la Saint-Barthélemy.

(1) Registres du Bostaquet.

CHAPITRE X.

ÉTAT DE L'ÉGLISE DE CAEN.

1561-1568.

L'état de l'Église, présenté plus haut jusqu'en 1560 (1), est resté fort incomplet. Il avait principalement pour base le registre de l'un des trois ministres de l'Église, ceux des deux autres ne nous étant pas parvenus. Le commencement de la période actuelle va se ressentir également de cette lacune qui a continué jusqu'en octobre 1563. Mais, à partir de cette date, la situation change : les ministres ont abandonné l'usage de registres particuliers ; tous leurs actes sont indistinctement écrits sur les mêmes registres, et nous en possédons une série complète commençant, pour les baptêmes, le 1er octobre 1563, et pour les mariages, le 30 juin 1566.

L'étude de ces divers registres est très-intéressante. On y voit que la Réforme avait fait alors de très-grands progrès dans toutes les

(1) Page 23.

classes de la population : gens de robe et d'épée, université, magistrature, noblesse, barreau, bourgeoisie, peuple, lui avaient fourni de nombreux adhérents ; et, à en juger par le nombre de ces actes et l'état des fidèles, elle devait avoir acquis dans la ville une influence prépondérante. Elle avait été assez puissante pour s'y établir en 1558 et s'y organiser, malgré les persécutions et les édits contraires ; elle s'y maintint, malgré tous les obstacles, pendant la période qui nous occupe, et si elle finit par accepter enfin l'édit du 19 mars 1562 (vieux style), qui limitait à deux au plus le nombre des lieux où le culte pouvait être célébré, ce ne fut qu'après avoir fait attendre sa soumission pendant plus d'une année.

En 1561, l'Église avait pour pasteurs Vincent Le Bas, sieur du Val ; Pierre Pinson et Cousin, dont il a été déjà parlé (1). En 1563, nous retrouvons Du Val et Pinson, et en outre un troisième ministre, Silvestre, qui paraît remplacé, en 1566, par Raoul Le Chevalier. Ce dernier fait son premier baptême dans l'Église le 1er novembre et concourt ensuite, avec les deux premiers, aux exercices ordinaires.

Quelques auteurs ont donné au second ministre le nom de Pinchon. C'est une erreur que

---

(1) Page 24.

rectifie notamment l'une des signatures apposées au bas d'un mariage de 1566 et un grand nombre d'actes de ces registres. Elle s'explique par la prononciation vicieuse en usage dans certains villages et par l'incorrection du scribe qui, en maints endroits, remplaçait le *c* ou l'*s* par *ch*, par exemple : Vachy, Le Herichy, Châles, Fresnay-le-Pucheux, escholles, pour Vassy, Le Hericy, Sâlles, Fresnay-le-Puceux, écoles, et qui en agissait de même pour le nom du ministre. Cette habitude vicieuse a laissé des traces dans des documents encore plus importants ; on en trouve un exemple dans des lettres-patentes du 5 juillet 1576, où l'on appelle *capuchins* les religieux capucins de l'ordre de St-François.

Le culte public était célébré au Tripot, sur l'emplacement duquel a été construite la grande maison portant le n° 50 de la rue Notre-Dame ; aux Grandes Écoles, remplacées maintenant par les salles de l'Université, rue de la Chaîne ; à l'Hôpital et au quartier St-Jean, dans le jardin de l'Échiquier. L'Hôpital ne tarda pas à être abandonné. Il est parlé des Grandes Écoles pour la dernière fois le 10 mai 1564, et les exercices ne furent plus continués qu'au Tripot et au quartier St-Jean, lieux désignés par les commissaires que le Roi avait chargés de l'exécution du deuxième édit d'Amboise.

Des ministres étrangers à la ville s'y rendaient assez fréquemment et y présidaient à certains exercices. On rencontre, pendant cette période, les noms de plus de cent de ces ministres, parmi lesquels on citera comme appartenant aux paroisses du pays :

Robert Philippe, ministre de Tilly ;
Gilles de Housteville, ministre de Ranville ;
Azire, ministre d'Allemagne ;
Jean Vautier, ministre de Secqueville-en-Bessin et d'un hameau de la commune actuelle de Lantheuil, nommée Manneville ;
Pierre Le Roy, dit de Bouillon, ministre de Baron près Évrecy ;
Remon des Moulins, ministre de Camilly ;
Pierre Lislays, ministre de Boulon ;
Luard, ministre de Chicheboville ;
Bence, ministre de Courseulles ;
Jean Marie, ministre de Périers-en-Bessin ;
Pierre Loyseleur, ministre de Bayeux ;
Arnould Cordier et Gilles Lavandier, ministres de Noyers.

Parmi les autres ministres se trouvent encore ceux de Laval, d'Alençon, d'Argentan, du Plain de Cotentin, de Gaffré, de Minbrey, du Val-de-Rive, de Ste-Marie-aux-Anglais, de Château-du-Loir, de Pont-Audemer, de Cany-en-Caux, du Havre, de Lisieux, d'Étampes, de Paris.

La présence de Théodore de Bèze s'y trouve également mentionnée à l'occasion de quatre baptêmes faits par lui le 2 mars 1562 (vieux style).

Le ministre Le Bas a fait à lui seul :

Du 20 novembre 1560 au 31 décembre suivant, que l'on supposera, conformément au nouveau style, avoir terminé l'année, un baptême et un mariage ;

En 1561, composé des trois derniers mois de 1560 (vieux style) s'arrêtant à Pâques et des mois suivants jusqu'au 31 décembre inclusivement, quarante-deux baptêmes et trois mariages;

L'année suivante, cent-sept baptêmes et huit mariages ;

Et l'année d'après, jusqu'au 17 octobre, cent dix-neuf baptêmes, soixante-sept bans et dix-neuf mariages.

Admettons, pour un instant, un nombre égal pour chacun des deux autres ministres, et l'on arrivera à une moyenne annuelle d'environ deux cent soixante-huit baptêmes et trente mariages, qui ne doit pas être loin de la vérité, si l'on veut rapprocher ces chiffres de ceux des années suivantes pour lesquelles nous possédons des registres complets.

En effet, nous trouvons sur ces derniers registres, pour les baptêmes :

D'octobre à décembre 1563.	70
En 1564.	372
A reporter.	442

Report. . . .	442
En 1565.	537
En 1566.	440
En 1567.	438
Et en 1568 jusqu'au 3 octobre . . .	303
Ensemble. . . .	2,160

Et, pour les bans et les mariages :

	Bans.	Mariages.
De juillet 1566 au 31 décembre suivant.	107	28
En 1567	221	57
Et en 1568 jusqu'au 3 octobre.	155	34
Ensemble. . .	483	119

Ce qui donne, comme moyenne annuelle, environ trois cent soixante-quinze baptêmes, deux cent quatorze bans et cinquante-deux mariages.

Le registre de Le Bas a gardé le silence sur les qualités ou professions des parties. On y cite cependant, par exception, un vicomte de Caen, deux médecins : Turquet et Pommier, et parmi les nobles ou seigneurs :

Jacques de Cauvigny ;
Charles de La Bigne ;
Robert Baillehache, sieur de La Corderie ;
Jean Baillehache, sieur d'Écajeul ;
Antoine Le Marchand, sieur de Tavigny ;
Thomas Troismonts ;
Nicolas d'Estampes, sieur du Clos ;

François Malherbe, sieur d'Igny;
Guillaume d'Allemagne;
Jacques de Caumont;
Louis Turgot, sieur des Tourailles;
Et les seigneurs de Lion-sur-Mer, de Bombanville, de Petiville, du Londel, de Ste-Croix, de Beneauville, d'Ifs, de Ste-Marie-Laumont, de Cagny, etc.

Mais les autres registres, moins laconiques, donnent des renseignements plus complets, et démontrent que l'état des Réformés n'était pas moins significatif que leur nombre. Pendant la période si courte à laquelle ils se rapportent, on y voit figurer :

Un lieutenant général du bailli de Caen : Olivier de Brunville.

Un lieutenant général criminel du bailliage : Jean Le Roy.

La veuve du bailli de Caen : Marguerite de Rouville, veuve de Jacques d'Auberville.

Un vicomte de Caen : Guillaume Artur, sieur d'Amayé.

Un lieutenant général du vicomte de Caen : Charles Le Fournier.

Un lieutenant du Roi au bureau de Caen : Marie La Longny, sieur de Rougy.

Le greffier du bailli de Caen : Michel Bazire.

Le greffier du vicomte de Caen : Charles Maloysel.

Dix conseillers au siége présidial de Caen :

Louis Turgot, sieur des Tourailles; Jean Beaulart, sieur de Lébisey; François Malherbe, sieur d'Igny; Olivier Gouhyer, sieur de Fontenay; François Richard, sieur de Hérouvillette; Tanneguy Sorin; Ursin Potier, sieur de La Londe; Pierre Le Poytevin, sieur de Tamerville; Jehan Duprey; Pierre Richard, sieur de Bombanville.

Le procureur du Roi au siége présidial de Caen : Jehan Basire.

L'avocat pour le Roi au présidial : Jacques de Cordouen.

Deux docteurs aux droits : Claude du Buisson, sieur de Courson; Tanneguy Sorin, sieur de Lessay.

Trente-six avocats au bailliage et siége présidial de Caen : Jehan Le Bailly, Pierre de Moriers, Pierre Trevin, François Le Petit, André Daleschamps, sieur de La Varende; Michel Le Canu, Loys Poullain, Nicolle Poulain, Michel Gouville, Étienne Gouville, Cathelin Le Page, Pierre Chapperon, Gilles Bourget, Noël Mesnil, Jehan Blanchard, André Porée, Guillaume Chemin, sieur de Lépine; Jacques Signard, Gilles Jehan, Gilles Thomas, Jacques de Boissel, Eustache Guillet, Martin Morin, Jehan Philippe, sieur d'Epinay; Vincent de Cardonnel, Jehan Foubert, François Le Petit, Robert de La Beullière, Guillaume Gouye dit Barbières, Pierre Angot, Roch Piquot, Jehan Marescot, Richard Canroger, Étienne

Gouville, Jehan Dessillons, François Piquenot.

Huit procureurs au siége présidial ou en la Cour des magistrats : André du Moulin, Jehan Sohier, Jehan Bouffey, Guillaume Huet, écuyer; Jacques de Saint-Germain, Charles Treshardy, Jehan Froger, Jehan de Saint-Jehan.

Six sergents royaux : Nicolas Boullard, Thomas Biot, Raoul Philippe, Jacques Varin, Pierre Accard, Lubin Collet.

Le greffier des appeaux : Marin Noel.

Deux gouverneurs ou échevins de Caen : Laurent Le Porcher, Robert Roger, écuyer, sieur de Lion.

Deux élus de la ville : Jehan de Marguerie, sieur de Sorteval; Robert Aubert.

Le procureur du Roi en la Cour des élus : Jacques de Caumont.

Le général des finances en Normandie : Guillaume de Novince, sieur d'Aubigny et d'Esquai.

Le contrôleur général des finances : Jehan de La Roque.

Le receveur du domaine du Roi : Robert de La Beullière.

Trois receveurs des aides ou des tailles : Pierre Desobeaux, Jehan Le Boucher, Jehan Le Fournier, seigneur et baron de Tournebu.

Le contrôleur pour le Roi : Gosselin.

Le receveur des deniers de la ville : Jehan Le Clerc.

Le grènetier pour le Roi : Pierre.

Cinq principaux ou régents : Nicolle Meheust, du collége du Cloutier ; Nicolle Le Vallois et Geoffroy le Laboureur, du collége du Bois ; Michel de Launay et Philippe Durant, du collége des Arts.

Le gouverneur de l'Hôtel-Dieu : Jehan Maxienne dit La Londe.

Deux notaires : Thomas Becquet, Hugues Étienne, et la veuve de François Paris, ancien notaire au quartier de Vaucelles.

Sept docteurs en médecine : Marin du Vicquet, Becquet, Jehan Onfroy, sieur de Cardonney ; Jacques Chrétien, Henri Le Brun, Henry Brunet, Béroald Marége.

Deux chirurgiens : Gilles Robillard, Étienne de Billy.

Le maître des ouvrages de Caen ou architecte de la ville : Guillaume Petit.

Un imprimeur : Guillaume Henry.

Quatre libraires : Jacques Le Fébure, Jehan Le Fébure, Nicolas Le Fébure et Toulorge.

Deux meuniers de la ville : Guillaume Gilles, au moulin au Roi, et Jean Le Sauvage, au moulin de St-Pierre.

Deux maçons ou entrepreneurs de constructions : Richard Le Prestre, Jehan Baston.

Un teinturier : Michel Lefébure.

Un maître d'escrime : Jacques Roussel dit le Gabilleur.

Une liste complète des familles appartenant à la noblesse nous entraînerait beaucoup trop loin. Citons seulement, au hasard et par ordre alphabétique, les familles d'Assy, d'Aumesnil, de Bacqueville, de Baillehache, de Balleroy, de Basnage, de Beaulart, de La Bigne, Le Bourgeois, de Bourgueville, de Bretteville, de Bricqueville, de Brunville, du Buisson de Courson, de Cairon, de Carbonnel, de Caumont, de Cauvigny, du Chesne, de Cordouën, de La Court, Le Coustellier, de Croisilles-Daneau, Dieu-Avant, d'Étampes, Le Fanu, de Faux, de La Fosse, Fortin, Le Fournier, baron de Tournebu ; Le Gabilleur, Guérard, de Haussey, Hue de Caligny, Hue de Carpiquet, Le Hericy, Mabrey, Mahyas, de Malherbe, de Manneville, Le Marchand, de Marsillac, Le Maréchal, Mesnage de Cagny, de Moges, de Morel, Morin, Néel, Noël, de Novince, de Noyre, de Parfouru, de Picard, de Piedeleu, de Pierrefitte, Le Poytevin, de Répuchon, de Reviers, Richard, Roger de Lion, Roussel, du Saffray, de Saalles, de Sainte-Marie, Le Sens, Thésart, de Trois-Monts, Trolong, Turgot, Le Vallois, de Vassy, Vautier, Vaussy, etc.

On y trouve encore les noms de cinquante-sept anciens et de trente-cinq des diacres attachés, comme auxiliaires, au service de l'Église de Caen.

Ces documents, quoique plus complets à partir d'octobre 1563, ne peuvent encore restituer à l'Église qu'une partie de sa physionomie générale. D'abord, les actes, fort laconiques, indiquent rarement la qualité et la profession des parties ; ensuite ils n'embrassent qu'un très-court espace de temps : cinq ans pour les baptêmes, deux ans pour les mariages ; enfin, parmi les fidèles, une minime partie seulement a sans doute été appelée à y laisser des traces d'existence. Cependant les renseignements qu'ils renferment n'en sont pas moins très-précieux, car ils donnent l'idée de l'importance que l'Église avait acquise en si peu de temps, et du mouvement que la Réforme avait imprimé dans la ville.

Une autre nomenclature, non moins curieuse, est celle des paroisses voisines de Caen citées dans ces registres et dont les seigneurs avaient embrassé la Réforme. On comprendra, en la parcourant, comment les idées nouvelles s'y étaient si promptement propagées. Nous y trouvons les sieurs ou seigneurs des localités suivantes :

Allemagne, Amayé, Angoville, Anisy, Aubigny, Avenay ;

Banneville, Beaumont, Beneauville, Bernières-sur-Mer, Biéville-en-Bessin, Billy, Blagny, Blainville, Bois-Roger près Cléville, Bombanville près Thaon, Bougy, Bras près Ifs, Bretteville, Brouay, Brucourt, Bucels, Bully, Buron près St-Contest ;

Cagny, Cainet, Cairon, Caligny, Calix près Caen, Cambes, Carpiquet, Chicheboville, Clinchamps, Clopée près Mondeville, Colomby-sur-Thaon, Condé, Contrières, Courcy-en-Auge, Courseulles, Courson, Crouay, Cully, Cussy ;

Écajeul, Épinay, Esquai, Estry ;

Feuguerolles, Fierville, La Folie, Fontaines, Fontaine-Étoupefour, Fontenay, Fontenay-l'Abbaye près May-sur-Orne, Le Fresne ;

Graye ;

Hérouvillette, La Hogue près Bourguébus ; Ifs ;

Langrune, Lasson, Lébisey près Hérouville-St-Clair, Lion-sur-Mer, Livry, La Londe, Le Londel près Cambes ;

Magny, Maizet, Maizières, Manneville près Lantheuil, Le Manoir, Marcelet, May-sur-Orne, Le Mesnil, Mesnil-Mauger, Mondeville, Mondrainville, Montenay, Monts, Mouen ;

Navarre près Vimont, Noyers ;

Parfouru, Petiville, Pierrefitte, Pierrepont hameau de Lantheuil, Plumetot, Poussy, Putot-en-Bessin ;

Quesnay ;

Roquereul, Rosel ;

St-Agnan-le-Malherbe, Ste-Croix, St-Laurent, St-Manvieu, St-Silvain, Secqueville-en-Bessin, Soliers ;

Tilly, Torteval, Tournay, Tournebu, Trois-Monts, Trousseauville ;

Ussy ;

Varaville, Vaux, Venoix, Verrières près Fontenay-le-Marmion, Verson, Villons, Villy et autres.

La nomenclature des familles bourgeoises conduirait à dresser une table alphabétique de presque tous les actes de ces registres. Contentons-nous d'indiquer, parmi celles qui ont encore des descendants en ville ou dans les environs, les noms de : Adeline, Azire, Aumont, Beaujour, Bellenger, Bénard, Boisard, Boissel, Le Bourgeois, Carel, Le Cavelier, Chapron, Coquerel, Crespin, Dajon, Déterville, Desloges, Dorléans, Dufour, Le Fauconnier, Gosselin, Hardy, Hauvel, Le Hericy, Le Hot, Larcher, Lasnon, Le Landais, Lelièvre, Liot, Litehare, Louvet, Luart, Mallet, Mancel, Mannoury, Marc, Marescot, Osmont, Le Petit, Poubelle, Le Prestre, Ozanne, Raoul, Renouf, Rousselin, Le Sueur, Le Testu, Tostain, Vauquelin, Vautier, Vimont, etc.

Le père du poète Malherbe, François Malherbe, sieur d'Igny, époux de Louise Le Vallois, avait embrassé avec chaleur les idées de la Réforme. Il habitait le quartier St-Pierre, et on le voit figurer fréquemment sur ces registres, soit comme père, soit comme parrain, ainsi que l'énonce une communication publiée en février 1873 dans le Bulletin de la *Société de l'histoire du Protestantisme français*. Il avait fait baptiser quatre de ses enfants devant l'Église Réformée de Caen :

Pierre, le 9 octobre 1561 ;
Josias, le 15 décembre 1562 ;
Marie, le 27 décembre 1566 ;
Jeanne, le 9 mars 1568.

Le poëte Malherbe, né en 1555, c'est-à-dire trois ans avant l'érection de l'Église de Caen, n'a dû sans doute qu'à cette circonstance de n'avoir pas reçu le même baptême.

CHAPITRE XI.

LA SAINT-BARTHÉLEMY.—GUERRE CIVILE.—DÉCÈS DE CHARLES IX. — MISÈRE A CAEN. — PACIFICATION DE 1577. — CIMETIÈRE DE L'HÔTEL-DIEU.

1572-1580.

Les Réformés avaient eu raison de n'accueillir qu'avec défiance l'édit de pacification de St-Germain-en-Laye. Deux mois à peine s'étaient écoulés qu'une déclaration du 4 octobre 1570 venait en restreindre les dispositions en défendant aux Réformés de tenir école ou collége; de lire en quelque art et science que ce fût, soit en public, soit en privé; d'occuper des places d'officiers ou de suppôts de l'Université; et, aux libraires, d'imprimer ou de vendre les livres censurés par la Faculté de théologie. Deux ans plus tard éclatait la Saint-Barthélemy.

La tentative de meurtre exercée le 21 août contre Coligny en fut le prélude. Catherine de Médicis, d'après Anquetil, et les frères du Roi l'auraient eux-mêmes ordonnée et en auraient confié l'exécution à Maurevers, surnommé le

Tueur-du-Roi. D'après Varillas, auteur contemporain qui a écrit la vie de Charles IX, le Roi lui-même aurait également trempé dans cet assassinat.

Dans la nuit du 23 au dimanche 24 août 1572, à minuit, le premier coup de cloche de l'église St-Germain-l'Auxerrois donna le signal du massacre des Protestants dans Paris. L'une des premières victimes fut l'amiral de Coligny ; et Henri de Navarre, pour éviter la mort, dut abjurer dans le cabinet du Roi. Charles IX revendiqua hautement pour lui l'écrasante responsabilité de cette œuvre abominable ; et, sur le mot d'ordre parti de Paris, de semblables massacres éclatèrent simultanément à Meaux, Troyes, Orléans, Bourges, La Charité, Lyon, Saumur, Angers, Romans, Bordeaux, Toulouse et autres localités, sur les points les plus divers de la France. A Rouen, malgré les efforts de Carrouge, qui en était le gouverneur, les Protestants ne purent y échapper. Un grand nombre, considérant les prisons comme lieu de refuge d'où, le danger passé, ils sortiraient sains et saufs, coururent en foule s'y faire écrouer ; mais ils y furent envahis par des bandes furieuses armées de dagues, d'épées, de haches, de massues, et tombèrent les premiers sous les coups des assassins. Il est vrai que les autres n'eurent pas un meilleur sort. Des gardes posés aux portes de la ville, dans les rues, dans les places et les carrefours, rendaient la fuite impossible, et ce ne fut plus ensuite que maisons forcées, livrées au pillage, et Religionnaires égorgés, jetés du haut des fenêtres ou noyés dans la Seine. Ces horreurs, commencées le 17 septembre, duraient encore trois jours après.

Toutes les villes de la Normandie ne furent pas aussi cruellement éprouvées. Guy de Longchamp, sieur de Fumichon, gouverneur de Lisieux, qui avait reçu de Carrouge l'ordre de mettre les Protestants en sûreté, fut parfaitement secondé dans son œuvre par les officiers municipaux de la ville. Le beau rôle prêté dans cette circonstance à l'évêque Le Hennuyer a depuis été contesté. Ce n'est très-probablement qu'une fable historique ; cependant on serait heureux d'y croire, ne fût-ce que par honneur pour l'Humanité (1). De son côté, Matignon, retiré à Lonrai, arracha à la mort ceux de St-Lo, d'Alençon et beaucoup d'autres ; et Sigogne, gouverneur de Dieppe, après avoir réuni les principaux habitants des deux cultes pour leur communiquer les ordres de massacre qu'il avait reçus, les rassura lui-même, en disant que ces ordres ne pouvaient concerner que les

---

(1) Lange, t. 1, p. 171. — Osmont de Courtisigny, dissertation insérée dans le bulletin de l'*Histoire du Protestantisme français* du 15 avril 1877.

Calvinistes rebelles et séditieux, et que, grâce à Dieu, il n'en connaissait aucun.

A Caen, nous ne possédons aucun document sur ce qui se passa à cette occasion dans la ville. Les archives municipales et celles de la préfecture sont muettes. On peut en induire que nos ancêtres furent également épargnés ; mais il est regrettable de ne pouvoir signaler à la reconnaissance de la postérité ceux auxquels ils durent leur salut. On a cité cependant une lettre du 27 août 1572, écrite de Falaise, où il se trouvait, par Matignon au bailli de Caen et à ses lieutenants ; et en outre une proclamation du même jour qui fut répandue à profusion dans toute l'étendue du bailliage. D'après la lettre, le Roi avait prévenu Matignon qu'une émotion advenue à Paris par la querelle particulière existant entre le duc de Guise et l'amiral avait causé la mort du dernier ; mais qu'il entendait que le dernier édit de pacification continuât d'être observé et exécuté. Par la proclamation, pour éviter le contre-coup des événements de Paris, les émotions populaires et les prises d'armes à l'effet de se massacrer les uns les autres, ce qui serait contrevenir aux intentions du Roi, défense était faite à toutes personnes, sous peine de vie, de se demander ou quereller aucune chose par voie de fait, de porter aucune arme défendue, « ains... enjoint sous les mêmes peines de se

« contenir et vivre amiablement les uns avec
« les autres suivant le dit édit de pacification
« tant en cette dite ville, faubourgs que autres
« villes du dit bailliage, aux champs, où besoin
« sera. »

De Bras, peu sympathique aux Réformés, n'a consacré que quelques lignes à la Saint-Barthélemy. Voici ce qu'il en dit : « ... Le « Roy... fit un traicté de paix en l'an 1570, « lequel dura iusques en l'an 1572 au iour « sainct Barthelemy, me passant d'en faire plus « long discours de ce qui advint à Paris, pour « ce qu'il a été descrit par les historiographes de « nostre temps tant catholiques que protestants, « chacun en discourant selon leurs affections, « et dont i'en laisse le iugement à Dieu seu-« lement. Ie diray ce que Saluste reffère en « l'histoire Catilinaire, à sçavoir *que l'exécution* « *est aucune fois nécessaire sans attendre de* « *conseil* (1). » On voit, par ces derniers mots, que notre historien était tout disposé, sinon à approuver, du moins à excuser ces forfaits !

Lorsque ces tristes nouvelles arrivèrent en ville, l'Église de Caen, alors recueillie à Venoix sur le fief au Maréchal, venait de faire encore le dimanche 31 août, selon l'usage, ses exercices religieux. Pierre Pinson avait présidé à ceux du matin ; Gilles Gautier, à ceux du soir.

(1) De Bras, p. 288.

Mais le silence conservé par les registres, à partir de ce moment jusqu'après l'édit du mois de mai 1576, démontre que le culte fut immédiatement suspendu. D'ailleurs, la déclaration du 28 août, constituant Charles IX auteur de la Saint-Barthélemy, interdisait, sous peine de confiscation de corps et de biens, tous prêches et assemblées tant qu'il n'aurait pas été pourvu à la tranquillité du royaume.

Les Réformés échappés au massacre s'enfuirent en grand nombre vers le midi de la France et se réfugièrent à Nîmes, à Montauban, à La Rochelle et dans les villes faciles à défendre. D'autres, fort nombreux aussi, émigrèrent à la hâte en Angleterre, en Allemagne, en Suisse. Montgommery, spécialement désigné aux meurtriers par la Reine, parvint à s'échapper de Paris et gagna Jersey avec quelques-uns de ses partisans. Les îles anglaises se remplirent de fugitifs. Guernesey, l'une d'elles, compta jusqu'à quarante-deux ministres; Londres en reçut quarante-et-un (1).

Une liste de ces derniers, qui porte au dos, de la main de Théodore de Bèze : « *Nomina ministrorum quos Deus ex carnificense in Angliam missos servavit* », comprend les noms suivants appartenant à nos localités :

---

(1) *Bulletin de la Société de l'Histoire du Protestantisme français*; 2ᵉ année, page 25.

Jacob Tardif, ministre de Pont-Audemer;
Cardin Mignot, ministre de Luneray;
Pierre Loiseleur dit de Villiers, ministre de Rouen;
Antoine de Licques, ministre en sa maison des Anteux;
Noël Drouet, ministre de Buisson-en-Auge;
Pierre Bence, ministre à Courseulles-sur-Mer;
Jean Marie, ministre à Lion-sur-Mer;
Ursin Bayeux, ministre à Colomby, en Normandie;
Pierre Boulon (probablement Pierre Le Roy dit de Bouillon), ministre à Baron, près Caen.

Devant l'émotion générale, le Roi crut politique de défendre sous peine de vie, par édit du 3 novembre 1572, toute atteinte contre la personne et les biens des Réformés, d'ordonner aux gouverneurs et aux officiers publics de les prendre sous leur protection, et de faire élire dans chaque cité certain nombre de bons et notables citoyens, amateurs du bien et repos publics, pour prêter main-forte aux maire et échevins et accompagner les juges (1). C'est à la suite de cet édit que furent formées, à Caen, deux compagnies de trente hommes chacune, l'une à cheval, l'autre à pied, et qui furent mises sous les ordres, la première, de Denis, sieur de Petiville, et la deuxième, de Jean Fillastre.

(1) Registre des délibérations de l'Hôtel-de-Ville.

L'horreur inspirée par ce massacre s'était étendue de la France aux pays étrangers. Dans toute l'Europe, les Protestants s'excitaient à une croisade contre les assassins de leurs coreligionnaires. La Reine d'Angleterre, Élisabeth, armait de nombreux vaisseaux ; l'Allemagne levait des troupes ; et, au mois de novembre 1572, la guerre civile avait recommencé dans notre malheureux pays.

La belle défense de La Rochelle par les Protestants conduisit à l'édit de juillet 1573, qui rendit aux Réformés la plupart de leurs droits et libertés et que le Parlement de Rouen, avec son mauvais vouloir accoutumé, ne consentit à enregistrer qu'après deux lettres de jussion. Mais la paix inaugurée par cet édit se réduisit à une suspension d'armes ; car, en février 1574, la guerre avait repris avec un redoublement d'ardeur.

L'armée protestante entrée en Normandie s'empara de Falaise, d'Argentan, de Vire ; prit par escalade Domfront le 26 février, et se rendit maîtresse de St-Lo et de Carentan.

A l'annonce de la prise de St-Lo, arrivée à Caen le 1ᵉʳ mars, Matignon leva immédiatement une petite armée, la réunit à trois régiments que lui avait envoyés la Cour, et, après avoir passé la revue de ses troupes dans la plaine de Carpiquet, prit, le 26 mars, la route du Cotentin. Il s'empara d'abord de

Domfront, où il fit Montgommery prisonnier, et revint ensuite devant St-Lo, qu'il prit d'assaut le 10 juin 1574.

Charles IX était décédé le 30 mai précédent. En l'absence du nouveau Roi, alors en Pologne, Catherine de Médicis avait repris la régence. Son animosité contre Montgommery, auquel elle reprochait la mort accidentelle de son mari, n'avait fait que s'accroître, et elle ordonna à Matignon de lui envoyer son prisonnier. Ce malheureux, dirigé vers Paris, passa par Caen où il arriva le lundi 7 juin et en repartit le lendemain à midi. Les échevins avaient fait meubler, pour lui et les gens qui le conduisaient, le logis de M. d'Écoville, connu depuis sous le nom du Grand-Cheval, place St-Pierre, et c'est là qu'il fut logé.

Aux époques troublées que nous traversons, une misère extrême régnait à Caen et dans la vicomté. Une requête présentée par les habitants de Caen, le 7 mai 1574, à l'occasion d'un impôt de 8,000 livres dont le Roi les avait chargés, en présente le tableau le plus affligeant (1). D'après les pétitionnaires, les faubourgs, qui faisaient la moitié de la population de la ville, étaient ruinés et abandonnés comme les autres paroisses de la vicomté. La ville, qui en tirait précédemment sa subsis-

(1) Registre des délibérations de l'Hôtel-de-Ville à cette date.

tance, n'en pouvait plus obtenir aucun secours. Les habitants de ces faubourgs venaient mendier dans ses murs et mourir de faim aux portes des maisons sans pouvoir être secourus. Le bureau des pauvres comptait plus de vingt mille nécessiteux. Les armées avaient enlevé tous les chevaux de la ville et de la vicomté au nombre de sept à huit cents; et les militaires, en y passant ou y séjournant, ne payaient rien de leurs dépenses. Les villages étaient abandonnés et les blés n'avaient pas été semés.

Les juges et les officiers du Roi, réunis le même jour à l'Hôtel-de-Ville, attestèrent par une délibération spéciale l'exactitude de ce triste exposé et y ajoutèrent que, depuis le mois de février précédent, les compagnies des Réformés traversant le bailliage pour aller s'emparer de Domfront, St-Lo et Carentan, avaient commis infinité de rançonnements et de concussions ; et que les compagnies levées au nom du Roi par Matignon, pendant les vingt-cinq jours qu'elles étaient restées dans la ville ou ses faubourgs, y avaient été nourries sans payer « avec le moins de désordres qu'il avait été « possible. »

Cinq ans plus tard, la situation ne s'était pas améliorée. Le trésorier général d'Aubigny atteste, à la date du 28 février 1579, pour obtenir du Roi la modération des charges imposées à la ville, que les habitants de Caen étaient ruinés par les guerres, les émotions passées, la nourriture et l'entretien des troupes; que les fermiers ne pouvaient payer leurs terres; que la plupart étaient à l'aumône, et que grand nombre de seigneurs, gentilshommes, gens d'église et autres en étaient réduits à labourer *eux-mêmes* leurs terres pour éviter qu'elles ne restâssent en friche (1).

Une trêve de deux mois suspendit les hostilités; mais, à l'arrivée de Henri III en France, la guerre reprit avec fureur. Le Roi de Navarre, échappé de la Cour où il avait été jusque-là gardé pour ainsi dire à vue, se rendit à Alençon, et de là à La Rochelle où il se releva publiquement, en 1576, de l'abjuration que la crainte de la mort lui avait arrachée.

L'édit de mai 1576 interrompit momentanément la guerre. Elle recommença neuf mois après, à la suite d'une déclaration royale rapportant l'édit et n'admettant plus en France qu'une seule religion; et elle ne prit fin qu'à la pacification confirmée par l'édit donné à Poitiers en septembre 1577.

L'édit de mai 1576, le plus favorable que les Réformés eussent encore obtenu, leur avait assuré, avec l'oubli du passé, l'exercice libre et public de leur religion dans tout le royaume,

(1) Registre des délibérations de l'Hôtel-de-Ville.

sans distinction de temps, de personnes et de places, pourvu que ces places leur appartinssent ou qu'ils en eussent la permission des propriétaires ; l'admission à toutes les charges et dignités, un cimetière particulier en chaque place, une chambre mi-partie dans les parlements et la même garantie dans les causes prévôtales. Seulement, dans tous actes publics où il serait question de la religion nouvelle, il devrait être usé à l'avenir de l'expression de *Religion prétendue réformée*. C'était la première fois que cette qualification leur était légalement imposée. L'édit de Poitiers le reproduisit, à peu d'exceptions près. Il accorda la continuation du culte dans toutes les villes et bourgs où il se trouvait publiquement établi le 17 septembre 1577, son exercice dans l'une des villes ou bourgs de chaque bailliage, et un cimetière particulier dans toutes les villes et lieux du royaume. Les Réformés de Normandie, qui tenaient en suspicion, à juste titre, le Parlement de leur province, obtinrent, en outre, par le treizième des articles secrets arrêtés à Bergerac le 17 du même mois de septembre, que des lettres d'évocation leur seraient délivrées pour leurs causes, soit au grand Conseil du Roi, soit à la chambre chargée, dans le Parlement de Paris, de rendre la justice aux Religionnaires.

Les Protestants de Caen qui avaient ouvert leur

culte en ville par suite de l'édit de mai 1576 et l'avaient suspendu en février 1577 lors de la reprise des hostilités, ne remplissaient pas la condition imposée par l'édit de 1577 pour le rouvrir et durent reprendre la position d'Église itinérante. Mais ils avaient droit d'y obtenir un cimetière et ils exigèrent avec instance celui que cet édit leur avait assuré. Les officiers municipaux leur en désignèrent un qui appartenait à l'Hôtel-Dieu. Le prieur de cet établissement y fit opposition. Les Protestants en réclamèrent un autre. Les Catholiques de leur côté se plaignirent que les Protestants travaillassent ostensiblement les jours chômables non reconnus par eux, mais sanctionnés par l'Église romaine; et il en résulta des plaintes auxquelles le gouverneur d'O voulut mettre un terme. Il se rendit à Caen le 6 février 1580, accompagné des deux commissaires de l'édit; et, en leur présence, il reçut chez lui, le 9 février, les officiers, gouverneurs et échevins de la ville et les notables des deux cultes. Après avoir entendu les plaintes des Catholiques et les demandes formulées, au nom des Protestants, par Gilles Bourget, leur conseil et leur avocat, il exhorta « les uns et les autres à « se contenir en l'exercice de leurs états, « selon les édits et les ordonnances du Roi, et « de n'user, en leurs sermons et prêches, d'au- « cuns propos tendant à émotion ou sédition. »

Il défendit aux gens de toute religion, sans préjudice de la liberté de conscience accordée par l'édit, d'ouvrir boutique et d'exercer leur métier les jours des fêtes observées par l'ancienne usance de l'Église catholique romaine, sous peine d'amende arbitraire et de punition corporelle. Enfin, relativement au cimetière, il arrêta que les Réformés se contenteraient provisoirement de celui qui leur avait été désigné, faute d'avoir « trouvé moyen de faire mieux (1). »

(1) Registre des délibérations de l'Hôtel-de-Ville.

CHAPITRE XII.

GUERRE CIVILE.—CAEN REPOUSSE TOUTE ALLIANCE AVEC LA LIGUE. — TRANSLATION DU PARLEMENT DE ROUEN A CAEN. — ASSASSINAT DE HENRI III.

1580-1589.

La guerre civile recommença en 1580. Les Protestants étaient fort nombreux en Normandie. La Cour pouvait craindre que leur levée en masse ne vint augmenter le nombre de ses adversaires et elle crut prudent de les rassurer. Sur son ordre, d'O écrivit, le 26 avril, aux échevins de Caen que le Roi voulait maintenir la paix entre tous ses sujets par l'observation de l'édit de pacification et entendait, même dans le cas où quelques-uns de la nouvelle religion prendraient les armes, que l'on en laissât jouir les autres qui « sous « icelle se voudraient tenir doucement » ; et, le 7 mai suivant, à l'occasion d'un port ou quai que l'on parlait d'établir à Caen, il faisait suivre sa lettre d'un *post-scriptum* écrit en entier de sa main et ainsi conçu : « Je vous « recommande et mets sous votre protection

« ceux de la religion prétendue réformée, « pourvu qu'ils vivent sans enfreindre en rien « l'édit de pacification. C'est le soulagement « de tout le pays que nous puissions vivre « doucement les uns envers les autres, sui- « vant l'intention du Roi qui est telle et suivant « ses ordonnances qu'il commande de faire « exécuter (1). »

Un édit du 3 juin 1580 complétant ces précautions frappa de confiscation tout Réformé qui quitterait sa maison pour guerroyer ou sortirait du royaume dans le même but.

Soit par amour de la paix, soit par tout autre motif, les Protestants de Caen restèrent étrangers à la levée de boucliers. Leurs registres établissent que, pendant toute la durée de cette nouvelle guerre, ils continuèrent tranquillement leurs exercices chez divers seigneurs hauts justiciers des environs ; et il est présumable qu'ils vécurent en paix sous le bénéfice des instructions données aux officiers de la ville.

En 1582, une mesure fiscale atteignit les églises réformées qui voudraient continuer à jouir du bénéfice de l'édit de pacification. Celle de Caen, quoique privée du culte dans l'intérieur de la ville, fut frappée, à ce titre, d'une taxe de 55 écus 44 sous.

---

(1) Registres des délibérations de l'Hôtel-de-Ville.

On trouve en 1584, dans une requête du 1er juin adressée par les échevins de Caen au duc de Joyeuse, une preuve de la bonne intelligence qui, malgré les événements extérieurs, régnait entre les deux cultes. Il s'agissait du remplacement du lieutenant du Duc dans la ville. « Monsieur le Lieutenant général ayant dit
« à votre lieutenant en ce siége, lui écrivaient-
« ils, que vous ne vouliez plus de son service,
« nous fait très-humblement vous supplier de
« mettre en sa place Pierre Beaulart, sieur
« de Maizet, l'un de nos confrères au gouver-
« nement de cette ville, étant sous votre bon
« plaisir, encore qu'il fasse profession de la
« religion prétendue réformée, homme fort
« propre pour la dite charge et qui s'en acquittera
« dignement (1). »

Henri III prévint les échevins, le 12 mars 1585, qu'avis lui avait été donné de la mauvaise volonté de quelques-uns et les engagea à veiller de plus près que jamais pour éviter toute surprise préjudiciable à son service et à leur sûreté; et le lieutenant général en Normandie, Carrouge, en leur envoyant le 17 mars la lettre du Roi, leur recommanda d'avoir l'œil ouvert non-seulement sur ceux du dedans, mais encore sur ceux du dehors, sans se fier à qui que ce fût, et de n'en laisser entrer aucun dans la

---

(1) Registres des délibérations de l'Hôtel-de-Ville.

ville de peur qu'ils n'y devinssent les plus forts.

Les échevins, réunis le 19, arrêtèrent : que les portes de ville seraient ouvertes le matin à 5 heures et fermées le soir à 8 heures ; que les bourgeois, désarmés précédemment par le capitaine Laguo, se muniraient de nouveau d'armes ; que chaque dixainier surveillerait sa dixaine ; que les hôteliers donneraient les noms de tous ceux qu'ils logeraient, et que le tout serait fait le plus *célément* qu'il se pourrait.

Henri III, éprouvant des inquiétudes pour la sûreté de la recette générale en ville, donna l'ordre, le 27 avril 1585, de la transférer à Granville ; mais apprenant, quelques jours après, qu'un vol de deniers publics avait été commis à une lieue et demie de Caen, une seconde lettre, du 22 mai, enjoignit aux échevins de la retenir sous leur responsabilité personnelle.

C'était une charge onéreuse en ces temps de troubles et de pillages. Les habitants avaient sur le cœur les vexations de toute nature du capitaine Laguo, dont la plus pénible était leur désarmement. Une autre circonstance, le passage en ville du duc d'Elbeuf, avait pu préoccuper le Roi. Les échevins saisirent l'occasion de la recette générale pour déléguer vers la Cour, de Cauvigny, l'un d'eux, et toucher ces divers points dans ses instructions. Elles furent délibérées le 28 mai et on y énonça : que l'on n'avait rien eu à reprocher aux habitants, comme bons et fidèles serviteurs de Sa Majesté, tant que le maire et les échevins avaient eu « l'entière charge et libre « disposition du fait des armes en icelle ville » ; que les feus Rois, voyant la diversité d'opinions en fait de religion entre les sujets du royaume, même en la ville de Caen, et craignant qu'il n'en résultât quelque altération dans la fidélité et obéissance des habitants, avaient confié le gouvernement de la ville et du château à un personnage chargé de les maintenir en obéissance et sécurité ; que Laguo, l'un de ces gouverneurs, avait enlevé les armes des habitants, sauf la dague et l'épée, pris canons, artillerie, poudre, piques, lances, munitions étant aux tours, forteresses et Hôtel-de-Ville, et resserré le tout au château ; que le Roi venant de commander aux maire et échevins de se tenir sur leurs gardes et de veiller à la conservation de leur ville, les habitants s'étaient fournis d'armes et avaient, depuis lors, gardé et veillé de jour et de nuit ; qu'à la vérité le duc d'Elbeuf avait été reçu en ville, mais qu'on en avait conféré avec le successeur de Laguo, d'O, commandant du château, qui s'était borné à recommander que le Duc n'y entrât pas avec compagnie le rendant le plus fort; que ce dernier, entré avec 40 chevaux seulement, ne s'y était arrêté que pour dîner, temps pendant lequel les bourgeois en armes avaient gardé les portes et les places de la ville; enfin que si le Duc avait été vu traversant une autre fois la ville, c'était en sortant du château, où il était entré par la porte des champs sans que les habitants le sussent ni pussent l'en empêcher, d'autant plus que le Roi n'avait pas fait entendre qu'il lui fût suspect (1).

Henri III reçut l'envoyé et les instructions dont il était porteur. La ville conserva la recette générale qu'elle avait été exposée à perdre; mais les échevins ne purent en décliner la responsabilité.

Pendant la guerre civile que l'édit de 1577 avait terminée, une grande Ligue s'était formée de l'union de plusieurs Ligues particulières auxquelles la religion et la politique cumulées avaient donné naissance. Ce nouvel élément de troubles, survenant dans un pays si tourmenté, l'avait divisé en deux camps ennemis, les Protestants d'un côté, les Ligueurs de l'autre, au milieu desquels Henri III, constamment hésitant, passait tantôt dans l'un, tantôt dans l'autre. En 1585, il se rapprocha de la Ligue qui exigea, comme gage d'alliance, l'interdic-

(1) Registres des délibérations de l'Hôtel-de-Ville.

tion en France de la religion réformée. L'édit de juillet 1585, rendu en conséquence, révoqua tous les édits favorables aux Religionnaires, imposa le catholicisme à tous les sujets, sous peine de confiscation de corps et de biens, et ordonna aux ministres de sortir, dans le mois, du royaume.

Cette violation flagrante de la liberté de conscience rendait une nouvelle guerre civile imminente. Elle reprit avec acharnement et fut la plus sanglante de nos guerres religieuses. Entrecoupée de trêves et de traités, elle ne prit réellement fin qu'à la paix de Vervins conclue en 1598.

Caen, où les Protestants étaient très-nombreux, n'en resta pas moins fidèle à la royauté; mais il repoussa constamment toute alliance avec la Ligue. Les deux cultes y restèrent unis et paisibles ; et l'autorité se bornant à des mesures d'ordre et de défense sut, au milieu du désordre général, conserver en ville une tranquillité relative. La proximité du théâtre des hostilités y rendait certaines précautions nécessaires. Le 1ᵉʳ novembre 1585, Raoul Belleval, sieur de Courcelles, lieutenant du gouverneur d'O, ordonna de boucher dans les vingt-quatre heures, dans toute l'épaisseur de la muraille, tous huis et portes donnant sur l'Orne et sur l'Odon ; les portes de St-Étienne, de St-Julien et des Jacobins qui, seules de la ville, n'étaient pas à pont-levis ; l'ouverture conduisant au moulin de St-Pierre et celle qui, sur la paroisse St-Étienne, servait de passage aux bouchers pour jeter dans l'Odon le sang de leurs abattoirs. Deux jours après, on fit amener en ville, depuis Ouistreham jusqu'aux bacs du Coudray et de Thury, tous bacs, nacelles et écaudes qui existaient sur l'Orne, et enfoncer sous l'eau, de manière à n'en pouvoir être retirés, ceux qu'on ne pouvait enlever. Le 22 du même mois, de nouveaux ordres firent boucher les portes de St-Julien, de St-Étienne et des Jacobins, et enjoignirent à tous les habitants de prendre part, en personne, aux gardes de jour et de nuit.

Quelques Protestants de la ville et du pays, après avoir été rejoindre le prince de Condé, abandonnèrent le théâtre de la guerre et revinrent par troupes disséminées annonçant leur soumission aux ordres du Roi et demandant à être reçus dans la ville. Ce retour pouvant être feint et cacher de mauvaises intentions, on décida de les désarmer préalablement, de les mener ensuite à l'Hôtel-de-Ville pour y être examinés, et d'autoriser, en cas de justifications satisfaisantes, ceux de la ville à y rester sous la caution d'un de leurs amis catholiques, et ceux du plat pays à se retirer dans leurs maisons à la campagne (1).

(1) Registres des délibérations de l'Hôtel-de-Ville.

L'assassinat aux États de Blois du duc et du cardinal de Guise, le 23 et le 24 décembre 1588, souleva contre le Roi tous ceux qui, de près ou de loin, tenaient à la Ligue. La Sorbonne délia le peuple du serment de fidélité. Le Parlement de Paris sanctionna cette mesure, que quelques conseillers signèrent de leur sang. En un instant tout fut en feu dans le royaume ; et, le 4 février 1589, les Ligueurs de Rouen, que le Parlement avait jusque-là maintenus dans l'ordre, se rendirent maîtres de la ville et en chassèrent Carrouge. Caen resta fidèle à la royauté. Les Protestants, qui formaient une partie notable de la population, ne pouvaient être favorables à une faction dont l'unique but était de les détruire ; et l'union des habitants conserva sous l'obéissance royale, non-seulement la ville, mais encore tout le pays environnant. Ses magistrats, attentifs aux moindres symptômes, s'appliquaient à prévenir toutes causes de troubles ; car, dans l'état de surexcitation des esprits, la moindre circonstance pouvait avoir des conséquences terribles. On en eut la preuve au mois de février 1589, dans une circonstance où de simples propos, tenus par un étranger, furent sur le point d'ensanglanter la ville.

Un samedi, un charron d'Angers descendu à Caen, à l'hôtel de la Cornemuse, y avait proféré des menaces contre les Religionnaires.

Arrêté à l'instant, le capitaine Lafosse l'avait livré aux juges. Mais les propos s'étaient répandus ; l'inquiétude avait gagné la ville, et les Protestants, craignant qu'on ne voulût attenter à leur vie, s'étaient assemblés par troupes, prêts à s'armer pour se défendre. Le capitaine Lafosse, les caporaux, les dixainiers et une foule de bourgeois gagnèrent l'Hôtel-de-Ville où existait un corps-de-garde. L'incertitude où l'on était des intentions des uns à l'égard des autres avait accru l'émotion générale, et une prise d'armes pleine de dangers était imminente, lorsqu'une délibération tenue à l'Hôtel-de-Ville, sous la présidence de La Vérune, remit le calme dans les esprits. C'était le 6 février. Les gens du Roi, tant de la justice que des finances, les échevins et les officiers de la ville protestèrent qu'on ne voulait que la paix et le repos public ; qu'on exposerait sa vie pour les maintenir ; qu'on n'attenterait en rien contre les concitoyens, et que l'on se conserverait les uns les autres sans avoir égard au temps passé. La délibération arrêta comme mesures de sûreté :

Qu'un corps-de-garde serait tenu toutes les nuits sous l'Hôtel-de-Ville ; que tous les citoyens sans exception y seraient successivement appelés, et que l'épée, pour ceux qui y avaient droit, serait la seule arme portée ;

Que, le corps-de-garde assis, nul ne pourrait sortir dans la rue sans chandelle ;

Qu'aucune prise d'armes n'aurait lieu sans le commandement de La Vérune ;

Et que les masques seraient défendus la nuit dans les rues, malgré l'usage habituel à cette époque de l'année, de peur qu'il n'en résultât cause de tumulte ou d'émotion (1).

La paix troublée par cet incident se trouva ainsi rétablie.

Le Roi avait révoqué, de Blois, tous les Parlements des villes rebelles. Des lettres-patentes de février 1589 transférèrent celui de Rouen à Caen et donnèrent aux magistrats l'ordre de s'y rendre sans délai et d'y faire, le 20 mars, leur séance d'ouverture. Dès le 15 février, d'O en avait prévenu les échevins. « La « folie qu'ont *fait* ceux de Rouen, leur disait-il, « sera cause qu'au premier jour vous aurez le « Parlement, la Chambre des comptes et le « corps de justice et d'officiers qu'ils *soulaient* « avoir, qui n'est pas le seul bien que vous « devez vous promettre de la bonté du Roi. » Le *postscriptum* d'une autre de ses lettres en date du 11 mars suivant leur annonçait, en ces termes, l'exécution de la mesure : « Le « Roi a résolu d'envoyer en votre ville le Par- « lement, Cour des aides et Chambre des « comptes de Rouen, ensemble d'y remettre « la tenue des États, ce qui se faisant à cause

---

(1) Registres des délibérations de l'Hôtel-de-Ville.

« des troubles, mais qui pourra bien être con-
« tinué après la lutte et possible à perpétuité ;
« pour le moins y a-t-il beaucoup d'appa-
« rence. »

Les échevins reçurent, d'une main inconnue, une lettre du 17 février 1589, signée Gosselin, et par laquelle les Ligueurs de Rouen les engageaient à se réunir à eux. Ils en délibérèrent le 21 février, résolurent de garder le secret, d'envoyer copie de la lettre au Roi et de ne donner connaissance, dans l'assemblée générale qui serait tenue le lendemain, que de celle que Henri III leur avait adressée le 11 février pour engager la ville à demeurer dans son obéissance. C'est ce qui eut lieu. L'assemblée promit de persister dans ses sentiments de fidélité, de se rendre exactement aux gardes ; et l'on convint que ceux qui avaient des armes ne les prêteraient pas aux autres pour que chacun fût « soigneux d'en acheter et de s'en « fournir. »

Le procureur-syndic envoyé vers le Roi rendit, le 17 mars, à son retour, le compte de sa mission. Le Roi, satisfait de la démarche de la ville, avait approuvé qu'on ne lui eût remis qu'une copie de la lettre du 17 février, dans la crainte que les Ligueurs ne se fussent emparés de l'original, et exhortait de nouveau les habitants à demeurer en la fidélité et obéissance qu'ils lui devaient.

L'ordre donné au Parlement d'ouvrir ses séances le 20 mars, à Caen, était plus facile à prescrire qu'à exécuter. Les Ligueurs, maîtres de Rouen, avaient défendu d'en sortir sans un congé de leur conseil provincial, et les magistrats, moins que tous les autres, auraient pu se soustraire à cette formalité rigoureusement exigée. Cependant, peu à peu, par suite d'émigrations clandestines, le Parlement se vit en nombre suffisant pour délibérer; et, le 26 juin, une dixaine de membres, le premier président Pierre Groulart en tête, inaugurèrent leurs séances aux Grandes Écoles, dans l'auditoire de théologie de la Faculté. En août suivant, le Parlement ne comptait encore que vingt membres; mais le nombre s'en étant accru peu à peu, la salle fut abandonnée comme devenue insuffisante, et les séances furent transférées dans une partie du couvent des Cordeliers, qui fut prise à bail des religieux.

L'inquiétude conçue par Henri III des intentions secrètes de la Ligue le rapprocha du Roi de Navarre. Les deux princes convinrent d'une trêve pendant laquelle, malgré les séquestres prononcés, Protestants comme Catholiques jouiraient de leurs biens et le Roi de Navarre ne changerait rien quant à la religion catholique. Cette trêve fut suivie d'un traité entre les deux princes le 26 avril 1589.

Le Parlement établi à Caen prenait chaque jour, sous la direction vigoureuse de son premier président, les mesures propres à arrêter la rebellion contre l'autorité royale. Avec une ardeur infatigable, il faisait incarcérer les Ligueurs les plus fougueux et saisir leurs biens. Il enjoignait aux gentilshommes, sous peine de dégradation de noblesse, d'aller rejoindre l'armée royale. Les dimanches et même les fêtes, quand les affaires étaient urgentes, n'apportaient aucune relâche à son activité.

C'est au milieu de ces travaux incessants qu'il reçut la nouvelle de la mort du Roi, arrivée devant Paris le 2 août 1589.

par enregistrer six baptêmes, administrés précédemment par Jehan Azire, dans le cours des mois de janvier et de février, aux prêches qu'il avait faits *dans la ville de Caen* et dont le plus ancien remontait au 7 janvier 1576. On inscrivit, le 27 mai suivant, le baptême fait par le ministre Gilles de Housteville, de la fille de Valentin Davené, demeurant Froide-Rue, à la suite d'un prêche tenu en la maison de Jehan Davené, dont la situation précise n'est pas indiquée. Le surlendemain, le culte fut encore célébré dans la même maison. Il eut lieu ensuite, jusqu'au 28 octobre suivant, au quartier St-Jean, dans le jardin de l'Échiquier, et, à partir du 28 octobre jusqu'au 3 février 1577, au quartier St-Pierre, dans la maison du collège.

Le 27 janvier 1577, pour les baptêmes, et le 3 février suivant, pour les mariages, les registres redeviennent muets. Le culte avait été suspendu par suite de l'apport au Parlement de Normandie, le 8 février 1577, d'une déclaration royale rapportant l'édit de pacification de 1576 et n'admettant plus en France qu'une seule religion. La guerre civile, conséquence inévitable de cette mesure, ne prit fin qu'en septembre 1577. L'édit rendu à Poitiers à cette date avait remis en vigueur l'édit de 1576 et autorisé l'exercice public dans les villes et bourgs où il avait eu lieu le 17 septembre 1577.

L'Église se réunissait encore sur ce fief lorsqu'arriva la nouvelle du massacre de la Saint-Barthélemy. Le dimanche 31 août 1572, dans l'ignorance des événements, elle avait assisté à deux exercices présidés, celui du matin par Pierre Pinson et celui de l'après-midi par Gilles Gautier, et on avait procédé à la publication de trois bans, à un mariage et à sept baptêmes. A partir de ce moment, les registres présentent une nouvelle lacune et le culte public demeura suspendu en attendant des temps moins malheureux.

Nos registres et les archives tant de la ville que du département étant restés muets, il est bien difficile de connaître, d'une manière certaine, quel fut, dans la ville, le contre-coup de cet épouvantable événement. Espérons toutefois que, relativement, nos ancêtres auront eu peu à en souffrir et que l'adage, *Peuple heureux n'a pas d'histoire*, aura dans ces circonstances lamentables reçu une nouvelle consécration.

En 1573, les temps étaient devenus moins malheureux. L'édit du mois de juillet avait rendu aux Réformés une partie de leurs libertés. Cependant nos registres continuent de garder le silence et ne reprennent leur cours ordinaire que le 27 mai 1576, après l'édit de pacification qui avait, sous certaines restrictions, rendu aux Réformés l'exercice de leur culte et le droit de construire des temples. On commença

La première assemblée, présidée par Vincent Le Bas, sieur du Val, ministre de Caen, fut tenue à Chicheboville, le 10 septembre 1570, en présence d'un grand nombre de personnes, dans la maison de noble homme, sieur de Noyre, seigneur du lieu et y possédant plein fief de haubert. On y publia deux mariages d'habitants de Caen et d'Évrecy ; six enfants de la ville y reçurent le baptême. Le même jour, une autre assemblée se réunit à Avenay sous la présidence du ministre Pierre Le Roy, dit de Bouillon, dans la maison de Françoise Labbé, veuve de noble homme Jehan Regnauld, en son vivant écuyer, sieur d'Avenay. On y baptisa deux enfants, dont l'un avait pour parrain Jacques de Cauvigny, sieur de Bernières.

A partir de ce moment jusqu'au 4 mars 1571, Avenay reste le siége ordinaire des exercices ; car c'est par exception qu'une seule fois, le 15 octobre 1570, l'Église se réunit à Secqueville-en-Bessin, dans la maison de noble homme Pierre Guillebert, sieur du lieu.

Le 4 mars 1571, le culte fut transféré à Venoix sur le fief au Maréchal. Le premier exercice y fut présidé par Pierre Pinson. C'est là que Gilles Gautier, sieur de La Beuserie, qui fut depuis ministre de Caen, reçut l'imposition des mains le 1er avril suivant et fit le soir même son premier prêche.

CHAPITRE XIII.

INTERRUPTION DU CULTE A CAEN A PARTIR DE 1568.— MIGRATIONS ET ÉTAT DE L'ÉGLISE.

1568-1589.

L'influence des Guises, redevenue prépondérante en 1568, avait fait rendre l'édit du mois de septembre défendant, sous peine de mort, tout exercice du culte réformé et ordonnant aux ministres de sortir du royaume dans la quinzaine. Nos ancêtres, qui, jusque-là, avaient bravé toutes les injonctions de la Cour, crurent prudent de s'incliner et de suspendre leurs exercices. Il en résulta qu'en août 1570, lorsque parut l'édit de St-Germain-en-Laye, ils ne remplissaient plus la condition exigée pour les rouvrir dans la ville, ces exercices n'y ayant pas eu lieu publiquement le 1er de ce mois. L'Église devint donc itinérante et dut réclamer asile aux seigneurs hauts justiciers des environs. Il n'y eut, pour ainsi dire, que l'embarras du choix.

Les registres, recommencés à partir de cette époque, permettent de suivre ces diverses pérégrinations.

L'Église de Caen reprit alors ses exercices ; mais comme elle ne remplissait pas la condition imposée pour se réunir dans la ville, elle dut recourir de nouveau aux seigneurs hauts justiciers des environs. Elle rouvrit le culte le 27 octobre 1577, à Secqueville-en-Bessin, au manoir de François Guillebert, seigneur du lieu, et y demeura « *recueillie* » jusqu'au 10 mai 1579.

Elle se transporta ensuite successivement :

Du 10 mai au 6 juillet 1579, à Fontaine-Étoupefour, au manoir de Louis Le Valois, seigneur du lieu.

Du 12 juillet 1579 au 16 avril 1581, à Verrières, actuellement hameau de la commune de St-Martin-de-Fontenay, au manoir d'Antoine Fortin, seigneur du lieu.

Enfin, du 23 avril 1581 au 4 août 1585, à Fontaine-Étoupefour, qui eut pour seigneurs, pendant cette période, d'abord Charles de Piédeleu et ensuite Jean Le Valois.

Pendant cette période, l'Église tint par exception quelques réunions sur d'autres seigneuries, notamment les 9 et 19 octobre 1584 et le 2 février 1585, au lieu noble de Biéville près Caen, qui, quelques années auparavant, appartenait à la famille de Balleroy.

La guerre civile, rallumée en 1585, suspendit de nouveau le culte. Elle était la conséquence inévitable de l'édit de juillet 1685, qui avait interdit, sous peine de confiscation de corps et de biens, l'exercice de toute religion autre que la religion catholique. Les registres s'arrêtèrent le 4 août 1585 et ne reprirent leur cours qu'après l'avénement de Henri IV au trône.

Nous retrouvons en 1570, comme ministres ordinaires de l'Église, Vincent Le Bas, sieur du Val, et Pierre Pinson qui cessent de paraître, le premier après 1572 et le second cinq ans plus tard.

Le 1ᵉʳ avril 1571, Gilles Gautier, écuyer, sieur de La Beuserie, reçu ministre le même jour par Vincent Le Bas, fait son premier prêche sur le fief au Maréchal et conserve ses fonctions, comme ministre ordinaire de l'Église de Caen, pendant toute la période qui nous occupe et ensuite jusqu'en 1608.

En 1576 apparaissent Jean Baudart, écuyer, et Gilles de Housteville qui continuent de figurer sur les registres, le premier jusqu'en 1591 et le second jusqu'en 1585.

Nous passons sous silence plusieurs autres ministres, soit à cause du peu de temps pendant lequel ils ont figuré sur les registres, soit comme appartenant à d'autres églises et n'ayant exercé que transitoirement dans celle de Caen.

La situation itinérante du culte n'était pas restée sans influence sur le nombre des bap-

chant, sieur du Rosel, du Repas, d'Écajeul, de La Ramée et de Gavrus reçurent l'ordre de faire faire des patrouilles jour et nuit pour maintenir la tranquillité dans la ville.

Le lendemain 6 août, qui était un dimanche, une assemblée plus nombreuse encore que celle de la veille, décida qu'un comité serait immédiatement constitué pour maintenir l'ordre public à Caen et ailleurs au pays de Normandie; que ce comité prendrait le nom de *Conseil de ville* et s'assemblerait chaque jour et à toute heure, selon le besoin des affaires, en présence des présidents du Parlement et du gouverneur La Vérune; enfin qu'il serait composé, par voie d'élection, de trois ou quatre membres de chacun des principaux corps de la ville. Les corps présents firent immédiatement leur choix. Le même jour, à trois heures de l'après-midi, les habitants de la ville, présidés par Lisores, élurent aussi leurs représentants, et le comité se trouva composé de la manière suivante :

Pour le Parlement : les conseillers de La Chapelle-Bayvel et Cabaret, et l'avocat général Thomas de Verdun ;

Pour la Cour des Aides : le conseiller Diel des Hameaux et l'avocat du Roi Le Marchant d'Outrelaize ;

Pour la Chambre des Comptes : le président Langlois de Motteville et le conseiller Saint-Yon ;

CHAPITRE XIV.

AVÈNEMENT DE HENRI IV. — CIMETIÈRE DE
L'HÔTEL-DIEU.

1589-1593.

Deux lettres du nouveau Roi adressées, l'une au Parlement siégeant à Caen, l'autre aux échevins de la ville, annoncèrent l'attentat commis, le 1ᵉʳ août 1589, par Jacques Clément et la mort de Henri III survenue dans la nuit qui avait suivi l'assassinat. Elles portaient l'une et l'autre que Henri IV n'innoverait en rien sur le fait de la Religion catholique et romaine, et la première, en outre, qu'il conserverait à la noblesse tous ses priviléges (1).

Le premier président Groulart réunit immédiatement chez lui, pour délibérer en commun sur les circonstances du moment, le gouverneur La Vérune, l'élite de la noblesse et les membres du Parlement, de la Cour des Aides, de la Chambre des Comptes et du Présidial, Jean Marguerie, sieur de Sorteval; Le Mar-

(1) Registres des délibérations de l'Hôtel-de-Ville, 12 août 1589.

Boislonde, Bombanville, Bougy, Bremont, Bretteville, Bricqueville, Brouay, Bucéels, Buron, Cagny, Cambes, Carpiquet, Cerisy, Chicheboville, Clopée, Condé, Contrières, Cully, Estry, Feuguerolles, Fierville, Fontaine-Étoupefour, Fontenay, Ifs, La Londe, Langrune, Lébizey, Lion-sur-Mer, Maizet, Maizières, Manneville, Mesnil-Oger, Mondeville, Mondrainville, Montenay, Monts, Mouen, Navarre près Chicheboville, Noyers, Orbigny, Putot-en-Bessin, Rocreuil, St-André-de-Fontenay, St-Manvieu, St-Pois, St-Vaast près Tilly-sur-Seulles, Ste-Croix, Ste-Honorine-du-Fay, Ste-Marie, Secqueville-en-Bessin, Soliers, Torteval, Torps, Val-d'Orne, Venoix, Verrières, Villy.

têmes, des bans et des mariages. Leur moyenne, pour le temps pendant lequel les registres ont fonctionné, ne présente plus, pour chaque année, que les résultats suivants :

	Baptêmes	Bans	Mariages
De septembre 1570 au 31 août 1572............	253	183	119
De mai 1576 au 3 février 1577...............	184	145	48
Et d'octobre 1577 à août 1585...............	148	100	28

La pureté des mœurs rendait les naissances illégitimes extrêmement rares. Quand un fait de cette nature se présentait, la mère, au baptême de l'enfant, reconnaissait publiquement sa faute. On en voit un exemple à la date du 16 mai 1583.

On fait mention, sur ces registres, d'églises alors organisées dans les localités suivantes :

Avenay, Bayeux, Beuville, Bernières-sur-Mer, Biéville, Bricqueville, Chicheboville, Courseulles, Cresserons, Lion-sur-Mer, Manneville près Lantheuil, Mézières, Périers-en-Bessin, St-Sylvain, St-Vaast près Tilly-sur-Seulles, Ste-Honorine-du-Fay, Secqueville-en-Bessin, Ussy et Verrières.

Enfin on y voit figurer, comme professant la Religion réformée, les sieurs ou seigneurs d'Allemagne, Anisy, Avenay, Baron, Beaumont, Beneauville, Bernières-sur-Mer, Blagny,

Pour les trésoriers généraux : Michel de Répichon et Novince d'Aubigny ;

Pour le corps de la ville, deux anciens gouverneurs : Le Pelletier de La Fosse et Tassin Blouet ;

Pour les bourgeois : Jean Marguerie, sieur de Sorteval, et Pierre Le Marchant, sieur du Rosel ;

Enfin, le lieutenant général Jacques Malherbe, et le vicomte de Caen, Jean de La Court (1).

Il serait difficile d'indiquer exactement le culte des différents élus. On trouve cependant, sur les registres du Bostaquet, les noms de Novince d'Aubigny, trésorier général, de Jean de La Court, vicomte de Caen, et en outre, fait assez significatif, des deux membres élus par les bourgeois de la ville.

Les échevins délibérèrent, le 12 août, à l'Hôtel-de-Ville, sur la réponse à la lettre que le Roi leur avait adressée. Il avait été d'abord question de communiquer la lettre en assemblée générale; mais on se ravisa pour *certaines considérations,* et l'on se contenta d'en arrêter une que préparèrent les officiers, qui reçut l'approbation du gouverneur La Vérune, et dans laquelle on inséra le passage suivant : « Nous
« vous remercions très-humblement de ce qu'il
« vous a plu nous déclarer votre bonne et sainte

---

(1) Registres des délibérations de l'Hôtel-de-Ville.

« intention au bien et conservation de cet État,
« sans rien innover au fait de notre Religion
« catholique apostolique et romaine, laquelle
« vous promettez conserver de tout votre pou-
« voir, de quoi nous vous supplions très-
« humblement *et la vouloir embrasser avec vos
« sujets* (1). »

Cette dernière phrase explique *quelles considérations* avaient fait obstacle à l'assemblée générale. On tenait à l'insérer dans la réponse, et il était douteux qu'une assemblée qui, le 6 du même mois, avait nommé deux Protestants pour ses délégués s'y fût montrée très-favorable.

A la réception de la lettre de Henri IV, le Parlement, quoique très-bien disposé pour la royauté, avait hésité sur le parti à prendre, à cause de la question religieuse. Mais, le 18 août, arrivèrent en ville des lettres-patentes en date au camp de St-Cloud du 4 de ce mois, par lesquelles le Roi promettait de conserver en entier la Religion catholique ; de donner aux Catholiques le gouvernement des villes qu'il reprendrait sur les rebelles ; de les nommer exclusivement pendant six mois aux emplois dont n'avait pas parlé la convention conclue avec Henri III le 26 avril 1589 ; enfin, tant qu'il n'en aurait pas été autrement décidé soit par une paix générale, soit par les États-

---

(1) Registres des délibérations de l'Hôtel-de-Ville.

Généraux qui allaient être convoqués dans les six mois, de ne laisser exercer le Culte réformé que dans les lieux qui le possédaient déjà en vertu de cette convention. En même temps, on reçut l'avis qu'à la suite de ces lettres-patentes Henri IV avait été reconnu comme roi par divers princes du sang, pairs, seigneurs et autres gentilshommes, au nombre desquels figurait un La Curée ; et le Parlement, plus rassuré, rendit le 19 août, après deux jours de délibération, un arrêt reconnaissant Henri IV comme roi de France et de Navarre, *selon et par les moyens plus à plein contenus aux déclarations,* mais en le suppliant de faire, comme ses prédécesseurs, profession de la Religion catholique romaine.

Le corps de ville décida, le 2 septembre 1589, que la réponse des échevins serait portée au Roi par Tassin Blouet, l'un d'eux. Les chemins, en ces temps de troubles, étaient si peu sûrs que le délégué, avant de se mettre en route, exigea l'assurance, pour le cas où pendant son voyage il tomberait « entre les mains d'ennemis « qui lui ravissent quelques biens ou exigeassent « de lui rançon, » d'en être satisfait et récompensé des deniers de la ville (1). Il partit muni d'instructions, les unes publiques, les autres secrètes ou particulières ; et l'on voit dans celles-ci que nos bons édiles, tout en s'occupant

---

(1) Registres des délibérations de l'Hôtel-de-Ville.

des intérêts généraux, ne mettaient pas non plus les leurs en oubli. La fidélité de Caen, comme clef de la Basse-Normandie, était pour le nouveau Roi de la plus haute importance, et le moment semblait opportun pour en obtenir quelque prix. Blouet reçut donc mission de demander :

Que les États se tinssent à l'avenir alternativement à Caen et dans un endroit quelconque de la généralité de Rouen ;

Que les Cours souveraines et la Chambre des Comptes qui avaient été transférées à Caen y restassent à perpétuité ;

Que la foire de Guibray fût transférée de Falaise à Caen ;

Enfin que, sur les douze membres qui composaient le corps de l'hôtel commun de la ville, huit fussent anoblis ; et que les autres, qui appartenaient déjà à la noblesse, pussent en gratifier leurs amis.

Ces douze membres étaient : Jean Vauquelin, sieur de La Fresnaye, lieutenant général du bailli ;

Jacques Blondel, lieutenant particulier du bailli ;

Grégoire de La Serre, avocat pour le Roi ;

Pierre de Caumont, procureur du Roi ;

Tassin Blouet, Jean Le Petit, Louis Vastel, Cyprien Auvray, gouverneurs-échevins de la ville ;

Guillaume Baucher, procureur-syndic;

Jean de Thon, receveur des deniers communs;

Et Pierre Beaulart, sieur de Maizet, secrétaire du corps de ville (1).

La demande d'anoblissement était rangée, bien entendu, parmi les instructions particulières.

Il s'en fallait de beaucoup que le parti royaliste réunît à Caen l'unanimité des suffrages. La Ligue, dès le temps de Henri III, comptait en ville des partisans que le Parlement et les officiers municipaux s'efforçaient de contenir. A partir du nouveau règne, les tendances d'une partie des habitants éprouvèrent une modification profonde; et nombre de gens, mal intentionnés pour le service du Roi, prirent ouvertement le parti de la Ligue. C'est de ce côté que semblait pencher La Vérune, gouverneur du château, catholique ardent, et qu'excitait encore son entourage. Ses intentions devinrent suspectes. Les Ligueurs paraissaient compter sur lui, et la défection de Caen aurait été d'autant plus désastreuse pour Henri IV qu'elle eût probablement entraîné celle des autres villes de la province. Feignant de craindre une entreprise de la part des Protestants qu'on ne pouvait soupçonner de pactiser avec la Ligue, La Vérune prescrivit le 9 septembre aux

---

(1) Registres des délibérations de l'Hôtel-de-Ville.

habitants de se munir d'armes et de munitions, et de veiller à ce que, « de huit en huit maisons, « il y eût une lanterne, avec une chandelle al- « lumée, pendante au milieu de la rue conti- « nuellement toute la nuit, » aux frais de ces maisons qui se cotiseraient pour la dépense; et il manifesta l'intention d'occuper l'Hôtel-de-Ville et le pont St-Pierre, encore bien que ce poste, de temps immémorial, eût toujours été tenu par les bourgeois. Les habitants s'en émurent et s'attroupèrent. Le Parlement intervint et fit des observations à La Vérune. Celui-ci répondit qu'à moins d'avoir le pont St-Pierre entre les mains il ne pouvait répondre de la tranquillité d'une ville qui était pleine de Huguenots; que les gens de Caen se laissaient conduire par eux; qu'avant huit jours tout serait à feu et à sang; que le moindre méfait d'un catholique était réprimé et sévèrement puni, et que les Huguenots jouissaient d'une impunité complète. Cette prétendue crainte d'une attaque des Protestants n'était pas de nature à calmer les inquiétudes; elle avait été constamment le mot d'ordre des prises d'armes et des mesures d'hostilité. La Vérune, persistant dans son projet, envoya, le 12 octobre, des soldats à l'Hôtel-de-Ville. Les bourgeois en armes s'y opposèrent, et il s'ensuivit une mêlée dans laquelle périrent le chef des soldats et nombre de combattants des deux côtés. Les assaillants, repoussés une première fois, revinrent en plus grand nombre. Ils finirent par s'emparer de l'hôtel et du pont et ils s'y installèrent.

Le but atteint, La Vérune se hâta de calmer l'effervescence. Il publia le jour même une ordonnance recommandant à chacun de vivre en paix et concorde; de ne s'injurier par aucune qualification de Ligueurs, Huguenots ou autres; de ne parler du Roi qu'avec révérence, et de ne pas s'émotionner s'il avait occupé l'Hôtel-de-Ville, son but n'ayant été autre que le bien des habitants et le maintien de la ville en repos, sûreté et obéissance du Roi. Le premier président Groulard et les membres du Parlement, dont la fidélité au Roi n'était pas douteuse pour la population, intervinrent de nouveau et réussirent à calmer les défiances, à apaiser les ressentiments et à ramener la tranquillité dans les esprits.

Le premier président, peu auparavant, avait rendu un service aussi éminent en mettant fin, par ses conseils, aux hésitations de La Vérune qui s'arrêta dans sa défection et se rangea définitivement du côté des Royalistes. Henri IV, dépourvu de tout devant Dieppe, avait demandé qu'on lui envoyât de Caen, dans les six jours, des farines, avoines et cidres pour son armée (1).

(1) Registres des délibérations de l'Hôtel-de-Ville, 27 septembre 1589.

La Vérune lui en fit immédiatement porter, et le Roi, ravitaillé, put reprendre la campagne et annoncer aux échevins, le 11 octobre, la victoire qu'il venait de remporter à Arques sur les Ligueurs.

Les échevins, privés du lieu de leurs réunions, s'assemblaient tantôt chez de Vauquelin, lieutenant général du bailli, tantôt chez de La Fosse, et avaient hâte de voir le terme de cette situation pénible. Le 21 octobre, ils se rendirent au château pour demander la restitution de l'Hôtel-de-Ville et l'enlèvement du corps-de-garde qui y avait été placé. La Vérune éleva de nouvelles difficultés; mais il finit, après deux mois de négociations, par se rendre à leurs désirs; et les échevins, rentrant le 11 janvier 1590 en possession de l'hôtel, décidèrent que là seulement, et non dans aucune autre maison, ils traiteraient à l'avenir les affaires de la ville.

Henri IV savait de quel prix était pour lui la fidélité de la ville, et la considérait avec raison comme la clef de la Basse-Normandie. Aussi, entretenait-il de fréquents rapports avec elle, soit en l'informant par lettres de ses succès, soit en recevant les députés qu'elle lui envoyait. Deux des échevins de Caen, de La Serre et Vastel, écrivaient d'Alençon, le 27 décembre 1589, à leurs collègues restés en ville : « Le « Roi....., auquel tout vient à souhait....., a pré- « sentement eu nouvelles de la prise de Dom-

gner en justice. Agir autrement eût sans doute amené les émeutes que le Parlement avait surtout à cœur d'éviter.

Les Réformés se plaignirent à Henri IV de l'obligation qu'on leur imposait non-seulement de tendre devant leurs maisons, mais encore de faire le pain bénit, et d'être en outre à tout instant l'objet d'informations pour faits de leur conscience. Le Roi en écrivit au Parlement en évitant de se prononcer d'une manière précise et sembla lui reprocher son défaut de tolérance, et la division qui en résultait entre les partisans de deux cultes. Celui-ci s'en excusa facilement en invoquant les édits et règlements qu'il était tenu de respecter; et il ne tarda pas à en faire l'application en interdisant, sur la demande des religieux de St-Étienne, le prêche que les Protestants avaient ouvert à Allemagne (1).

Le Roi, placé entre le clergé et la noblesse catholique qu'il voulait ménager, et les Réformés qui lui avaient rendu tant de services, évitait autant qu'il le pouvait de se prononcer. Mais les plaintes redoublèrent; les puissances protestantes dont il cherchait l'appui intervinrent; et ne pouvant reculer davantage, il rendit, à Mantes, au mois de juillet 1591, un édit révoquant expressément ceux de 1585 et de 1588

(1) Floquet, t. III, p. 553.

Devenus plus entreprenants sous un roi qui professait leur religion, ils embarrassaient parfois le Parlement, qu'obsédaient, dans un autre sens, les plaintes de La Vérune et les accusations des religieux et des prêtres. La convention du 26 avril 1589, intervenue entre Henri III et son successeur, semblait avoir implicitement abrogé les édits rigoureux de juillet 1585 et juillet 1588. Cependant le Parlement, pour donner satisfaction aux plaignants, ordonna d'instruire sur les contraventions commises par les Protestants aux *édits sur la matière* sans autrement les spécifier ; mais il en référa au Roi pour connaître ses intentions. La réponse n'arrivant pas et la fête du Saint-Sacrement étant proche, le Parlement enjoignit aux Réformés de tendre devant leurs maisons à titre de simple déférence pour le culte de la majorité et comme moyen de prévenir les émeutes. Ceux-ci, le conseiller au présidial, Beaulart, sieur de Lebisey, à leur tête, s'y refusèrent ; et le Parlement, après avoir condamné Beaulart à 20 écus d'amende, refusa de sévir contre les autres. Les curés et les vicaires avaient dressé des listes complètes des contrevenants et les avaient remises aux juges ; mais le lieutenant général, mandé au palais, reçut l'ordre de n'en tenir aucun compte, par le motif que les prêtres, en qualité de parties adverses, ne pouvaient être admis à témoi-

arriva à se distribuer en quelque sorte toutes les églises et à placer chacune d'elles sous la surveillance de deux de ses membres qui reçurent mission d'y aller constamment et dont la présence ne suffisait pas toujours à empêcher ces débordements. Ces menées produisaient le plus mauvais effet parmi la population ; et la ville, presque unanime jadis dans ses sentiments de fidélité, se trouva bientôt divisée en deux partis entre lesquels se partagèrent jusqu'aux jeunes gens des écoles. A plusieurs reprises, on en vint aux mains. Nombre de gentilshommes entrèrent dans les armées de la Ligue ou tinrent la campagne, en partisans, à la tête de villageois révoltés. D'autres en plus grand nombre, recevant le nom de *casaniers*, restèrent dans leurs châteaux, sourds aux appels du Roi, refusant d'aller le joindre sur les champs de bataille, et résistant aux arrêts que le Parlement faisait lire tant à Caen que dans les autres villes, et qui frappaient les nobles récalcitrants de la dégradation, et les simples soldats, de la potence.

Les Protestants, franchement ralliés au nouveau règne, avaient rouvert leurs exercices dès le mois de janvier 1590. Malgré l'opposition du Parlement, ils s'étaient, à maintes reprises, réunis plus ou moins publiquement, dans l'intérieur de la ville ; mais le culte permanent paraît n'avoir été établi qu'à Allemagne.

« front et en espère autant d'Argentan, et bientôt
« de Falaise. Dieu veuille si bien y étendre
« sa grâce que nous ayions paix et repos.....
« L'on nous a dit que les armes lui plaisent
« plus que toute autre chose. Ses couleurs,
« avant le décès du feu Roi, étaient d'incarnat
« blanc et bleu (1). »

Le Roi, ravitaillé de nouveau par les soins de La Vérune, reprit en peu de temps Séez, Argentan, Falaise et Honfleur. C'est de Falaise qu'il écrivait, le 8 janvier 1590 : « J'ai fait « la cène en huy que je ne pensais pas faire « en Normandie » (2) ; et il annonçait aux échevins, le 20 mars suivant, le succès de la bataille d'Ivry gagnée le 14 sur les troupes de la Ligue, commandées par le duc de Mayenne.

La Ligue, qui s'était créé à Caen de nombreuses influences, y eut bientôt, comme partisans acharnés, un grand nombre de moines et prêtres s'y succédant sans relâche et entrant en lutte ouverte avec le Parlement. Les chaires retentissaient de prédications incendiaires et régicides. Aux Cordeliers, à St-Pierre, à St-Sauveur, à St-Jean, dans la plupart des autres églises de la ville et des couvents, étaient prêchées chaque jour des harangues capables de tout incendier ; et le Parlement en

---

(1) Registres des délibérations de l'Hôtel-de-Ville.
(2) Lange, t. I, p. 28.

comme ayant été arrachés au feu Roi par la Ligue et remettant en vigueur ceux de 1577 et de 1580. Le Parlement de Caen resta deux mois sans vouloir l'enregistrer et n'y consentit enfin que pour une partie. Il acceptait la révocation de l'édit de 1585 comme ayant blessé les anciennes lois du royaume ; mais il ne voulut admettre celle de l'édit de 1588 qu'en ce qui concernait le bannissement et l'emprisonnement des Religionnaires et la confiscation de leurs biens.

La Ligue, avide de posséder une ville qui lui eût ouvert toute la Basse-Normandie, s'avança un jour en armes jusqu'aux portes de Caen, et parvint à Allemagne où les Protestants avaient encore leur prêche. Elle y fit un massacre horrible et emmena à Honfleur de nombreux prisonniers. C'est sans doute à cet événement que fait allusion ce passage d'une lettre du 25 octobre 1592, écrite par Beauvoir à lord Burghley et qu'a publiée M. de La Ferrière dans sa *Normandie à l'Étranger :* « Vous avez
« entendu, je crois, le piteux mémoire des
« pauvres gens de la ville de Caen en l'année
« dernière et la cruelle prison en laquelle plu-
« sieurs sont encore détenus à Honfleur, pour
« avoir été contraints chercher l'exercice de
« leur religion à trois milles loin de la ville
« de Caen (1). »

(1) De La Ferrière, p. 322.

D'après cette lettre, l'événement aurait eu lieu en 1591 ; alors ce serait à une autre invasion que se rapporterait une mention trouvée sur l'un des registres du Bostaquet et qui est ainsi conçue : « Le dimanche vingt-sixième jour du « mois de janvier 1592, l'assemblée a été dis- « sipée par les ligues de Honnefleur », invasion accompagnée également d'enlèvement de prisonniers, au nombre desquels était le secrétaire de l'Hôtel-de-Ville, ainsi qu'on le dira sous le chapitre XVI.

Une maladie endémique ou contagieuse, désignée sous le nom de peste ou flux de sang, ravagea la ville en 1592 et fit de nombreuses victimes. Les Protestants demandèrent un nouveau cimetière, en faisant valoir que celui dont ils se servaient était rempli, par l'épidémie, de corps non encore consumés. Le prieur de l'Hôtel-Dieu, consulté par les officiers de la ville, déclara qu'il s'en rapporterait à justice, et les gouverneurs et échevins, dans une délibération prise à l'Hôtel-de-Ville le 26 septembre 1592, consignèrent leur avis dans les termes suivants :
« Ils ont été d'avis en la pluralité qu'il soit
« permis aux requérants d'enterrer leurs morts
« au cimetière dudit Hôtel-Dieu, au côté de de-
« vers le jardin de la Foire-du-Pré, comme il est
« séparé du chemin qui passe au travers dudit
« cimetière, auquel côté le sieur prieur a référé
« qu'on n'a accoutumé d'enterrer les Catho-

patentes du 8 avril 1594 l'y rappelèrent, et les magistrats quittèrent Caen le 16 avril, sous l'escorte d'une garde d'honneur que leur avait donnée le maréchal de Fervaques et qui fut relevée, à Pont-Audemer, par celle que Rouen avait envoyée au devant d'eux.

Caen avait fait de vains efforts pour conserver le Parlement dans ses murs. Une dernière requête, délibérée à l'Hôtel-de-Ville le 16 avril, invoqua encore comme motifs la fidélité des habitants et les dépenses entraînées par l'installation des magistrats. Mais le Conseil répondit le 26 mai que le retour du Parlement était l'une des conditions de la reddition de la ville, et qu'il fallait respecter un traité conclu pour le bien général de la province.

Le premier acte du Parlement, en reprenant son ancien siége, fut d'interdire le 26 avril 1594, non-seulement à Rouen, mais encore dans les autres villes réduites, l'exercice de tout culte autre que celui de la religion catholique romaine. L'un des articles du traité fait avec Villars l'avait ainsi stipulé, mais avec l'addition suivante sauvegardant l'avenir et que Sully avait eu soin d'y faire insérer : « Et ce, jusqu'à ce « que, par le Roi, il en ait été autrement or- « donné »; et Henri IV, répondant aux députés de Rouen, lui demandant l'exclusion définitive des Réformés, les avait renvoyés à la lettre du traité en refusant d'y rien changer. Les rela-

plorable ; ce n'était également que villages brûlés et scènes de meurtre, d'incendie, de viol et de pillage.

En 1593, des bruits de trêve et de paix commençant à circuler, le Parlement ordonna, le 8 mai, « des prières à Dieu pour la promotion « d'un tel bien » ; et le Roi, pressé par les deux partis et pénétré de la nécessité politique de donner satisfaction aux uns et des garanties aux autres, se trouva ainsi conduit aux deux principaux événements de son règne : son abjuration et l'Édit de Nantes.

L'abjuration eut lieu à St-Denis, le 25 juillet 1593. Elle fut suivie, à Caen, d'un *Te Deum* chanté à St-Pierre sur les ordres du Parlement qui y assista revêtu des présents du Roi (1) ; et un feu de joie fut allumé, le soir, à la porte méridionale de l'église. Le 22 mars suivant, Henri IV annonçait aux échevins son entrée dans Paris et la reddition à bref délai de la Bastille qui ne pouvait tenir faute d'artillerie ; et le 2 avril, un nouveau *Te Deum* faisait retentir les voûtes de la même église à l'occasion de la soumission de Rouen, qu'un traité conclu avec Villars venait de remettre entre les mains du Roi.

Le traité avait stipulé la rentrée du Parlement dans son ancienne résidence. Des lettres-

(1) Floquet, t. III, p. 598.

CHAPITRE XV.

ABJURATION DE HENRI IV. — ÉDIT DE NANTES.

1593-1598.

A l'avénement de Henri IV, la France divisée en deux camps, les Ligueurs d'un côté, les Protestants et les Royalistes de l'autre, était remplie de troubles, de désolation, de misère. En Basse-Normandie, malgré les arrêts incessants du Parlement qui siégeait à Caen et les commissaires qu'il envoyait à la tête des archers parcourir le pays, on ne voyait que ruptures de maisons, incendies, vols, séquestrations, saccagements et meurtres. Les soldats de la Ligue, sous prétexte de la foi catholique, se livraient à toutes les violences imaginables, et le pays était réduit à telle extrémité « que « la plupart des terres demeuraient en friche « et les villages sans habitants, tout ainsi que « s'ils eussent été au milieu des terres des « Turcs et des Barbares (1). » Dans la Haute-Normandie, la position n'était pas moins dé-

(1) Floquet, t. III, p. 604.

« liques, et que autrefois lesdits de la religion
« y ont enterré leurs morts. »

Il est présumable que ce terrain était le même que celui dont les Réformés avaient été mis en possession en 1580, ainsi qu'on l'a vu plus haut (1), et qu'ils avaient depuis abandonné par un motif resté inconnu. Le cimetière encombré était très-probablement celui de Jérusalem, qu'ils durent céder en 1611 en échange du jardin du Bourg-l'Abbé, comme on le dira sous le chapitre XVI.

L'année suivante, l'épidémie n'ayant pas cessé ses ravages, une délibération prise à l'Hôtel-de-Ville, le 9 septembre 1593, prescrivit de nouvelles mesures. La maison d'un sieur Ladame avait été signalée comme atteinte. Elle fut marquée d'une croix blanche; défense de toute sortie et de tout contact fut faite au propriétaire et à ses domestiques; et, l'infection pouvant arriver du dehors, on ne reçut plus en ville les marchandises envoyées de Londres, de Valognes, de Cherbourg et de Caudebec, qu'autant qu'elles étaient accompagnées de patentes nettes.

(1) Page 119.

tions du Parlement avec les Réformés ne furent pas plus bienveillantes que par le passé. Il est vrai qu'après les avoir chargés, à Caen, des tentures pour la fête du Saint-Sacrement, il avait fini par les en affranchir et à en laisser les frais à la charge des trésoriers de la paroisse ; mais, à cette modification près, il continua de leur montrer le plus mauvais vouloir.

L'abjuration du Roi avait rangé sous son obéissance Paris et une grande partie des villes du Royaume ; mais elle ne l'avait pas mis à l'abri des revendications de ses anciens co-religionnaires, qui en étaient au contraire devenues plus ardentes. Des intrigues sans nombre s'agitaient autour de lui. D'un côté, le parti catholique qui lui avait imposé l'abjuration de sa foi et réclamait de nouveaux gages de la sincérité de sa conversion ; de l'autre, les Protestants auxquels il devait une partie de ses succès, et qui, affligés d'une apostasie dont les politiques seuls cherchaient à affaiblir l'impression, demandaient, comme prix de leurs services, le libre exercice de leur religion et l'égalité avec les Catholiques pour l'admission aux charges publiques.

Jusqu'en 1594, les Réformés avaient maintenu à leur tête, sous le titre de *Protecteur des Églises*, un chef politique choisi parmi les principaux seigneurs du parti. Le dernier était Henri IV, qui avait été investi de cette dignité alors qu'il n'était encore que Roi de Navarre. Il ne pouvait la conserver après son abjuration. Lorsqu'il s'agit de procéder à son remplacement, l'assemblée politique, réunie à Ste-Foix en 1594, reconnut que l'institution était vicieuse ; que souvent, sous les Protecteurs, la cause commune avait uniquement servi les intérêts de ces chefs, et qu'il y avait lieu de procéder à une nouvelle organisation. Le Protectorat fut donc aboli, et l'assemblée confia la direction des affaires à un Conseil général composé de dix membres députés par les provinces, comprenant quatre gentilshommes, quatre gens du Tiers-État et deux ministres ; et à dix Conseils provinciaux composés de cinq à sept personnes des trois Ordres, d'un seul ministre et du gouverneur de l'une des places fortes de la circonscription. Les Conseils provinciaux furent chargés d'exercer, chacun dans son ressort, sous la direction du Conseil général, l'autorité réservée à celui-ci sur l'ensemble du royaume.

Cette puissante organisation rétablit en peu de temps les affaires des Religionnaires ; et l'influence considérable du Conseil général, son unité de direction et de vues, et ses démarches incessantes contribuèrent puissamment au succès des négociations qui précédèrent l'édit de Nantes.

Le Roi tenant à ménager le parti catholique et à ne pas s'aliéner les Réformés, aurait voulu que ceux-ci se contentassent d'un retour pur et simple à l'édit de 1577. Mais cet édit, tant de fois éludé, que Henri IV lui-même venait de mutiler par les traités conclus avec plusieurs villes de la Ligue, notamment avec Rouen, ne présentait plus de sécurité; et l'assemblée générale, réunie en 1596 en même temps que le synode national de Saumur, déclina la proposition qui lui en fut faite; ce qui n'empêcha pas le Roi, à l'occasion d'un voyage fait quelques mois après à Rouen, de l'y faire enregistrer malgré l'opposition du Parlement.

L'enregistrement n'apporta aucun changement aux dispositions des Réformés. En 1597, la même assemblée qui, sur le désir du Roi s'était transportée de Saumur à Vendôme, repoussa encore la proposition de borner à cet édit ses réclamations; mais elle y joignait l'annonce qu'elle allait aviser aux mesures à prendre. La menace arrivait en temps opportun. Les Espagnols venaient de surprendre Amiens; la plupart des seigneurs conspiraient avec les étrangers; les anciens Ligueurs devenaient suspects; les ressources manquaient, et la crainte devenait générale.

On fit alors imprimer et répandre à profusion un manuscrit de l'année précédente qui, sous le titre de *Plaintes des Églises réformées de France*, attira à un haut degré l'attention publique. Ces plaintes étaient le résumé de toutes les vexations dont la Réforme était encore l'objet : injustice des magistrats, arrestations arbitraires, refus de sépultures, dénis de justice, cruautés, meurtres, noyades, excès de tous genres. On y lisait notamment que, le 28 mars de la précédente année, on avait brûlé à Caen tout ce qui s'était trouvé dans le lieu de l'exercice ordinaire (1), et qu'il était étonnant qu'après avoir servi depuis tant d'années un Roi qui les connaissait et dont Dieu avait béni les travaux au-delà de toute prévision, les Réformés fussent plus malheureux sous son règne qu'ils ne l'avaient été sous celui de ses prédécesseurs, qui étaient remplis de préjugés contre eux.

Au milieu de ce désarroi, le Conseil général faisait preuve d'une grande vitalité et voyait son influence grandir de jour en jour. Le pouvoir en vint à se trouver forcé de compter avec lui, et il s'en servit même comme point d'appui pour résister aux obsessions du parti contraire. De nouvelles sollicitations s'entamèrent ; et quatre années de négociations et de démarches eurent enfin pour résultat, malgré des entraves sans nombre, l'édit célèbre qui

---

(1) Floquet, IV, p. 65. Les Catholiques se ruant dans une maison des faubourgs où les Protestants (de Caen) tenaient leur prêche, les avaient mis en fuite, avaient brûlé la chaire et jusqu'à la salle où ils étaient réunis.

devait ouvrir pour le royaume cette ère de prospérité à laquelle mirent fin, moins d'un siècle plus tard, les mesures aussi désastreuses qu'impolitiques de Louis XIV.

Les Réformés réclamaient par l'organe de leur Conseil général :

1° L'exercice illimité du culte dans tout le royaume ;

2° Des traitements pour les ministres et l'admission des enfants aux écoles publiques ;

3° La faculté, au même titre que les Catholiques, de tester, d'hériter, de contracter et de recevoir des dons et legs ;

4° Un nombre égal de magistrats des deux cultes dans les Parlements ;

5° L'admission aux charges publiques, aux honneurs, dignités, professions et métiers ;

6° Enfin des places de sûreté.

Ces réclamations ne furent qu'en partie satisfaites. Le Roi avait à ménager à la fois ses anciens et ses nouveaux alliés. Il lui fallait contenter les uns sans trop mécontenter les autres ; et ces ménagements réduisirent l'édit rendu à Nantes au mois d'avril 1598, et qui fut déclaré « *perpétuel et irrévocable* », aux dispositions suivantes :

1° Autorisation de continuer le culte public, avec faculté de construire des temples, dans tous les lieux et villes soumis à l'obéissance du Roi où il aurait été exercé en diverses fois pendant l'année 1596 et, en outre, jusqu'à la fin du mois d'août 1597.

2° Droit, pour les possesseurs de hautes justices ou de plein fief de haubert, d'exercer le culte, sur leur fief, à leur usage et à l'usage de toutes personnes sans exception, savoir : dans leur principal domicile, d'une manière continue, et dans leurs autres maisons, seulement tant qu'ils y seraient présents. Même faculté pour les possesseurs de simples fiefs, mais seulement pour leur famille et trente personnes au plus, et à la condition, s'ils ne relevaient pas directement du Roi, d'en obtenir l'autorisation de leur seigneur haut justicier.

3° Admissibilité des Réformés à toutes charges publiques et à tous honneurs, dignités, professions et métiers sans exception.

4° Création dans les Parlements de Paris, de Toulouse, de Grenoble et de Bordeaux, de chambres mi-parties pour connaître des causes des Réformés.

Quant au traitement réclamé pour les ministres, il fut remplacé par une allocation annuelle que les synodes nationaux eurent à répartir entre les Églises. Cette allocation, fixée à 45,000 écus pour l'année 1598, devait être prélevée sur plusieurs recettes générales et notamment, à concurrence de 3,000 écus, sur celle de Caen (1).

(1) Brevet accordé par Henri IV le 30 avril 1598.

Quoique toutes leurs prétentions n'eussent pas été admises, les Réformés accueillirent cet édit avec joie; et le synode national, alors réuni à Montpellier, fit cesser les prières précédemment ordonnées dans toutes les églises à l'occasion de la persécution. Il ne maintint que celles qui avaient lieu à l'intention des Réformés des Pays-Bas.

L'enregistrement de l'édit souleva de sérieuses difficultés. Magistrats, clergé, université, Sorbonne s'y opposaient à l'envi les uns des autres; mais la volonté bien arrêtée du Roi et quelques concessions l'emportèrent; et le Parlement de Paris s'y résigna le 15 février 1599.

A Rouen, l'opposition fut encore plus vive. Un premier enregistrement, opéré le 23 septembre 1599, ne fut accordé qu'à titre provisoire et à charge de réserves se rapportant principalement aux chambres mi-parties et à l'exercice du culte en ville. Près de dix ans durent s'écouler avant l'enregistrement définitif, qui ne fut obtenu que le 5 août 1609.

Le Parlement n'avait cependant pas attendu jusque-là pour revenir, de lui-même, sur l'un des points qui avaient le plus excité son hostilité : l'institution des chambres mi-parties. Les Protestants étaient fort nombreux en Normandie ; les évocations de leurs causes à la chambre mi-partie du Parlement de Paris ou au Conseil d'État, avaient pris rapidement une telle extension, que Rouen s'était vu, pour ainsi dire, privé d'affaires. Les magistrats, pour les conserver, furent contraints d'acquiescer ; et quinze ou seize mois ne s'étaient pas écoulés, qu'ils donnaient eux-mêmes les mains à une organisation repoussée d'abord par eux avec tant d'insistance.

L'édit rendu, sa mise à exécution fut confiée, dans chaque province, à deux commissaires, l'un protestant, l'autre catholique qui reçurent, pour unique instruction, l'ordre de rétablir le culte catholique partout où il aurait été interrompu, et de maintenir la paix dans le royaume. Leurs décisions étaient exécutoires par provision. En cas de contredit, il en était référé au Roi.

Le président Le Camus, seigneur de Tambleville, et Le Roi d'Heudreville, désignés pour la Normandie, fixèrent au village du Grand-Quevilly le lieu de culte des Réformés de Rouen et se rendirent ensuite à Caen, accompagnés du maréchal de Fervaques, gouverneur de la province, pour vérifier les droits des Réformés de cette ville au culte qu'ils exerçaient. Sur l'enquête ouverte, magistrats et officiers catholiques déclarèrent unanimement que le culte était régulièrement établi dans un jardin nommé la Carrière, situé à l'entrée du Bourg-l'Abbé ; et les commissaires, par ordonnance du 13 mai 1600, autorisèrent les Réformés à l'y continuer.

Les guerres civiles et les dissensions qui désolaient le pays depuis tant d'années, l'avaient mis dans l'état le plus déplorable. Les historiens du temps en font le plus triste tableau. Les campagnes étaient dépeuplées ; les châteaux, les maisons et les villes en ruines ; les places fortes délabrées. La noblesse et les soldats vivaient de pillage. Personne ne pouvait compter sur ses revenus. Ceux des bourgeois et des ecclésiastiques appartenaient au plus fort et étaient enlevés par les courses de l'ennemi. Les dîmes n'étaient plus perçues, et le Roi, aussi pauvre que ses sujets, en était réduit, au siége d'Amiens, à ne plus pouvoir s'habiller décemment. L'autorité royale n'était plus qu'un vain mot, et l'État qui avait tenu, pendant tant de siècles, un rang glorieux en Europe, n'était plus pour les étrangers, selon la part qu'ils prenaient à ses affaires, qu'un objet de compassion ou de mépris. Mais l'édit de Nantes rendu, tout changea subitement de face. L'ordre se rétablit ; la campagne reprit la culture ; l'espoir d'une longue tranquillité fit disparaître les débris et réparer les héritages ; l'autorité recouvra son prestige, et le repos de la France remit l'équilibre en Europe.

CHAPITRE XVI.

ÉTAT DE L'ÉGLISE. — CULTE A ALLEMAGNE. — LE CAREL. — LE JARDIN DE LA CARRIÈRE. — TEMPLE DU BOURG-L'ABBÉ.

1590-1611.

Nous avons suivi, au chapitre XIII, les migrations de l'Église éloignée de la ville, ses translations successives à Chicheboville, à Avenay, à Venoix, à Secqueville-en-Bessin, à Fontaine-Étoupefour, à Verrières, à Biéville, et son retour à Fontaine-Étoupefour où elle était encore recueillie lors de la suspension du culte en 1585.

Les registres de l'Église, alors interrompus, ne recommencèrent qu'après l'avénement de Henri IV, pour les baptêmes le 28 janvier 1590, et pour les mariages le 20 novembre suivant. Ils furent intitulés, le premier : « *Registre* des baptêmes administrés en l'Église réformée *à Caen* » ; l'autre : « Mariages célébrés en l'Église recueillie *à Caen et aux environs.* » Le lieu des exercices n'y est pas autrement indiqué. Il serait possible que, malgré l'opposition du Parlement, quelques cérémonies plus ou moins ostensibles eussent été tenues en ville ; mais, ce qui paraît constant, c'est que le culte public et permanent ne fut d'abord rouvert qu'au village d'Allemagne, où le Parlement ne tarda pas à l'interdire, sur la demande des religieux de St-Étienne (1).

Les Réformés y étaient encore réunis le dimanche 26 janvier 1592, lorsque leur assemblée se trouva envahie par les Ligues d'Honfleur. Quelques-uns des assistants furent massacrés ; d'autres emmenés prisonniers. Les Réformés se rapprochèrent alors de la ville, firent choix d'un lieu nommé le Carel, situé derrière l'Abbaye-aux-Hommes et s'y assemblèrent, pour la première fois, le dimanche suivant qui était le 2 février. C'est sans doute à ce local que se rapporte cet autre passage de la lettre de Beauvoir que nous avons citée plus haut (2). « Ces
« pauvres gens avoient une maison assez grande
« et forte en laquelle ils faisoient leur assem-
« blée ; mais le propriétaire leur a fait entendre
« qu'ils se pourvoiassent ailleurs, et s'estant
« adressés sur ce faict à M. de La Vérune,
« afin de pouvoir avoir quelque autre retraite
« sûre, il leur a fait à la vérité une favorable
« réponse que, pour son particulier, encores
« qu'il désiroit d'y pourvoir, qu'il ne le pouvoit

---

(1) Floquet, t. III, p. 553.
(2) P. 156.

« que par le commandement du gouverneur
« général de ladite province, qui est M. de
« Montpensier (1). »

Cette maison, dont il reste à peine quelques vestiges, était édifiée sur l'emplacement où s'élève aujourd'hui la blanchisserie appartenant à M. Loison, et qui porte l'unique numéro de la rue du Carel. L'une des anciennes pierres, entrée dans le bandeau de la construction nouvelle, porte encore en caractères majuscules paraissant remonter au XVIe siècle l'inscription : IN DOMINO CONFIDO.

Le secrétaire de l'Hôtel-de-Ville, Beaulart, a raconté, dans une note conservée aux archives municipales que, le 26 janvier 1592, il avait été emmené prisonnier à Honfleur par le commandeur Crillon et ses troupes, et envoyé de là au procureur-syndic, au camp devant Rouen, pour le seconder dans la poursuite de diverses affaires. Le 13 juin, il était de retour dans ses foyers, son écriture reparaissant à cette date sur les registres de la ville ; mais ses compagnons de captivité n'avaient pas tous eu le même bonheur, ainsi que le fait entendre la même lettre de Beauvoir, où l'on voit que les prisons d'Honfleur en renfermaient encore plusieurs au mois d'octobre suivant (2).

(1) De La Ferrière, p. 323.
(2) Id., p. 322.

Les Réformés, après avoir été accueillis au Carel pendant quelques mois, furent mis, par le propriétaire, en demeure d'en quitter. Ils prirent alors à bail, vers la fin de l'année 1592, un jardin nommé la Carrière, situé à l'extrémité de la rue Pémagnie, près la porte de ville donnant accès sur le Bourg-l'Abbé, et y établirent leur culte. C'est très-probablement sur l'emplacement de ce jardin qu'ont été élevés l'hôtel actuel de la Barque, portant le n° 30 de la rue St-Martin, ou les maisons environnantes.

Le propriétaire du jardin étant venu à mourir, le tuteur de l'héritier voulut les en expulser. Le vicomte de Caen, saisi du litige, se déclara incompétent le 9 février 1596, l'exercice de la Religion ne rentrant pas dans sa juridiction; mais il constata que, depuis 1592, les Réformés avaient fait leur culte en ce lieu ; qu'il n'en était résulté ni troubles ni tumultes, et que Catholiques et Réformés vivaient en paix les uns avec les autres. Le bailli de Caen, La Vérune, devant lequel les parties avaient été renvoyées, maintint les locataires en possession et débouta le tuteur de sa demande.

Lors de l'édit de Nantes, les Réformés, possédant ainsi leur exercice dans l'un des faubourgs de la ville, satisfaisaient à la condition exigée pour l'y conserver. Le président au siége présidial, le lieutenant criminel, cinq conseillers et le vicomte de Caen, tous catholiques, appelés aux enquêtes, furent les premiers à reconnaître que l'exercice avait été fait en ce lieu pendant les années 1596, 1597, 1598 et 1599, et devait y être continué; aussi les commissaires de l'édit, comme nous l'avons déjà vu (1), en prononcèrent-ils le maintien, le 13 mai 1600, sans la moindre difficulté.

Après avoir occupé ce jardin, comme locataires, pendant seize ans, les Réformés manifestèrent l'intention de l'acquérir. L'affaire éprouva des difficultés. Le propriétaire, nommé Scelles (2), zélé catholique, s'y opposa de tout son pouvoir. Il ne céda qu'au moment où, sur son refus, la justice allait passer outre; et le contrat fut dressé le 25 avril 1608.

Devenus propriétaires du terrain, les Réformés voulurent y élever un temple; mais les Catholiques s'y opposèrent en faisant valoir qu'un édifice si rapproché des murs de ville pourrait devenir dangereux en cas de guerre. Au même moment, les Réformés se plaignant de l'insuffisance de leurs deux cimetières, celui de l'Hôtel-Dieu, dont nous avons déjà parlé (3) et celui de Jérusalem situé place du Sépulcre, étaient en instance pour en obtenir un troisième, instance encore pendante, et qui avait déjà donné lieu à un arrêt du Conseil d'État du 19 juillet

(1) P. 170.
(2) Huet, p. 247.
(3) P. 119, 158.

1606. Sur l'ordre de Henri IV, le maréchal de Fervaques se rendit à Caen pour mettre les deux cultes d'accord.

Sur sa proposition, on nomma de chaque côté six commissaires auxquels on remit la défense des intérêts respectifs. Les députés catholiques de toutes les paroisses de la ville, tant officiers, gentilshommes et bourgeois qu'ecclésiastiques, convoqués à l'Hôtel-de-Ville le 6 juin 1609, élirent :

1° Le bailli de Caen ;

2° Le trésorier des finances en la généralité de Caen, Repichon ;

3° Le lieutenant général criminel du bailliage, des Ifs ;

4° Malherbe, conseiller aux siége présidial ;

5° Le trésorier provincial de l'extraordinaire des guerres, Huet, échevin de la ville,

6° Et Berneron, échevin.

Les Réformés, sous la présidence de leurs ministres, choisirent : les sieurs de Bléville, de Cagny, de Maizet, de La Corderie, de Mombénard et de Bougy.

Le 18 juin, le maréchal et les douze commissaires se réunirent à l'Hôtel-de-Ville pour choisir, dans l'un des faubourgs, l'emplacement d'un temple, et en outre un lieu de sépulture pour le cas où, indépendamment de celui de l'Hôtel-Dieu, un nouveau cimetière serait reconnu tout à fait indispensable. Trois des commissaires protestants, de Bléville, de Cagny et de La Corderie, qui n'habitaient pas la ville, auraient pu, pour cette cause, être récusés; mais, l'exception n'ayant pas été soulevée, on passa outre.

En échange du nouveau cimetière qu'ils réclamaient, les Réformés offraient d'abandonner celui de Jérusalem; mais ils insistaient vivement pour conserver le jardin de la Carrière et en faire le siège de leur temple. Les Catholiques persistant dans leur opposition, le maréchal renvoya la séance à deux heures de l'après-midi, en enjoignant aux délégués de s'entendre entre eux sur deux emplacements qu'il irait visiter lui-même, à l'effet d'arrêter celui qui lui paraîtrait le plus convenable.

A la reprise de la séance, l'accord n'avait pas été fait. Le maréchal et les délégués se rendirent d'abord au jardin de la Carrière, ensuite sur cinq endroits désignés par les Catholiques et situés dans les faubourgs de St-Julien, du Bourg-l'Abbé, de St-Ouen et de Vaucelles. Les Protestants, indépendamment de la Carrière, n'en avaient présenté que deux, qui furent également visités, l'hôtellerie de la Croix-Verte, « placée sur la Grande-Rue, et la plus « ordinaire avenue de la ville, » et le jardin de l'Évangile, situé près de la porte Millet, non loin du pont actuel de Vaucelles. Le maréchal choisit l'un de ceux qu'avaient indiqués les

Catholiques, et qui consistait en un jardin situé dans le Bourg-l'Abbé, rue de Bretagne, clos de murailles, contenant un acre ou cinq vergées, et qu'entouraient les maisons du faubourg. Les Catholiques voulaient d'abord n'y délivrer qu'une contenance égale à celle de la Carrière ; mais, sur l'avis du maréchal, ils avaient étendu leur offre au jardin tout entier, quoique trois fois plus grand que la Carrière, de manière à fournir à la fois et l'emplacement du temple et le nouveau cimetière réclamé ; et ils s'étaient engagés en même temps à procurer au jardin un accès direct sur la rue de Bayeux.

Les Réformés demandèrent à en conférer avec leurs commettants. Ils revinrent à huit heures du soir avec une réponse négative ; et le maréchal, dressant procès-verbal de la séance, se contenta d'annoncer qu'il en référerait au Roi.

La solution définitive ne se fit pas attendre. Elle fut conforme à l'avis du maréchal ; et les Réformés, en échange du jardin qui leur était offert, durent abandonner la Carrière et le cimetière de Jérusalem.

Les archives de la préfecture conservent encore un plan informe, sans date ni échelle, de l'emplacement de ce jardin et des propriétés voisines. L'ensemble y est encadré par la rue de Bretagne et la rue de Bayeux, et ces diverses propriétés ont pour séparation des lignes droites abaissées d'une de ces rues sur l'autre.

La première, portant le nom de Thomas Vincent, avec cette mention : « Fieffe à Caen « du 17 juillet 1441, » a pour abornements, du côté du centre de la ville, la propriété suivante, et de l'autre, une rue qui porte aujourd'hui le nom de Neuve-Bourg-l'Abbé.

La seconde, qui joint immédiatement la première, est inscrite sous le nom de Jean Louvrier.

L'une et l'autre s'étendent de la rue de Bretagne à la rue de Bayeux.

La troisième est divisée vers le milieu par une ligne droite qui la partage en deux parties à peu près égales, dont l'une, sur la rue de Bretagne, appartient à Jean Houel et joints, et l'autre, sur la rue de Bayeux, aux héritiers Le Fauconnier.

La quatrième, qui s'étend d'une rue à l'autre, est inscrite au nom des héritiers Le Fauconnier remplaçant Jean Richard.

Puis arrivent, sur la rue de Bretagne, le jardin Moulin occupant, si le plan est exact, environ la moitié de la distance existant entre les deux rues ; et, sur la rue de Bayeux, l'autre moitié divisée en plusieurs héritages séparés les uns des autres par des lignes quasi perpendiculaires à cette rue, et sur le dernier desquels, portant le nom d'Asselin, et le plus rapproché du centre de la ville, devait être pris le passage promis au jardin Moulin pour accéder à la rue de Bayeux.

Vient ensuite une dernière propriété divisée en deux parties appartenant, l'une, sur la rue de Bretagne, à Jacob Patrice remplaçant Jacques Patrice; l'autre, sur la rue de Bayeux, aux héritiers Le Chevalier ou Raymond Marcadé.

On voit que, de ces diverses propriétés, la première, la seconde et la quatrième s'étendaient d'une rue à l'autre, et que les autres, divisées chacune en deux parties d'apparence égale, n'avaient accès que sur l'une de ces rues.

Ce plan paraît postérieur à l'appropriation définitive des lieux, encore bien qu'il ne fasse aucune mention de l'existence du temple, car il reproduit la muraille entourant de toutes parts le jardin et le passage donnant accès sur la rue de Bayeux. Il semble indiquer comme unique entrée la rue de Bayeux, au bord de laquelle sont tracés grossièrement deux piliers et, à gauche en entrant, un petit bâtiment.

Robert Moulin et Thomas Ruelle, propriétaires indivis de ce jardin du chef de leurs femmes, parurent sur assignation à l'Hôtel-de-Ville le 3 octobre 1609. On leur offrit 1,200 livres; ils demandèrent 3,000 livres. L'accord n'ayant pu se faire, ils furent renvoyés devant le bailli pour le samedi suivant et s'y trouvèrent en même temps qu'Asselin, sur le terrain duquel devait être pris l'accès. Le désaccord continuant, le lieutenant du bailli commit pour expert un nommé Le Moigne, dont le rapport fit arrêter les prix : pour le jardin à 1,700 livres et pour le passage à 400 livres.

Lorsque la ville réclama du Roi l'autorisation de prélever sur les deniers de l'octroi la somme nécessaire à cet achat et, en outre, 800 livres pour frais et vacations des habitants catholiques, les Réformés reproduisirent leur prétention de conserver la Carrière soit comme lieu de culte, soit au moins comme cimetière, et demandèrent à prélever également, dans tous les cas, sur les deniers de l'octroi, pour frais de leur procès-verbaux et de la vérification des lieux, une somme égale à celle qu'obtiendraient les Catholiques. Le Conseil d'État statua sur le tout, par arrêt du 24 mars 1611. Il condamna les maire, gouverneurs, échevins et habitants catholiques de Caen à livrer, dans le mois, l'emplacement fixé par le maréchal de Fervaques et dont les Réformés auraient la jouissance pour y construire un temple et y établir leur cimetière; et il fixa les sommes à prélever sur les deniers de l'octroi à 2,100 livres pour l'achat des lieux, à 800 livres pour les frais des Catholiques et à 450 livres seulement pour ceux des Réformés.

Le 20 avril 1611, par contrat passé devant les notaires de Caen, Robert Moulin et Thomas Ruette, Michelle et Olive Vaultier leurs femmes héritières de Pierre Vaultier leur frère, et Guillaume Asselin, tous bourgeois de Caen, vendirent aux échevins de la ville : Jean Bumet,

TEMPLE DU BOURG-L'ABBÉ ÉLEVÉ EN 1612 ET DÉTRUIT EN 1685.

à l'extrémité du passage sur la rue de Bayeux, une porte accompagnée d'un petit bâtiment placé à l'entrée. La construction confiée à deux entrepreneurs de Caen, Zacharie de Saint-Jean, maître maçon, et Jean Auber, maître charpentier, était achevée en 1612 ; et le temple fut solennellement inauguré le dimanche 9 septembre de la même année (1).

Il existe de ce temple, de proportions grandioses, et qui a été démoli en 1685, un dessin dont nous donnons ici la reproduction. L'édifice, de forme circulaire, à pans coupés, était couvert de deux toits d'inégale hauteur recouvrant, le moins élevé, une espèce de bas-côtés régnant tout autour de la partie centrale ; et l'autre, cette dernière partie. Le toit supérieur était surmonté d'une tourelle élevée, garnie de sa cloche et couronnée d'une croix avec coq au-dessus. Le tout était éclairé par de vastes croisées en plein-cintre ménagées, dans les parties perpendiculaires de l'édifice, tant au-dessous qu'au-dessus du toit inférieur. Élie Benoist, dans son *Histoire de l'édit de Nantes*, dit en parlant de ce monument :

« Je n'ai pas de connaissance qu'il y eût
« d'autre temple en France que celui de Caen
« où il y eût un clocher tout semblable à
« celui des églises catholiques, avec une

---

(1) Simon Le Marchand, p. 30.

Jean Vaultier, Gilles Lebas, Charles Le Coq et Jean Mauger, et au syndic de la ville Guillaume Bauches, pour eux et les autres habitants de Caen, savoir :

Les époux Moulin et Ruette, moyennant 1,700 livres, « une pièce de terre assise au faubourg
« du bourg l'Abbé dudit Caen, en la rue Bre-
« taigne, étant dans et parmi les maisons du
« faubourg, paroisse St-Nicolas, enclose de
« murailles, joûtant d'un côté ladite rue Bre-
« taigne, d'autre côté plusieurs personnes, et
« butant d'un bout Jean Richard, et de l'autre
« Jacques Patrice ; »

Et Asselin, moyennant 400 livres, « une por-
« tion de son héritage, assis audit lieu, joute
« Raymond Marcadé d'une part et le surplus de
« l'héritage de l'autre, d'un bout la rue de
« Bayeux, et de l'autre le terrain ci-dessus
« vendu, afin de pratiquer sur ladite portion
« d'héritage, qui aura une toise quatre pieds
« de large à chacune des deux extrémités,
« une voie ou passage pour, de la rue de
« Bayeux, aller et venir tant audit cimetière
« que temple. »

Le contrat, pour ne pas retarder l'entrée en jouissance, comprit dans la vente, au prix de 300 livres, la récolte de fèves dont le jardin était alors couvert.

Les Réformés, mis immédiatement en possession, construisirent leur temple et élevèrent,

« croix au sommet et un coq qui servait de
« girouette (1). »

C'est à ce monument, auquel on voulait trouver la forme d'un pâté, que le peuple, dans son langage trivial et figuré, avait donné le surnom de Godiveau (2).

En 1590, au moment où les registres de l'Église reprennent leur cours après une interruption de près de cinq années, nous retrouvons, comme ministres de l'Église, Gilles Gautier, sieur de La Beuserie, et Jean Baudart; et, en outre, un troisième ministre, nommé Jean de La Rue. On les perd de vue, le premier en 1608, le second en 1591, et le troisième en 1599. On voit apparaître successivement :

De 1591 à 1594, Drouet;

En 1600, Claude Parent, dont le nom est cité, en qualité de ministre de Caen, dans les actes du dix-septième synode national tenu à Gap, en 1603;

En 1602, Jean Le Bouvier, sieur de La Fresnaye, qui a conservé ses fonctions jusqu'à son décès, arrivé en 1627;

Et de 1609 à 1616, Pierre de Licques, écuyer.

Les baptêmes sont constatés suivant l'usage ordinaire; mais la plupart des actes de mariage ne consistent qu'en une note très-laconique

---

(1) Élie Benoist, t. IV, p. 54.
(2) Simon Le Marchand, p. 30.

placée à la suite, soit du troisième ban, quand tous les trois figurent sur le registre, soit de l'unique ban qui y est mentionné, quand, ce qui arrive assez souvent, les deux autres y sont omis. En prenant soit la réunion des trois bans, soit le ban unique, accompagnés ou non de la mention de l'union célébrée, comme l'équivalent d'un mariage, on trouve en moyenne, pour chacune des années pendant lesquelles les registres ont été tenus :

	Baptêmes.	Mariages.
de 1590 à 1599	199	46
et de 1600 à 1611	229	45

Indépendamment des églises dont il a été parlé sous les chapitres précédents (1), et dont la plupart ont encore laissé des traces de leur existence pendant cette période, on trouve citées celles de Fontaine-Étoupefour, de Condé, des Veys et de Lasson.

(1) P. 95, 141.

CHAPITRE XVII.

ÉTABLISSEMENT DES JÉSUITES A CAEN.

1604-1607.

Une page curieuse de notre histoire locale, c'est l'installation des Jésuites dans la ville, malgré l'opposition des habitants. Cet épisode, qui semble un peu étranger à la Réforme, s'y rattache cependant d'une manière fort étroite, et par l'hostilité que cet ordre célèbre a constamment montrée contre ses principes, et surtout par les enquêtes qui eurent lieu à cette occasion. On saisit là, sur le vif, l'état des esprits à cette époque, et la bienveillance mutuelle dont les deux cultes se montraient animés l'un pour l'autre (1).

Les historiens qui ont écrit sur le règne de Henri IV ont parlé de la protection particulière que ce prince avait accordée aux Jésuites, les uns comme preuve de la sincérité de sa con-

---

(1) On peut rapprocher cet épisode, tracé d'après les pièces originales conservées dans les archives de la ville, du récit MITIGÉ qu'en a donné Huet dans ses *Origines de la ville de Caen*, p. 231.

version, les autres par crainte d'une corporation puissante qu'il espérait s'attacher par des bienfaits. On sait qu'il choisit pour confesseur le P. Coton, l'un des membres de l'Ordre ; qu'il lui confia plus tard l'éducation du Dauphin, et qu'après avoir rouvert à la Compagnie, par lettres-patentes du mois de septembre 1603, les portes de la France en limitant à quatre, c'est-à-dire à Paris, à La Flèche, à Lyon et à Dijon, les villes où elle pourrait établir collége, on le vit se prêter ensuite à toutes les entreprises tentées par elle dans le but d'en augmenter le nombre.

En 1604, pour la première fois, les registres municipaux font mention du projet d'introduire la Compagnie dans la ville. Le régent d'un des colléges de l'Université, nommé Savary, s'était rendu près du Roi pour lui demander, au nom de la généralité des habitants, la fondation, à Caen, d'un collége de cet Ordre. Les échevins, prévenus de la démarche, se réunissent immédiatement et décident, le 30 mars, que Savary serait désavoué, et le Roi supplié de lui faire justifier, avant de lui accorder audience, d'un mandat émané, selon l'usage, d'une assemblée générale des habitants tenue à l'Hôtel-de-Ville.

Pendant trois ans, silence complet. Le projet paraît abandonné lorsque, en octobre 1607, les Jésuites se présentent munis de lettres-patentes de Henri IV, datées du mois précédent, et demandent leur admission. Ces lettres, où le Roi disait se rendre aux supplications de Bellefonds, lieutenant au gouvernement des ville et château de Caen, de l'évêque de Bayeux et des manants et habitants de Caen, autorisaient en effet la Compagnie à établir un collége en ville pour le service divin et l'instruction de la jeunesse, lui accordaient le prieuré de St-Marc de Cajollet, aliéné de Ste-Barbe-en-Auge, et invitaient les habitants à lui donner leur collége, s'ils en avaient un, sinon à en bâtir un pour elle.

La nouvelle remplit d'émotion la ville, où les Jésuites comptaient fort peu de partisans. De vives inquiétudes se manifestent, non-seulement chez les Réformés, qui composaient plus du tiers de la population, mais encore chez les Catholiques ; et tous, faisant cause commune, s'entendent pour repousser le nouvel établissement.

Devant cette opposition unanime, les Jésuites recourent au pouvoir royal, et Henri IV écrit alors aux président et officiers du siége présidial de Caen, au maire et aux échevins de la ville, qu'il a résolu d'établir un collége de Jésuites à Caen ; qu'il les engage à contribuer avec lui à cette œuvre et à y faire contribuer les habitants ; et que Novince, sieur d'Aubigny, porteur de ses lettres, leur expliquera ses intentions. La lettre adressée au maire et aux échevins, datée du

23 décembre 1607, enjoignait en outre de n'apporter aucun retard à cet établissement.

Il était difficile, en s'adressant aux fonctionnaires mêmes de la ville, d'invoquer, comme dans les lettres-patentes, une prétendue demande qui n'avait jamais existé. Aussi, le Roi se contente-t-il d'y exprimer sa volonté en termes assez impérieux : « *Nous avons résolu...* » C'était à la fois et plus net et plus vrai.

Le 8 février 1608, les échevins convoquèrent à l'Hôtel-de-Ville, pour le lendemain, l'official de l'évêque de Bayeux, le recteur de l'Université, Antoine Gosselin, les trésoriers généraux au bureau des finances établi à Caen, les membres du siége présidial et de la vicomté, les élus et les officiers de l'élection, et quarante-neuf notables habitants.

A cette séance, présidée par Jacques Blondel, lieutenant particulier du bailli de Caen, Novince exposa que le Roi, voulant établir à Caen un collége de Jésuites, avait accordé à ces religieux le prieuré de Ste-Barbe-en-Auge, vacation advenant, en attendant laquelle ils recevraient 3,000 livres de rente sur ledit prieuré; mais que les habitants auraient à pourvoir à l'insuffisance; et qu'il avait hâte de retourner vers le Roi pour lui donner l'assurance de leur bon vouloir, parce que les habitants de Falaise demandaient avec instance que ce collége leur fût accordé.

L'avocat du Roi, de La Serre, insistant sur

l'exposé, ajouta que chacun aurait à contribuer à la dépense, de gré ou de force ; que la ville n'avait que deux colléges : le Collége Royal ou du Mont, qui dépendait d'elle, et le Collége des Arts, dont la Faculté se prétendait propriétaire ; que l'un et l'autre étaient insuffisants, à moins qu'on n'y joignît des maisons voisines ; mais qu'il existait un autre local très-grand et très-convenable, le couvent des religieux de St-François, et qu'il était désirable que ces religieux, d'ailleurs peu nombreux, voulussent bien consentir à l'abandonner.

Le représentant de la Faculté et le principal du Collége des Arts revendiquèrent ce collége comme propriété particulière de cette Faculté, et protestèrent contre l'idée de l'abandonner aux Jésuites.

Les échevins les appuyèrent. Ils firent remarquer que la ville ne pouvait disposer que du Collége Royal, mais que l'affaire était trop grave pour être traitée autrement qu'en assemblée générale ; et qu'avant de rien statuer, il fallait indiquer le chiffre de la dépense et les moyens d'y faire face.

Cet avis fut partagé par Pierre Le Marchand, sieur du Rosel ; le vicomte de Caen Jean de La Court, sieur du Buisson ; trois conseillers au présidial : Isaac Le Porcher, Éléazar Malherbe, et Jean de Lesnevac ; Michel Le Révérend, sieur de Bougy, et Thomas Le Haguais, contrôleur au grenier à sel.

Le curé de St-Julien, au nom de l'Université, et Claude Collin, président du Collége Royal, protestèrent contre toute atteinte portée aux ressources de l'Université, qui étaient déjà insufsantes, et demandèrent un sursis pour délibérer.

L'Official, au nom du clergé de la ville, émit l'avis qu'il fallait recevoir les Jésuites, mais que le Collége des Arts ne pouvait leur convenir, à cause de la proximité des Grandes Écoles et du bruit des écoliers.

Le curé de St-Pierre et Jacques Benard, sieur de Routot, se prononcèrent en faveur du nouvel établissement.

Enfin, Gilles Quesnot, bourgeois de Caen, émit l'avis facétieux que les Jésuites seraient beaucoup mieux à Falaise qu'à Caen, et que, puisqu'on les y désirait, il fallait les y envoyer.

L'ordre du Roi était si absolu que l'assemblée se crut dans la nécessité d'avoir l'air de se soumettre, tout en se ménageant les moyens de s'y soustraire. Elle arrêta donc en principe que les Jésuites seraient reçus, puisque telle était la volonté du Roi, mais à une condition : c'est que la ville pourrait porter ce qu'ils requéreraient pour leur établissement ; et le procureur-syndic fut chargé de s'en entendre avec eux.

La situation faite aux Jésuites ne s'était guère améliorée. Ils étaient admis, il est vrai, mais par une assemblée irrégulièrement réunie, par conséquent sans pouvoirs, et en outre sous une condition qui permettait de remettre tout en question. De plus, la lutte élevée entre les Franciscains, la Faculté, le Collége des Arts et la ville elle-même, pour sauvegarder leurs propriétés, n'avait pas dû accroître le nombre des partisans de la mesure.

Le 1ᵉʳ mars suivant, recteur, doyen et docteurs de l'Université présentèrent requête au Parlement de Rouen pour s'opposer à l'abandon du Collége des Arts. Ils y faisaient valoir que ce collége avait été acquis des deniers communs et bourse de la Faculté ; que le nouvel établissement devait avoir lieu sans rien entreprendre au préjudice des universités ; et que le Collége des Arts ne pouvait lui convenir, à cause de la proximité des halles marchandes et des écoles publiques.

Peu de jours après, les échevins reçurent une lettre du P. Coton, écrite le 11 mars, et qui, sans faire mention des difficultés élevées, contenait les remercîments de la Société. « Si la « divine Providence, leur disait-il, ordonne que « nous vous servions un jour de plus près, « j'espère que notre Société aura le moyen de « reconnaître l'honneur que vous lui faites de la « désirer, et l'obligation très-grande qu'elle vous « a de l'avoir si affectueusement acceptée de la « main du Roi, notre commun seigneur et « monarque. » Il terminait en annonçant que

M. de Bellefonds solliciterait la vérification des lettres-patentes et de l'annexe de Ste-Barbe-en-Auge recommandée particulièrement par le Roi au premier président du Parlement de Rouen; et que le P. Gontier, alors à Dieppe, se rendrait après Pâques à Caen pour porter les remercîments de vive voix et aviser de l'endroit où la ville logerait la Compagnie (1).

Le 20 juillet, l'Université renouvela sa protestation, à l'occasion de la visite qu'un Père Jésuite était venu faire du Collége du Mont. Elle exposa au Parlement qu'elle protestait également contre le projet, attribué aux échevins, d'approprier les Jésuites de ce collége; que le Collége du Mont, acquis par contrat passé devant les notaires de Caen le 9 septembre 1591, confirmé par arrêt de la Cour du mois d'avril suivant, avait sept à huit cents étudiants; qu'à cause de l'établissement ordonné par le Roi, les échevins avaient voulu entreprendre d'abord sur le Collége des Arts, entreprise contre laquelle les suppliants, joints au principal de ce collége, avaient formé opposition encore pendante devant la Cour; que le Collége du Mont paraissait maintenant menacé, mais que l'Université entendait aussi le conserver et réclamait mandement pour assigner les parties devant la Cour.

(1) Registres des délibérations de l'Hôtel-de-Ville.

En présence de ces difficultés, les Jésuites portèrent leurs vues sur les bâtiments de l'official ; et le Roi, intervenant de nouveau, écrivit aux échevins, le 10 octobre 1608, qu'il leur envoyait deux Jésuites porteurs de lettres closes, tant pour le maréchal de Fervaques, gouverneur de Normandie, que pour l'évêque de Bayeux, à l'effet d'accommoder les Pères du lieu de l'officialité comme étant plus propre que nul autre pour leur habitation, et ce moyennant la récompense raisonnable qu'ils en offriraient.

La ville, recourant à la force d'inertie, et mettant habilement aux prises l'Université, l'Officialité et les Franciscains, ne se pressait pas d'obéir. De temps en temps arrivaient de nouveaux ordres qui la constituaient en demeure de s'exécuter, et des lettres de rappel la gourmandant sur ses lenteurs. Une première lettre du gouverneur de Normandie, restée sans effet, fut suivie d'une seconde, en date du 2 novembre 1608 : « Vous ferez fort bien, ce me « semble, » disait le gouverneur aux échevins, en parlant des Jésuites, « sans user d'autre « remise, de leur donner le Collége du Mont, « que déjà, par commune délibération, vous « leur avez offert. Cette longueur ne peut servir « de rien, puisque c'est la volonté du Roi, à « laquelle m'assurant que vous vous conforme- « rez et à l'avis que, pour la deuxième fois, je « vous en donne. »

C'est alors que les officiers municipaux, voulant trouver dans le nombre des délibérants un nouveau moyen de résistance, firent appel au corps général de la ville, afin d'obtenir contre le nouvel établissement une sorte de manifestation populaire. Ils convoquèrent donc, le 4 novembre, non à l'Hôtel-de-Ville, qui n'eût pas offert de local assez vaste, mais dans la salle des procureurs du siége présidial, tous les bourgeois et habitants de la ville, tant laïques qu'ecclésiastiques, officiers du Roi en justice, finances et autres. Au jour fixé, se trouvèrent réunis, sous la présidence de Guillaume Vauquelin, sieur de La Fresnaye, président au siége présidial, lieutenant général du bailli et maire de Caen ;

Les avocats et procureur pour le Roi, à Caen : Grégoire de La Serre, Pierre de Caumont et Gilles Hallot ;

Les gouverneurs et échevins de la ville : Jehan Brunet, Jehan Vaultier, Gilles Le Bas, Charles Le Coq et Guillaume Bonnel ;

Le procureur-syndic, Guillaume Bauches, et le greffier de la ville, Pierre Beaulart ;

Enfin, dit le procès-verbal de la séance, *plus de 3,000 habitants* appartenant à toutes les classes de la ville.

Le maréchal de Fervaques y était représenté par un de ses gentilshommes, nommé La Ronce, qui engagea l'assemblée à se montrer obéissante aux volontés du Roi, dont l'ardent désir était d'établir les Jésuites dans la ville, et insinua qu'il avait mission d'examiner comment les choses se passeraient, pour en rendre compte au maréchal.

La lecture d'une des pièces, révélant à l'assemblée que les habitants eux-mêmes avaient réclamé le nouvel établissement, fut suivie d'une clameur violente protestant contre cette allégation et demandant la communication immédiate des actes qui en justifiaient. Le greffier répondit que, non-seulement il n'en existait aucun, mais que lors du bruit, répandu en 1604, de la démarche de Savary qui avait mis faussement en avant le nom des habitants, le maire, les échevins et le procureur-syndic s'étaient empressés de protester auprès du Roi ; qu'alors tout était rentré dans le silence, et que la délibération du 9 février dernier ne s'était occupée de nouveau du projet qu'à cause de l'apport des lettres-patentes de Sa Majesté.

L'Official, en l'absence de l'Évêque, prit la parole au nom des ecclésiastiques. Il s'éleva contre l'idée d'abandonner aux Jésuites les bâtiments de l'officialité. Il représenta que le Roi avait été induit en erreur en regardant ce monument comme chose peu importante, tandis qu'il s'agissait d'un palais bâti depuis longtemps, avec auditoire, prisons, vastes dépendances, jardins et cours ; que le local serait incommode aux écoliers, et par son éloignement du centre de la ville, et par sa proximité de la rivière qui rendait le quartier aquatique au point qu'en hiver la rue était le plus souvent toute pleine d'eau ; que, d'ailleurs, les Jésuites eux-mêmes n'insistaient pas, et qu'à son avis il était préférable de leur abandonner le Collége du Mont.

Le curé de St-Pierre, assisté de Savary, de Jehan de Guernon, docteur aux droits, et de Jacques Le Maître, principal du Collége du Bois, déclara, au nom de l'Université, n'apporter aucun obstacle à la réception des Jésuites, puisque telle était la volonté du Roi, et partager l'avis de l'Official sur le local à leur délivrer.

On procéda ensuite à la réception des avis particuliers, qui furent donnés à haute voix, et dont la plupart furent très-longuement motivés.

Novince, porteur des lettres du Roi, opina tout naturellement pour la réception des Jésuites ; et, poussant jusqu'à l'excès une générosité dont il ne faisait pas les frais, il proposa d'abandonner aux Pères, non pas un seul, mais les deux colléges de la ville, si le Roi l'avait pour agréable. Jehan Brunet, moins affirmatif dans son vote, demanda qu'on s'en rapportât au bon vouloir du Roi et qu'il en fût députe à Sa Majesté. Ces deux avis furent seuls favorables au nouvel établissement. Tous les autres, sans exception, lui furent contraires ; et comme on y trouve des renseignements curieux à plus d'un titre, nous les reproduisons avec quelques détails.

Michel de Répichon, président et trésorier de France au bureau des finances de la généralité de Caen, remontra : que les lettres-patentes étaient basées sur une erreur, puisque les habitants n'avaient jamais réclamé les Jésuites ;

Que l'assemblée du 9 février 1608, postérieure de plusieurs mois aux lettres-patentes, composée d'un petit nombre de personnes et irrégulièrement convoquée, n'avait pas eu qualité pour donner une autorisation réservée au général des habitants ; qu'à cette assemblée d'ailleurs n'avaient été appelés, en public ou en particulier, ni les principaux officiers, ni les notables bourgeois ;

Que les Réformés se prétendant exempts de contribuer aux frais de cet établissement, eux qui composaient le tiers des vingt mille habitants de Caen, la ville privée de leur concours et dépourvue de tous biens ne pourrait en acquitter la dépense ;

Que la cité, ornée depuis plus de trois cents ans d'universités très-suffisantes pour l'instruction, se contentait des prédicateurs que lui envoyait l'évêque de Bayeux et qui étaient les meilleurs de France ; que les Religieux mendiants et les Pères capucins lui suffisaient pour les temps ordinaires, et qu'à l'égard des confessions, les Catholiques avaient leurs curés qui étaient chargés de leurs âmes.

Il conclut en demandant qu'on députât trois personnes notables pour supplier le Roi de dispenser la ville du nouvel établissement.

Cet avis fut également celui de Pierre de Bernières, de Jehan Le Fauconnier, de Jacques Morin, tous trois conseillers du Roi et trésoriers de France, et de quatre échevins de la ville : Jehan Vaultier, Gilles Le Bas, Charles Lecoq et Guillaume Bonnel.

Claude Collin, prêtre, prieur de l'Hôtel-Dieu, qui était en même temps principal du Collége du Mont, ne pouvait être d'avis différent. Il fit valoir que ce collége, acquis par l'Université et érigé avec l'autorisation du Parlement, était dans l'état le plus florissant et réunissait plus de huit cents écoliers tant de la Normandie que des provinces voisines, de la Champagne et de la Bourgogne ;

Qu'il protestait de nouveau, comme il l'avait déjà fait devant le Parlement, contre le projet en question, émané de quatre membres de l'Université qui n'avaient reçu d'elle aucun mandat ;

Que l'avis général étant opposé à l'admission des Jésuites, il n'y avait pas lieu de s'occuper du local à leur fournir,

Et qu'il fallait envoyer des députés à Sa Majesté.

Jehan de La Lande, conseiller, notaire et secrétaire du Roi, dit qu'il était touché de la paix et grande amitié et concorde étant entre les Catholiques et ceux de la Religion prétendue réformée, ayant toujours vécu ensemble en si unie tranquillité, en l'observance des commandements de Sa Majesté; qu'en la ville il n'y avait eu jusque-là aucune sédition civile ; qu'il était à craindre que le nouvel établissement ne changeât les volontés en quelques-uns ; enfin qu'il se réunissait à l'avis d'adresser des remontrances à Sa Majesté et de députer vers elle trois notables bourgeois.

Le vicomte de Caen, Jean de La Court, représenta qu'il serait dangereux d'altérer cette concorde et bonne intelligence que les habitants de l'une et de l'autre religion avaient ensemble ;

Que les habitants craignaient la présence continue et l'établissement des Jésuites comme pouvant apporter des changements et altérations à cette tranquillité, à cause du zèle montré par ces Pères pour leur religion, zèle louable en eux, mais qui les portait bien souvent à émouvoir le peuple et même à défendre la fréquentation des Catholiques avec ceux de l'autre religion, chose qui troublerait grandement la tranquillité de la ville ;

Que Sa Majesté serait donc suppliée de se rappeler que les habitants de Caen, en cette diversité de religion, s'étaient toujours fort bien accordés au point de vue de son service et obéissance, et priée de vouloir dispenser la ville du nouvel établissement ; sinon d'ordonner que ceux qui avaient appelé les Jésuites eussent seuls à les loger et accommoder, sans que personne y fût contraint, vu que de telles choses ne devaient provenir que de la dévotion des individus et non autrement.

Tels furent les avis de Thomas de Troismonts, conseiller au siège présidial ; de Germain Le Canu, secrétaire de la chambre du Roi ; de Jehan Hellouin, conseiller et secrétaire du Roi ; et de Thomas Le Haguais, contrôleur du grenier à sel.

Michel Le Révérend, sieur de Bougy, parlant en son nom et pour le corps des habitants de la Religion réformée, s'opposa formellement à l'admission des Jésuites et déposa une pétition, en date du 4 novembre 1608, conforme à son soutien et signée de cent cinquante des principaux Religionnaires de la ville. Il fit valoir :

Que les Jésuites n'étaient d'aucune utilité, puisque l'Université, fournie de docteurs, de régents, de précepteurs et de lecteurs, suffisait amplement à l'instruction de la jeunesse, sans coûter aucune surcharge à la ville ;

Que cette admission, dépourvue de toute utilité, serait d'autant plus onéreuse à une partie des habitants que les Protestants étaient exonérés par les édits de contribuer aux choses qui étaient contre leur conscience ;

Et que tous protestaient contre le projet mis en délibération, attendu que, pour eux comme pour leurs enfants, ils n'attendaient aucune instruction desdits Jésuites, ni aucun bien quelconque.

Conseillers du Roi en l'élection, procureur-syndic, procureur pour le Roi, avocats, procureurs au présidial, conseiller du taillon, administrateurs de l'hôpital, principal commis de la recette générale, trésorier provincial de l'extraordinaire des guerres, greffier au magasin, sergents, huissiers et nombre de personnes, tant de la noblesse que de la bourgeoisie, émirent le même avis.

En présence de cette unanimité qu'avaient seuls altérée les deux premiers opinants, l'assemblée décida qu'on députerait au Roi trois notables pour le supplier de délivrer la ville du nouvel établissement, et elle choisit pour la représenter :

Grégoire de La Serre, avocat pour le Roi au bailliage et siége présidial de Caen ;

Jehan Vaultier, sieur de La Hogue, l'un des échevins de la ville ;

Et Michel Le Révérend, sieur de Bougy.

Un fait des plus significatifs avait eu lieu, à deux reprises, pendant le cours de la séance. L'envoyé du maréchal, La Ronce, inquiet de l'opposition manifestée par l'assemblée, avait requis le maire de publier dans la salle que s'il y avait aucuns présents qui désirassent l'établissement des Jésuites, ils eussent à donner leurs noms pour être inscrits au procès-verbal. Cet avis, transmis à haute voix par le sergent du Londel, avait été suivi de cris réclamant l'éloignement de la Société, et personne ne s'était fait inscrire. A la fin de la séance, La Ronce fit réitérer la même proclamation, sans plus de succès, car aucun nom ne fut donné et les clameurs recommencèrent avec plus de véhémence encore, accompagnées des cris : *Au Roi! au Roi!* En sorte que cette tentative de pression n'avait eu d'autre résultat que de rendre plus évidente encore l'opposition des délibérants.

C'est au château de Fervaques près Lisieux, où il résidait ordinairement, que le maréchal de Fervaques apprit le résultat de la réunion. Il répondit, le 7 novembre, que le Roi et lui-même avaient cru jusque-là que les Jésuites avaient été demandés par la ville, et qu'il fallait maintenant attendre la décision du Roi pour s'y conformer.

La mission confiée aux trois députés devait échouer. Il y avait parti pris en haut lieu. De nouvelles lettres-patentes, en date du 6 décembre 1608, ordonnèrent donc de recevoir les Jésuites, et maire et échevins durent s'incliner devant la volonté royale. C'est le P. Coton qui, dès le lendemain, se chargea de les en prévenir lui-même; et il leur écrivait, le 7 décembre, la lettre suivante, qu'à l'orthographe près nous reproduisons textuellement :

« Messieurs,

« Il est certain que l'entendement est le porte-
« flambeau de la volonté, et que nous n'aimons
« que ce que nous estimons. Il est vrai aussi
« que l'intelligence a son fondement sur l'ex-
« périence, d'où je tirerai avec votre permission
« deux conséquences : l'une, que notre Société
« n'ayant eu encore le bien d'être reconnue de
« vous, ce n'est merveille si aucuns de vous
« l'ont appréhendée; l'autre est, qu'avec l'aide
« de Dieu, nous ayant essayés vous en ferez
« le même jugement que tout le surplus, je
« ne dirai du royaume, mais de toute la
« chrétienté. Nous avons et aurons toujours
« autant de témoins oculaires que d'écoliers,
« qui sont en France plus de vingt et quatre
« mille sous notre discipline, *tant de l'une que
« de l'autre religion*. Nous en avons et aurons
« autant d'auriculaires que de pénitents. Il n'est
« possible qu'un de ce nombre, voire plusieurs,
« n'ait ou ne soit pour avoir de quoi nous dé-
« férer si nous nous comportons au-delà qu'il
« ne faut. Nérac, Montpellier et Nîmes nous
« expérimentent en chaire et en conversation

« incessamment; les Cannibales, les Margalats,
« les Topinambos, Fernanbuques, Braziliens,
« Anthropophages, ceux de l'une et l'autre Inde,
« nous voient parmi eux sans reproches, jusqu'à
« la grâce de Dieu jusqu'à maintenant. Plus
« raisonnablement nous pouvons espérer le
« même parmi ceux de notre langue et nation.
« Le Roi qui ne se trompe aisément dans ses
« jugements l'a aussi estimé et fait entendre à
« MM. vos députés, comme vous le verrez aussi
« par des lettres-patentes. C'est à nous de ne le
« tromper et de vous décevoir. L'un et l'autre
« sera en bien faisant; car il se le promet et
« plusieurs d'entre vous ne l'attendent. Heu-
« reuse déception quand elle redondera à la
« gloire de Dieu, au bien de notre patrie et à
« votre service ! Ce sont les principaux motifs
« qui ont porté Sadite Majesté à vous faire en-
« tendre si expressément sa volonté, ce qui me
« convie à vous en donner toutes les assurances
« que l'on peut espérer de celui qui est avec
« tous ceux de sa robe.

« Votre serviteur très-humble et très-affec-
« tionné en N. S. »

Pierre Coton, de la Cie de Jésus (1).

Les Jésuites prirent possession du Collége du Mont, et Collin, qui en était le principal, obligé

(1) Registre des délibérations de l'Hôtel-de-Ville.

de le leur abandonner et de se retirer à l'Hôtel-Dieu, reçut de la ville, le 13 décembre 1608, 150 livres à titre d'indemnité.

Les Pères, trop à l'étroit en 1618, réclamèrent le terrain nécessaire à la construction d'une église en croix, de 180 pieds de long sur 120 de large, d'une sacristie, de rues pour y conduire les élèves à l'issue des classes, et d'une place devant l'église, pour l'accès des séculiers. Ils indiquaient, comme convenable à cette destination, un émplacement avec partie du Pré des Ébats, joignant le mur de la ville, près le Collége, ainsi qu'une partie de ce même mur devenue sans utilité. Le pouvoir royal, qui ne se lassait pas d'intervenir en leur faveur, en écrivit, le 24 novembre 1618, au lieutenant-général, à l'avocat, au procureur du Roi, et, le lendemain, aux échevins, qui durent accorder gratuitement, le 22 décembre suivant, le terrain réclamé. Les concessionnaires n'en étaient pas encore en possession en 1620, car ils reproduisaient alors leur demande; et l'on trouve, dans les archives de la ville, à la date du 2 janvier 1621, une délibération rappelant que la concession du terrain avait eu lieu de la volonté du Roi, enjoignant aux officiers municipaux de se transporter en personne sur les lieux pour en faire la délivrance, et n'en exemptant qu'un seul, Répichon, à cause de sa faiblesse et de son incommodité.

C'est sur partie de cet emplacement que les Jésuites ont élevé, sous l'invocation de *Notre-Dame*, l'église à laquelle le public donne encore aujourd'hui leur nom. Le surplus a formé la place existant entre l'église et la rue St-Laurent.

Cet épisode fournit de précieux renseignements : sur le nombre des habitants de la ville en l'année 1608, environ 20,000 ; sur celui des Protestants qu'elle renfermait, environ 7,000 ; et surtout sur les sentiments qui existaient entre les fidèles des deux communions et sur l'union qui, même au fort des tempêtes de la Ligue, n'avait cessé de régner entre eux. Il vient, en outre, à l'appui de ce passage de Ségrais, qui dit dans ses *Mémoires*, en parlant de la ville de Caen : « Il y avait longtemps, « avant la révocation de l'édit de Nantes, que « les Catholiques et les Huguenots vivaient dans « une si grande intelligence, qu'ils mangeoient « buvoient, jouoient, se divertissoient ensemble, « et se quittoient librement, les uns pour aller « à la messe, les autres pour aller au prêche, « sans aucun scandale, ni d'une part, ni de « l'autre (1). »

Quelle fut, sur cet état de choses, l'influence exercée par les Jésuites ? Les habitants, qui s'étaient si vivement opposés à leur admission, eurent-ils lieu de le regretter ? Tout ce que l'on

---

(1) Ségrais, t. I, p. 197.

peut répondre, c'est que, peu à peu, la paix alors si bien établie ne tarda pas à subir des atteintes. Des germes de division et d'hostilité se développèrent. Les Catholiques, qui avaient paru jusque-là n'y faire aucune attention, se plaignirent de la proximité du culte ouvert sur le jardin de la Carrière (1), et voulurent le repousser jusqu'au fond du faubourg. Des conférences ou disputes publiques, entamées sous le prétexte de tout concilier, n'aboutirent qu'à exalter les champions et à émouvoir les assistants. Des livres de controverse, empreints de passion et d'acrimonie, aigrirent encore le mal, et le Parlement se vit dans la nécessité de les condamner et de les interdire.

L'une de ces conférences, qui avait mis en présence le ministre Samuel Bochart et le jésuite Véron, et à la suite de laquelle on s'était donné raison de chaque côté, dégénéra en querelle et fut même sur le point de causer une émeute en ville. Sur les instances de Véron, le lieutenant du présidial cita Bochart devant lui pour s'y avouer vaincu. Bochart fit défaut et fut condamné. Le peuple surexcité voulut se jeter sur lui et sur les Religionnaires, et ne put être appaisé qu'avec difficulté. Le Parlement, devant lequel Bochart s'était pourvu, cassa la sentence, défendit aux Catholiques et aux Réformés de se

(1) P. 176.

méfaire, ni médire, ni user d'aucune violence, et décréta le lieutenant d'ajournement personnel pour rendre raison de son étrange procédure. Cet ajournement manqua de rallumer le feu. Le lieutenant se pourvut devant le Roi et engagea le peuple dans sa querelle. Le Parlement envoya à Caen, comme commissaires, deux de ses membres : le conseiller Baudry de Biville et l'avocat-général Le Guerchois. Le Conseil d'État voulut aussi s'en mêler, et l'on ne peut dire à quels excès l'émotion populaire se serait portée si le duc de Longueville, gouverneur de Normandie, d'accord avec le Parlement, n'avait employé le meilleur moyen de tout pacifier. On constata que le caractère turbulent du jésuite pouvait convenir aux controverses mais non à l'édification. On écrivit aux sept évêques de la province de ne lui donner à l'avenir aucune mission, ni pour prêcher, ni pour disputer; et cette simple mesure remit la ville en paix.

CHAPITRE XVIII.

MORT DE HENRI IV. — PRISE DE LA ROCHELLE. —MORT DE LOUIS XIII. — PREMIÈRES ATTEINTES PORTÉES A L'ÉDIT DE NANTES,

1610-1665.

L'édit de Nantes rendu, Henri IV s'en montra religieux observateur; mais son exemple ne fut suivi ni par les Parlements, ni par le parti catholique. On eût dit que l'un et l'autre s'étaient entendus pour en paralyser les dispositions. Le Roi, au contraire, occupé constamment à répondre aux plaintes des Réformés sur les exactions et les dénis de justice dont ils étaient victimes, le faisait avec loyauté, repoussant toute équivoque et donnant même aux points douteux l'interprétation la plus favorable. Il mettait en pratique sa belle réponse au Parlement de Paris, qui ne voulait enregistrer l'édit qu'avec des réserves secrètes : « Je ne trouve « pas bon d'avoir une chose dans l'intention et « d'écrire l'autre. Si quelques-uns l'ont fait, je « ne veux pas faire de même. La tromperie est

« partout odieuse; mais elle l'est davantage
« aux princes dont la parole doit être im-
« muable. »

Tant qu'il vécut, le royaume fut en paix. A sa mort, arrivée le 10 mai 1610, les troubles recommencèrent.

Cependant, l'un des premiers actes de la Régente avait été de confirmer, par lettres-patentes du 22 mai, l'édit qui avait rendu le calme au pays. On publia en même temps les articles secrets dont il n'avait été tenu jusque-là aucun compte et, en outre, certains arrêts favorables aux Réformés que le Parlement de Rouen, qui les avait rendus à contre-cœur, conservait dans le secret de ses registres. Mais le mauvais vouloir des adversaires était trop évident pour n'avoir pas éveillé des inquiétudes. Les luttes recommencèrent. Caen, centre de religion, d'études et de sciences, donnait à lui seul, selon Floquet, plus de mal au Parlement que toutes les autres villes réunies. Les curés intervenaient à chaque instant à l'occasion des cérémonies du culte ou des inhumations. Le savant ministre Bochart, constamment sur la brèche, quittait à tout moment ses livres et ses manuscrits pour venir en aide à ses coreligionnaires; et chaque jour étaient publiés en ville des défenses faites aux deux cultes de s'injurier, de s'assembler par troupes et de s'attaquer.

Le 1ᵉʳ octobre 1614, Louis XIII devenu majeur confirma de nouveau l'édit de Nantes.

L'année suivante, le clergé présenta au Roi un cahier de plus de trois cents articles, dont cinquante au moins, portant atteinte aux édits favorables à la Réforme, tendaient à troubler les Religionnaires dans la possession de leurs libertés. La noblesse, de son côté, demanda aux États que le Roi fût supplié de maintenir la Religion catholique dans les termes du serment qu'il avait prêté à son sacre. Comme ce serment l'obligeait à exterminer tous les hérétiques que lui dénoncerait l'Église (1), les Réformés se crurent menacés; des agitations s'en suivirent, et un manifeste, daté de La Rochelle, inaugura une nouvelle prise d'armes.

Le Roi, après avoir déclaré illicite la réunion tenue à La Rochelle, se dirigea sur cette ville. Voulant rassurer les Réformés éloignés du théâtre de la guerre, il confirma, par deux déclarations du 24 avril 1621 et du 27 mai suivant, tous les édits qui avaient été rendus en leur faveur, et déclara prendre sous sa sauvegarde ceux qui se contiendraient en leur devoir. Cependant les appels aux armes ne restèrent pas sans échos en Normandie. Le duc de Longueville y répondit par le désarmement de tous les Religionnaires. Le marquis de

---

(1) Élie Benoist, t. II, p. 151.

Mauny, qui en fut chargé à Caen, l'opéra sans difficulté et reçut, en outre, l'ordre de surveiller le havre de Ouistreham. Prévenu que « plusieurs s'en allaient et faisaient emporter « leurs biens par la mer » et que d'autres favorisaient ces embarquements, il provoqua, dans une réunion tenue le 28 juin 1621, à l'Hôtel-de-Ville, diverses mesures de circonstance, dont l'une consistait à défendre les sorties du port sans congé spécial et à charger le capitaine de la côte et les gens du guet d'y veiller.

La guerre civile, suspendue en 1622 par une déclaration du 19 octobre, recommença en février 1625 et ne prit fin qu'en novembre 1628, après la capitulation de La Rochelle.

Lorsqu'on décida, pour faire obstacle aux secours envoyés par l'Angleterre, de construire une digue devant cette ville, un ingénieur, nommé Carlo, vint en Basse-Normandie, muni d'une commission du Roi, en date du 20 décembre 1625, portant ordre de réquisitionner dix grands vaisseaux du plus fort tonnage, à quelque nation qu'ils appartinssent. A son arrivée à Caen, Carlo se rendit à l'Hôtel-de-Ville. Il y annonça, le 25 janvier 1626, que sur les dix vaisseaux réclamés, il n'en manquait plus qu'un; et Ségrais, l'un des échevins, fut chargé de l'accompagner à Honfleur pour le lui procurer.

Les archives de Caen renferment peu de documents sur les événements de cette époque. On y rencontre cependant :

Une lettre du Roi, en date du 12 novembre 1627, ordonnant d'envoyer à Rouen, pour les soldats assiégeant La Rochelle, 250 habits de bure grise et 250 paires de souliers ;

L'avis donné aux échevins, le 25 mai suivant, par le duc de Longueville, que les Anglais, renonçant à forcer la digue de La Rochelle, s'étaient retirés ; et que la ville, privée de leur secours, ne pourrait tenir longtemps ;

Une lettre du 13 juillet suivant, contenant approbation, par la Reine-Mère, du désarmement des Protestants de Caen, et ordre, cependant, de rendre aux gentilshommes, officiers et pères de famille les épées qu'on leur avait enlevées ; lettre dont communication fut donnée, le 19 du même mois, à MM. de La Martinière, Chaulieu, Le Manoir, Grandchamp, Le Moutonnier, Desobeaux, Le Moutonnier aîné, Duhouel, Le Mare et Lefebure, faisant tous profession de la Religion réformée ;

Et une lettre du Roi, du 31 juillet 1628, prescrivant de nouveau le désarmement pour le cas où il n'aurait pas déjà été opéré.

On trouve encore, dans le cours de la même année, quatre jugements rendus au présidial de Caen, dans des circonstances se rapportant à la Réforme ou au siége de La Rochelle.

La femme d'un passementier, nommée Poullain, qui avait coupé la corde soutenant des tentures placées pour la procession de la Fête-Dieu, et proféré des paroles contre cette cérémonie, est condamnée à être fustigée par les carrefours de la ville, et subit sa peine le 7 juillet 1628.

La veille, un bourgeois du quartier de St-Jean, nommé Le Hulle, est condamné aux galères pour avoir tenté d'envoyer des secours à La Rochelle.

Le 28 juillet, le ministre Fouace, trouvé chez un nommé Le Hulle, bourgeois de Caen, et accusé d'avoir fait un livre renfermant des blasphèmes contre Dieu et le Roi, est condamné à l'amende honorable et aux galères, et en outre à être conduit au Vieux-Marché par le bourreau, pour y voir brûler son livre feuille à feuille.

Et le même jour, un nommé Coltée est condamné à être fustigé aux Agneaux, devant la porte de la Geôle, pour s'être permis de dire que ses cousins les Anglais ne souffriraient pas que La Rochelle fût prise.

Le succès de l'armée royale contre La Rochelle, annoncé à Caen au mois de novembre 1628, remplit de joie les Catholiques. La soumission des autres villes ne se fit guère attendre et le Roi, pour apaiser les craintes des Réformés, rendit à Nîmes, en juillet 1629, un édit les maintenant, sans trouble, dans l'exercice libre et tranquille de leur religion.

Louis XIII mourut le 14 mai 1643. Le duc de Longueville en prévint les échevins dès le lendemain, en annonçant que l'événement avait eu lieu entre deux et trois heures de l'après-midi. L'une des premières mesures de la Régente fut de confirmer l'édit de Nantes à peu près dans les mêmes termes que ceux qui avaient été employés après la mort de Henri IV.

Pendant les dernières années de Louis XIII, des symptômes de mauvais vouloir avaient donné l'éveil aux Réformés. Dès le 21 avril 1637, le Conseil leur avait défendu de se réunir dans les temples en l'absence des ministres. Le 18 mai suivant, un arrêt du Parlement les avait empêchés d'ouvrir à St-Lo des écoles publiques, avait limité l'enseignement en maisons particulières à la lecture et à l'écriture, et leur avait interdit de dogmatiser, de catéchiser et de faire publiquement des prières ou lectures contraires à la doctrine de l'Église romaine. Enfin, au vingt-septième synode national tenu à Alençon le 27 du même mois, le commissaire du Roi avait défendu : tout blâme des mesures du Gouvernement et des magistrats, même de celles qui paraîtraient contraires à la liberté de conscience; tout usage, dans les sermons et les écrits, des mots tourments, martyres, persécution; tout prêche dans les annexes des églises ; tout exercice du culte ailleurs qu'au lieu de la résidence du ministre qui avait défense d'en sortir ; enfin, toute injure contre les nouveaux convertis. Mais, à partir du nouveau règne, les tracasseries augmentèrent en nombre et en gravité. Les intentions du Pouvoir devinrent suspectes même à ce point que le vingt-huitième synode national, tenu à Charenton le 26 décembre 1644, engagea les Églises à réunir leurs procès-verbaux d'établissement dressés en 1599 et en 1600 par les commissaires de l'édit de Nantes, et à garder les actes et les témoignages de leurs exercices pendant les années 1576 et 1577, 1596 et 1597. Il arrêta aussi qu'en cas de persécution exercée contre les personnes, les pasteurs et les anciens injustement poursuivis seraient indemnisés par leurs églises et, en cas d'insuffisance, par les autres églises du même colloque ou de la même province.

C'est à partir de ce moment que l'on voit poindre le germe de ces persécutions qui grandiront d'année en année, se transformeront en iniquités révoltantes et en atrocités, et déshonoreront la fin du règne de Louis XIV.

Dès 1652, il fallait que le mauvais vouloir de la Cour fût devenu bien notoire, pour que l'Hôtel-de-Ville, présentant, le 23 juin, l'un des médecins protestants les plus distingués de la ville, Vicquemand, comme candidat à la place

l'enlèvement des enfants, prit des proportions effrayantes. Les parents en arrivèrent à ne plus oser perdre leurs enfants un seul instant de vue, et à leur interdire tout contact, même momentané, avec ceux de la religion romaine; car une parole équivoque, un simple signe de croix, devenaient l'équivalent d'une inspiration divine appelant au Catholicisme, et amenaient promptement un rapt autorisé ou illégal. Autorisé, l'enlèvement était définitif; dans le cas contraire, le résultat était presque toujours le même, tant il était difficile d'obtenir justice contre les ravisseurs. Les arrêts, même les plus favorables, ne mettaient pas à l'abri des conséquences de ces abominations, car le refus des officiers, leur inertie, ou la disparition de l'enfant dont on perdait alors la trace en paralysaient trop souvent l'exécution.

Le Parlement de Normandie se montrait très-favorable aux enlèvements, quels que fussent l'âge et les prétextes; et on le vit rendre, en 1663, plusieurs arrêts autorisant la conversion d'enfants de sept et huit ans, et condamnant les parents à leur payer de grosses pensions. L'un d'eux, rendu dans une espèce particulière, ordonnait l'enlèvement des enfants d'une mère restée veuve, et leur remise, malgré l'opposition de celle-ci, aux mains de parents catholiques.

Des plaintes s'élevèrent en si grand nombre que le Conseil d'État ne put éviter de s'en occuper. Son arrêt du 28 septembre 1663 sanctionna les enlèvements et les conversions; seulement il défendit d'en user à l'avenir avant quatorze ans pour les garçons et douze ans pour les filles. Le clergé murmura. D'après lui, l'enfant, responsable de ses péchés à sept ans, devait pouvoir, au même âge, abandonner l'hérésie. Ses agents généraux s'en plaignirent au chancelier, qui termina l'audience par ces paroles équivoques : « Le Roi a fait son devoir ; vous « ferez le vôtre (1). » C'était inviter directement à la désobéissance ; aussi ne tint-on aucun compte de l'arrêt, et les enlèvements continuèrent-ils aussi nombreux et aussi peu réprimés que par le passé.

Le 26 février 1663 et le 17 novembre 1664, le Conseil d'État ordonna de baptiser à l'Église catholique tout enfant né d'un père catholique et d'une mère réformée.

Le 5 juin 1663, le Parlement de Rouen défendit de recevoir dans cette ville plus de deux médecins du culte réformé : mesure que des lettres-patentes du 25 mai 1670 étendirent à tout le royaume.

Le 23 octobre 1663, le Conseil défendit aux ministres les prêches ou exercices hors des temples, privant ainsi de tout culte public les

---

(1) Élie Benoist, t. III, p. 548.

lieux privés de temple ou dont le temple avait été fermé.

A côté de ces mesures générales, il en était survenu d'autres qui n'avaient pour but que d'humilier la Réforme et d'établir, à l'égard du culte dominant, l'état d'infériorité qu'on entendait lui imposer. Pierre de Baillehache, sieur de Beaumont, avait perdu sa fille âgée de seize ans et l'avait fait inhumer à Caen. D'après l'usage adopté pour les personnes distinguées, le cercueil avait été recouvert d'un drap orné de couronnes, et les coins avaient été portés par des jeunes filles tenant en main des branches de romarin. Vers le même moment, un riche bourgeois de Caen, nommé Guillaume Daniel, s'était contenté de faire tenir les coins d'un drap placé sur le cercueil de sa femme. Les curés de St-Pierre et de St-Jean portèrent plainte, et le bailli de Caen condamna de Baillehache, le 9 mars 1663, à 20 livres, et Daniel à 10 livres d'amendes, avec défense aux Réformés de récidiver. Devant le Parlement de Rouen, l'avocat des curés reprocha aux appelants d'avoir scandalisé la ville en voulant marcher de pair avec les Catholiques. D'après lui, il n'y avait aucune égalité entre les deux religions; l'une, maîtresse et dominante, devait avoir toutes les prérogatives, et l'autre rester dans l'obscurité et le silence. Ces idées se rapportaient trop à celles du Parlement pour ne pas être favorablement accueillies. L'arrêt, rendu le 20 février 1664, confirma de tout point la sentence du premier juge et étendit, par voie de règlement, la défense de récidiver à la province entière. C'était ordinairement ce que gagnaient les Réformés en pareille circonstance ; d'une affaire particulière, on saisissait l'occasion de faire contre eux une défense générale.

La même Cour s'avisa, le 3 décembre 1664, de réduire à dix pour le Parlement, à deux dans chaque bailliage et à un seul dans les vicomtés, le nombre des avocats Réformés qui seraient admis à y plaider. C'était, malgré le silence conservé par les édits, interdire pour de longues années cette profession aux Religionnaires. Quoique cet arrêt fût resté secret et n'eût été notifié à aucune des juridictions du ressort, les avocats de Caen voulurent en faire l'application à l'un de leurs confrères, nommé Le Sage que le lieutenant général du bailliage avait reçu malgré leur opposition. Le Parlement leur donna gain de cause le 18 juin 1671 et défendit à Le Sage de plaider ; mais celui-ci se pourvut devant le Conseil d'État, et l'arrêt, rendu le 14 février 1672, sans tenir compte de la décision du Parlement, maintint l'appelant dans son droit, et défendit de le troubler sous prétexte de sa religion.

Au mépris de l'arrêt de 1663 qui avait fixé à quatorze ans pour les garçons et à douze ans pour les filles l'âge des conversions, des enfants de onze ans, de neuf ans, quelquefois même de sept ans, étaient journellement enlevés, et la justice refusait aux parents de les leur rendre par le motif spécieux que, s'il était interdit d'induire les enfants à changer de religion avant l'âge fixé, aucun texte ne défendait de les recevoir quand ils se présentaient d'eux-mêmes ; et qu'il était impossible de ne pas leur tendre les bras quand, à un âge où la raison n'est pas encore formée, ils venaient à la foi d'une manière sentant si évidemment l'inspiration divine.

D'après un arrêt du Conseil du 3 novembre 1664, les parents dont les enfants avaient été convertis avaient le choix, ou de les garder chez eux en subvenant à leur entretien, ou de leur servir une pension payable par trimestre. Cette option leur fut enlevée et transmise aux enfants par déclaration du 24 octobre 1665 ; et l'on comprend aisément dans quel sens elle était exercée, surtout quand la fortune des parents permettait d'en tirer une pension considérable.

Cette énumération succincte et fort abrégée donne une idée des atteintes que chaque jour apportait aux dispositions de l'édit de Nantes et aux libertés assurées à la Réforme. Quelques années à peine se sont écoulées depuis l'inauguration de ce savant système, et l'on voit déjà nombre de temples condamnés ; le culte banni des villes

CHAPITRE XIX.

SUITE DES ATTEINTES PORTÉES A L'ÉDIT DE NANTES.

1666-1681.

Une déclaration du 2 avril 1666 réunit, sous 59 articles, toutes les dérogations apportées jusqu'alors aux dispositions de l'édit de Nantes et y en ajouta de nouvelles qui les aggravaient encore. Il en résulta notamment que certaines décisions, rendues à l'occasion de faits particuliers, prirent le caractère de loi générale et se trouvèrent imposées à l'ensemble du royaume.

Ainsi, il fut défendu aux églises de placer des cloches dans les lieux possédant citadelle ou garnison; de les sonner partout ailleurs, du jeudi saint, à dix heures du matin, jusqu'au samedi suivant, à midi; et de chanter, même dans les temples, pendant le passage du St-Sacrement.

Les ministres ne purent plus revêtir, hors du temple, des robes ou soutanes, ni porter des habits distinctifs; prendre le titre de pasteurs; prêcher hors du temple; voyager de lieu en lieu pour

épiscopales, des seigneuries ecclésiastiques, et de toutes celles dont le seigneur, Protestant lors de l'établissement, avait été remplacé par un seigneur Catholique ; les réunions religieuses interdites hors des temples ; les preuves testimoniales repoussées en matière de justifications d'exercices ; les colloques et les synodes empêchés ; les enfants enlevés dès l'âge le plus tendre ; les malades tourmentés à leurs derniers moments ; les Réformés éloignés des charges publiques, parfois même des simples maîtrises ; et nous ne sommes encore qu'au début !

leur ministère; parler de la religion catholique autrement qu'avec respect; donner aux fidèles de ce culte d'autre nom que celui de Catholiques; enfin, recevoir plus de deux pensionnaires et seulement des Réformés.

Les lieux de culte furent privés de toute marque extérieure rappelant leur destination, et il y eut défense d'en ouvrir dans les dépendances du Domaine, même pourvues de hautes justices, à moins qu'elles n'eussent été acquises antérieurement à l'édit de Nantes et qu'elles n'appartinssent encore, soit à l'engagiste, soit à ses héritiers professant le culte réformé.

Aucun livre ne put être imprimé sans l'approbation préalable de la censure, ni débité ailleurs qu'aux lieux de culte.

Toute réunion de synodes fut soumise à l'agrément du Roi, et les colloques ne purent s'assembler hors la durée des synodes.

Les inhumations furent fixées : l'été, à six heures du matin et à six heures du soir; l'hiver, à huit heures du matin et à quatre heures du soir. Le nombre des assistants ne put dépasser trente dans les lieux où le culte était autorisé, et dix dans les autres.

Un Réformé ne put tenir école que dans les lieux pourvus de culte, et étendre son enseignement au delà de la lecture, de l'écriture et du calcul.

La connaissance des crimes de relaps ou apostasie, de blasphêmes ou injures contre la religion romaine, fut renvoyée aux Parlements, ce qui priva les Réformés, plus particulièrement visés par ces sortes d'infractions, du bénéfice des chambres de l'édit; et, en l'absence du titulaire, la présidence momentanée des compagnies judiciaires ne put plus être confiée qu'à un juge catholique.

Tout enfant de père appartenant ou ayant appartenu au Catholicisme, dut être baptisé et élevé conformément à ce culte.

Tout ecclésiastique assisté d'un juge, échevin ou consul, put se faire ouvrir de force la maison des malades, à l'effet de s'enquérir si les moribonds voulaient mourir dans la religion réformée.

Enfin, le Réformé eut défense de vendre ou étaler des viandes les jours d'abstinence. Il dut observer les fêtes de l'église romaine, s'abstenir pendant leur durée de toute vente, de tout étalage, de tout travail pouvant être vu ou entendu du dehors, et se retirer à la rencontre du S. Sacrement ou se mettre en état de respect, les hommes en ôtant leurs chapeaux.

Le parlement de Rouen s'empressa d'enregistrer l'édit, et, emporté par son zèle, il en aggrava la dernière disposition en exigeant des Réformés rencontrant le S. Sacrement, non le simple respect dont aucune conscience ne peut être froissée et qui n'est que l'hommage légitimement dû à toute manifestation extérieure d'un culte religieux, mais *les mêmes marques de respect* que les Catholiques, ce qui emportait la génuflexion et l'adoration.

Les Réformés, effrayés des conséquences de l'édit, dressèrent une longue requête remplie de leurs observations sur les points les plus importants. Ils y exposaient :

Que soumettre l'impression des livres à l'approbation préalable d'un censeur catholique, était l'équivalent d'une interdiction absolue ;

Que le renvoi aux Parlements des crimes de relaps et d'impiété enlevait aux Réformés le bénéfice des chambres de l'édit, et qu'aucun ministre, même en exposant simplement sa doctrine sur les matières de controverse, n'échapperait à l'accusation d'impiété ;

Que les visites forcées des ecclésiastiques aux malades étaient la violation des articles secrets de l'édit de Nantes ; qu'on pouvait abuser d'un instant de faiblesse ou de délire pour arracher le malade à sa famille et le frapper plus tard comme relaps si, revenu à la santé, il voulait persévérer dans sa foi ; que la vue inopinée du prêtre, en révélant au malade son état, pouvait aggraver le danger, compromettre même l'existence ; et que la liberté de conscience n'était plus qu'un vain mot, si l'on en était privé pendant les maladies et à l'article de la mort ;

Enfin, que l'hommage exigé pour le S. Sacrement était contraire à l'édit de Nantes qui déchargeait le Réformé de toutes prescriptions contraires à sa conscience ; et que le choix de se mettre à l'écart ou de rendre l'hommage était ordinairement illusoire, les assistants empêchant souvent les Réformés surpris de se retirer, et certains Catholiques poussant l'intolérance jusqu'à refuser l'entrée de leurs maisons à ceux qui s'y réfugiaient, ou à jeter violemment dehors ceux qui avaient réussi à y pénétrer.

La requête resta non-avenue. La persécution organisée d'une manière générale suivit son cours, et plongea dans la désolation toutes les églises. Les moindres prétextes suffisaient pour interdire les cultes et démolir les temples. Dès 1668, sur quatre-vingts lieux de culte que possédait la Guyenne, le commissaire catholique n'en avait voulu conserver que trois ; et, à la même époque, en Normandie, les Intendants animés du même zèle avaient condamné tous les lieux de culte à l'exception des sièges de bailliage, et encore, pour ceux-ci, n'avaient-ils accordé qu'un sursis et renvoyé la solution au jugement du Roi.

En 1668, après la paix faite avec l'Angleterre, les églises crurent le moment favorable pour renouveler leurs plaintes, et en chargèrent des députés. Celles de la Normandie se firent représenter par Pierre Du Bosc, l'un des ministres de l'église de Caen, à qui l'une des circonstances antérieures de sa vie avait procuré de hautes relations à la Cour.

Du Bosc, éloigné de Caen par lettre de cachet du 2 avril 1664, avait dû quitter, sept jours après, son église pour se rendre en exil à Châlons-sur-Marne, où il était resté pendant sept mois.

La cause réelle de cette disgrâce n'avait pas été parfaitement connue. D'après les uns, il s'était écarté, dans un sermon, du respect dû à la religion du Roi ; d'après les autres, il avait prononcé, contre la confession auriculaire, quelques paroles mal sonnantes qu'un nouveau converti, nommé Pommier, avait dénoncées. Peut-être tout son crime consistait-il dans son mérite exceptionnel, dans la jalousie que lui portaient certains adversaires de la Réforme, et dans leur désir secret de ruiner le crédit d'un ministre aussi remarquable dans une province où, selon Élie Benoist, les Réformés vivaient entourés d'une grande considération. Le marquis de Ruvigny, député général des églises, et Turenne, lui avaient adressé des lettres à cette occasion. « Je crains fort, lui disait de « Ruvigny, que votre mérite ne soit votre crime, « et qu'ainsi votre peine ne finisse pas si tôt » ; et Turenne, lui annonçant qu'il connaissait son mérite et son innocence et que toute la Cour en était persuadée, exprimait la crainte que les Jésuites de Caen ne travaillassent à le faire changer d'église, et qu'on n'en voulût au berger que pour dissiper le troupeau. Quelle qu'en ait été la cause, sa disgrâce lui avait été plus profitable que nuisible, car elle l'avait mis en évidence et lui avait ouvert des relations suivies, non-seulement avec les principaux membres du Conseil d'État, mais encore avec les seigneurs les plus distingués de la Cour. De hautes influences s'étaient employées pour le rendre à son église, et du Bosc, revenu à Caen le 8 novembre 1664, y avait fait, à la grande joie des fidèles, son prêche de retour le 23 du même mois.

Revenant à Paris comme député de sa province au mois de janvier 1668, il retrouva les relations qu'il y avait laissées. Ses collègues, frappés de son mérite exceptionnel, le chargèrent de dresser un mémoire sur la déclaration de 1666, et lui confièrent, lors d'un second voyage fait trois mois plus tard, la rédaction d'un autre mémoire sur les relaps. Du Bosc les dressa l'un et l'autre avec son talent ordinaire; mais ils seraient restés sans résultat, si une occasion fortuite n'avait permis de les faire valoir.

Le bruit que les chambres de l'édit de Paris et de Rouen allaient être prochainement supprimées se répandit subitement à la Cour. Cette mesure était depuis longtemps le rêve du clergé et l'objet de ses plus vives sollicitations. Les députés

déclaration sur les relaps, n'avaient donné lieu à aucune contestation. Mme Le Fanu étant venue à mourir, le bailli de Caen rendit, en novembre 1670, une sentence obligeant le mari à remettre ses enfants à leurs parents catholiques pour être élevés dans la religion de la mère, et le Parlement de Rouen s'empressa de la confirmer. Le Fanu se pourvut devant les commissaires de l'édit, qui rendirent un arrêt de partage; et l'affaire, renvoyée devant le Conseil d'État, y demeura longtemps en suspens. Mais le syndic du clergé de Bayeux parvint à y surprendre, le 14 février, un arrêt condamnant Le Fanu, par corps, à exécuter provisoirement la sentence. C'était une jurisprudence familière au Conseil, qui, sans se prononcer sur le fond, mettait souvent l'affaire en état tel, qu'un jugement définitif n'avait rien à y ajouter ou restait impuissant à réparer le mal injustement commis. Le Fanu, immédiatement arrêté, avait été traîné en prison avec éclat, malgré l'émotion de la ville, qui avait pris les proportions d'une sédition sérieuse. Les démarches tentées en sa faveur étaient restées inutiles, et Le Fanu, qui avait fait évader ses enfants, et restait inébranlable, avait été gardé prisonnier pendant plusieurs années.

L'autre affaire concernait une demoiselle Elisabeth Lecoq, contre laquelle le même bailli avait décrété prise de corps pour l'obliger à représenter une cousine, âgée de moins de dix ans, nommée Marie Saillenfest, orpheline de père et de mère qui, pendant le cours de leur union, avaient constamment professé la religion réformée. Il est vrai qu'avant de mourir, la mère, devenue veuve, s'était rendue Catholique; mais la sentence du bailli n'en contrevenait pas moins à la déclaration royale en vertu de laquelle les enfants, jusqu'à un âge encore plus avancé, devaient être élevés dans la religion de leur père.

La seconde concernait les métiers. On y voyait le bailli de Caen refuser, le 17 décembre 1670, à deux Réformés, leur réception à la profession d'apothicaires. L'un d'eux s'était pourvu devant le Conseil d'État et y avait obtenu justice; l'autre, privé de ressources suffisantes, avait dû s'incliner devant la sentence. Le même bailli avait annulé, le 8 mars 1668 et le 17 décembre 1669, deux élections de selliers et d'apothicaires conférant à des Réformés les fonctions de garde de ces corporations, et ordonné de nouvelles élections pour en pourvoir des Catholiques.

La troisième, les contraventions relatives aux dons faits aux pauvres ou aux ministres. On y citait l'arrêt du Parlement de Rouen, annulant, le 27 juin 1668, une donation parfaitement régulière faite, douze ans auparavant, par Françoise de Buats, veuve d'un gentilhomme, au profit des Réformés exerçant leur culte à Guibray, près Falaise, pour être employée, sous la direction du Consistoire, à l'entretien du ministre et aux besoins des pauvres du lieu. Le lieutenant à Falaise du bailli de Caen, jugeant en première instance, avait validé l'acte malgré l'opposition des représentants de la donatrice et ordonné son exécution ; mais le Parlement avait cassé la sentence et condamné les Réformés aux dépens.

La quatrième, les exactions en matière de livres, d'école et d'impôts. Elle ne renfermait aucun fait se rapportant à nos localités.

La cinquième, certains devoirs de la religion romaine dont les Réformés devaient être déchargés. Les boulangers de Caen avaient contraint l'un d'eux, Siméon Faucon, à fournir à tour de rôle le pain bénit à la paroisse. Faucon, alléguant sa religion, avait voulu s'y soustraire ; mais le bailli de la ville, au lieu de l'en décharger comme il aurait dû le faire, l'avait renvoyé devant le Parlement de Rouen. C'était, vu les ressources du plaignant, le condamner indirectement à subir cette vexation.

La sixième, l'exclusion systématique des Réformés de toute profession honorable et utile. On y relatait les arrêts du Parlement de Rouen limitant arbitrairement le nombre des médecins et des avocats réformés, et le procès fait à l'avocat Le Sage pour l'empêcher d'exercer sa profession (1).

(1) Page 229.

La septième, les persécutions souffertes, sous diverses formes, par les Réformés, notamment à Rouen, à Pont-Audemer et à Caen. On y citait l'affectation mise par certains prêtres portant le S. Sacrement, à quitter le chemin direct pour passer devant la demeure des Réformés, ou pour les surprendre dans les lieux publics, foires et marchés; à suspendre parfois le son de la clochette pour la faire résonner soudainement à la rencontre de Réformés placés ainsi dans l'impuissance de s'éloigner. On y parlait de gens nombreux poursuivis et condamnés pour n'avoir pu se retirer plus loin que le fond de leurs boutiques; d'autres, lapidés et déchirés par une foule en délire pour avoir repoussé l'obsession de moines venant les persécuter à l'article de la mort, sans que les juges, témoins de ces excès, eussent rien fait pour s'y opposer ou les réprimer; d'un gantier de Caen, Jean Cailloué, auquel le bailli de Caen, par sentence du 17 février 1670, avait défendu d'admettre dans sa maison son gendre, Réformé comme lui, et qui exerçait le même métier; et du monitoire d'un évêque défendant sous peine d'excommunication, aux Catholiques de son diocèse, d'entrer en service chez des Réformés, même de tenir leurs fermes.

La huitième enfin, les faits relatifs aux droits d'exercice, et où l'on trouvait les pièces d'un procès tendant à priver les Réformés de leur culte en pleine mer, même sur des vaisseaux dont ils étaient propriétaires ou capitaines.

Les espérances qu'avaient fait concevoir la réponse du Roi et le choix des conseillers rapporteurs s'évanouirent. Louis XIV partit pour l'armée ; les Députés rentrèrent dans leurs églises ; et les agents du Clergé ayant obtenu qu'avant de passer outre la requête lue au Conseil leur serait communiquée, l'affaire, ainsi paralysée, ne fut pas rapportée.

La découverte faite, en 1674, de la conspiration du chevalier de Rohan, fournit aux ennemis des Réformés, surtout en Normandie, l'occasion de rendre leur fidélité suspecte. Le chevalier avait promis aux Espagnols de leur livrer quelques places sur les côtes de cette province. Les gouverneurs de la Basse-Normandie reçurent l'ordre d'en surveiller les habitants et portèrent leur attention principalement sur les Religionnaires. Mais la mesure ne servit qu'à mettre mieux en évidence la fidélité de ces derniers ; et le duc de Montausier, gouverneur de la Normandie, le marquis de Beuvron, le marquis de Matignon et le duc de Roquelaure, se rendant à la Cour, en portèrent eux-mêmes le témoignage. Le Pouvoir ne s'en enquit pas moins de leur nombre et de ce qu'ils seraient capables de faire, et enjoignit aux intendants d'en faire le dénombrement secret dans tout le royaume.

Du fond de leurs provinces, et malgré la

guerre, les Députés continuaient leurs sollicitations en Cour. Le Conseil leur fit entendre que le Roi leur saurait mauvais gré de choisir un pareil moment pour l'occuper de leurs affaires, qu'ils auraient l'air de vouloir profiter de ses embarras et qu'ils ne conserveraient pas ce qu'ils auraient obtenu de cette manière. On attendit donc jusqu'à la paix de Nimègue, conclue en 1678.

Cette suspension forcée n'arrêta pas le cours de la persécution dans les provinces. Les Réformés étaient épiés jusque dans le secret de leurs maisons. Tout prétexte était bon quand il s'agissait de les tourmenter, et le Parlement de Rouen n'était pas plus équitable que les autres. Non content d'avoir exagéré l'édit de 1666, en transformant le simple respect imposé au Réformé en un hommage égal à celui rendu par les Catholiques, il aggrava encore cette exagération en exigeant que, même hors de la présence du prêtre et à la seule audition de la clochette, dans les salles d'audience par exemple, tous se missent immédiatement à genoux. Nombre de condamnations n'eurent pas d'autre cause.

La paix conclue, les affaires furent reprises, mais avec un tel esprit d'hostilité qu'on perdit toute espérance. Édits, déclarations, arrêts se succédèrent, parfois jusqu'à deux et trois le même jour, sans autre but que de saper la Réforme dans tous ses moyens d'existence ; et la persécu-

prirent l'alarme, car l'existence de ces chambres était devenue d'autant plus indispensable, que les Parlements, repris d'un nouveau zèle pour extirper l'hérésie, perdaient, en matière de religion, tout esprit d'équité. Ils sollicitèrent une audience. Le Roi l'accorda pour le mardi 27 novembre 1668, immédiatement après son dîner, mais seulement pour le député chargé de porter la parole, et auquel on enjoignit de se renfermer dans la question des chambres de l'édit.

Du Bosc, désigné par ses collègues, fut conduit aux Tuileries par le député général. Le Roi voulut qu'il parlât debout et le fit approcher très-près de sa personne, afin de l'entendre plus à son aise. Le discours fut grave et solide. Après quelques mots d'éloges, du Bosc dépeignit la surprise causée aux Réformés par les bruits répandus, en présence de la volonté si souvent manifestée par le Roi de faire observer l'édit de Nantes ; et il passa en revue les diverses considérations qui militaient en faveur de l'institution menacée.

L'une était tirée des termes mêmes de leur création, qui les déclaraient perpétuelles ;

L'autre, du droit sacré pour tout accusé de récuser les juges suspects, parmi lesquels il rangea, pour les Normands, le Parlement de Rouen, dont il raconta l'hostilité et les injustices ;

Une troisième, des conséquences désastreuses d'une suppression qui autoriserait les Parlements à se croire tout permis. Les Catholiques prêteraient au Roi la volonté de détruire les Réformés ; et ceux-ci, pour échapper à la ruine, iraient, au préjudice de l'État, porter à l'étranger les manufactures et le commerce.

Il rappela ensuite les services sans nombre rendus par les Réformés à la royauté ; il exalta leur fidélité d'autant plus assurée qu'ils n'avaient plus d'autre appui que le Roi, et il termina par des vœux pour la personne du prince.

Le Roi, distrait au commencement de l'audience, n'avait pas tardé à changer d'attitude, à écouter très-attentivement et à donner, à maintes reprises, des marques de satisfaction. Il répondit qu'il n'avait pas été prévenu qu'une suppression, réclamée comme indispensable à l'administration de la justice, dût porter autant de préjudice aux Réformés ; que cependant il avait pris des précautions pour que la mesure ne leur fût pas nuisible, et qu'il avait refusé d'annuler les chambres mi-parties, parce que, dans leur intérêt, il en avait jugé le maintien nécessaire.

Du Bosc eut la permission de répliquer, et il en usa. Le Roi répondit et demanda de nouvelles explications ; si bien que l'audience, commencée d'une manière officielle, prit la forme d'une conversation dans laquelle du Bosc put dépeindre en termes touchants la position critique des malheureux Religionnaires, et recevoir du Roi, à plusieurs reprises, la promesse d'y penser.

C'est au sortir de cette audience que Louis XIV, émerveillé du talent oratoire du célèbre ministre, dit en rentrant dans les appartements de la Reine : « Je viens d'entendre l'homme de mon « royaume qui parle le mieux »; et, se tournant vers les courtisans qui l'entouraient : « Il « est certain que je n'avais jamais ouï si bien « parler. » La Cour, qui ne pouvait avoir d'autre avis que celui du Maître, s'empressa de faire accueil à du Bosc. Ministres et grands seigneurs le comblèrent de civilités. Le secrétaire d'État, Le Tellier, lui accorda plusieurs audiences dans lesquelles du Bosc put développer à loisir ses observations et ses plaintes. Mais talent et zèle ne purent soustraire la Réforme au coup qui la menaçait; et une déclaration de janvier 1669 prononça la suppression des chambres de l'édit.

Du Bosc revint à Paris en 1670, à l'occasion d'une requête générale projetée par les églises et qu'il reçut encore la mission de dresser. Pendant ce séjour, il avait prononcé deux sermons devant l'église de Paris, alors « recueillie » à Charenton. Le Clergé, préoccupé de l'estime que le Roi et la Cour lui témoignaient, voulut affaiblir son crédit et le ruiner lui-même dans l'esprit du prince. L'archevêque de Paris dénonça les deux sermons et remit au Roi un mémoire où le ministre était accusé d'avoir parlé en termes injurieux de la religion catholique. L'influence du prélat était telle que l'on crut un instant du Bosc perdu. On répandit même le bruit qu'il allait être exilé à Riom, en Auvergne. Mais le Roi, qui connaissait personnellement du Bosc et lui avait conservé une estime particulière, dissipa lui-même les craintes; et sa conversation avec le député général, qui était venu l'entretenir de l'affaire, démontra clairement que le ministre pouvait être sans inquiétude.

Du Bosc avait donné à la requête générale des églises la forme sous laquelle elle pouvait être le plus favorablement accueillie, c'est-à-dire celle d'un panégyrique mettant en relief, avec une rare éloquence, les grandes qualités du Roi. Il ne s'y était occupé que de l'exercice, des académies, des consulats, des professions et métiers, des prétendus relaps et blasphémateurs, et du droit de récusation. Il y énonçait notamment :

Que les commissaires délégués condamnaient les lieux de culte sous les prétextes les plus futiles ;

Qu'en Normandie, les Intendants ne voulaient conserver l'exercice qu'aux lieux de bailliage ;

Et qu'on devait au Parlement de cette province l'initiative des difficultés élevées pour la réception des Réformés aux professions de médecin et d'avocat.

La requête étant restée sans réponse fut imprimée et répandue dans les églises. Mais cette publicité déplut au Conseil, qui fit arrêter deux des députés et ne les rendit à la liberté qu'après deux mois de détention à la Bastille. Leurs collègues, perdant l'espoir d'obtenir qu'elle fût rapportée, se décidèrent à en présenter une autre, à laquelle du Bosc donna une forme toute différente et qu'il termina par une conjuration touchante où le Roi était supplié, puisqu'il défendait aux Réformés d'aller s'établir à l'étranger, de leur rendre possible l'habitation du royaume. Celle-ci fut remise au secrétaire d'État Le Tellier et au duc de Villeroy. Mais le rapport fut arrêté par suite de la guerre qui reprit en 1672 et suspendit de nouveau l'examen de ces sortes d'affaires.

On rencontre pendant le cours de cette même année quelques arrêts rendus par le Conseil d'État sur les maîtrises, et un entre autres, en date du 22 avril, annulant une décision de la Cour des Monnaies qui avait défendu à Abraham Poulain et à Philippe Davoye de se faire recevoir orfèvres à Caen.

Au retour de la paix, les églises furent prévenues que le Conseil allait s'occuper d'elles. Leurs députés revinrent à Paris, et Du Bosc y reprit la place considérable qu'il avait précédemment occupée. Le Roi supplié de faire lire en sa présence les deux dernières requêtes, ou au moins la dernière, en donna l'ordre. Le marquis de Châteauneuf voulut l'éluder, en alléguant que l'écrit était fort long, qu'il ennuierait le Roi, et que son rapport allait le reproduire en quelques lignes; mais il dut obéir. La lecture terminée, le Roi en parut frappé. Il déclara que, si les faits articulés étaient vrais, les Réformés avaient en effet raison de se plaindre; qu'il fallait y donner ordre; et la requête fut remise à l'examen de deux membres du Conseil qui étaient regardés comme favorables aux plaignants.

La réponse du Roi démontrant que le Prince était étranger aux iniquités commises, et le choix fait de deux conseillers bienveillants, donnaient l'espoir d'un meilleur avenir. Quant à la requête, son examen ne pouvait être que favorable, car elle ne renfermait aucune allégation qui n'eût été étayée de preuves irréfutables; et ces preuves, renfermées sous huit liasses, y avaient été annexées.

Dans la première, relative à l'enlèvement des enfants, se trouvaient deux procédures intéressant des habitants de notre ville.

Un gentilhomme protestant de Caen, nommé Étienne Le Fanu, épousant en 1657 une fille de la religion romaine, avait reçu la bénédiction nuptiale d'un prêtre catholique, mais était ensuite immédiatement revenu à la Réforme. Ses enfants avaient été baptisés et élevés conformément à sa foi; et ces faits, antérieurs de cinq ans à la

tion prit rapidement de telles proportions, qu'en 1685, c'est-à-dire à la révocation de l'édit de Nantes, il ne restait pour ainsi dire plus rien à détruire.

Nous n'avons pas l'intention de donner ici la nomenclature complète de cette législation lamentable. Nous nous bornerons à en rappeler sommairement les dispositions principales.

CULTE.

Dès 1666, l'exercice était interdit dans les villes épiscopales. Il ne pouvait plus avoir lieu hors des temples. Son droit devait résulter de titres écrits. Les édifices consacrés au culte étaient privés de toute marque extérieure et les psaumes, défendus dans les rues ou places, même aux fenêtres, n'étaient plus tolérés dans les maisons particulières qu'à voix si basse qu'ils ne pussent être entendus ni des passants ni des voisins. La situation, déjà si tendue, reçut successivement les aggravations suivantes :

Il fut défendu aux églises, sous peine d'interdiction et en outre, dans certains cas, d'amende, de confiscation, de bannissement et de punitions corporelles, soit contre les ministres, soit contre les fidèles :

D'exercer le culte le jour où les évêques ou archevêques feraient leur visite en personne ;

De recevoir aux exercices les Réformés qui auraient abjuré;

De tolérer l'abjuration d'un Catholique;

De contribuer les unes pour les autres à l'entretien d'un ministre, à l'indemnité des veuves de ministres, ou à toutes autres dépenses;

De s'assembler dans les temples, sans la présence du ministre, même sous prétexte de prières;

De retirer dans des maisons consistoriales ou particulières aucun malade du culte réformé;

De faire l'exercice public dans les lieux où dix familles réformées, non compris celle du ministre, ne seraient pas domiciliées;

De souffrir des Catholiques à l'exercice, de les recevoir dans les temples et d'y accepter, avant l'âge de quinze ans, les enfants de pères convertis;

De réunir les consistoires plus d'une fois en quinze jours, de les tenir hors de la présence du juge désigné, de délibérer sur des matières défendues, de lever des deniers sans états dressés par le juge et de faire aucune imposition sans la permission du Roi;

Enfin de célébrer aucun mariage entre Réformés et Catholiques, et de permettre dans les temples des discours séditieux.

Les droits des seigneurs hauts justiciers ne furent pas plus respectés que ceux des églises.

Deux arrêts du Conseil défendirent de continuer l'exercice dans les fiefs dont la haute justice ne serait pas antérieure à l'édit de Nantes, et dans ceux qui n'auraient pas été possédés sans interruption, à partir de cette époque, par le titulaire primitif ou par ses héritiers directs ou collatéraux ; et il fut interdit d'y recevoir ceux qui n'auraient pas sur le fief au moins un an de domicile.

MINISTRES.

Les ministres, dès 1666, ne pouvaient plus prêcher hors du lieu de leur résidence, même dans les annexes qui en dépendaient, ni prendre le titre de pasteur. On leur défendit ensuite sous peine d'interdiction et, dans certains cas, d'amende honorable, de bannissement, de punition corporelle et de confiscation générale :

D'accepter à leurs exercices des Réformés convertis ;

De recevoir l'abjuration d'un Catholique ;

D'entrer de jour ou de nuit dans les maisons de leurs coreligionnaires, à moins qu'il ne s'agît de visiter des malades ou de remplir des fonctions de leur ministère ;

D'habiter aux lieux d'exercices en plus grand nombre qu'au précédent synode ;

De demeurer à moins de six lieues des endroits où l'exercice serait interdit ;

D'avoir chez eux plus de deux pensionnaires ;

De souffrir dans les temples les enfants de moins de quinze ans dont le père aurait abjuré ;

De conserver le même poste plus de trois ans, d'y revenir avant douze ans d'absence, d'en occuper aucun à moins de vingt lieues de distance du précédent, et d'habiter, même comme simples particuliers après avoir renoncé au ministère, à moins de six lieues de distance de leurs anciens postes ;

De prendre part à des consistoires irrégulièrement tenus ;

De se tenir à moins de six lieues de distance des endroits privés de culte comme ne renfermant pas au moins dix familles réformées et d'y retourner sous aucun prétexte ;

D'admettre des Catholiques dans les temples ou de les recevoir aux exercices ;

Enfin de se tenir à moins de trois lieues de distance, tant que la difficulté ne serait pas définitivement jugée, des lieux où le culte aurait été temporairement interdit ou suspendu.

COLLOQUES ET SYNODES.

La défense précédemment faite aux colloques de se réunir était tombée en désuétude, puisqu'une déclaration rendue en 1679 en avait réglé la tenue. Mais colloques et synodes furent assujettis à la permission préalable du Roi et à l'assistance d'un commissaire. Il fut défendu d'y représenter les églises interdites ou suspendues, de réunir les consistoires plus d'une fois en quinze jours et d'y délibérer sur certaines matières. Les procès-verbaux durent porter les signatures du juge et des anciens.

BIENS DES CONSISTOIRES ET DES PAUVRES.

Une déclaration de 1683 dépouilla les consistoires de tous les biens qui leur avaient été donnés ou légués pour les pauvres et en investit l'hôpital du lieu et, à son défaut, l'hôpital le plus voisin. Une déclaration de 1684 étendit cette spoliation aux biens de même nature que les consistoires auraient antérieurement aliénés et en fit remonter les effets jusqu'au mois de juin 1662, c'est-à-dire à plus de 20 ans avant sa promulgation ! Les acquéreurs ainsi dépossédés pouvaient user de recours contre les malheureux consistoires.

Deux déclarations de 1684 comprirent dans la même spoliation : les biens acquis des deniers des pauvres, encore qu'ils eussent été aliénés depuis le mois de juin 1662 ; les biens donnés sans expression de cause par des Réformés aux consistoires, à partir du 15 janvier 1683 ; les biens des consistoires précédemment supprimés par suite d'interdiction d'exercice ; enfin tous ceux appartenant, à la date du 21 août

1684, à des consistoires dont la suppression serait ultérieurement prononcée.

Les dépositaires de registres ou de comptes appartenant aux consistoires eurent ordre, sous diverses peines et notamment de suspension de l'exercice, de les communiquer à première réquisition aux directeurs ou procureurs de ces hôpitaux. C'était un moyen tout trouvé pour arriver à la suppression d'un exercice gênant. On alléguait que la communication avait été incomplète ; le culte était provisoirement suspendu ; et, la preuve contraire étant ordinairement impossible, la suspension indéfiniment prolongée devenait l'équivalent d'une interdiction perpétuelle. Nous verrons, au chapitre XXIII, l'emploi de ce moyen contre l'église de Caen.

MARIAGE.

Tout mariage mixte fut interdit, à peine de nullité de l'union et d'illégitimité des enfants que l'on déclara inhabiles à hériter.

ENFANTS.

Dès 1666, les enfants étaient arrachés à leurs parents pour être élevés dans la foi catholique, et avaient l'option soit de rentrer dans leurs familles pour y être élevés ou entretenus, soit d'exiger une pension proportionnelle aux biens des parents. Cette monstruosité ne pouvait être exercée avant quatorze ans pour les garçons et douze ans pour les filles.

Une déclaration fut rendue en 1681 pour abaisser cet âge à sept ans pour les deux sexes, défendre aux parents d'envoyer leurs enfants à l'étranger avant l'âge de seize ans, et prescrire de faire rentrer immédiatement ceux qui étaient sortis du royaume. Jusqu'au retour des enfants, les parents perdaient tout leur revenu pendant la première année et la moitié seulement pendant les années suivantes.

La foi romaine fut imposée à tout enfant abandonné, et il en fut de même, à peine d'amende arbitraire et de bannissement pendant neuf ans du ressort judiciaire, de l'enfant âgé de moins de quinze ans de tout père converti. L'enfant qui avait atteint cet âge devait se présenter en personne devant le juge pour y déclarer la religion qu'il entendait suivre.

PROFESSIONS.

Des entraves avaient été apportées à la réception des Réformés dans les professions libérales ou de commerce, ainsi qu'à leur admission aux dignités des corporations ; et leur nombre, comme médecins et avocats, avait été limité. Des déclarations ou arrêts leur interdirent successivement les professions :

D'accoucheurs ;

De notaires, procureurs, huissiers et sergents ;

De juges et assesseurs ;

De maîtres d'école avec pensionnaires ;

De conscillers secrétaires du Roi ;

D'experts, même sur la désignation des parties ;

D'employés de la compagnie d'Afrique et de fermiers du domaine d'occident ;

D'apothicaires et épiciers ;

D'imprimeurs et libraires ;

De clercs près des juges, avocats, notaires, procureurs, sergents, huissiers et praticiens.

La modeste profession de loueur de chevaux ne fut même pas épargnée. Le Conseil d'État s'en occupa en 1682 et ordonna que, dans les villes et les bourgs, les Catholiques, pour la fourniture de ces sortes de chevaux seraient préférés aux Réformés.

MALADES.

Dès avant 1666, les malades étaient soumis aux visites forcées des ecclésiastiques ; mais ils avaient, comme dernière ressource, l'humanité du juge qui pouvait, en refusant son concours, paralyser complètement le zèle du convertisseur.

Cette barrière, toute faible qu'elle fût, disparut. Une déclaration de 1680 rendit obligatoire cette assistance restée jusque-là facultative, et le premier juge du lieu fut tenu de se transporter, au premier avis reçu, accompagné de deux officiers et de deux témoins, chez tout Réformé malade ou en danger de mort; de s'enquérir s'il voulait mourir dans sa Religion et, en cas de réponse négative, de faire venir l'ecclésiastique demandé, sans que les parents pussent s'y opposer.

Tout lieu n'étant pas pourvu d'un premier juge, comme on ne tarda pas à s'en apercevoir, une seconde déclaration, rendue quelques mois plus tard, substitua pour ce cas au juge le premier ou le plus ancien consul.

De nombreuses localités ne possédant ni juge ni consul, une troisième déclaration, rendue quelques jours après la seconde, combla cette dernière lacune; et l'un et l'autre furent alors remplacés par le premier marguillier et à son défaut par le second marguillier du lieu.

Les mesures contre les malades furent complétées par un arrêt du Conseil d'État de 1684. C'était le troisième rendu le même jour, et dans le même esprit, contre la Réforme. Il fut défendu aux consistoires, même aux simples particuliers, de retirer dans leurs maisons aucun malade du culte Réformé, à peine, contre les consistoires, de l'interdiction du culte, et contre les particuliers, de 500 fr. d'amende, plus de la confiscation des objets à l'usage des malades.

RELAPS.

Le Réformé revenant à sa foi après l'avoir abjurée n'avait été frappé jusque-là que du bannissement à perpétuité et de la confiscation des biens. Une déclaration de 1679 y ajouta l'amende honorable.

JURIDICTION.

La juridiction appelée à prononcer sur toutes ces matières ne fut pas mise en oubli. Les chambres mi-parties, dernier rempart de la Réforme, disparurent en 1679 ; et, les matières de l'édit ayant été renvoyées la même année aux grandes chambres, où siégeaient des conseillers clercs et parfois des évêques, il en résulta que les Réformés y trouvèrent trop souvent pour juges leurs ennemis ou leurs parties déclarées.

Défense fut faite aux seigneurs hauts justiciers, en 1679, d'établir sur leurs domaines d'autres juges que des Catholiques ;

Et une déclaration de 1685 interdit aux conseillers réformés du Parlement de Paris de connaître des procès faits à leurs coreligionnaires pour contravention aux édits, démolitions ou interdictions de temples, et de remplir les fonctions de rapporteurs dans les procès concernant soit des ecclésiastiques, soit des Réformés convertis ou leurs héritiers avant trois ans à partir de la conversion.

SORTIE DU ROYAUME.

La sortie du royaume, conséquence inévitable d'une semblable législation, donna lieu à cinq déclarations de 1669, 1682 et 1685, qui substituèrent à la peine de mort, d'abord prononcée contre les émigrants, celle des galères à perpétuité ; l'appliquèrent non-seulement à ceux qui seraient pris cherchant à s'évader, mais encore à toute personne ayant contribué à cette sortie, *même par simple persuasion ;* annulèrent toutes ventes ou dispositions d'immeubles faites moins d'un an avant la sortie du royaume, et frappèrent de confiscation les biens qui en auraient été l'objet.

Un pareil arsenal mis aux mains de juges complaisants devait paraître suffisant pour porter le désarroi dans les affaires de la Réforme et ruiner en peu de temps les lieux d'exercice les mieux établis. Cependant on y joignit en outre des appels directs à l'intérêt privé. La déclaration du 2 avril 1666 avait exonéré les nouveaux convertis de toute participation aux charges de leur ancienne église ; deux déclarations de 1680 et 1681 les affranchirent pendant deux ans du logement des gens de guerre et leur accordèrent un délai de 3 ans pour le paiement de leurs dettes. On fit plus encore ; on en vint à mettre les conversions à prix d'argent. Une caisse, alimentée par le tiers des économats et par quelques revenus d'abbaye, fut chargée de les rétribuer ; et le nouveau converti, Pélisson, qui en eut l'administration, procura pendant les premières années, au prix moyen de six livres chacune, trois à quatre cents conversions par province. C'était encore plus que ces acquisitions ne valaient. Mais ce triste et facile succès donna la fausse idée que des mesures coercitives conduiraient à une conversion générale : et le Pouvoir, une fois entré dans cette voie, ne recula plus devant aucun excès. Chaque insuccès fut suivi de mesures plus acerbes ; le mal s'aggrava à chaque rigueur nouvelle, et l'on en arriva fatalement à des monstruosités sans nom qui plongèrent dans le deuil et les larmes des milliers de familles, qui ensanglantèrent et ruinèrent le pays, et dont aujourd'hui encore la France subit les désastreuses conséquences.

Après la paix de Nimègue, conclue en 1678, le Conseil d'État, reprenant les affaires des Réformés, vida les nombreux partages entre commissaires, qu'il avait tenus jusque-là en suspens, et condamna nombre d'églises. Celles de Normandie, épargnées jusque-là, furent attaquées à leur tour. Le Conseil interdit, le 13 novembre

1679, le Chefresne et Grouchy ; quinze jours plus tard, Ste-Honorine-d'Athis, la Scelle et Collombières ; le 11 décembre, Basly ; le 18, les Essarts ; et l'année suivante, l'église de Frênes et celle des Isles, près Condé-sur-Noireau, dont le temple, construit sur le mont de ce nom, n'existait que depuis cinquante ans. Il maintint Gavray comme lieu de bailliage, et St-Lo, mais après une longue discussion sur le droit de possession de cette dernière église.

La déclaration du 20 février 1680 sur les accoucheurs et les sages-femmes suscita les réclamations des Catholiques comme des Réformés. Les maris, redoutant le péril où cette déclaration allait jeter leurs femmes et celles-ci, privées d'aides habituels dont ni sollicitations ni promesses ne pouvaient vaincre les refus, firent entendre des plaintes. Il en arriva de tous côtés, et en si grand nombre, que le Pouvoir se crut obligé d'aviser. Nombre de gens de considération reçurent officieusement l'avis d'appeler qui bon leur semblerait et qu'on fermerait les yeux ; et le ministre du Bosc, qui craignait de confier une de ses filles à des mains inexpérimentées, fut lui-même l'objet d'une semblable tolérance (1).

La déclaration du 19 novembre 1680 sur les malades donna naissance aux plus graves inci-

---

1) Legendre, p. 112.

dents. Certains juges, oubliant trop souvent le rôle de magistrat, acceptaient volontiers celui de missionnaire et, non contents d'obéir aux réquisitions qu'ils ne pouvaient plus décliner, prenaient parfois l'initiative des démarches. Quelques-uns imposaient aux Réformés, sous de grosses amendes, de venir eux-mêmes les prévenir en cas de maladie; et alors ils se rendaient près du moribond, éloignaient le mari de la femme, les parents des enfants, et restés seuls, libres de dresser le procès-verbal à leur gré, ils pouvaient abuser d'un instant de délire ou de fièvre, faire garder la chambre par des Catholiques, et défendre à la famille d'y rentrer. Des prêtres, négligeant l'intervention obligatoire du magistrat, se présentaient quelquefois seuls, de leur propre initiative; et, comme malades et parents n'avaient pas pour eux le respect inspiré par le juge, leur démarche repoussée pouvait conduire à des procès criminels. Un fait de cette nature, arrivé à Caen le 26 janvier 1681, donnera l'idée de ce qui pouvait survenir en pareille circonstance.

La femme d'un marchand de Caen, nommé Costils-Brisset, était tombée malade. Arrive le curé de la paroisse accompagné de son vicaire; il s'approche du lit malgré l'opposition du mari et, n'obtenant aucune réponse, il se retire. Le soir, il revient accompagné du lieutenant particulier qui, dans la prévision d'un refus, avait donné l'ordre d'enfoncer la porte. Le mari en prévient l'exécution et fait entrer le juge. Celui-ci enjoint à Brisset et à ses filles de sortir. Sur une simple observation de leur part, il dresse procès-verbal de rebellion et se retire sans s'être approché de la malade. Le lendemain, le même juge se représente escorté d'un greffier, de sergents et de plusieurs catholiques, expulse Brisset et ses filles, reste une demi-heure avec la malade, la quitte en déclarant qu'elle veut mourir catholique, et laisse pour la garder quelques personnes de la même communion. Il était à peine sorti que celle-ci reprend ses sens, déclare aux personnes qui l'entourent qu'elle a été étrangère à tout ce qui s'est passé et que, loin de vouloir abandonner la Réforme, elle persévère plus que jamais dans sa foi religieuse. Le vicaire, resté aussi près d'elle, s'écrie qu'il est entouré de huguenots et qu'on l'insulte. Un bruit s'élève ; le tumulte grandit jusqu'à prendre à minuit l'apparence d'une émeute, et le calme ne se rétablit qu'à l'arrivée du Gouverneur qui ne trouve d'autres Réformés étrangers dans la maison qu'un avocat nommé Morin, parent de Brisset, qui avait soupé avec lui.

La scène fut suivie d'informations, de décrets et de menaces réciproques. Les Réformés dressèrent leurs plaintes et les envoyèrent à Paris. La malade vint à mourir sur ces entrefaites. Les Catholiques restèrent maîtres du corps ; c'était tout ce qu'ils demandaient ; et les Réformés ayant obtenu quelques jours après, comme nous le dirons au chapitre suivant, l'arrêt du 10 février 1681 qui conservait leur temple, oublièrent, dans la joie du moment, les désagréments que cette affaire leur avait suscités.

Toutes les églises de la Normandie n'eurent pas le même sort que celle de notre ville, car cette année 1681 fut pour elles encore plus cruelle que les précédentes. Pendant le cours de cette seule année, l'exercice fut aboli :

Le 20 janvier, à Géfosse, à Criqueville, à Beaumont, à Barbessin et aux Veys ;

Le 27, à Vaucelles, près Bayeux ;

Le 24 février, à Carentan, par suite de partage entre l'intendant Meliant et le commissaire Réformé Bussi-Cornet ;

Et le 30 juin, à Honfleur.

La déclaration du 17 juin 1681, qui avait abaissé à sept ans l'âge de l'abjuration des enfants, répandit la consternation dans toutes les familles. A quatorze ans pour les garçons et à douze ans pour les filles, les enfants pouvaient avoir été prémunis contre les embûches qui les attendaient et de nombreux exemples démontraient que la sollicitude des parents à cet égard n'était pas restée vaine. Mais, à sept ans, tout était remis au hasard des circonstances et la perte religieuse de ces jeunes intelligences pouvait être considérée comme inévitable. Aussi de nombreuses familles passèrent-elles à l'étranger, où plusieurs États les accueillirent avec empressement. L'Angleterre en tête prit officiellement les enfants sous sa protection et promit aux réfugiés des lettres gratuites de dénization, des priviléges pour exercer le commerce, des secours et toutes les facilités désirables. Le Danemark et la Hollande suivirent son exemple, et beaucoup de familles, après avoir longtemps hésité, encouragées par l'accueil qui les attendait, sortirent aussi du pays et abandonnèrent la patrie sans esprit de retour.

Les parents restés en France y vivaient dans des transes continuelles. Tout leur faisait ombrage : leurs amis catholiques dont les visites devenaient suspectes ; leurs domestiques que la malice, l'ignorance, un zèle mal entendu ou un dépit pouvaient porter à seconder les convertisseurs ; jusqu'aux juges eux-mêmes, trop portés à favoriser la religion dominante et à en seconder les attaques. La justice accueillait volontiers les avis et les dénonciations. Il suffisait d'alléguer qu'un enfant avait fait un signe de croix, ou baisé une image, ou pleuré de n'avoir pu entrer dans une église, pour que la vocation fût jugée suffisante ; et alors l'enfant, arraché à ses parents, était remis à des Catholiques qui, par caresses ou bons soins, en obtenaient facilement la déclaration exigée. On en dressait procès-verbal. On y insérait le choix fait par l'enfant, ou d'être mis dans une pension catholique aux frais de ses parents, ou de retourner chez eux avec liberté de professer sa nouvelle religion; et il est inutile de dire que la pension était généralement adoptée, surtout quand les parents étaient en état de la payer.

Dans cette extrémité, les Réformés recoururent encore à leur moyen habituel, malgré la triste expérience qu'ils avaient tant de fois faite de son inutilité. Ils adressèrent donc une requête au Roi; mais le prince, résolu à catholiciser son royaume, n'y fit aucun accueil et dit même au député général de Ruvigny, qui la lui avait présentée, qu'il voudrait, au prix d'un de ses bras, ramener tous ses sujets à l'église romaine. L'alarme devint alors générale. On se porta de toutes parts à des humiliations extraordinaires. Les églises célébrèrent des jeûnes. Elles redoublèrent les prières et les exercices; et celles de Normandie choisirent le 10 août 1681 pour le jour de jeûne de toute la province.

CHAPITRE XX.

PROCÈS DE L'ÉVÊQUE DE BAYEUX CONTRE LE TEMPLE DE CAEN.

1681.

L'évêque de Bayeux, de Nesmond, en prenant possession de son siége en 1662, reçut la requête d'un nommé Jacques Ruette, qui implorait sa protection pour rentrer en possession du terrain sur lequel avait été construit le temple du Bourg-l'Abbé et dont, selon lui, ses parents avaient été dépouillés cinquante-et-un ans auparavant. Ce Jacques Ruette était le fils de Thomas Ruette, l'un des vendeurs du contrat de 1611 dont il a été parlé plus haut (1). Le requérant exposait :

Que le contrat, sous l'apparence d'une aliénation volontaire, avait dissimulé une véritable spoliation ;

Que les circonstances du temps avaient empêché son père et sa mère de résister à la violence du maire, des échevins-gouverneurs, des

---

(1) Page 182.

juges et autres notables de Caen, qui, loin de leur venir en aide selon « le devoir de leurs « charges et le zèle que devait leur inspirer la « religion catholique, » les avaient forcés d'abandonner leur propriété ;

Que les Protestants n'ayant pas réussi à s'établir, ni en la paroisse d'Allemagne, ni à Caen, dans les carrières de St-Julien, à cause de l'opposition du gouverneur de la ville de Bellefonds, avaient profité des préoccupations de Henri le Grand pour l'armement qu'il méditait, de sa mort survenue bientôt après, de la minorité du feu Roi son successeur, enfin de l'absence, hors du diocèse, des prédécesseurs de l'évêque actuel et du silence de leurs vicaires, pour gagner à leurs intérêts le gouverneur de Fervaques et en obtenir l'exécution et la perfection du contrat auquel le maire et les échevins avaient contraint ses parents d'adhérer ;

Et qu'il se proposait, aussitôt rentré en possession, de démolir le prêche et de le remplacer par une chapelle en l'honneur de saint Vigor, auquel Bayeux avait dû jadis la suppression d'un temple à l'usage des idoles.

L'évêque et le chapitre accueillirent la réclamation de Ruette. Ils appuyèrent une requête tendant à la restitution du terrain ; et, jugeant le moment favorable, ils demandèrent en même temps l'interdiction du culte et la démolition du temple comme ayant été, l'un maintenu, l'autre construit en violation des dispositions de l'édit de Nantes. L'article 9 de l'édit n'avait conservé le culte dans les villes et les lieux soumis à l'obéissance royale que là où il avait été exercé publiquement et à plusieurs reprises en 1596 et pendant les neuf premiers mois de l'année suivante. Or, à Caen, d'après les requérants, la condition n'avait pas été remplie.

Cette affirmation était d'une fausseté évidente. Non-seulement pendant les deux années exigées, mais même à partir de 1592, les Protestants avaient exercé publiquement et paisiblement leur culte dans le jardin nommé la Carrière, dont ils avaient joui d'abord comme locataires jusqu'en 1608, ainsi que l'établissaient les quittances du loyer, ensuite comme propriétaires, en vertu du contrat du 25 avril 1608. Ce jardin, malgré le soutien de l'évêque, n'était pas une grotte sous terre propre à dissimuler les rites d'un culte clandestin, mais un terrain plain et uni qui n'avait de carrière que le nom et qui, malgré sa qualification, n'était pas plus un lieu caverneux servant à l'extraction des pierres que le palais des Tuileries, à Paris, n'était un établissement destiné à la fabrication des tuiles. D'ailleurs, l'autorisation d'y continuer l'exercice, donnée en 1600 par les commissaires de l'édit, dispensait de toutes autres preuves; et les Catholiques, en imposant en 1611 l'échange de ce jardin contre l'emplacement du temple actuel, avaient eux-mêmes implicitement reconnu et consacré le droit à l'exercice.

L'attaque du clergé manquait donc de bases sérieuses. En temps ordinaire, tout tribunal en eût fait promptement justice. Elle ne tirait sa gravité que des circonstances du moment. Mais une intervention tardive vint la rendre inquiétante et mit réellement en péril l'existence du temple.

Les Religieux de l'abbaye St-Étienne de Caen, quoique intéressés tout particulièrement au débat, étaient restés plusieurs années en dehors du litige. Après avoir longtemps résisté aux sollicitations qui leur avaient été adressées, ils se virent enfin obligés d'intervenir; et leur requête, présentée le 23 juillet 1665 aux commissaires de l'édit, Dugué, intendant de la généralité de Caen, et de Grentemesnil, gentilhomme protestant, exposa

Qu'ils étaient Seigneurs du Bourg-l'Abbé, en vertu d'une charte de 1064 émanée de Guillaume-le-Conquérant;

Que l'article 11 de l'édit de Nantes avait affranchi, par grâce spéciale, les lieux et seigneuries appartenant aux ecclésiastiques des exercices du nouveau culte;

Que le temple n'existait donc au Bourg-l'Abbé qu'en violation de l'édit;

Et qu'en leur double qualité de membres du clergé et de seigneurs ils s'opposaient à tout exercice sur un fonds relevant de leur abbaye.

On voit, dans un autre écrit de ces religieux, qui porte la date du 15 septembre 1665, que le prêche formait alors un enclos avec des cimetières et des maisons de concierge.

L'intervention allait fournir au clergé une arme puissante. Appuyée de la preuve du droit seigneurial et de l'absence de toute prescription, elle conduisait directement à l'interdiction du culte dans le Bourg-l'Abbé et à la démolition du temple ; et elle pouvait invoquer en sa faveur de nombreux précédents. C'est à l'aide de ce moyen qu'en 1635 les religieux de Cluny avaient obtenu la destruction du prêche de Paray-le-Monial en Chablais ; qu'en 1636, celui de St-Léonard de Corbigny avait été supprimé à la requête de l'abbé du monastère de ce lieu ; en 1642, celui de Chauvigny, sur les poursuites de l'évêque de Poitiers ; et, en 1664, celui de Bourgueil et d'Alençon, sur la demande des habitants de ces localités.

Le ministre du Bosc, rentré depuis quelques mois de son exil à Châlons-sur-Marne, prit en main la défense de l'église et lutta avec énergie contre l'intendant Chamillart, dont les dispositions étaient ouvertement hostiles.

Devant le Conseil d'État, les Réformés mirent au procès, vers 1670, un écrit remarquable qui renferme de précieux renseignements sur l'église, et conclut en ces termes, dont on n'a modifié que la ponctuation et l'orthographe :

« Voilà les objections que l'on a faites contre
« l'établissement de l'église P. R. de Caen, et
« elle croit qu'on n'y remarquera rien qui soit
« capable de donner la moindre atteinte au mé-
« rite de sa cause. Elle ose se promettre que
« ses titres se trouveront à l'épreuve de toutes
« les subtilités de ses parties et qu'ils lui obtien-
« dront de la bonté royale de S. M. et de la
« justice éclairée de NN.-SS. de son Conseil
« la conservation de son exercice et de son
« temple, d'autant plus que ce temple est un
« lieu où l'on ne saurait trouver rien à redire
« tout à l'extrémité d'un faubourg de grande
« étendue, hors de la dernière barricade, éloigné
« de toute église, accessible par divers en-
« droits, ce qui fait que ceux qui y vont ou qui
« en reviennent évitent facilement les rencon-
« tres qui pourraient causer du scandale ; et ce
« qui les confirmera encore dans l'espérance
« d'être maintenus, c'est qu'ils n'ont jamais
« donné sujet aux Catholiques de se plaindre
« de leur conduite. Depuis leur premier éta-
« blissement, il n'est rien arrivé de leur part,
« ni même à leur occasion, qui ait troublé tant
« soit peu la tranquillité publique. Leurs gou-
« verneurs, leurs magistrats et leurs conci-
« toyens n'ont jamais remarqué en eux qu'un
« esprit de paix, de respect, d'amitié et de

« modestie. Que si Caen est une grande ville,
« si elle est maritime, si elle a une université
« et des académies, ils espèrent que ces consi-
« dérations, bien loin de leur nuire, leur seront
« favorables, parce qu'une ville célèbre et dans
« une situation telle qu'est celle de Caen est un
« théâtre propre à faire paraître avec éclat la
« justice inviolable du Roi et à répandre la
« nouvelle de sa généreuse bonté chez tous les
« peuples du dedans et du dehors. Ils peuvent
« dire même avec vérité que la ville est extrê-
« mement intéressée à la conservation de leur
« exercice, dont la perte écarterait ceux de
« ladite religion et les obligerait à chercher un
« autre séjour, ce qui causerait un notable déchet
« et un grand préjudice à cette ville, parce que
« ce sont eux qui entretiennent son négoce et que
« l'Université et les Académies leur doivent une
« bonne partie de leur subsistance. Plus cette
« ville est considérable, plus ils se persuadent
« qu'ils n'y seront pas inutiles au service de S. M.,
« puisque, de tout temps, ils ont contribué
« puissamment à l'affermir dans cette fidélité
« inébranlable qu'elle a toujours eue pour l'au-
« torité royale, comme le témoigne le savant
« président de Thou, sur l'année 1588, dans le
« livre 91° [de son histoire. Car ayant blâmé
« quelques] villes de Normandie, qui s'étaient
« laissé entraîner au mauvais parti, il parle
« ensuite de Caen en ces termes qui feront éter-

« nellement honneur à ses habitants de la Re-
« ligion prétendue Réformée : « *Cadomi longe*
« *alii animorum motus erant, ubi Gaspard Po-*
« *letus Verunna Regi fidus, arci prœerat et*
« *prœcipuœ oppidanorum familiœ Protestantium*
« *doctrinœ olim addictœ eo iniquiores Guisiano-*
« *rum conatibus erant.* »

« Toutes ces considérations jointes ensemble
« font espérer auxdits de la R. P. R. la con-
« firmation de l'avis du sieur marquis de
« Courtaumer, commissaire de la R. P. R. dans
« la généralité de Caen, lequel a conclu que,
« sous le bon plaisir du Roi, leur exercice
« doit être maintenu, et leur temple conservé au
« lieu où il est dans le Bourg-l'Abbé, à droit
« réel et de possession, avec défense de les y
« troubler sous les peines portées par les
« édits. »

Les magistrats semblaient s'entendre pour éloigner la solution du procès qui resta longtemps en suspens. Mais du Bosc parvint, par ses habiles négociations et ses instances, à obtenir des religieux de St-Étienne le désistement de leur intervention (1). C'était le nœud capital de l'affaire; et, ce dangereux moyen anéanti, le Conseil d'État, sur le rapport du marquis de Château-Neuf, rendit le 10 février 1681 un arrêt déboutant l'évêque de sa requête et donnant gain

(1) Le Gendre, p. 118.

de cause aux Religionnaires. Élie Benoist, dans son histoire de l'Édit de Nantes, en rend compte en ces termes :

« Les églises de Vire, de Ste-Mère-Église et
« de Fresne furent interdites par arrêt du der-
« nier de mai (1680); et celle de Condé-sur-
« Noireau fut condamnée de même le 16 de dé-
« cembre. Mais celle de Caen, qui était une des
« plus considérables de Normandie, et même de
« tout le royaume, soit à cause de la qualité
« de ses membres, entre lesquels il y avait beau-
« coup de noblesse distinguée, plusieurs bons
« marchands et d'autres personnes considéra-
« bles de toutes les professions, soit à cause
« du mérite de ses pasteurs, soit à cause de
« la grandeur et de la forme de son temple ;
« cette église, dis-je, demeura, pour ainsi dire,
« sur le bureau presque toute l'année. On amu-
« sait du Bosc par les promesses de rapporter
« cette affaire au premier Conseil, et on la fit
« traîner ainsi jusqu'à l'année suivante qu'elle
« fut enfin jugée avantageusement, et l'église
« conservée par un arrêt du 10 février. Elle
« avait été attaquée de toutes les forces du clergé
« et prise de tous les côtés où un droit d'exercice
« pouvait recevoir quelque atteinte. Les moines
« même avaient prétendu qu'ils étaient seigneurs
« du fonds où le temple était bâti..... Toutes
« les chicanes furent détruites et le droit fut
« établi par de si bonnes pièces et de si solides

« raisons que le Conseil fut obligé de le main-
« tenir (1). »

Du Bosc, qui avait plaidé devant le Conseil la cause de l'église et auquel était dû le désistement des Religieux, avait contribué puissamment au succès. Mais, si l'on en croit Élie Benoist, des considérations d'une autre nature n'y étaient pas restées étrangères.

En 1675, un homme de cœur, le chevalier Wheler, préoccupé du sort des Religionnaires et se défiant à juste titre des rapports de l'ambassadeur français à Londres, s'était rendu lui-même en France et avait parcouru le pays en tous sens. A son retour en Angleterre, il publia un mémoire que reçurent tous les gens influents, et dont il répandit des milliers d'exemplaires. Le public ému admit que Louis XIV, décidé à détruire la Réforme, en avait pris l'initiative chez lui pour la ruiner ensuite plus facilement chez les autres; et le roi d'Angleterre, sous la pression de l'opinion générale, en fit l'objet de remontrances diplomatiques. Il serait possible que le désir de ménager une alliance reconnue alors comme indispensable à la France, eût pesé d'un grand poids sur le Conseil d'État. L'église de Caen brillait d'un grand éclat; le talent de ses ministres et le nombre de ses fidèles la mettaient en évidence. Elle n'était qu'à

---

(1) Élie Benoist, t. IV, p. 397.

quelques heures des îles anglaises. Les nouvelles parvenaient d'un pays dans l'autre avec une extrême facilité ; et la justice rendue à l'église de Caen pouvait faire croire aux Anglais qu'il en était de même dans le reste du pays et que les plaintes des Réformés avaient été considérablement exagérées.

Quel qu'en ait été le motif réel, Caen échappa pour le moment au péril dont il était menacé. Mais sa victoire fut de courte durée ; et nous verrons, sous le chapitre XXIII, l'œuvre d'iniquité recommencée sous un autre prétexte et passer à l'état de fait accompli.

Nous avons eu communication d'un sonnet attribué à du Bosc, écrit en caractères de cette époque, trouvé dans une ancienne bible et qui se rapporte au succès remporté par l'église de Caen. Il est ainsi conçu :

« Fidèles, de vos pleurs tarissez le torrent.
« Etouffez vos soupirs, reprenez l'allégresse.
« Qu'aujourd'hui tout conspire à chasser la tristesse
« Que vous causait la peur d'un fâcheux jugement.

« Vos ennemis cruels s'attendaient fièrement
« Que, le pouvoir en main, par force ou par adresse,
« Ce temple où votre cœur au Souverain s'adresse
« Serait par eux rasé jusques au fondement.

« Mais l'équitable arrêt d'un prince incomparable,
« A vos justes raisons se rendant favorable,
« Malgré leurs vains efforts, vient calmer votre effroi.

« Fidèles, recueillez ce profit de vos larmes ;
« De craindre l'éternel et d'honorer le Roi ;
« L'un et l'autre auront soin de bannir vos alarmes. »

Avant de clore ce chapitre, signalons, en regard de l'ardeur du clergé, la conduite vraiment digne d'éloges des Bénédictins de St-Étienne. On voit ces religieux rester pendant plusieurs années à l'écart d'une lutte qui devait cependant les intéresser autant et plus même que les autres ; n'y entrer qu'à la suite de sollicitations auxquelles ils ne pouvaient guère résister, mais le faire avec réserve et sans passion ; enfin s'en désister plus tard sur les instances de du Bosc, et abandonner au syndic du clergé, qu'ils privaient ainsi de son principal moyen d'attaque, les suites d'un débat dont ils voulaient se désintéresser. Réforme et belles-lettres étaient dignes de s'entendre. Elles pouvaient se donner la main au-dessus des dissidences de dogme et de culte ; et l'on est heureux de voir ces Religieux, fidèles à l'esprit de leur ordre, rester étrangers à la nouvelle attaque qui va surgir sans plus de fondement que la première, mais qui aura pour conséquences l'interdiction du culte dans la ville et la démolition du temple de Caen.

CHAPITRE XXI.

SUITE DES ATTEINTES PORTÉES A L'ÉDIT DE NANTES.

1681-1685.

Les Réformés privés de leurs ministres prisonniers, interdits ou exilés, mais restés en possession de l'exercice, pouvaient encore s'assembler dans les temples sous la présidence d'un ancien qui leur lisait la bible et faisait les prières. Le chant des psaumes s'y joignait, et de cette manière, à la prédication orale près, le culte se trouvait pratiqué. C'est pour les en priver qu'une déclaration du 20 août 1682 leur enjoignit de ne se réunir que dans les temples et seulement en présence du ministre, ce qui rendait, en l'absence de celui-ci, toute réunion impossible. L'expression de *temple* fut même si judaïquement interprétée qu'on en arriva à informer contre ceux qui, faute de place, étaient obligés de s'arrêter aux portes, et à les contraindre de s'en retourner sans prendre part aux exercices.

Une déclaration du 14 juillet précédent annulant toute disposition immobilière faite par un Réformé moins d'un an avant sa sortie du royaume, avait soulevé les réclamations de tous les gens d'affaires. On fit valoir que les rapports établis depuis plus d'un siècle entre les deux communions la rendaient aussi dangereuse à l'une qu'à l'autre; qu'elle rompait le cours de la vie civile et paralysait les traités, les partages, les mariages et la plupart des actes importants de la vie civile. Elle fut modifiée par une déclaration du 17 septembre 1682, mais seulement à l'égard des donations en vue de mariage, faites par les ascendants aux futurs époux, et des dettes antérieures au 17 septembre. La nullité resta prononcée contre toutes autres opérations.

Le principal événement de cette année 1682 est la notification, faite aux diverses églises, de l'avertissement pastoral de l'assemblée du clergé.

Cette assemblée, qui venait d'arrêter les célèbres articles sur les libertés de l'Église gallicane, avait cru nécessaire de racheter l'atteinte portée à l'autorité papale par la preuve d'un nouveau zèle pour la propagation de la foi catholique et avait dressé, sous forme de lettre, un avertissement destiné aux églises de la Réforme, commençant par des termes de tendresse et finissant par des menaces. On y joignit deux lettres du Roi, l'une aux évêques et aux archevêques, l'autre aux intendants, renfermant l'approbation du projet de l'Assemblée et l'expression du désir de voir les Réformés se réunir à l'Église romaine; et l'on arrêta que le tout serait solennellement notifié aux divers Consistoires de France.

La première de ces notifications fut adressée au Consistoire de Paris par l'Intendant de la généralité en personne, accompagné de l'Official et de plusieurs officiers ecclésiastiques. Les Consistoires de Caen, de St-Sylvain et de Bernières la reçurent en présence de l'ancien curé de Notre-Dame, Hue de Launé, devenu grand pénitencier de Bayeux et qu'avait signalé son zèle ardent contre la Réforme. On imprima dans le temps ses harangues aux trois Consistoires et les réponses qu'il en reçut. Celle que lui fit du Bosc, au nom de l'église de Caen, provoqua son mécontentement. Appuyé par l'intendant, Launé voulut la faire passer comme injurieuse à l'égard de l'avertissement pastoral et de l'autorité royale; mais le crédit de du Bosc paralysa les mesures de l'intendant et du grand pénitencier, et le bruit fait à cette occasion s'apaisa sans autres conséquences.

L'année suivante eut lieu la démolition des temples de Crocy et de Fontaines en Normandie, en vertu de deux arrêts du Conseil d'État rendus le 1er mars 1683.

Lorsque parut en 1683 la déclaration du mois de mars défendant, sous peine d'amende honorable, de bannissement et de confiscation générale, de recevoir l'abjuration de Catholiques, même d'en souffrir aucun dans les temples, l'effroi s'empara des ministres. On eut d'abord l'idée de cesser tout culte public et de se contenter de célébrer, à portes closes, les mariages et les baptêmes en attendant le résultat des plaintes adressées au Roi. Mais on ne tarda pas à reconnaître le danger d'une semblable mesure, d'autant plus que d'honorables Catholiques, ennemis de ces persécutions, eurent soin de prévenir les Réformés que, fermer provisoirement les temples, c'était s'exposer à ne pouvoir les rouvrir. On décida donc, à Caen comme ailleurs, de tenir tête à l'orage et de continuer l'exercice sans aucune interruption. Seulement on prit partout des précautions. Certaines églises, qui possédaient plusieurs portes, n'en ouvrirent plus qu'une, qui fut donnée en garde aux anciens et à quelques chefs de famille. On ne commença le service qu'en recommandant aux fidèles de veiller à ce qu'aucun intrus ne se glissât parmi eux, et de signaler à l'un des anciens tout individu paraissant suspect. Enfin on enjoignit à haute voix à tous Catholiques ou relaps, dans le cas où il en aurait existé dans l'assemblée, de sortir à peine de demeurer seuls responsables des suites de la contravention.

Ces mesures, étendues d'une manière générale et appliquées même aux prêtres et aux moines auxquels on refusait l'entrée des temples, déconcertèrent les adversaires. Les agents généraux du clergé s'en plaignirent, et une déclaration rendue à leur requête, le 22 mai 1683, prescrivit aux églises de réserver dans les temples un lieu particulier pour les Catholiques qui voudraient surveiller le culte et s'assurer de ce qui s'y passerait. Le but fut atteint, mais la déclaration eut en outre un résultat qui n'avait pas été prévu. Les refus essuyés aux portes des temples avaient éveillé l'attention publique, à ce point qu'à partir du moment où l'entrée fut redevenue libre, la réaction conduisit aux prêches beaucoup plus de Catholiques que par le passé. Quelques-uns, venus comme curieux et sous l'empire de préjugés puisés chez les ennemis de la Réforme, en sortaient imbus d'idées bien différentes et remplis même de vénération pour une doctrine et un culte qu'ils avaient jusque-là méconnus. D'autres, moins faciles à impressionner, en revenaient convaincus que les hérétiques n'étaient pas aussi dangereux qu'on les représentait et que des gens dont la doctrine était si belle ne méritaient pas les persécutions dont on les accablait. C'était un danger. On y pourvut en obtenant au parlement de Rouen, le 13 juillet 1683, un arrêt défendant l'entrée des temples aux écoliers, aux laquais, et généralement *à tous les Catholiques non capables de discuter sur la religion*. Ces termes, employés textuellement par l'arrêt, étaient susceptibles d'une élasticité telle qu'on pouvait s'en servir pour exclure des temples tous autres que les membres du clergé.

Parmi les nombreuses églises condamnées en 1684, se trouve celle de Hermonville, près St-Pierre-sur-Dives, qui fut interdite le 3 juillet. Son droit était cependant parfaitement établi. Mais on excipa de ce que, dans les titres produits par elle, l'église était désignée, non par le nom du lieu où le culte était légalement acquis et célébré, mais par celui du bourg où résidaient le ministre et les principales familles du troupeau. On déclara que le bourg indiqué sur les actes n'avait aucun droit à l'exercice, qui d'ailleurs n'y était pas célébré, et que le lieu qui en était en possession n'avait aucun titre écrit. Il n'en fallut pas davantage pour que l'église fût supprimée. Le moindre prétexte était bon quand il s'agissait de ruiner un temple. Quand il n'en existait pas, on en supposait. On cita même dans le temps la conversation d'un fonctionnaire catholique qui, lors de l'attaque dirigée contre Alençon, avait dit à l'un des anciens de cette église, qui était son ami particulier : « La destruction du temple est décidée ;
« vous avez tort de vouloir le défendre. Si l'ex-
« pédient pris n'y conduit pas, il y en a d'autres
« déjà préparés. On veut en venir à bout par
« quelque moyen que ce soit, et, s'il n'y en a

pas d'autres, on se servira de faux témoins (1). »
Cette église était accusée de n'avoir donné qu'une communication incomplète de ses registres.

On incrimina, pour supprimer l'exercice à Falaise, l'un des sermons du ministre Cairon, qui ne contenait cependant rien de blâmable, mais qui fut traité de séditieux comme étant de nature à empêcher les conversions. Le procès fait au ministre rendit le droit d'exercice inutile.

On usa, contre Gavray, d'un moyen différent. Le ministre, suivant l'usage des habitants de la côte pendant la belle saison, était allé passer une journée à Jersey. Parti le matin, il était de retour le soir. On l'accusa d'être sorti du royaume sans permission, et le juge, lui appliquant rigoureusement le texte des édits, le condamna aux galères. Le Parlement de Rouen confirma cette horrible sentence, et le malheureux ministre, laissé dans les prisons de Rouen, y mourut après une détention de huit mois.

L'église de St-Lo subit à son tour le sort commun. Ses deux ministres, Fleury et Jambelin, furent l'objet d'accusations dont les plus spécieuses étaient l'emploi, dans les registres du Consistoire, des mots erreurs et abus en parlant de l'Église romaine. Une sentence du 22 mars 1685 leur interdit toutes fonctions du culte, les bannit à six lieues de la ville, ordonna la dé-

---

(1) Élie Benoist, t. V, p. 679.

molition du temple, défendit aux Réformés toute assemblée, même tout exercice de religion, et soumit les enfants au baptême des sages-femmes catholiques. Le Parlement de Rouen cassa la sentence; mais son arrêt l'aggrava en la réformant. Les ministres furent condamnés à l'amende et bannis à vingt lieues de la ville; l'exercice demeura interdit; et si le ministre nommé pour administrer les baptêmes conserva la faculté de remplir sa mission, les sages-femmes restèrent autorisées à ondoyer les enfants en cas de nécessité. La démolition du temple fut commencée le 18 juin 1685. On eut l'idée assez originale d'en renfermer le procès-verbal dans le coq dont fut surmontée l'une des tours de l'église Notre-Dame de St-Lo, celle du nord, qui venait d'être élevée sous la direction d'un habile architecte de Caen. Cette pièce doit y exister encore si elle a pu échapper aux ravages du temps.

St-Vaast, qui existait encore en 1685, recueillait fréquemment les débris des autres églises. Les fidèles de celles-ci, privés de culte et composés en grande partie de paysans, parcouraient pour s'y rendre des distances considérables. Hors d'état de faire la dépense d'un voyage et de se loger dans les hôtelleries, ils marchaient, chargés de leurs vivres, jour et nuit sans s'arrêter, traversant des chemins affreux, bravant les intempéries et ne trouvant souvent, à l'arrivée, ni feu ni abri. Les premiers venus se retiraient dans le temple, les autres restaient à l'entour, et tous, attendant le jour, chantaient des psaumes ou lisaient leurs prières. Ces exercices, faits en l'absence d'un ministre, auraient donné lieu à des poursuites ; mais Tirel, qui desservait St-Vaast, y pourvoyait en se privant de tout repos, passant la nuit dans le temple, transformant sa chaire en lit et en cabinet de travail, veillant avec les fidèles et se préparant ainsi à prêcher pour l'approche du jour.

C'est à St-Vaast qu'en 1684 les Réformés de Caen, après la fermeture provisoire de leur temple, ainsi que nous le dirons au chapitre XXIII, allèrent célébrer la fête de Noël.

En janvier 1685, l'exagération du mal décida les Réformés, malgré les précédents insuccès, à tenter une dernière fois les chances d'une requête au Roi. Ils réunirent leurs principaux motifs de plainte sous trois articles principaux.

Le premier traitait de la sécurité des personnes et des atteintes qui y avaient été apportées. On y examinait successivement les décrets ou arrêts concernant les charges, les offices, les professions, l'âge de l'abjuration des enfants, les sages-femmes et les défenses faites aux parents d'envoyer leurs enfants à l'étranger, aux gens de mer et de métier, de sortir du royaume ; aux Réformés de vendre leurs biens, et aux ministres de résider où bon leur semblait.

Le second, des violations apportées à la liberté des consciences et aux exercices; du nouveau principe qui avait ruiné tant d'églises et en vertu duquel l'édit de Nantes n'était plus une œuvre de protection, mais une servitude dont il importait d'affranchir l'État; de la douleur de ne pouvoir consoler ceux qui gémissaient de leur chute; de l'injustice de rendre les églises et les ministres responsables du fait d'autrui; de l'impossibilité d'empêcher les fraudes et les surprises à l'entrée des temples à cause du grand nombre de ceux qui, de lieux souvent très-éloignés, venaient assister aux exercices; des piéges tendus aux mourants et aux malades; de l'attribution aux hôpitaux des biens des Consistoires et des pauvres, et de la défense faite aux fidèles de s'assembler sans la présence d'un ministre et de conserver, au service d'une église, le même pasteur plus de trois ans.

Le troisième enfin, de l'anéantissement des garanties dont l'auteur de l'édit de Nantes avait entouré son œuvre en le qualifiant de perpétuel et d'irrévocable, en révoquant expressément toutes dispositions contraires, en créant les chambres de l'édit et les chambres mi-parties, et en imposant à tous les juges le serment de l'observer; de la passion des juges subalternes et des Parlements, et des injustices des intendants qui faisaient fermer les temples, mettaient d'office les Réformés à la taille, les accablaient de logements militaires, leur suscitaient, sous les prétextes les plus futiles, des procès criminels et interdisaient les ministres.

La requête fut reçue pour la forme, mais on n'en tint aucun compte, et les persécutions continuèrent avec le même acharnement que par le passé.

Le second des articles secrets de l'édit de Nantes exemptait les Réformés de contribuer, à raison de leurs biens, aux réparations des églises catholiques et des maisons curiales. Le clergé, sans attaquer le principe même de cette dispense, se plaignit qu'elle s'étendît aux biens qui, des mains d'un Catholique, venaient à passer en celles d'un propriétaire Réformé. Le Conseil d'État s'empressa de lui donner satisfaction et lui accorda plus même qu'il ne demandait. L'arrêt rendu le 14 avril 1685 fut conçu en termes généraux; et il en résulta que les Réformés perdirent ce privilége, non-seulement dans le cas spécial qui avait motivé la plainte, mais pour tous leurs biens dans aucune exception.

CHAPITRE XXII.

ÉTAT DE L'ÉGLISE.

1612-1685.

L'édit de Nantes avait ramené la paix dans le royaume. Des deux côtés l'on avait posé les armes, et la Réforme possédant enfin la liberté de conscience et de culte, et placée sur un pied d'égalité avec ses adversaires, allait pouvoir donner à ses principes et à ses institutions les développements dont ils étaient susceptibles.

Les Religionnaires de Caen, établis alors dans le jardin de la Carrière, qu'ils tenaient à loyer depuis l'année 1592, ne tardèrent pas à en devenir propriétaires. Mais en 1608, lorsqu'ils manifestèrent l'entention d'y bâtir, des difficultés surgirent comme nous l'avons vu plus haut (1) et la Carrière dut être abandonnée en échange d'un autre jardin situé dans le Bourg-l'Abbé. C'est là qu'installés définitivement ils construisirent un temple de propor-

---

(1) P. 176.

tions grandioses et transformèrent le surplus du terrain en cimetière à leur usage.

L'église de Caen brillait d'un vif éclat. Sa réputation s'était étendue rapidement de la Normandie dans les autres provinces, et son renom n'était pas moins grand à l'étranger, grâce au mérite éminent de ses ministres, au nombre et à l'illustration de ses fidèles.

Les ministres, dont plusieurs appartenaient à la noblesse, se distinguaient non-seulement par la science théologique et le talent de la parole, mais encore par leur caractère et la variété de leurs connaissances ; et ils tenaient une place aussi éminente à la tête du troupeau qu'au milieu des Sociétés savantes de la ville. Parmi les fidèles, figuraient en grand nombre des personnes élevées en savoir et en dignités, des membres de la noblesse, de la magistrature, des professions libérales et de la haute bourgeoisie ; et, à l'influence attachée à leur position sociale ou aux fonctions qu'ils exerçaient, venait encore se joindre celle tirée de la possession du commerce, qui était tellement entre leurs mains, qu'après la révocation de l'édit de Nantes, l'intendant de Caen dut déclarer au ministre d'État que les émigrations avaient anéanti le commerce en ville, et qu'il n'y restait plus d'éléments suffisants même pour recruter un tribunal consulaire (1).

(1) Foucaut, Introduction, p. ci et p. 308.

Deux ministres, plus habituellement trois, et assez souvent quatre, desservaient à la fois l'église. Nous retrouvons, en 1611, Jean Le Bouvier, sieur de La Fresnaye, et Pierre de Licques (1). Le premier conserva ses fonctions jusqu'à son décès arrivé à Caen, quartier Froide-Rue, le 29 octobre 1627; le second cesse de figurer sur les registres à partir de 1616. On voit ensuite apparaître successivement :

De 1614 à 1616, Jacques Mahaut;

De 1617 à 1621, Daniel Massys, issu d'une famille noble, et dont le père avait desservi l'église de Midelbourg en Zélande :

De 1620 à 1661, Jean de Baillehache, sieur de Beaumont, dont le fils, portant le même prénom que lui, desservait l'église des Veys en 1655 ;

En 1622, Daniel Baudart, écuyer, qui, avant d'arriver à Caen, avait rempli les mêmes fonctions dans l'église de Pont-l'Évêque ;

De 1624 à 1667, Samuel Bochart ;

De 1638 à 1647, Jacques Bridou, décédé à Caen, quartier St-Nicolas, le 13 novembre de cette dernière année ;

En 1645, Pierre du Bosc ;

De 1652 à 1661, Philippe Le Couteur, fils du receveur général de l'île de Jersey et frère de Jacques Le Couteur, doyen des églises de cette île, dont le mariage avec Geneviève de L'Angle,

(1) Page 185.

fille du ministre de Rouen, a été publié à Caen le 27 août 1662 ;

En 1661, Étienne Morin ;

Et en 1666, Jean Guillebert.

Pierre du Bosc, Étienne Morin et Jean Guillebert desservaient encore l'église en 1685, lors de l'arrêt qui interdit définitivement le culte à Caen et ordonna la démolition du temple.

Il ne serait pas possible de parler ici de chacun de ces ministres séparément, encore bien qu'une semblable étude ne fût pas dépourvue d'intérêt ; mais nous ne saurions passer sous silence deux d'entre eux dont l'illustration a rejailli sur l'église entière : Pierre du Bosc, dont nous aurons à nous entretenir sous le chapitre suivant, et son savant collègue, Samuel Bochart, qui l'avait reçu au saint ministère.

Samuel Bochart, écuyer, né à Rouen en 1599, était fils d'un des ministres de cette ville. Dès ses premières années, il parlait avec une égale facilité le latin, le grec et l'hébreu, et il conserva toute sa vie tant de goût pour les langues qu'il apprenait encore, quelques années après, l'arabe, le syriaque, le chaldéen ; plus tard, le persan, le copte, le celtique, l'anglais, l'italien, et qu'à cinquante ans il s'occupait de la langue éthiopienne. Après avoir quitté son père, il suivit le cours de ses études à Paris, à Sédan, à Saumur, aux universités d'Oxford et de Leyde, et il rentra dans son pays chargé de couronnes académiques recueillies dans les établissements les plus renommés.

Une place de pasteur était alors vacante à Caen, L'église s'empressa de l'offrir à Bochart, qui devint ainsi le collègue de Jean Le Bouvier et de Jean de Baillehache, et administra son premier baptême, dans le temple du Bourg-l'Abbé, le 9 juin 1624. La sévérité de ses mœurs, la modestie et l'aménité de son caractère, ses prédications aussi lumineuses que solides, son dévouement et son zèle lui concilièrent, en peu de temps, la confiance du troupeau,

Quelques années s'étaient écoulées lorsque vint à Caen le jésuite Véron, que Richelieu faisait courir de ville en ville pour forcer les ministres à entrer en dispute avec lui. Bochart, provoqué, ne répondit pas d'abord ; mais devenu l'objet d'aggressions réitérées, il se crut obligé d'accepter le défi. Il prit pour second son collègue de Baillehache ; Véron choisit pour le sien Le Conte, doyen du Sépulcre ; et la conférence, qui dura neuf jours, du 22 septembre au 3 octobre 1628, eut lieu au château de Caen, en présence du duc de Longueville, gouverneur de la Normandie. De chaque côté, on s'attribua la victoire, et Bochart, après avoir publié les actes de cette conférence, reprit le cours de ses fonctions et de ses travaux (1).

(4) Il existe, à la bibliothèque de Caen, un exemplaire de cet ouvrage, devenu fort rare.

Il publiait, dix-huit ans plus tard, sa *Geographia Sacra*, ouvrage attestant une connaissance approfondie des langues orientales, une incroyable érudition et d'immenses recherches sur l'histoire divine de la naissance et des premiers âges du monde. Cette œuvre, qu'ont copiée ou imitée de nombreux auteurs, fit une sensation profonde dans le monde savant et valut à Bochart de nombreuses félicitations. Christine, reine de Suède, l'engagea à venir à sa Cour. Bochart, épuisé par tant de travaux et éprouvant le besoin d'un peu de repos, s'y rendit en 1652, accompagné de Huet, son disciple et son admirateur alors âgé de 22 ans, qui devint plus tard évêque d'Avranches. Il y resta une année, entrant en relations avec les savants du pays, compulsant les précieux manuscrits arabes de la Reine; et il en revint l'année suivante. Son nom reparaît sur les registres de l'église de Caen, à partir du 3 août 1653.

Pendant cette absence, un protestant, Jacques Moisant, sieur de Brieux, de La Luzerne et de Martragny, avait fondé à Caen une académie, encore existante, et dont il réunissait les membres, alors peu nombreux mais éminents, dans son hôtel du Grand-Cheval, place St-Pierre. On s'empressa d'y admettre Bochart; et le nouveau membre en fut, jusqu'à sa mort, l'une des principales illustrations.

Bochart avait eu de son mariage avec Suzanne de Beversluys une fille unique, Esther, qui épousa devant l'Église réformée de Caen, le 14 novembre 1649, un conseiller du Parlement de Normandie, Pierre Le Sueur, sieur de Colleville. L'inquiétude qu'il conçut d'une maladie de langueur, dont cette fille fut atteinte et qui parut s'attaquer aux sources mêmes de la vie, ainsi que le chagrin des persécutions dirigées contre son église et qui préludaient à la révocation de l'édit de Nantes, minèrent sourdement sa santé. Il écrivait en 1654 à son collègue du Bosc, qu'une lettre de cachet tenait exilé à Châlons-sur-Marne :

« Vous savez que je me vieillis et ay bien « encore le même courage, mais non pas les « mêmes forces qu'autrefois et ne pourrais « guères longtemps subsister dans le travail et « chagrin que j'ay qui me ruine le corps et « l'esprit. Ce n'est pas que je n'aie beaucoup « de soulagement de M. Morin, qui est un « homme fort actif, mais tant y a que nous « ne sommes que nous deux, et qu'il n'y a « plus personne qui nous secoure. Et en l'état « où est notre église et toute notre province, « nous avons deux fois plus d'affaires qu'à l'or- « dinaire, et parmi cela des afflictions qui ne « se peuvent exprimer, de nous voir aussi mal « menez sans en avoir donné nul sujet. »

Il avait en outre été très-affecté de l'interruption des relations qui avaient si longtemps existé entre lui et Huet, auquel il avait reproché d'avoir inexactement copié, pendant qu'ils étaient ensemble en Suède, au manuscrit d'Origène sur un point relatif à la transsubstantiation. Ces causes réunies exercèrent une influence funeste sur une sensibilité aussi vive que la sienne, et, le 16 mai 1667, dans une séance de l'Académie de Caen, au milieu d'une discussion fort calme sur l'origine de certaines médailles que l'on présentait comme gothiques et qu'il croyait arabes, une attaque d'apoplexie l'enleva à l'âge de 68 ans.

Il fut inhumé à Cormelles-le-Royal, dans un bosquet attenant à l'habitation de son gendre et qui servait alors de sépulture de famille. Ce bosquet, aujourd'hui transformé en herbage clos de murs, borné en partie vers le nord par les restes du manoir seigneurial de Cormelles et joignant immédiatement la delle appelée le Clos-du-Pavillon, est porté au plan cadastral de la commune sous le n° 167 de la section B. D'après une tradition encore vivante, le corps de Bochart aurait reposé à 2 mètres 60 centimètres du mur qui sépare cet herbage du cimetière du village et des jardins de M. Margueré, à 10 mètres vers le sud de l'angle aigu formé par la rencontre de ce mur avec celui du cimetière communal. On a parlé, comme accompagnant cette sépulture, d'un tertre et d'un frêne isolés (1). Si l'un et l'autre ont existé, on n'en trouve plus aucune trace. L'herbage qui était précédemment en labour, et dont les anciens sillons sont encore visibles, est maintenant uni et nivelé.

Les contemporains de Bochart ont épuisé, pour lui, les épithètes les plus louangeuses. Ils l'ont appelé : la plus vive lumière des lettres sacrées et profanes, un abîme d'érudition, le miracle de son siècle, un esprit doué d'un génie divin, un homme du plus prodigieux savoir, etc. L'admiration qu'il avait inspirée à Huet avait survécu à leur intimité; car l'auteur des *Origines de Caen* a dit en parlant de son illustre maître : « Son siècle, et même les siècles passés, ont « eu peu de personnes dont le savoir pût être « comparé au sien (2). » Enfin, parmi les savants de nos jours, Humboldt a exprimé plus d'une fois son admiration pour la *Geographia Sacra*, et Cuvier a souvent recommandé à ses disciples un autre ouvrage du célèbre ministre, le *Hiérozoïcon*, renfermant la description, en deux volumes in-folio, de tous les animaux cités dans la Bible.

Suzanne de Beversluys survécut à son mari. On la voit assister, comme marraine à Caen, le 18 février 1680, au baptême de Suzanne

---

(1) Edward-Herbert Smith, p. 33.
(2) Huet, p. 427.

Le Sueur, leur arrière petite-fille, qui était née du mariage de Samuel Le Sueur, écuyer, sieur de Cormelles et de Colleville, conseiller au parlement de Normandie, avec Françoise de Chamberlan. On a raconté qu'à sa mort, pour éviter à son corps d'être traîné sur la claie et jeté à la voirie, une famille distinguée, avec laquelle elle était intimement liée, s'était entendue avec le curé de St-Pierre, et que celui-ci ayant consenti, peut-être par respect pour la mémoire de Bochart, à feindre que sa veuve avait changé de religion, la dépouille mortelle de la défunte avait été portée en triomphe et inhumée dans l'église St-Pierre (1).

Samuel Le Sueur, fils de Pierre Le Sueur et d'Esther Bochart, baptisé à l'Église réformée de Caen, le 2 avril 1651, avait succédé à son père en 1678 comme conseiller au Parlement. C'est lui que l'on contraignit, en 1683, de résigner sa charge à un conseiller catholique pour avoir dit que le privilége de saint Romain, en vertu duquel le chapitre de Rouen délivrait un prisonnier tous les ans à la fête de l'Ascension, ne reposait que sur un fondement fabuleux.

Samuel Bochart habitait Neuve-Rue, aujourd'hui rue Neuve-St-Jean, la maison n° 17, qui appartient actuellement à M. Brière. Une délibération du Conseil municipal de Caen, en date

(1) Paulmier, p. 39.

du 10 juin 1833, a donné son nom à l'une des rues de la ville.

Distinguée par le mérite éminent de ses ministres, l'église de Caen était remarquable encore par la position sociale de ses fidèles. Ses registres d'état civil omettent fréquemment les professions; cependant on y rencontre de nombreux avocats, des professeurs et des membres de l'Université, des médecins, des chirurgiens, des gens de finance, des procureurs, des huissiers, des sergents, des orfèvres, etc. On y trouve également, mais en moins grand nombre, des conseillers au Parlement de Normandie, des conseillers au siége présidial de Caen, des élus pour le Roi, des procureurs du Roi, des gardes du corps du Roi, des archers, etc. Quant à la noblesse, elle s'y présente en rangs trop serrés pour qu'il soit possible d'en donner ici la nomenclature complète. Indiquons seulement comme principales localités voisines de la ville dont les *sieurs ou seigneurs* figurent sur ces registres :

Allemagne, Anisy, les Authieux ;

Baron, Basly, Bavent, Beaumont, Bernesq, Bernières-sur-Mer, Beuseville, Biéville, Bissières, Blainville, Bougy, Bray-la-Campagne, Brécy, Bretteville, Bréville, Bricqueville, Brucourt ;

Cagny, Cairon, Calix, Cambernon, Campigny, Canon, Carpiquet, Cerisy, Cheux, Chicheboville, Clinchamps, Colleville-sur-Orne, Colombelles, Colombières, Colomby, Condé, Cormelles-le-Royal, Coulombières, Courson, Couterne, Couvert, Cresserons, Crouay;

Démouville;

Échauffour, Émiéville, Ernes, Escures, Estry, Étreham;

Fierville, Flagy, Fontaine-Étoupefour, Fontenay, La Fresnaye, Fresne, Le Fresne.

Glatigny, Gonneville, Goupillières, Graville, Grangues;

Hamars, Hieris, Le Homme;

Lessay, Lion-sur-Mer, Longueville, La Luzerne.

Magny, Maizet, Maltot, Mandeville, Manneville, Le Manoir, Marcelet, Martragny, Mauger, Meuvaines, Le Mittois, Mondeville, Montaigu, Montfiquet, Montpinçon, Monts, Mosles, Mouen, Moult;

Neuilly, Noyers;

Ouistreham;

Parfouru, Petiville, Pontfarcy, Poussy, Putot;

La Rivière, Rocancourt, Rosel, Rucqueville, Russy;

St-Aignan, St-Contest, St-Gabriel, St-Germain, St-Hilaire, Ste-Honorine, St-Julien, St-Laurent, St-Marcouf, Ste-Marie, St-Martin, St-Vaast, St-Vigor, Secqueville-la-Campagne, Secqueville-en-Bessin, Soliers, Soquence, Suhomme, Surville;

Tilly, Tournebut, Tournetot, Tournières, Troismonts, Torteval;

Vaussieux, Vauville, Vaux, Vendeuvre, Ver, Verrières, Versainville, Vierville, Vieux-Fumé, Vieux-Pont, Villiers, Villy.

Autour de Caen étaient groupées un grand nombre d'églises complètement organisées, pourvues d'anciens et de diacres, et dont les ministres, venant présider à Caen à quelques cérémonies religieuses, ont laissé sur ces registres des traces de leur existence. Nous citerons Bernières, Cerisy, Condé-sur-Noireau, Colomby-sur-Thaon, Coulombières, Honfleur, Lasson, Linnetot, Manneville près Lantheuil, Moulines, Noyers, Pont-l'Évêque, Ste-Honorine, Ste-Mère-Église, St-Pierre-sur-Dives, St-Vaast près Tilly-sur-Seulles, Tour, Trévières, les Veys, etc.

Dans d'autres localités également voisines de la ville, les fidèles trop peu nombreux pour être organisés en corps d'église, l'étaient cependant assez pour avoir obtenu des cimetières à leur usage particulier. Citons : Audrieu, Baron, Bavent, Bourguébus, Bully, Camilly, Carpiquet, Coulombs, Évrecy, Franqueville près Authie, Le Fresne-Camilly, Mathieu, Périers-en-Bessin, Putot, Soliers, etc.

Les registres retrouvés au Bostaquet et ceux que possédaient déjà les archives de la ville et du département fournissent pour toute cette période une suite non interrompue de baptêmes, de bans et de mariages. Les mariages ne consistent souvent qu'en une simple mention mise à la fin du dernier des bans ; mais ceux-ci, de même que les baptêmes, ont perdu leur laconisme primitif, et donnent sur les familles de précieux renseignements.

Calcul fait du nombre des baptêmes et des mariages, d'après le mode employé plus haut (1), on trouve, comme moyennes, pour chacune des années écoulées de 1612 à 1684 :

	Baptêmes.	Mariages.
De 1612 à 1618.	172	39
De 1619 à 1628.	149	40
De 1629 à 1638.	150	39
De 1639 à 1648, avec observation que les baptêmes des deux premiers mois de 1643 manquent complétement.	133	37
De 1649 à 1658.	128	35
De 1659 à 1668.	119	37
De 1669 à 1678.	99	28
De 1679 à 1684.	94	37

A partir de décembre 1684, bans et mariages s'arrêtent. Nous verrons au chapitre suivant qu'une sentence avait interdit provisoirement tout culte dans la ville, et que le ministre, Henri Morin, désigné par l'intendant pour ad-

(1) P. 186.

ministrer les baptêmes, avait reçu défense de remplir aucune autre fonction pastorale. La condamnation définitive du temple n'interrompit pas cette mission, que Morin conserva jusqu'à la révocation de l'édit de Nantes. Son registre, déposé dans les archives municipales, renferme 110 baptêmes pour la période écoulée du 11 janvier au 21 octobre 1685.

Les Réformés recevaient chaque année pour faire face à leurs dépenses, sur les fonds de l'État, une allocation variable que les synodes répartissaient entre les provinces dans la proportion du nombre des églises et des ministres. Sur celle de 1598, qui s'élevait à 45,000 écus, ainsi qu'on l'a vu plus haut (1), le synode de Montpellier préleva 3,333 écus pour les Universités de Saumur et de Montauban et les Académies de Montpellier et de Nîmes, et répartit le surplus entre les différentes provinces. La Normandie, à raison de 59 églises, reçut 3,105 écus, 15 sols et 9 deniers.

L'allocation annuelle était bien insuffisante pour subvenir à tous les besoins des églises. Aussi, les fidèles venaient-ils généreusement à leur secours, à l'aide soit de contributions volontaires, soit de dons ou de legs faits aux ministres directement, ou aux pauvres, ou aux églises elles-mêmes, avec ou sans destination

(1) P. 168.

spécifiée. Ces générosités répétées avaient fini par constituer aux églises un patrimoine assez considérable dont elles furent dépouillées lors de l'interdiction du culte et de la révocation de l'édit de Nantes, et dont s'enrichirent les hôpitaux de leurs localités.

En parcourant les archives de l'hôpital général de Caen, nous avons retrouvé l'un de ces testaments, celui du seigneur de Lasson, dont suit la teneur d'après la copie certifiée, remise le 3 décembre 1684 par le député du Consistoire de Caen, Jacques Le Sens, qui était seigneur de Lion-sur-Mer :

« Nous, Jacques Thésart, seigneur de Laçon,
« Forneaux et Ste-Honorine, ayant toujours
« désiré aider et subvenir à ce que le ministre
« de l'Église réformée audit lieu de Laçon et
« autres, ainsi qu'il sera ci-après déclaré, soit
« maintenu et entretenu, avons dit et déclaré y
« étant présent et telle est notre volonté : c'est
« que la somme de mille écus que nous avons
« présentement fait compter et délivrer entre
« les mains de nobles hommes Henri Mabré,
« sieur d'Allemagne, et Me Gilles Bourget,
« sieur de Chaulieu, et Jean Le Mierre, sieur
« de Merville, et tous bourgeois de Caen, soit
« par eux mise et employée en cent écus de
« rente et que d'icelle rente il en soit payé, au
« pasteur et ministre exerçant le ministère en
« l'Église réformée de Laçon, aussi longtemps

« qu'elle y sera recueillie, la somme de cinquante
« écus par chaque an pour aider à sa subven-
« tion et entretien, et que le reste de ladite
« rente montant la somme d'autres cinquante
« écus soit employée à la nourriture et entretien
« d'un ou deux escholiers, l'espace de trois ou
« quatre ans, qui se dédieront à l'étude de la théo-
« logie pour servir au St Ministère et lesquels,
« étant jugés capables selon l'ordre de l'Église
« de l'exercer, seront employés au ministère en
« ladite église de Laçon, si elle en a besoin,
« ou bien en églises les plus proches, de quoi
« je me rapporte à l'avis du Consistoire de l'é-
« glise de Caen, le pasteur de l'église de Laçon
« et autres circonvoisines y étant appelés, comme
« aussi de les élire et choisir pour avoir les en-
« tretiens ; et, en cas que l'église ne puisse plus
« être recueillie audit Laçon, j'entends que ladite
« rente de cinquante écus soit pour l'entretien
« du ministre qui exercera le ministère au lieu
« des champs le plus proche de Laçon; et la-
« dite pareille rente pour l'entretien d'un ou de
« deux escholiers, comme dit est, successive-
« ment et à toujours, ce que le sieur Mabré,
« Bourget et Lemière par nous nommés et leur
« confiance et pruhommie choisis pour cet effet
« ont accepté et promis faire et donné ordres
« que notre présente volonté soit accomplie et
« exécutée ainsi que dessus est dit.

« Fait aujourd'hui 18 juillet 1594 en présence

« de Julian et Jean Maugier, fournisseurs do-
« mestiques dudit sieur de Laçon. »

Ce testament avait passé sous les yeux du synode national tenu à La Rochelle, en l'année 1607, à l'occasion d'une difficulté survenue entre le Consistoire de Caen et le synode provincial de Normandie. Le synode de Normandie avait disposé d'un jeune ministre, nommé Sénéchal, que la rente de Thésart avait servi à entretenir, et l'avait envoyé à l'église d'Orbec. Le Consistoire de Caen, considérant la mesure comme un empiètement sur ses droits, revendiqua le ministre et se pourvut devant le synode national. La vénérable Assemblée, après avoir pris lecture du testament, reconnut qu'en effet au Consistoire seul appartenait, après avoir appelé à sa délibération le pasteur de Lasson, de disposer des ministres à l'instruction desquels le legs aurait été employé, et elle prononça en ce sens par la 40° de ses solutions sur matières particulières. Le Consistoire fut seulement engagé à ne pas presser le retour du jeune ministre pour donner à l'église d'Orbec le temps de le remplacer.

Rappelons encore, parmi beaucoup d'autres, le testament de Pierre Poulain, sieur de Calix, reçu par les notaires de Caen, le 15 mai 1638, et disposant d'une rente de cent livres pour l'entretien d'un ministre dans l'église de Bernières-sur-Mer. Le testateur, prévoyant que cette église pourrait être transférée à Basly, ordonne que, dans ce cas, la rente continuerait de lui être servie; mais que, si l'église de Basly venait elle-même à disparaître, la rente serait alors dévolue à l'église de Caen et employée à l'entretien d'un jeune homme se destinant au ministère pastoral.

CHAPITRE XXIII.

INTERDICTION DU CULTE A CAEN. — DÉMOLITION DU TEMPLE. — PARTAGE DES BIENS DU CONSISTOIRE. — CIMETIÈRES.

1685.

L'arrêt du 10 février 1681 donnant gain de cause aux Religionnaires, avait fait échouer l'attaque du clergé contre le temple de Caen; mais la lutte ne tarda pas à renaître sous une autre forme et avec une nouvelle ardeur. Elle porta cette fois, non sur le temple, mais sur l'existence même du culte. Il est vrai que l'interdiction du culte obtenue devait entraîner, par voie de conséquence, la ruine et la démolition du temple.

Grâce à la législation de ces temps déplorables et aux embûches semées sous les pas de la Réforme, ses adversaires, en fait de moyens, n'avaient, pour ainsi dire, que l'embarras du choix. Au mépris de l'édit de Nantes, que l'on n'osait encore abolir ouvertement, des édits ou déclarations de 1679, 1680 et 1683, enchérissant les uns sur les autres, avaient frappé du bannissement à perpétuité, de l'amende honorable et de la confiscation, les ministres qui auraient reçu ou souffert des relaps dans les églises. Un édit de 1685, aggravant la pénalité, y avait ajouté l'interdiction du culte et la démolition du temple; et, au mépris du principe de la non-rétroactivité, en avait fait remonter les effets au mois de juin 1680, c'est-à-dire à près de cinq ans avant sa promulgation !

L'accusation d'avoir reçu des relaps était donc devenue le moyen banal en usage quand on voulait obtenir l'interdiction d'un lieu de culte. C'est à lui que l'on eut recours en cette circonstance; et une procédure commencée à Argentan, continuée à Caen, évoquée au Conseil d'État, mit en présence devant le Parlement de Rouen, indépendamment d'accusés secondaires, les ministres de l'église de Caen, les membres de son Consistoire, son lecteur et, en outre, l'ancien ministre de l'église de Basly.

Bouley, sieur de Vaux, qui avait embrassé la Réforme en 1678, avait contracté mariage avec une de ses parentes de Caen, nommée Marguerite Poulain, devant l'Église Réformée du Mesnil-en-Joué-du-Plain, le 23 novembre 1683; et ses bans avaient été publiés, selon l'usage, tant dans cette église que dans celle de Caen. L'avocat du Roi d'Argentan le dénonça comme ayant quitté le catholicisme postérieurement à l'édit de 1680, et, d'accord avec son frère qui était juge criminel au même lieu, se fit autoriser, ainsi que lui, à connaître de l'affaire et à en suivre l'instruction, même hors des limites de leur ressort judiciaire.

Ces deux magistrats, qui étaient les ennemis personnels de Bouley, et l'un d'eux, dit-on, son débiteur, le firent arrêter et citèrent devant eux le ministre de l'église de Mesnil-en-Joué, Galand, qui avait célébré le mariage. Ce dernier produisit le certificat des bans publiés dans l'église de Caen. Sous le seul prétexte de l'avoir signé, le ministre Du Bosc et le lecteur Guillaume Morin furent décrétés d'ajournement personnel, et l'ancien ministre de l'église de Basly alors supprimée, Benjamin Binet, quoique étranger aux opérations de l'église de Caen, fut, on ne sait pour quel motif, compris dans la même poursuite.

Le juge criminel exerça contre les inculpés, pour les faire tomber dans ses piéges, tout ce que son expérience des affaires, son zèle aveugle et sa malignité pouvaient lui suggérer. A Caen, où il se rendait sous prétexte d'informer, il affectait de les assigner à heure indue pour comparaître à l'instant même; et, quand il était à Argentan, il ne leur donnait que deux jours pour s'y transporter et paraître devant lui. Il se faisait un jeu, sous prétexte de confrontations, de les faire courir de villes en bourgs et de bourgs en villages, et il finit par mettre au procès les deux collègues de Du Bosc, Étienne Morin et Jean Guillebert, et les membres du Consistoire, Jacques Le Gendre, Estienne Le Fort, Roger et Abraham Gardembas. Il exigea ensuite la représentation des registres de l'église de Caen ; et, feignant qu'on lui en avait dissimulé quelques-uns, il rendit une sentence interdisant l'usage du culte et donnant aux ministres la ville d'Argentan pour prison.

La sentence étant exécutoire par provision, les portes du temple furent immédiatement scellées ; l'Hôtel-Dieu s'empara de la régie des biens de l'église, et l'intendant de Caen, de Morangis, désigna, le 9 janvier 1685, pour baptiser les enfants pendant la suspension du culte, un ministre, nommé Henry Morin, auquel fut interdite toute autre fonction pastorale. Le Consistoire forma opposition à la sentence, mais il en fut débouté par jugement du 14 février 1685, rendu au bailliage et siège présidial de Caen, sur les conclusions conformes du procureur du Roi, Vauquelin, portant : que tout exercice de la Religion prétendue réformée étant interdit et le prêche fermé, il n'y avait plus ni communauté, ni recettes à faire en son nom ; et que l'administration des biens du Consistoire devait passer à l'Hôtel-Dieu, chargé d'en faire la distribution, sauf à en compter plus tard ainsi qu'il appartiendrait.

Cette interdiction provisoire obligea les Réformés de Caen à aller faire leurs dévotions du jour de Noël à St-Vaast, l'une des rares églises échappées encore à la rage des persécuteurs. Leur présence y fut signalée à l'intendant de Caen, de Morangis, le 30 décembre 1684, par une lettre appelant, sur cette église, les rigueurs du Gouvernement. L'intendant en transmit à Paris, le 17 janvier suivant, un extrait revêtu de cet intitulé : *Billet à lire à S. M., touchant les P. R. de Caen*, et qualifiant le dénonciateur anonyme de : *une personne de créance de la paroisse de Vendes entre Caen et Bayeux*. Cet extrait était ainsi conçu :

« MM. de la religion sont ici en grand dé-
« sarroi, leur prêche de Caen ayant été fermé
« il y a quinze jours. Nous avons, proche de
« Vendes, la paroisse de St-Vaast, où ils ont
« une méchante grange qui leur sert de prêche
« depuis quelque temps. Ils s'y assemblèrent
« les fêtes de Noël, et y observèrent un jeûne
« rigoureux. La plupart de ceux de Caen, de
« Bayeux, de Vire, de St-Lo, Coustance (Cou-
« tances), etc., s'y trouvèrent ; plusieurs ca-
« rosses à six chevaux. L'on dit qu'il y avoit
« quatre de leurs plus fameux ministres, entre
« autres le sieur Du Bosq, qui prêchèrent.
« Il serait à souhaiter que ce méchant trou
« leur fût interdit, aussi bien que celui de
« Caen, de crainte de trouble et de remue-
« ménage, etc... (1). »

(1) *Bulletin de la Société de l'Histoire du Protestantisme français*, 3ᵉ année, p. 473.

Un arrêt du Conseil d'État renvoya, le 5 février 1685, l'affaire devant le Parlement de Rouen. Là, le Procureur général constata facilement que l'accusation manquait de base; que Bouley, qui avait quitté la religion romaine deux ans avant l'édit de 1680, ne pouvait être atteint comme relaps, et que les bans publiés à Caen l'avaient été régulièrement. Il fallut donc recourir à d'autres moyens, et c'est alors que l'on formula, contre les ministres, l'accusation d'avoir souffert l'entrée de relaps dans le temple.

Des personnes ainsi désignées, les unes étaient complètement inconnues, les autres n'avaient été admises qu'antérieurement aux édits.

La prévention ainsi complétée, le Parlement ordonna, le 21 mars 1685, que le temple de Caen resterait provisoirement fermé; que les trois ministres de Caen et le lecteur Morin subiraient interrogatoire sur les nouvelles charges, et que tous demeureraient prisonniers par la ville ou à la suite des conseillers commissaires, avec défense d'en désemparer sous peine de conviction. François de Marguerit, sieur de Guibray, nommé commissaire, reçut mission de se transporter sur les lieux, de décréter de nouvelles charges, d'arrêter les inculpés, et généralement de faire tout ce qui serait jugé nécessaire.

L'accusation reprochait aux ministres d'avoir perverti deux catholiques, Abraham et Benjamin Le Fort, d'avoir souffert leur entrée dans le temple et leur participation aux exercices, et d'en avoir usé de la même manière à l'égard d'Élisabeth Vaultier, veuve d'un apothicaire protestant de Caen nommé Bonnel, et femme d'un enquêteur catholique de la même ville, nommé Le Fort.

A son arrivée à Caen, le commissaire ouvrit, le 1er mai 1685, une enquête qui dura plusieurs jours. Élisabeth Vaultier, qui était protestante d'origine, après avoir abjuré le 12 octobre 1664, ainsi que l'établissait un certificat du curé de St-Julien, était immédiatement revenue à son premier culte et en avait depuis suivi publiquement tous les exercices. Mais ce retour était notoirement antérieur aux édits sur les relaps. En outre, par mesure de prudence, Élisabeth Vaultier, à partir de l'édit de mars 1679, s'était abstenue de participer à la Cène. L'église était donc à l'abri des pénalités de 1685, dont l'effet rétroactif avait été limité au mois de juin 1680. Mais le commissaire entendit, selon Élie Benoist, des témoins *tels qu'il les fallait*, et au nombre desquels se trouva la propre fille d'Élisabeth Vaultier, qui vint déposer contre sa mère. Les ministres établissaient vainement la fausseté de ces dépositions, à l'aide de preuves indiscutables accompagnées de la production de pièces au nombre desquelles se trouvaient douze registres des cènes, des communions et des censures. Rien ne put soustraire l'Église au sort qui lui était destiné. Le procès était perdu à l'avance; et le Parlement, ouï Bouley sur la sellette, car le malheureux était resté tout ce temps en prison préventive, les trois ministres de Caen et le lecteur Morin derrière les bancs, rendit le 6 juin 1685, sur le rapport du conseiller Puchot du Plessis, le mémorable arrêt qui condamna :

Bouley, à cent livres d'amende envers le Roi, cinquante livres d'amende au profit de la maison des Nouvelles-Catholiques de Caen, et à cinq ans de bannissement de la province;

Les trois ministres de Caen, solidairement, à deux cents livres d'amende envers le Roi, cent livres pour l'Hôtel-Dieu de Caen et cent livres pour l'Hôpital général de la même ville; à l'interdiction de toute fonction directe ou indirecte de leur ministère ; au bannissement à vingt lieues de Caen et à trois lieues de toute ville de la province possédant ou ayant possédé l'exercice;

Le lecteur Morin, à vingt livres d'amende envers le Roi ;

Et le temple, à être entièrement démoli.

D'autres dispositions adjugeaient le fonds et le terrain du temple, moitié à l'Hôtel-Dieu et moitié à l'Hôpital général ; et les matériaux et démolitions à en provenir, deux tiers à l'Hôpital général et un tiers à la maison des Nouvelles-Catholiques de Caen, avec faculté, pour l'Hôpital, de retenir ce dernier tiers en payant quinze cents livres à ladite maison.

Tout exercice religieux en assemblée publique ou particulière était interdit dans la ville, ses faubourgs et les lieux circonvoisins.

A la réserve des cimetières, que le respect dû aux morts empêchait peut-être d'anéantir immédiatement, tous les biens-fonds, rentes et revenus de l'église étaient adjugés à l'Hôtel-Dieu et à l'Hôpital général.

Enfin, une dernière disposition ordonnait, par provision, que les enfants à naître recevraient, dans les vingt-quatre heures de leur naissance, le baptême d'un ministre désigné par le juge et auquel serait interdite toute autre fonction de son ministère.

Le Procureur général avait requis, contre les ministres, des peines plus sévères que celles qui furent prononcées ; il avait conclu à l'amende honorable, au bannissement perpétuel et à la confiscation des biens. Mais Du Bosc avait plaidé en plein Parlement sa cause et celle de ses collègues en termes si touchants, que les juges n'avaient pu retenir leurs larmes. Les malheureux ministres durent probablement à son éloquence l'adoucissement de la pénalité qui aurait pu les frapper

Élisabeth Vaultier, qui avait certes autant d'intérêt que l'église à se défendre, ne fut ni citée ni entendue. L'arrêt reste muet à son égard. Elle n'avait été qu'un moyen; et, le but atteint, il ne fut plus question ni d'elle ni des autres.

L'arrêt, à peine rendu, fut aussitôt exécuté. On avait hâte d'en finir. La démolition du temple commença le 25 juin au son des tambours et aux fanfares des trompettes (1). Le peuple surexcité se porta à tous les désordres. Il profana les sépultures, déterra les morts et commit mille indignités sur les ossements. Il se serait même servi, d'après le récit d'un auteur contemporain, des têtes pour jouer à la boule.

L'Hôpital général reçut, le vendredi 29 juin, le mandat d'agir au nom de tous les intéressés. Il passa marché, le 1ᵉʳ juillet suivant, avec deux entrepreneurs de Caen, Sébastien Nérou et Raphaël Philippe, qui se chargèrent, moyennant 340 livres et 10 livres de vin, de démolir les bois et charpentes de manière à ce qu'ils pussent resservir, de les réunir à trois sommiers restés dans la cour du temple, de transporter le tout et de le ranger, avec le plus grand soin, dans l'enclos de l'Hôpital général. L'œuvre devait être achevée le 25 du même mois. Ce marché, dont les archives de l'Hôpital conservent encore

---

(1) Lemarchand, p. 182.

l'original, établit que la démolition, fixée par tous les auteurs au 25 juin, s'était bornée alors à une cérémonie officielle, accompagnée de ces bris et de ces saccagements auxquels se livrent si facilement les masses en délire. Mais tout devait être terminé le 22 août, puisqu'à cette date l'Hôtel-Dieu et les Pauvres-Renfermés, par écrit déposé au greffe de l'intendant, mettaient l'Hôpital en demeure de fournir l'état de la démolition et des matériaux.

Le partage de cette riche aubaine ne fut pas opéré sans difficultés. L'arrêt du 6 juin fut attaqué successivement, et par les bénéficiaires, et par un nouvel arrivant, l'hôpital des Pauvres-Renfermés.

L'Hôtel-Dieu et l'Hôpital général, invoquant la déclaration du 21 août 1684, qui n'attribuait qu'aux hospices les biens des Consistoires supprimés, voulurent écarter les Nouvelles-Catholiques et obtinrent même, le 9 juillet 1685, un arrêt du Conseil conforme à leur prétention. Mais celles-ci, qui ne manquaient pas d'amis puissants, les firent agir et parvinrent, au mépris des termes de la déclaration, qui n'étaient cependant susceptibles d'aucun doute, à faire rendre, le 20 août, un autre arrêt rapportant le premier et rétablissant leur attribution. On lui donna pour motif que la maison de ces dames recevait, sur l'ordre du Parlement, des jeunes filles à instruire dans la foi catholique, et qu'elle avait besoin de secours pour l'aider à subsister.

Les Pauvres-Renfermés, invoquant à leur tour la même déclaration, se plaignirent que le Parlement les eût à tort exclus du partage. Leur requête en revendication, présentée le 19 juin 1685, exposa que la ville possédait trois hospices;

L'hôpital des Pauvres-Malades, le plus ancien de tous, qui avait pour fondateurs les bourgeois de Caen, et dont l'origine était aussi ancienne que celle de la ville;

Celui des Pauvres-Renfermés, fondé par la charité de quelques bourgeois, qui avaient fourni une partie des deniers nécessaires à la subsistance des Renfermés, le travail de ces derniers devant compléter la différence; hôpital qui avait été approuvé par le maire et les échevins le 8 février 1640, et autorisé par lettres-patentes données à St-Germain-en-Laye au mois de février 1640, enregistrées au Parlement de Rouen, le 7 août 1641;

Enfin, l'Hôpital général fondé par la ville à l'aide d'un capital de 12,000 livres prélevé sur les octrois, et de vingt sous perçus sur chaque tonneau de cidre entrant en ville;

Que ces trois hospices avaient profité par tiers des biens des trois temples de Basly, de Bernières et de St-Vaast, récemment supprimés;

Et que c'était à tort que l'arrêt du Parlement, en faisant l'attribution des biens du Consistoire de Caen, n'eût parlé que de deux de ces hôpitaux et gardé silence sur le troisième.

Cette revendication, approuvée le 11 juin à l'Hôtel-de-Ville, appuyée le 23 du même mois par le lieutenant général du bailli de Caen et les gens du Roi réunis en la chambre du bailliage et suivie, le 29, d'un permis d'assigner sous la condition expresse que la démolition du temple n'en serait pas retardée, obtint gain de cause. L'arrêt définitif rendu le 16 juillet 1685 admit les Pauvres-Renfermés au partage et leur adjugea le sixième des matériaux provenant de la démolition des temples et le sixième des biens des Consistoires de Caen, de St-Vaast, de Bernières et de Basly, le surplus devant rester aux deux autres hospices, à raison de moitié pour chacun.

Les titres de propriété de ces divers Consistoires avaient été remis en partie au greffe du bailliage de Caen, en exécution de sentences des 3 janvier et 9 février 1685. Le 10 septembre, le maire et les échevins ordonnèrent de communiquer tous les autres aux directeurs de l'Hôpital général; et le lendemain, après enchères qui avaient duré quatre jours, l'Hôpital général fut déclaré par l'intendant de la généralité de Caen, Morangis, adjudicataire, moyennant 4,000 livres, des matériaux provenus de la démolition du temple de Caen, et en outre des ustensiles et des autres meubles qui y avaient été trouvés. On préleva sur le prix les frais de la démolition entière s'élevant à 1,200 livres qui avaient été avancés, 1,050 livres par l'Hôpital et 150 livres par l'Hôtel-Dieu; et le surplus fut attribué, cinq douzièmes à l'Hôpital général, cinq douzièmes à l'Hôtel-Dieu et deux douzièmes aux Pauvres-Renfermés.

Cette répartition, conforme au dispositif de l'arrêt du 16 juillet, ne tenait aucun compte des droits des Nouvelles-Catholiques. Celles-ci réclamèrent. D'autres difficultés allaient surgir, lorsque l'intendant de Caen les trancha toutes, le 18 novembre 1685, par une transaction qu'il imposa aux différentes parties et à laquelle il donna la forme d'une ordonnance rendue par lui, en présence et de l'avis de l'évêque de Bayeux.

La part des Pauvres-Renfermés fut fixée au sixième des matériaux des temples et des fonds, rentes et revenus des Consistoires; le surplus restant attribué, moitié à l'Hôtel-Dieu et moitié à l'Hôpital général;

L'Hôpital général conserva la totalité des matériaux du temple de Caen, dont il avait été déclaré adjudicataire le 11 septembre précédent; mais il eut à verser, aux deux autres hospices, 2,000 livres 16 sols 8 deniers en exemption de tous frais de démolition;

Enfin, la part des Nouvelles-Catholiques fut

fixée à 1,500 livres et laissée à la charge des trois hospices, au prorata pour chacun de sa part dans le produit des démolitions; somme qui fut versée suivant quittance passée devant les notaires de Caen, le 24 mars 1686.

Le jour même de la sentence transactionnelle, fut opéré, entre les trois bénéficiaires, devant l'intendant, en présence de l'évêque de Bayeux, et par la voie du tirage au sort, le partage des biens des Consistoires supprimés. L'œuvre de spoliation se trouva ainsi consommée.

Nous avons trouvé, dans les archives de l'Hôpital général, une affiche non datée, mais qui paraît remonter à l'année 1685, et qui donne la désignation des biens tant de l'église de Caen que de neuf autres églises de la même généralité. Elle est intitulée : État des rentes, biens et re-« venus ayant appartenu aux Consistoires de la « Généralité de Caen » et contient, sur les biens, les débiteurs et les titres, des renseignements détaillés dont voici le résumé :

	Liv.	S.	D.
Caen, trente-trois rentes. Total. .	2,202	10	4
Basly et Bernières réunis en un seul Consistoire, dix-huit rentes. .	353	13	3
St-Vaast, quinze rentes et trois quartiers de terre.	465	9	8
St-Sylvain, dix rentes.	224	5	9
Moulines, deux rentes.	208	»	»
A reporter. . .	3,453	19	»

	Liv.	S.	D.
Report. . . .	3,453	19	»
Bayeux, soixante-une rentes et une portion de terre à Bayeux, louée 10 fr.	1,114	5	»
Trévières, quarante-quatre rentes.	461	11	5
Beaumont, Géfosse et Criqueville, réunis en un seul Consistoire, vingt-trois rentes	460	10	»
Ste-Mère-Église, dix-neuf rentes.	541	»	»
Gavray, trente-sept rentes. . . .	473	3	»
Ensemble. . . .	6,504	8	5

La plus ancienne des rentes de l'église de Caen, s'élevant à 10 livres, due par un nommé Martin, avait été créée devant les tabellions de cette ville, le 12 mars 1572. Les autres, relativement récentes, résultaient d'actes passés devant les notaires de Caen pendant le cours du XVIIe siècle.

L'une des rentes de St-Vaast, s'élevant à 300 livres, provenait d'une donation faite à cette église par Robert de Héricy, écuyer, seigneur de Marcelet, devant les notaires de Caen, le 7 novembre 1663. Les trois quartiers de terre lui avaient été donnés, suivant contrat du 15 juin 1643, par François Boissel, écuyer, sieur de Parfouru.

Enfin, une rente de 50 livres avait été donnée au Consistoire de St-Sylvain, par Jacques

— 327 —

Osmont, écuyer, devant les notaires de Caen, le 12 janvier 1678.

Des deux cimetières possédés par l'église de Caen et que l'arrêt du 6 juin avait provisoirement réservés, l'un entourait le temple du Bourg-l'Abbé, l'autre, portant le nom de l'Hôtel-Dieu, occupait, dans l'intérieur de l'enceinte fortifiée de la ville, le terrain actuellement situé entre la cour de la caserne de Vaucelles et le grand jardin de l'Hôpital général (1). Un arrêté de l'Hôtel-de-Ville du 29 mai 1691 attribua ce dernier cimetière aux Pauvres-Renfermés. L'autre, attribué indivisément aux deux autres hôpitaux, et licité entre eux le 30 du même mois, fut adjugé à l'Hôpital général moyennant 2,500 livres convertis, pour la part revenant à l'Hôtel-Dieu, en une rente de 62 livres 10 sous, remboursée le 11 décembre 1713.

Les Pauvres-Renfermés ne conservèrent pas longtemps le cimetière qui leur avait été abandonné. Ils le vendirent, le 28 décembre 1705, à l'Hôpital général, moyennant une rente de 40 livres, amortie le 26 janvier 1713. Ce cimetière réuni aux jardins de cet hospice est représenté aujourd'hui, en totalité ou en partie,

---

(1) Si l'on en croit Huet (page 249), ce dernier cimetière n'aurait été donné aux Réformés qu'en 1653 et ne serait pas le même que celui qui avait été mis provisoirement à leur disposition vers 1580 et leur avait été rendu en 1592 (ci-dessus p. 119, 158).

par le terrain qui est inscrit au plan cadastral de la ville, sous le n° 93 de la section H.

Les matériaux du temple de Caen entrèrent dans la construction de l'église actuelle de l'Hôpital général, qui fut terminée en 1690. On a dit que l'ancienne chaire des Réformés avait été placée dans cette église. Le fait n'a pas été établi ; mais comme l'adjudication du 11 septembre comprenait, indépendamment des matériaux de la démolition, *divers ustensiles et autres meubles* trouvés dans le temple, il ne serait pas étonnant qu'un établissement essentiellement conservateur fût encore aujourd'hui possesseur de quelques-uns de ces objets.

Le Consistoire de Caen avait pour trésorier, depuis 1669, l'un des bourgeois de la ville, nommé Michel Carbonnel, qui fut appelé à établir, devant le lieutenant-général du bailliage et siége présidial de Caen, le compte général de sa gestion, en remontant jusqu'à son entrée en fonctions. Un premier compte s'arrêtant à la fin de 1683 fut présenté le 1er mars 1686, et le reliquat net fixé à 21,466 livres 4 sous 2 deniers, y compris 2,256 livres dues à l'ancien Consistoire de Lasson, fut versé sur l'ordre du magistrat, un sixième aux Pauvres-Renfermés et le surplus, par égale portion, à l'Hôpital général et à l'Hôtel-Dieu.

Un compte supplémentaire du 13 du même mois, conduisant les opérations jusqu'au 3 septemb re 1684, présenta net, non compris 1,648 livres provenant du remboursement d'une rente Le Fanu, 2,172 livres 16 sous 7 deniers que Carbonnel avait remis aux mains de Hamon, son successeur. Le lieutenant général reconnut que ce versement avait valablement libéré le comptable, mais qu'il aurait à remettre les 1,648 livres aux trois hôpitaux bénéficiaires, pour être partagées entre eux, proportionnellement à leurs droits.

Les ministres de Caen avaient été retenus prisonniers par la ville d'Argentan depuis le commencement du procès, et n'avaient quitté cette ville que pour se rendre à Rouen où ils étaient restés, dans le même état, jusqu'au prononcé de l'arrêt. On ne leur accorda que quinze jours pour quitter le pays, et ils se réfugièrent en Hollande, où ils furent immédiatement employés au service des églises les plus considérables.

Pierre Du Bosc, fils d'un avocat au Parlement, né à Bayeux, sur la paroisse de la Madelaine, le 21 février 1623, et baptisé le 26 du même mois au prêche de Vaucelles, faisait partie de cette pléïade qui a brillé d'un si vif éclat au XVII° siècle, et qui a laissé de profonds souvenirs, aussi bien dans notre église qu'au sein des sociétés littéraires et scientifiques du pays. Du Bosc reçut l'imposition des mains à Caen, le 17 décembre 1645, et entra, jeune encore, au service de cette église. Prenant place à côté du savant ministre Bochart, qui était alors dans toute la vigueur de son talent, il s'y créa promptement une position éminente. Théologien distingué, critique judicieux, érudit, négociateur habile et orateur de premier ordre, il joignait à ces avantages un organe magnifique, une taille élevée, un port majestueux et une grande distinction de manières. Ses deux mariages, l'un avec Marie Moisant, sœur du fondateur de l'Académie de Caen, décédée en 1656, l'autre avec Anne de Cahaignes, et celui de sa fille Anne, en 1677, avec un gentilhomme de Caen, Michel Néel, sieur de La Bouillonnière, l'alliaient aux principales familles du pays; et ses relations, aussi étendues que brillantes, l'avaient mis en rapport, non-seulement avec les ministres et les principaux seigneurs de la Cour, mais encore avec le Roi lui-même, qui avait eu l'occasion d'admirer son éloquence (1).

Rompu aux négociations délicates, il rendit, en maintes circonstances, les services les plus signalés à son église. C'est ainsi qu'il ramena un jour à des sentiments de modération le comte d'Harcourt, qui s'était emporté jusqu'à menacer les ministres de mort. Le comte, envoyé en Normandie pendant les troubles, avait eu l'idée d'offrir aux demoiselles de Bougy, chez lesquelles il était descendu, un bal dont

(1) P. 241.

celles-ci refusèrent l'honneur dans la crainte d'en être reprises par le Consistoire. Il en fit demander la permission. Les ministres la refusèrent en se fondant sur la discipline qui défendait ces sortes de réunions ; et le comte, dans un premier moment de fureur, menaça les ministres et déclara que, puisqu'ils le traitaient en Guisard, il agirait de même à leur égard. Cet incident pouvait avoir de graves conséquences ; mais le Consistoire les prévint en déléguant vers lui Du Bosc et son collègue Bochart, qui parvinrent à l'apaiser à ce point que le comte finit par reconnaître lui-même qu'il avait eu tort et que les ministres n'avaient fait que leur devoir (1).

C'est encore à Du Bosc que l'on avait dû le succès d'une négociation bien plus délicate, et qui avait eu pour résultat le désistement des religieux de St-Étienne dans l'affaire du temple de Caen (2). Ses efforts avaient contribué puissamment à sauver son église ; et, s'ils échouèrent en 1685, c'est qu'il y avait alors parti-pris de la détruire et de ne s'arrêter devant aucune considération.

Son départ de Caen, où il s'était concilié la sympathie générale, fut un véritable deuil public. Le curé de la principale église de la ville

(1) Le Gendre, p. 5.
(2) P. 276.

et bon nombre de Catholiques de toutes les classes vinrent lui faire leurs adieux « pleu- « rant, rapporte son biographe Le Gendre, « sa destinée, tant il est vrai que ce grand « homme avait toujours été cher à Dieu et « aux hommes. » Des membres de son troupeau, pour ne pas le quitter, le suivirent volontairement dans l'exil. On a cité dans le nombre, indépendamment des membres de sa famille, deux sœurs appartenant à la noblesse de la ville, Mme de Tilly et Mlle de Saint-Contest, et l'ancien ministre de Senlis, Robert Moisant de Brieux, qui était neveu de sa première femme.

Les bourguemestres de Rotterdam lui avaient offert, dès le 15 avril 1685, l'église française de leur ville, avec des avantages pour lui et pour sa famille. La reine de Danemark, de son côté, l'avait appelé au service de l'église de Copenhague et y avait joint, avec instances plusieurs fois réitérées, des conditions fort avantageuses. Du Bosc, tenant à s'éloigner le moins possible d'un pays qu'il n'abandonnait qu'avec espoir de retour, et craignant le froid des climats du Nord, se détermina pour Rotterdam et s'y rendit le 28 août. Le 28 octobre, il était installé dans ses fonctions pastorales, et il les remplissait encore à son décès, arrivé en cette ville le 2 janvier 1692 (1). Du Bosc,

(1) Lange, t. I, p. 9.

quittant la France, avait obtenu l'autorisation d'emmener avec lui ses deux filles qui étaient issues, l'une de son premier, l'autre de son second mariage. L'autorisation accordée à l'aînée, alors mariée à Michel Néel, mère de trois enfants, et qui faisait famille à part, quoique limitée à elle seule, était encore une faveur. Mais cette dame, voulant partager le sort de son mari, refusa d'en profiter ; et ce n'est que plus tard, et après des dangers sans nombre, qu'elle parvint à s'évader avec lui. Des trois enfants qu'ils avaient, deux périrent de misère et de fatigue, l'aîné pendant le voyage, l'autre huit jours après leur arrivée en Hollande. Le troisième, tombé aux mains des convertisseurs, mourut dans la maison de la Propagation de la foi, où il avait été renfermé.

Un des parents de Du Bosc eut l'indignité de demander la confiscation de ses biens. Le ministre d'État répondit que le Roi, qui avait gardé un bon souvenir de l'ancien ministre de Caen, n'en disposerait pas avant de savoir ce que ses enfants étaient devenus. Du Bosc consentit, sur les instances de ses amis, à écrire au ministre pour l'en remercier et l'avertir que ses enfants étaient sortis du royaume avec permission, mais qu'il y avait laissé ses biens quoiqu'on l'eût autorisé à en disposer, attendant qu'il plût au Roi de rouvrir ses portes à ses fidèles sujets. Le ministre fit savoir que les circonstances du moment l'empêchaient de répondre ; mais qu'il serait toujours prêt à rendre service aux membres de la famille de Du Bosc qui voudraient rentrer en France, attendu que celui-ci était resté en haute estime à la Cour.

On a dit que son nom de famille était Thomine, et qu'il avait été autorisé par lettres-patentes à y substituer celui de Du Bosc (1). Le fait, appliqué à l'un de ses ancêtres, pourrait être vrai ; mais il serait erroné, en ce qui le concerne personnellement, si l'on s'en rapporte au témoignage de Beziers, qui déclare avoir eu entre les mains son EXTRAIT de baptême et avoir constaté que l'enfant y avait été inscrit sous le nom de Du Bosc (2). La question serait pour ainsi dire résolue si cet auteur avait eu sous les yeux l'acte même du baptême ; mais il n'en a vu qu'un extrait, c'est-à-dire une copie ; et comme cette copie, en la supposant délivrée après des modifications apportées sur l'original, pourrait avoir transmis, non le texte primitif, mais un texte légalement et régulièrement rectifié, sans faire mention de cette circonstance, il est difficile de ne pas considérer le fait comme encore douteux, d'autant plus que nos recherches à l'effet de retrouver l'original sont demeurées sans résultat.

La seconde fille de Du Bosc épousa l'ancien

---

(1) Huet, p. 439. — Floquet, t. V, p. 419.
(2) Beziers, p. 197.

ministre de Rouen, Le Gendre, qui a laissé une vie de son beau-père, imprimée à Rotterdam en 1694.

Du Bosc avait été accompagné dans son exil par le neveu de sa première femme, Robert Moisant de Brieux, ancien ministre de Senlis, fils de Jacques Moisant de Brieux, fondateur de l'Académie de Caen, et issu du mariage contracté par son père, en 1634, avec Catherine Van der Thombe. Maître d'une fortune considérable, et propriétaire du magnifique hôtel de la place St-Pierre connu sous le nom d'hôtel d'Écoville, puis du Grand-Cheval, Robert Moisant avait tout abandonné sans hésiter. Son hôtel, compris dans la saisie de ses biens, laissé d'abord à la régie des fugitifs, et pris ensuite à loyer par les officiers municipaux, devint, en 1733, le siège de l'hôtel-de-ville. Gaspard de Masclary, dont il avait épousé la fille en 1675 et qui, à l'exemple de son gendre, avait tout quitté pour recouvrer sa liberté de conscience, le suivit en Hollande et lui survécut. Robert Moisant avait laissé à Caen un frère, François Moisant, sieur de La Luzerne, auquel appartenait le fief de ce nom, situé à Bernières-sur-Mer.

Le second des ministres bannis par l'arrêt de 1685, Guillebert, avait fait à Sédan ses études en théologie. Reçu au ministère par Du Bosc, le 26 décembre 1666, il était resté depuis cette époque au service de l'église de Caen. Il se retira à Harlem et y mourut, huit jours avant son ancien collègue, après avoir desservi pendant sept ans l'église française de cette ville. Du Bosc, qui avait pour lui une vive affection, était alors très-malade; son décès lui fut soigneusement caché.

Le troisième ministre, Étienne Morin, né à Caen le 1ᵉʳ janvier 1625, et qui avait desservi l'église de cette ville depuis 1661, se rendit d'abord à Leyde, puis à Amsterdam, où il mourut le 13 mars 1700. Son savoir éminent lui avait ouvert l'Académie des belles-lettres de Caen. Il occupait, à sa mort, la chaire de professeur des langues orientales d'Amsterdam. On lui doit une vie de Samuel Bochart.

Enfin le lecteur de l'église, Guillaume Morin, qui avait été compris dans l'arrêt de 1685, en resta tellement frappé qu'il en devint fou (1).

C'est également en Hollande que se réfugia, l'année suivante, Nicolas Le Cavelier, l'un des avocats du bailliage de Caen, qui, dans une conférence publique tenue au château de Caen, vers le mois d'août 1686, avait défendu contre les Jésuites, avec un grand éclat, les principes de la Réforme. Prévenu, à l'issue de la séance, qu'on allait l'arrêter sur lettre de cachet, il n'eut que le temps de rentrer chez lui et, sans

(1) Élie Benoist, t. V, p. 1019.

pouvoir faire ses adieux à sa famille, de s'évader par une des portes, au moment où les archers, entrés par l'autre, envahissaient sa maison. Il est mort, vers l'année 1705, à Rotterdam, où sa femme, Elisabeth Mareschaux, était parvenue à le rejoindre. Un de leurs enfants, rentré en France, a laissé des descendants qui habitent encore aujourd'hui notre ville.

Le jour même de l'interdiction du temple de Caen, le Parlement condamnait celui de Quevilly, où l'Église de Rouen tenait ses réunions. La prévention n'avait accusé les ministres Le Gendre et Basnage que d'avoir souffert l'entrée du temple à des enfants dont les pères avaient abjuré. Elle n'était aucunement établie; le contraire même paraissait évident. Mais à Rouen, comme à Caen, temple et ministres subirent le même sort; et, le 13 août suivant, le Parlement traitait de la même manière les églises et les ministres du Havre et de Criquetot.

Privés de leur temple et de tout exercice public, les Réformés de Caen continuèrent de s'assembler, mais en particulier et en grand secret, suppléant à l'absence des ministres par la lecture de sermons et par des prières. C'est probablement à cette époque que remonte, à en juger par ses expressions et par son écriture, une prière manuscrite trouvée dans la vieille Bible d'une famille protestante de cette ville, et qui est

intitulée : « Prière pour se préparer le dimanche
« à la méditation de la parole de Dieu et à la
« lecture d'un sermon. » On y trouve les passages suivants :

« Seigneur, y eut-il jamais afflixion compa-
« rable à la nôtre ! Nous *n'avons plus de temple;*
« nos assemblées sont dissipées ; nos pasteurs
« interdits et bannis du milieu de nous ! Notre
« soleil s'est couché, qu'il était encore jour !
« Les ténèbres nous ont surpris en plein midi.
« On a détruit nos sanctuaires, renversé notre
« chandelier, éteint nos lampes et imposé si-
« lence à nos ministres..... Les bergers ont été
« frappés et les troupeaux dispersés en un même
« jour... Peut-on penser, sans mourir de dou-
« leur, que le saint lieu où nous prenions tant
« de plaisir à publier la gloire de notre Dieu,
« et où nous faisions retentir incessamment ses
« louanges, a été ruiné, que les nations y sont
« entrées et qu'elles *ont rasé et ruiné* le plaisant
« logis d'Israël jusque dans ses fondements,
« *tellement que ce n'est plus qu'un monceau de*
« *pierres.* Nous nous oublierions nous-mêmes
« plus tôt que d'oublier que l'ennemi triomphe
« sur les *ruines de ta maison*, car tes serviteurs
« sont attachés à ses masures et affectionnés
« à la poussière et aux pierres de ses mu-
« railles, etc... »

CHAPITRE XXIV.

RÉVOCATION DE L'ÉDIT DE NANTES.

1685-1688.

La situation si précaire faite à la Réforme par la législation rappelée sous les chapitres XIX et XXI, fut encore aggravée à partir du mois de juin 1685.

Les Religionnaires, auxquels l'exercice public avait été interdit dans leurs localités, se rendaient par troupes, quelquefois de trente lieues de distance (1), aux temples bien rares qui avaient échappé à la tourmente, en chantant leurs psaumes jour et nuit le long de la route.

Une déclaration du 5 juillet 1685 y vint faire obstacle, en leur défendant de quitter à l'avenir les bailliages ou sénéchaussées de leur résidence. C'était, pour la plupart d'entre eux, l'équivalent d'une interdiction complète de tout culte.

Un arrêt du Conseil d'État du 30 juillet 1685 interdit le culte et fit démolir les temples dans tous les sièges d'archevêché ou d'évêché.

(1) Préambule de la Déclaration du 5 juin 1685.

Une Déclaration du 13 juillet 1685 étendit, aux ministres des fiefs, la défense déjà faite aux ministres en général d'occuper le même poste pendant plus de trois ans.

Un arrêt du Conseil, rendu le 9 du même mois, enjoignit aux Réformés des localités privées de l'exercice de délaisser, dans les six mois, leurs anciens cimetières et de s'en pourvoir d'autres à leurs frais.

Trois declarations des 12 juillet, 4 et 14 août 1685 imposèrent l'éducation catholique aux orphelins de père et de mère, quelle que fût leur religion, ainsi qu'à ceux privés seulement de père, mais dont la mère appartiendrait à la religion romaine ; interdirent aux familles, à peine d'amende arbitraire et de bannissement, de leur donner des Réformés pour tuteurs, subrogés-tuteurs ou curateurs, et aux ministres, à peine d'amende honorable, de bannissement et de confiscation, de les recevoir dans les temples. Cette dernière contravention entraînait en outre l'interdiction pour toujours du culte dans le lieu où elle avait été commise.

Deux arrêts du Conseil d'État des 9 juillet et 15 septembre 1685 obligèrent les libraires, les imprimeurs, les chirurgiens et les apothicaires réformés, de cesser leur profession.

Les Réformés ne purent plus se servir de domestiques catholiques (déclaration du 9 juillet 1685); devenir clercs de juges, d'avocats, de notaires, de procureurs, de sergents, d'huissiers ou de praticiens (déclaration du 10 juillet 1685); se faire recevoir docteurs ès lois, avocats (déclaration du 11 juillet 1685); médecins (déclaration du 6 août 1685).

Il leur fut interdit de prêcher ou composer aucuns livres sur la doctrine catholique, même d'en parler directement ou indirectement, à peine d'amende honorable, de bannissement à perpétuité, de confiscation de biens et, en outre, de l'interdiction à perpétuité du culte dans les lieux où il aurait été ainsi prêché (déclaration d'août 1685); et les imprimeurs eurent défense, par la même déclaration, de débiter ces sortes de livres, à peine d'amende et de perte de leur état.

Enfin, comme nouvelle entrave à la sortie du royaume, une déclaration du 20 août 1685, faisant appel à l'avidité de certains misérables, assura, à tout individu dénonçant les fugitifs, la moitié des biens confisqués dans les pays soumis à cette pénalité et la moitié de leur revenu dans tous les autres.

A l'époque où nous sommes arrivé, l'édit de Nantes avait subi tant de mutilations qu'il n'en restait presque plus rien. Révoqué pour ainsi dire en fait, il ne manquait plus à la mesure que la forme légale. C'est au château de Fontainebleau, en octobre 1685, que cette dernière iniquité fut enfin consommée.

L'édit de révocation, rédigé par le marquis de Château-Neuf, exposa dans son préambule : que les rois Henri IV et Louis XIII, en donnant les édits de Nantes et de Nîmes, n'avaient eu d'autre but que de pacifier le pays pour pouvoir travailler ensuite plus facilement à détruire la Réforme ; que ce but avait été également celui que Louis XIV avait poursuivi pendant tout le cours de son règne, et la cause déterminante de la trêve conclue en 1684 avec les princes de l'Europe ; qu'il était maintenant, pour ainsi dire atteint par la conversion de la meilleure et de la plus grande partie des sujets, et que le Roi n'avait plus rien de mieux à faire, pour effacer le souvenir des maux causés par la Réforme, que d'annuler tout ce qui avait été fait en sa faveur.

En conséquence, le dispositif révoqua, en termes exprès, les édits de Nantes et de Nîmes, ainsi que toutes les concessions faites aux Réformés, et ordonna la démolition de tous les temples ;

Défendit aux Réformés de se réunir pour leur culte, même en maisons particulières, et aux seigneurs d'en faire aucune profession dans leurs maisons ou fiefs ;

Bannit les ministres qui refuseraient de se convertir, avec peine des galères si, dans les quinze jours, ils n'avaient pas quitté le royaume ; et leur offrit, en cas de conversion, des avantages pour eux et pour leurs veuves ;

Interdit les écoles réformées ;

Obligea les parents, à peine de cinq cents livres d'amende, à faire baptiser leurs enfants par les curés des paroisses et à les élever ensuite dans la religion romaine ;

Imposa aux émigrés, sous peine de confiscation de leurs biens, de rentrer en France dans les quatre mois ;

Enfin défendit, à peine des galères pour les hommes et de confiscation de corps et de biens pour les femmes, de sortir eux et leurs enfants du royaume et d'en enlever leurs biens et effets.

L'édit d'octobre 1685 n'avait parlé que des terres et des pays soumis à l'obéissance royale. La mer paraissait avoir été laissée libre. Une ordonnance du 25 du même mois combla la lacune et étendit la défense de l'exercice sur mer comme sur terre, sur les vaisseaux du Roi comme sur ceux des particuliers.

La lecture des édits, déclarations et arrêts qui précèdent immédiatement cette grande iniquité, donne à penser que, d'après l'opinion de leurs auteurs, la révocation ne devait pas être aussi promptement décrétée. La mesure entrait évidemment dans leurs prévisions ; mais ils en reportaient la réalisation à une époque plus éloignée. Elle fut en effet précipitée ; et l'on rapporte que le vieux chancelier Louvois, père du ministre de la guerre, y joua l'un des principaux rôles. Agé de plus de quatre-vingts

ans, accablé d'infirmités et craignant de mourir auparavant, il en hâta le moment avec ardeur, et, après avoir apposé sur l'édit les sceaux de l'État, il prononça, dit-on, les paroles latines du cantique si connu de Siméon : « Maintenant, « Seigneur, tu peux laisser aller ton serviteur « en paix, car mes yeux ont vu ton salut... »
Il mourait quelques jours après.

Le pouvoir absolu de Louis XIV pouvait avoir pris ombrage d'une religion que ses tendances rendaient peu favorable au despotisme et dont l'organisation initiait les populations aux institutions parlementaires ou républicaines. Mais le principal adversaire de la Réforme avait été le clergé catholique, qui voyait saper son omnipotence spirituelle et temporelle. Aussi, est-ce à son influence que fut principalement due la révocation de cet édit qui avait été cependant déclaré perpétuel et irrévocable. Nous n'entendons pas dire que l'édit, dans toutes ses parties, eût dû rester à tout jamais immuable. La remise de places fortes aux mains des Protestants constituait une sorte d'État dans l'État. C'était une arme pouvant aussi bien servir à attaquer qu'à se défendre, qui se justifiait par les circonstances politiques du moment, et qui devait disparaître aussitôt qu'un pouvoir impartial, dominant tous les cultes et les protégeant sans distinction, aurait pris racine dans le pays. Mais ce qui devait rester perpétuel et irrévocable, c'était la liberté des consciences et du culte, et le droit pour chacun de prier Dieu à sa guise, à charge de respecter le même droit chez les autres. Aussi, l'édit de révocation, impuissant à réaliser l'unité qu'il voulait fonder, est-il resté, sans compensation aucune pour le pays, l'une des plus grandes fautes du règne de Louis XIV.

Les conséquences désastreuses de cette mesure ont été incalculables. A partir de ce moment, la fortune de la France commence à pâlir; les défaites s'amoncellent et le royaume est mis à deux doigts de sa perte. La richesse nationale s'exporte. Les arts, les sciences, les manufactures émigrent. Ingénieurs, savants, hommes de lettres d'un rare mérite, passent la frontière. L'étranger se peuple de nos ouvriers et s'enrichit de nos dépouilles, à ce point qu'un roi de Prusse pouvait répondre, quelques années plus tard, à l'ambassadeur français lui offrant ce qui lui ferait plaisir : « Ce que votre maître « peut me faire de plus agréable, c'est une se- « conde révocation de l'édit de Nantes ! » De nos jours encore, des villages entiers du Wurtemberg sont remplis des descendants de nos réfugiés (1); et quand on pense que nombre des hommes les plus remarquables de l'Allemagne dans l'art militaire, dans les arts et dans les sciences, seraient encore français sans cette malheureuse

---

(1) Tissot, page 32 et suivantes.

révocation, et que plusieurs ont pris part à la dernière guerre que nous venons de subir, combien n'a-t-on pas à déplorer la mesure aussi injuste qu'impolitique prise contre toute une population inoffensive qui ne demandait qu'à vivre dans l'exercice de sa foi et qui constituait la partie la plus soumise et la plus fidèle du pays !

La révocation, il faut bien le reconnaître, ne reçut pas seulement l'approbation du clergé; elle fut encore favorablement accueillie par beaucoup de laïques éclairés, qu'une saine appréciation de ses conséquences eût dû rendre plus réservés. Fontenelle, La Fontaine et bien d'autres s'y laissèrent prendre. Arnauld écrivait à cette occasion qu'on avait pris des mesures un peu violentes, mais nullement injustes; et madame de Sévigné, s'entretenant de l'édit avec Bussy-Rabutin, dans une lettre du 28 octobre 1685, disait : « Rien n'est si beau que tout ce qu'il con-
« tient, et jamais aucun Roi n'a fait et ne fera rien
« de plus mémorable. » Mais on peut mettre en regard de ces appréciations celle d'un esprit bien plus judicieux, le marquis de La Fare, qui s'exprime en ces termes dans ses *Mémoires et Réflexions sur les principaux événements du règne de Louis XIV :*

« Une autre cause de la décadence de ce
« royaume a été la manière dont on a songé à
« détruire la religion protestante en France. Le

« dessein même de la détruire n'était pas sensé;
« car il faut remarquer que les princes des États
« protestants avaient toujours été pour nous
« contre la maison d'Autriche, et il ne fallait
« pas irriter les seuls vrais alliés que nous pou-
« vions avoir. Que si nous voulions abaisser et
« petit à petit éteindre cette religion, cela se
« pouvait faire doucement et à la longue, sans
« que personne se plaignît, et c'était là le des-
« sein du cardinal de Richelieu qui n'a pas été
« suivi, et on a dit que le jésuite La Chaise,
« confesseur du Roi, n'avait pas été lui-même
« de l'avis des violences qu'on a faites. On dit
« que Le Tellier et Louvois ne voulaient pas la
« révocation de l'édit de Nantes que les cagots
« poursuivaient ordinairement. Cependant, lors-
« que Le Tellier, comme chancelier, en signa la
« déclaration, il s'écria de joie comme Siméon :
« *Nunc dimittis servum tuum, Domine;* et, pour
« Louvois, quand il vit que l'affaire était en-
« tamée, il la poussa à l'extrémité et aux cruautés
« qui furent exercées, prétendant convertir en
« six mois 1,600,000 personnes par des traite-
« ments indignes, comme je l'ai déjà dit, de
« la religion et de l'humanité. On en a le détail
« dans plusieurs livres de ce temps-là ; aussi
« il serait inutile d'en parler. Mais il faut re-
« marquer que toutes ces cruautés ont fait sortir
« du royaume 800,000 personnes qui ont tous
« emporté le plus d'argent qu'ils ont pu, gens

« au reste sur qui roulait une grande partie du
« commerce, parce que, n'étant plus admis dans
« les charges, ils étaient appliqués ou à des
« manufactures, ou à faire profiter leur argent,
« si bien que leur fuite à causé de très-grandes
« plaies à l'État (1). »

Les ministres, que l'édit condamnait à quitter le royaume, gagnèrent l'étranger et y portèrent la preuve vivante de persécutions que les agents de la France avaient jusque-là soigneusement démenties. La Suisse, le Palatinat, le Brandebourg, l'Angleterre en reçurent un grand nombre. Il en parvint même jusqu'en Danemark et en Suède. La Suisse, dans ses charités, se montra inépuisable. La Hollande leur donna des pensions. L'Angleterre, plus libérale encore, accorda, aux plus éminents, des emplois et des bénéfices; les autres fondèrent chez elle des églises presbytériennes, ou se réunirent à celles qui y existaient déjà (2).

La révocation mit fin à la mission qu'avait reçue, à Caen, Henri Morin, le 9 janvier 1685, et qui avait été continuée même après la condamnation définitive du temple (3). Son registre, déposé aux archives municipales, est clos dans les termes suivants :

---

(1) Édition d'Amsterdam, 1755, p. 223.
(2) Élie Benoist, t. V, p. 958.
(3) P. 305, 314.

« Aujourd'hui 30ᵉ jour d'octobre 1685, le pré-
« sent registre a été déposé au greffe par moi
« soussigné, Henry Morin, en obéissant à la
« déclaration du Roi donnée à Fontainebleau,
« en date du mois d'octobre. H. Morin. »

De l'étranger, où ils étaient installés, les ministres ne perdirent pas de vue leurs anciens fidèles, et alors commencèrent ces correspondances, ces circulaires, ces exhortations venant relever en France les ruines des anciennes églises; en réunir les débris et ramener à leur foi les nouveaux convertis. Elles parcouraient la France entière, malgré les obstacles apportés à leur circulation, parvenaient aux lieux les plus reculés et étaient lues aussi avidement dans les provinces qu'à Paris et même à la Cour (1).

L'implacable législation sous laquelle avaient gémi les Réformés ne fut plus jugée suffisante. En moins de trois années, elle reçut, en ce qui concernait le culte et les ministres, les femmes, les enfants, les professions, les malades et les évasions, les aggravations suivantes :

CULTE ET MINISTRES.

Une déclaration du 1ᵉʳ juillet 1686 frappa de mort tout ministre français ou étranger rentrant en France sans autorisation, ainsi que tout

(1) Élie Benoist, t. V, p. 938.

Français faisant, dans le royaume, assemblée ou acte de religion étrangers à la foi catholique; et des galères à perpétuité pour les hommes, de la prison perpétuelle pour les femmes, qui devaient en outre être rasées, plus de la confiscation des biens pour les deux sexes, tous ceux qui auraient donné à ces ministres aide, retraite ou secours.

Une gratification de 5,000 livres était accordée au dénonciateur du ministre.

FEMMES.

Un édit de janvier 1686 priva toute femme de converti, qui refusait de suivre l'exemple de son mari, du droit de disposer de ses biens à titre gratuit ou onéreux; lui enleva ceux qu'elle serait appelée à recueillir ultérieurement, tels qu'usufruits résultant de dons matrimoniaux, parts de communauté, préciput, douaires et autres avantages, et attribua le tout en nue-propriété à ses héritiers catholiques, et en jouissance pendant la vie de la titulaire dépossédée, soit à ses enfants catholiques, soit, à leur défaut, aux hôpitaux des villes les plus prochaines.

La même situation fut faite à toute femme devenue veuve qui, dans le mois, n'aurait pas abjuré.

Les femmes et les veuves, restées ainsi sans ressources, ne purent obtenir du juge que des aliments.

ENFANTS.

D'après l'édit de révocation, tous les enfants à naître devaient être élevés dans la foi catholique. Un édit de janvier 1686 réglementa le sort des autres.

Les parents convertis furent astreints à faire suivre à leurs enfants les instructions et les catéchismes de la paroisse.

A l'égard des enfants de pères ayant persévéré, l'édit prescrivit de faire, dans la huitaine, une *razzia* générale de tous ceux qui seraient âgés de cinq à seize ans, de les remettre aux mains, soit de leurs parents catholiques pour être élevés dans cette religion, soit d'autres catholiques choisis par les juges et auxquels les parents paieraient pension; et, en cas d'insolvabilité, de les mettre à l'hôpital le plus prochain.

D'après une circulaire royale du 2 mai 1686, les enfants que l'on n'aurait pas envoyés aux instructions, devaient subir le même sort que les autres, c'est-à-dire l'enlèvement et la pension chez des catholiques, ou l'hôpital.

PROFESSIONS.

La déclaration du 11 juillet 1685 avait défendu de recevoir des Réformés à la profession d'avocat. Un arrêt du Conseil du 5 novembre 1685 et une déclaration du 17 du même mois enjoignirent aux avocats précédemment reçus de cesser leur profession et défendirent aux avocats catholiques de consulter avec eux.

Les Réformés, d'après la déclaration du 9 juillet 1685, ne pouvaient prendre comme domestiques que des gens de leur religion. Soit crainte de l'influence des maîtres, soit désir d'avoir des intelligences chez eux, une déclaration du 11 janvier 1686 leur prescrivit, au contraire, de n'employer à l'avenir que des catholiques, à peine, contre les maîtres, de 1,000 livres d'amende et, contre les domestiques, des galères pour les hommes, et, pour les femmes, du fouet et de la marque de lys.

MALADES.

Une déclaration du 29 avril 1686 frappa tout converti malade, revenant à la santé après avoir refusé les Sacrements ou déclaré vouloir mourir dans la religion réformée, de la confiscation des biens, de l'amende honorable et en outre : les hommes, des galères à perpétuité, et les femmes, de la prison perpétuelle. En cas de mort, la confiscation était seule prononcée ; mais le corps, privé de sépulture, était traîné sur la claie et jeté à la voirie.

ÉVASIONS.

Il fut défendu, par ordonnance du 5 novembre

1685, aux marchands, capitaines, maîtres de barque et autres, à peine d'amende et de punition corporelle en cas de récidive, de contribuer aux évasions soit directement, soit indirectement. Une déclaration du 7 mai suivant réitéra la défense faite aux Religionnaires de sortir du royaume sans une permission expresse. Les contrevenants furent frappés de la confiscation de tous leurs biens et en outre : les hommes, des galères à perpétuité, et les femmes, de la perte de leurs cheveux et de la prison perpétuelle. Les mêmes peines furent prononcées contre tous ceux qui auraient favorisé l'évasion, soit en conduisant eux-mêmes les Religionnaires, soit en leur fournissant des guides, soit même en se bornant à leur indiquer les routes.

Alors commença, pour l'Église Réformée, ce long martyrologe, dont les détails font encore frémir ceux qui en parcourent les annales. On vit se développer, dans toute leur horreur, les terribles conséquences de cette législation atroce que d'autres règlements aggravèrent encore, et qui eut constamment pour appui une jurisprudence implacable. L'enlèvement des enfants surtout remplit les parents d'épouvante et de douleur. L'Écriture Sainte nous peint, en termes aussi laconiques que touchants, Rachel qui ne veut pas être consolée, parce qu'elle a perdu ses enfants. Que de Rachels alors parmi les femmes de la Réforme ! Que de mères pleurant des enfants arrachés à leur tendresse, et qu'elles ne devaient revoir qu'imbus de croyances hostiles aux leurs et mis en défiance contre elles ! Que de parents passant leurs jours dans la crainte continuelle d'un semblable malheur !

On a déversé avec raison l'opprobre sur la sinistre époque de terreur qui a ensanglanté, pendant une année environ, la première République française (1). Que dire de cette terreur plus terrible et plus sanglante encore qui a régné, non pendant une année, mais pendant près d'un siècle, sur plusieurs millions de Français qui ne commettaient d'autre crime que de vouloir prier Dieu à leur guise et non à celle de leurs persécuteurs ; sur une population inoffensive que tous les historiens se sont plu à représenter comme formant la partie la plus éclairée, la plus paisible, la plus soumise de la nation, et à laquelle un historien catholique de nos contrées, Pluquet, dans son *Essai historique sur Bayeux,* a rendu le témoignage suivant :

« Avant la révocation de l'édit de Nantes et
« au moment où elle eut lieu..., les Protestants
« donnaient dans notre pays l'exemple de toutes
« les vertus sociales... Ils faisaient indistinc-
« tement l'aumône aux Catholiques et aux

(1) *Revue des Deux-Mondes*, 1875, p. 821.

« Réformés. Les sermons de leurs ministres
« ne respiraient que la tolérance, la paix et la
« charité. Cette ardeur du prosélytisme... était
« passée, et ils ne demandaient qu'à vivre en
« paix à l'ombre des lois. A toutes les persé-
« cutions qui préludèrent à cette grande in-
« justice, ils n'opposèrent qu'une patience et un
« calme imperturbables (1). »

Le but poursuivi avec tant de persévérance et d'acharnement était donc enfin atteint ! Les réunions et le culte étaient interdits ; les ministres bannis ou jetés aux galères ; les temples démolis ; les cimetières enlevés ; l'avenir assuré par le baptême et l'éducation catholiques des enfants à naître ; le présent miné par l'enlèvement des enfants et les persécutions ! Légalement parlant, la victoire du clergé était absolue et complète. Mais la Réforme, que l'on regardait déjà comme anéantie, avait plus de vitalité que ne lui en supposaient ses adversaires. Elle se réveilla avec une singulière énergie. Détruite en tant que corps officiel, elle survécut comme Église invisible ; et, à part quelques défections, surtout parmi les grands et les classes élevées, elle trouva, dans l'excès même de ses maux, un motif pour redoubler de zèle et d'ardeur.

Le dernier article de l'édit de révocation assurait aux Réformés, dans le royaume,

---

(1) Pluquet, p. 346.

le libre exercice du commerce et la jouissance de leurs biens, sans être inquiétés sous prétexte de leur religion, à la condition de n'y faire ni exercices ni assemblées. On crut d'abord que, si le culte était interdit, les consciences resteraient libres ; et de nombreux Réformés abandonnèrent alors les mesures qu'ils avaient prises pour quitter le pays et sortirent des retraites où ils s'étaient tenus jusque-là cachés. Mais c'était un piége; et ceux qui commirent l'imprudence de rentrer immédiatement chez eux n'y arrivèrent que pour recevoir les dragons. D'ailleurs les instructions émanées de Louvois étaient de nature à désabuser promptement ceux qui auraient voulu conserver encore quelque espérance. L'une d'elle, revêtue de sa signature, était ainsi terminée : « S. M. désire que l'on es-
« saie, *par tous les moyens*, de leur persuader
« qu'ils ne doivent attendre aucun repos ni dou-
« ceur chez eux tant qu'ils demeureront dans
« une religion qui déplaît à Sa Majesté, et on doit
« leur faire entendre que ceux qui voudront
« avoir la sotte gloire d'y demeurer les derniers
« pourront encore recevoir des traitements plus
« fâcheux s'ils s'obstinent à y rester (1). »

Les dragonnades avaient été employées bien avant la révocation de l'édit de Nantes. On s'en était déjà servi en Poitou, puis en Béarn, sous

---

(1) Foucauld, p. 523.

la direction de l'intendant Foucauld que l'ardeur de son zèle avait mis en évidence, et qui devait plus tard être envoyé à Caen. C'est à elles que l'on eut principalement recours pour hâter la conversion des Religionnaires, et l'usage en fut généralisé dans tout le royaume avec un redoublement de cruautés qui font encore frémir. Toutes les troupes y furent indistinctement employées; mais, comme les dragons en avaient été chargés à l'origine, c'est à eux que revint le triste honneur d'y attacher leur nom.

Lorsqu'un pays devait être soumis aux dragonnades, il était d'usage d'en réunir à l'avance les Réformés pour leur proposer d'abjurer. Les sollicitations étaient accompagnées de menaces contre les récalcitrants; et c'est chez ces derniers qu'on logeait de préférence les militaires.

Entrée dans les maisons, il n'était pas d'extrémités auxquelles cette soldatesque ne se portât. A part le viol et le meurtre, et encore cette limite extrême n'était-elle pas toujours respectée, toutes les cruautés étaient non-seulement permises, mais encouragées. Ces horreurs et ces monstruosités, dont les auteurs du temps ont laissé d'affreux tableaux, sont d'une nature telle qu'il serait impossible de les reproduire ici, même sommairement; et, ce qu'il y a de plus triste à dire, c'est que le Pouvoir lui-même, loin de les réprimer, les encourageait par ses instructions. L'intention du Roi, disait Louvois dans une dépêche adressée le 17 novembre 1685 à Foucauld, alors intendant du Poitou, « est que les dra- « gons..... qui sont chez les gentilshommes de « la R. P. R. du Bas-Poitou y demeurent jusqu'à « ce qu'ils se soient convertis, et qu'au lieu d'y « vivre avec le bon ordre qu'ils ont fait jusqu'à « présent, *l'on leur laisse faire le plus de dé-* « *sordre qu'il se pourra* pour punir cette no- « blesse de sa désobéissance (1). »

« Lorsque, » disait ce ministre au même intendant dans une dépêche du 26 décembre 1685 », « les dragons que vous aurez fait loger chez les « gentilshommes religionnaires n'y trouveront « plus de quoi subsister, et que lesdits gentils- « hommes persisteront dans leur erreur, l'in- « tention de S. M. est que *vous les fassiez mettre* « *en prison jusqu'à ce qu'ils se convertissent...,* « et à l'égard de ceux qui se sont absentés, « S. M. désire que vous fassiez *raser leurs mai-* « *sons* (2). »

Louvois avait même inventé, pour les nobles, une persécution d'un genre particulier. L'une de ses instructions, adressée au duc de Noailles, le 6 novembre 1685, prescrivait d'assigner ceux dont les titres seraient moins bien établis pour les amener à réfléchir sur leur situation. « A « l'égard de ceux dont la noblesse est bien

---

(1) Mémoires de Foucauld, p. 521.
(2) Id.   Id.   p. 525.

« établie, il faut s'appliquer à voir quels sont
« les gens qui ont des démêlés avec eux aux
« environs de leur terre, ou à qui ils ont fait
« quelque violence, et qu'en appuyant les uns
« contre eux et en faisant informer du tort qu'ils
« auront fait aux autres, on les portera mieux
« que de toute autre manière à penser à eux. En
« un mot, S. M. désire que l'on essaie par tous
« les moyens de leur persuader qu'ils ne
« doivent attendre aucun repos ni douceur chez
« eux tant qu'ils demeureront dans une religion
« qui déplaît à S. M. (1). »

Sous l'empire de la même idée, Louvois écrivait, le surlendemain, à l'intendant du Poitou : « Pour peu que vous vouliez entrer dans le « détail de la conduite de chaque gentilhomme, « il ne vous sera pas difficile, en entendant ceux « du voisinage qui croiront avoir sujet de se « plaindre, de lui faire assez appréhender une « recherche de sa vie pour le porter à prendre « le parti de se convertir pour l'éviter » ; et il terminait sa lettre en désapprouvant l'idée d'assembler les gentilshommes en conférence pour les engager à se convertir, S. M. croyant « qu'il « vaut beaucoup mieux s'appliquer à les prendre « en détail par les voies ci-dessus » (2).

La Normandie ne fut pas plus épargnée que

(1) Mémoires de Foucauld, p. 523.
(2)   Id.   Id , p. 520.

les autres provinces. Élie Benoist raconte que les dragons étaient les mêmes en tous lieux ; qu'ils « battaient, étourdissaient et brûlaient « en Bourgogne comme en Poitou..., en Nor- « mandie comme en Languedoc », et qu'après avoir ruiné la Normandie, l'Ile-de-France et autres provinces, ils s'étaient dirigés sur Metz (1).

Avant la révocation de l'édit, on n'enlevait ordinairement que des enfants très-jeunes, ou qui avaient été gagnés d'avance par des insinuations étrangères. Il était facile d'achever ensuite leur conversion au moyen de complaisances et de caresses. Mais quand, au lieu d'enfants quittant leur famille pour ainsi dire de plein gré, on voulut peupler les couvents et les établissements de Nouvelles-Catholiques d'enfants plus âgés que l'on avait enlevés de vive force, la situation changea de face ; et l'on trouva chez ces enfants, grâce à l'instruction qu'ils avaient reçue de leurs parents, une résistance à laquelle on était loin de s'attendre. On les vit maintes fois montrer dans leurs réponses une prudence et une ténacité étonnantes, souffrir des tourments sans varier, descendre par les fenêtres, franchir des murailles, s'exposer à mille dangers pour se soustraire à la persécution, et souvent, après plusieurs années de séjour dans ces maisons,

(1) Élie Benoist, t. V, p. 891.

en quitter aussi fermes dans leur religion qu'au moment où ils y étaient entrés. Cependant promesses, menaces, châtiments, rien n'avait été épargné pour les ébranler.

En novembre 1685, les autorités reçurent l'avis que les militaires allaient arriver à Caen. Le 5, à dix heures du matin, elles réunirent à l'Hôtel-de-Ville les principaux Protestants de la localité, et leur transmirent les ordres du Roi en les engageant à embrasser le catholicisme. Sur la demande de deux d'entre eux, Michel Osmont et Jacques Maingot, l'Assemblée fut renvoyée au lendemain ; et, le 6 novembre, les gens du Roi et les échevins dressèrent un procès-verbal constatant qu'un formulaire d'abjuration, mis en une liasse particulière, avait reçu la signature de *plusieurs* bourgeois et habitants de la ville. Cette liasse a disparu. Le laconisme du procès-verbal laisse ignorer quels étaient ces signataires ; mais l'expression de *plusieurs* ne donne pas à penser qu'ils aient été bien nombreux.

Le 8 novembre, les échevins apprirent chez l'intendant que les militaires annoncés appartenaient au régiment du Roi ; qu'ils formaient 48 compagnies ; que 32 d'entre elles composant 1,600 hommes et 60 officiers tiendraient garnison dans la ville, et que les autres ne feraient qu'y passer pour se rendre à Bayeux. Dans la répartition des logements, les Protestants ne furent pas épargnés et les récalcitrants en eurent le double de ce qu'ils pouvaient équitablement recevoir. L'ancien ministre de Senlis, Moisant de Brieux, qui avait accompagné Du Bosc en Hollande, avait eu soin de démeubler son bel hôtel de la place St-Pierre. Les échevins le désignèrent néanmoins pour loger un officier, et son représentant, nommé Frémin, se vit contraint de rapporter des meubles dans l'hôtel ; car, en prévision d'un refus, ordre avait été donné de le remeubler aux frais de Moisant et de saisir en paiement le loyer des boutiques et maisons qui en dépendaient (1).

C'est le 13 novembre, par la rue de Paris, que les militaires firent leur entrée dans la ville. Ils y restèrent jusqu'au 5 avril suivant, et l'on peut se douter de la dépense et des dégâts qu'ils y firent. Un procès qui durait encore en 1688 en donnera l'idée.

Le gendre de Du Bosc, Michel Néel, sieur de La Bouillonnière, réfugié à l'étranger avec sa femme, ainsi qu'on l'a dit plus haut (2), possédait à Caen une maison qu'il avait eu soin de démeubler avant son départ. Cette maison n'en fut pas moins désignée pour le logement du prévôt du régiment, nommé Bourgongne,

---

(1) Registres des délibérations de l'Hôtel-de-Ville, du 9 novembre 1685.
(2) Page 333.

et d'un lieutenant, nommé de Chanlay ; et le billet porta en note : « En cas que la maison « ne soit ouverte, logeront à l'Aigle-d'Or aux « frais dudit sieur de La Bouillonnière. » Cinq heures sonnaient à l'église St-Pierre, au moment où ces deux officiers se présentèrent au domicile abandonné. Ne trouvant personne, ils se rendirent rue des Teinturiers, à l'auberge d'assez modeste apparence qui leur avait été indiquée, portant pour enseigne : « A l'Aigle-d'Or, Catherine Drouart, loge à pied et à cheval », et s'y installèrent aux frais du fugitif. Comme spécimen des menus journaliers du prévôt, nous donnerons la carte d'un de ses soupers, de celui du 5 décembre :

« 3 pots de vin, 3^{tt} 12^s. Pain, 4^s. 2 poulets,
« 1 canard, 2 pigeons, 4 cailles, 2 bécassines,
« 12 allouettes, 5^{tt} 10^s. Salade de cellery, 8^s.
« 2 assiettes de marrons et de pommes, 12^s.
« Une douzaine de noix confites, 12^s. Une dou-
« zaine de biscuits et de macarons, 12^s. 2 fagots
« et 12 verres de cristal (probablement brisés
« pendant le repas), 1^{tt} 14^s. »

Le lieutenant qui, de son côté, ne faisait pas moins bonne chère, était parvenu à dévorer 85 livres en trois jours, si bien que, le 19 janvier 1686, la carte totale à payer s'élevait déjà à 900 livres, somme énorme pour le temps.

Les échevins s'émurent de l'exagération de la dépense. L'intendant, après de vives réprimandes, la réduisit à 800 livres et en fixa le chiffre pour l'avenir à 40 sols par jour et par chaque officier. Le prévôt, trouvant la pitance trop maigre, changea de logement; mais il fut remplacé par un autre officier, nommé Villers; et, le 5 avril, lorsque les militaires quittèrent la ville, le mémoire général, transcrit sur vingt-quatre pages in-folio, s'élevait à 1,110 livres.

Disons en passant qu'indépendamment de sa maison de Caen, Néel possédait à Verson une terre, nommée La Bouillonnière, qui n'avait pas été plus épargnée que sa maison de ville. Elle avait servi de logement à des cavaliers qui l'avaient, en partant, complètement dévalisée.

L'hôtelière de l'Aigle-d'Or demanda son paiement. Les échevins la renvoyèrent à l'administration des biens des fugitifs. Après trois ans de réclamations et de démarches infructueuses, lasse de ne rien recevoir, elle s'adressa au ministre de Château-Neuf, qui donna l'ordre de vendre le mobilier de Néel. Mais elle n'en fut guère plus avancée; de nouvelles difficultés surgirent. Longtemps après, l'affaire était encore en suspens, et il ne serait pas étonnant qu'elle n'eût jamais été terminée (1).

En Normandie, comme dans les autres pro-

(1) *Bulletin de la Société de l'histoire du Protestantisme français*, 2ᵉ année, p. 479 et 580.

vinces, l'émigration atteignit les proportions d'un véritable dépeuplement. Les mémoires dressés pour l'instruction du duc de Bourgogne renferment les plaintes des intendants de Caen et de Rouen qui donnaient pour cause à la ruine du commerce, la sortie de la plupart des marchands (1) ; et les registres de notre Hôtel-de-Ville font mention, le 3 décembre 1685, des plaintes du concessionnaire des octrois réclamant une réduction sur le prix de son adjudication, par le motif que l'édit de révocation avait ruiné le commerce dans la ville. Il est vrai que les échevins la refusèrent, en prétendant que le commerce n'avait pas été interrompu, Protestants et Catholiques n'ayant pas cessé d'acheter et de vendre, et que tous les marchands de la religion prétendue réformée, heureusement convertis, continuaient leur négoce comme les années précédentes. Mais la vérité se fait jour dans un rapport de l'intendant Foucauld adressé, quelques années plus tard, au ministre Pontchartrain qui voulait établir une juridiction consulaire à Caen, et où l'on dit qu'il était impossible de recruter en cette ville un semblable tribunal. « La plupart des marchands de Caen, « étant religionnaires, ont quitté le royaume ; « ceux qui y sont restés sont passés à Paris

---

(1) *Bulletin de la Société de l'histoire du Protestantisme français*, année 1864, p. 356.

« ou à Rouen, et le commerce est à présent « peu de chose à Caen (1). »

L'hôtel du Grand-Cheval compris, après l'émigration du ministre Moisant de Brieux, dans l'adjudication des biens des fugitifs, était estimé, en 1689, à 350 livres en revenu et à 15,000 fr. en capital. Les échevins eurent l'idée d'y établir l'Hôtel-de-Ville, et chargèrent Deschapelles, l'un d'eux, d'en obtenir la concession du Roi (2). On reçut de Paris l'avis que l'affaire pourrait réussir, mais que 3,000 livres seraient nécessaires pour la conduire à bonne fin. Un bourgeois de Caen, René Richard, les offrit en échange de la location gratuite pendant douze ans de quelques dépendances de l'hôtel. La ville les accepta ; mais la négociation, conduite par MM. de Vaubenard et de Mutrécy, quoique appuyée par Foucauld auprès du ministre d'État (3), ne conduisit qu'à un bail de trois ans expirant à la St-Michel 1696, et prorogé pour trois nouvelles années, le 9 septembre 1697.

Cet hôtel n'est devenu la propriété de la ville qu'en 1733. C'est dans une de ses dépendances que siége aujourd'hui le tribunal de commerce.

(1) Foucauld, p. ci et p. 308.
(2) Registre des délibérations de l'Hôtel-de-Ville, 8 juillet 1689.
(3) Mémoires de Foucauld, p. 248.

CHAPITRE XXV.

NOUVELLES-CATHOLIQUES DE CAEN.

La maison de la Propagation de la Foi, de Caen, autrement dite des Nouvelles-Catholiques, a eu pour fondateur Servien, évêque de Bayeux, qui, par testament passé devant les notaires de cette ville le 1er février 1659, lui avait laissé une somme de 14,000 livres. L'acte de fondation, passé après le décès du prélat, fut reçu par les notaires de Paris, le 30 juin 1660; et l'établissement acquit de M. de Banneville, au prix de 5,800 livres, une maison sise à Caen, rue Guilbert, suivant contrat reçu par les notaires de Caen, le 19 août 1671.

François de Nesmond, successeur de Servien au siége de Bayeux, en confia la direction aux Sœurs du séminaire de l'Union chrétienne de Paris, qui en prirent possession le 19 février 1678, et agrandirent le local primitif au moyen d'annexes successives opérées suivant contrats passés, notamment devant les notaires de Caen, le 6 juillet 1678, le 29 octobre 1686 et le 2 décembre 1700.

Les Nouveaux-Catholiques établis à Caen, rue de l'Odon, en 1682, formaient, à l'origine, une maison distincte de celle-ci. Les Nouvelles-Catholiques en prirent l'administration le 6 octobre 1698, et il en résulta qu'à la St-Michel 1730, les deux établissements, complètement fusionnés, n'en formaient plus qu'un seul établi rue Guilbert, dans la maison et sous l'administration de ces dames.

C'est là qu'étaient conduits et élevés les enfants arrachés à leurs familles par les ordres du Roi ou de l'intendant. Ils y étaient rangés en deux catégories comprenant, l'une, les enfants restés à la charge de leurs parents, l'autre, ceux pour lesquels le Roi payait pension. Tous étaient l'objet, les derniers principalement, d'états semestriels remis à l'intendant, et dont un certain nombre existe encore dans les archives de la Préfecture.

Les états d'enfants à la pension de leurs parents sont relativement peu nombreux et ne concernent que les filles. Ils s'arrêtent à 1709. En voici quelques extraits :

1687.

Mané de Carpiquet, 12 ans, fille de Guillaume-Antoine, de la paroisse de Carpiquet.

Gabrielle Basnage, 9 ans, fille du ministre de Maisy, près Bayeux.

Mlle de Marcelet, 7 ans.

Marie Osmont-Courtisigny, 10 ans.

1688.

Mlle de Vendeuvre, 17 ans, fille du capitaine de Vendeuvre.

Catherine de Vendeuvre, 8 ans, fille du colonel de Vendeuvre.

Madeleine Dagneaux, 25 ans, de la paroisse des Deux-Jumeaux, près Bayeux. L'âge de cette demoiselle établit, comme nous le verrons assez fréquemment, que les enfants n'avaient pas seuls le privilége de l'enlèvement. Madeleine était entrée aux Nouvelles-Catholiques sur l'ordre de l'intendant.

Madeleine, Judith et Marie-Anne de Glatigny, 25, 23 et 18 ans, filles de M. de Melly, seigneur de Glatigny.

Jeanne-Esther et Marie de Glatigny, 11 et 8 ans, sœurs des précédentes.

Anne et Madeleine de Carpiquet, 17 et 16 ans, filles de Guillaume Hue, écuyer, seigneur de Carpiquet, et de Anne de La Loy (Lalouel).

Marie-Anne Le Cavelier, 3 ans. Elle était fille de l'avocat Nicolas Le Cavelier, dont il a été parlé plus haut (1).

Henriette Morel de La Londe, 10 ans, fille de M. de La Londe, écuyer, seigneur de Cardonville.

Judith de Cantelou, 3 ans.

Marie Le Cavelier, fille d'un marchand de

(1) P. 336.

Caen, paroisse St-Julien. Elle brise une des portes et s'évade le 2 juin 1692. Reprise et renfermée aux Nouvelles-Catholiques, elle s'enfuit de nouveau, le 6 janvier 1693, en descendant d'une fenêtre et en escaladant le mur du jardin.

1689

La comtesse de Cagny, avec sa fille âgée de 4 ans.

1691.

Mlle de Parfouru, 19 ans.

Anne de Cardonville, 6 ans.

1692.

Marie de La Rivière, 30 ans.

Catherine de Méherest de La Conseillère, 8 ans.

Esther de La Chevalerie, 6 ans.

Mlle Bayeux, fille d'un chirurgien de Caen, 22 ans. Elle s'échappe le 2 juin 1692, en brisant une porte.

Mlle de La Falaise, de Maizière, 18 ans. Sa mère était passée à l'étranger.

Marguerite Michel, de Caen, 18 ans. Elle se sauve, en escaladant les murs, le 14 août 1692, emmenant avec elle une de ses compagnes, nommée Catherine Tirel.

1693.

Catherine de Haussey de Lignerolles, 15 ans.

1695.

Mlle de Brée, 8 ans, fille de M. de Vendeuvre, brigadier et chevalier de S. Louis.

1696.

Judith de Vigny, 10 ans.

Suzanne de Mandeville, 7 ans.

Mlle de Marcelet. Elle quitte l'établissement la même année et rejoint, à Paris, Mme de Saint-Contest.

1698.

Mlle de Parfouru, 16 ans.

Mlle de Vitray.

1699.

Marie Poincheval, 12 ans.

Mlle de Vendeuvre-Filly, 17 ans. Son père était major dans le régiment de Noailles.

Marie, Françoise et Anne de Courtauney, 12, 11 et 8 ans.

Élisabeth et Marguerite de Vaucouleurs, 12 et 11 ans.

Françoise de Mon, 23 ans, fille de M. Du Mesnil, écuyer, sieur de Grousy.

Mlle de Chantelou Des Moulins, 45 ans.

Les deux demoiselles de Saint Pierre Du Mont.

Les deux filles de M. de Neuville de La Bretonnière, 26 et 25 ans.

1700.

Mlle de Cantelou. Elle est rendue à son frère le 30 avril 1703 et est reprise, en 1709, pour la soustraire à la persécution religieuse de sa famille.

Mme de Carpiquet, femme de M. de Carpiquet,

écuyer, seigneur de Carpiquet. Renfermée aux Nouvelles-Catholiques sur l'ordre de l'intendant, elle est rendue à la liberté le 8 janvier 1701.

Mlle de Neuville de La Bretonnière, 40 ans. Elle part, sans être convertie, le 15 novembre 1700.

Mlle d'Etreham, fille du marquis d'Etreham et de feu Mme de Cagny, 24 ans. Elle meurt le 14 février 1700, neuf jours après son enlèvement, sans avoir été convertie, ajoute le tableau.

Catherine de La Luzerne, 9 ans, fille du marquis de La Luzerne, de Bernières.

Mlle de La Luzerne, sœur de la précédente.

Marguerite d'Agneaux, 10 ans, fille du seigneur des Deux-Jumeaux.

Suzanne et Jeanne-Catherine de Menneville, 12 et 9 ans, filles du seigneur de Soliers.

Anne et Madelaine Morel, 12 et 9 ans, filles de Thomas Morel, écuyer, sieur des Mars.

Judith Gautier, 20 ans, fille de Nicolas Gautier, banquier à Caen, et dont la mère avait pour prénom Judith. Elle s'évade en escaladant le mur de M. Malouin, le 7 octobre 1700. C'est peut-être à cause de cet événement que les Nouvelles-Catholiques traitèrent de la maison de M. Malouin, qui la leur vendit, moyennant 7,000 livres, par le contrat du 2 décembre 1700 (1).

(1) Page 367.

Les deux demoiselles Basnage.

1701.

Élisabeth de La Rosière, 40 ans. Cette demoiselle amenée, dit le tableau, par ordre du Roi, s'évade le 28 avril 1702, sans avoir voulu se convertir.

Madeleine de Menneville, 21 ans, fille du sieur d'Ernes, écuyer. Elle avait été emmenée à l'étranger par Mme de Maizet, sa tante.

Les deux demoiselles de Proussy, de Soliers.

1702.

Les quatre filles de M. Valsemé, de Caen, de 8 à 3 ans.

Marie-Anne du Trésor, 6 ans, de Bayeux.

1704.

Mme de Vérigny, épouse de M. de La Fayette, écuyer, de la paroisse de Bricqueville.

Élisabeth de La Mare, 30 ans. Elle est rendue à son père le 14 septembre 1706; mais l'intendant la fait enlever de nouveau, le 18 août 1708, et rentrer aux Nouvelles-Catholiques *pour avoir épousé un huguenot*.

Mlle Le Cavelier, environ 14 à 15 ans.

1705.

Mlle de Gonneville.

Marie Seigneurie, 20 ans, fille de Thomas Seigneurie, de Bourguébus, et de Jacqueline Bunel.

1707.

Madeleine et Marie de Montbénard, 11 et 9

ans, filles de M. de Montbénard Le Fanu, demeurant à Cresserons.

Henriette Dagneaux, 13 ans, fille du seigneur des Deux-Jumeaux.

1708.

Louise de Pierrepont, 22 ans, décédée le 15 juillet 1713. Elle fut inhumée dans l'église St-Jean de Caen, derrière le banc du trésor.

1709.

Élisabeth Rouillé, 32 ans, originaire d'Alençon, fille de père et mère morts protestants. Elle est renfermée, sur lettre de cachet, aux Nouvelles-Catholiques, comme soupçonnée de vouloir épouser un huguenot d'Alençon.

Catherine de Vaucouleurs, 17 ans.

Les états d'enfants à la pension du Roi sont beaucoup plus nombreux. Il en existe à partir de 1728 pour les garçons, et de 1734 pour les filles.

GARÇONS.

En 1728, la maison renfermait quatorze enfants, treize à la pension totale du Roi, qui était fixée à 150 livres par an, et un, nommé Blondel, dont la pension était payée, moitié par le Roi et moitié par ses parents.

De 1728 à 1742, quarante-deux entrées, dont les noms ne réveillent aucun souvenir. On y trouve cités des du Clos, du Buisson, de Saint-

Jean, Le Petit, Adeline, Bellamy, Cuminal, de Saint-Jore, Asselin, etc.

De 1747 à 1788, soixante-seize entrées, l'une de 40 ans, les autres dans les âges de 4 ans à 23 ans. On y rencontre les noms suivants :

1748.

Pierre Blondel, âgé de 18 ans.

1758.

Michel-Gabriel Le Cavelier, 5 ans, de Notre-Dame de Caen.

Pierre-François Dénis, 13 ans. — Il s'évade le 9 août 1759, dix-neuf mois après son arrivée, en compagnie d'un camarade de 12 ans, nommé Michel Blondel.

1759.

René-Daniel de Grangue, 7 ans.

1767.

Philippe Vanier, 10 ans. — Il s'évade quelques mois après son entrée.

1768.

Jean de La Londe, 20 ans. — Il s'évade, deux mois après son enlèvement, le 24 avril 1768.

1775.

Jacques La Ferté, 12 ans.

FILLES.

Il existait, en 1734, trente-cinq enfants à la pension du Roi.

De 1735 à 1742, 28 entrées aux noms de Seigneurie, Bazin, Adeline, Dagneaux, Blondel, de La Mancelière, Deliot, Menage, etc.

De 1743 à 1747, 19 entrées, aux noms de Despinaux-de-Courtaunay, Le Cavelier, Gautier, Denis, Angot, Donnet, Gastebled, Loisel et autres.

De 1747 à 1778, 114 entrées, parmi lesquelles nous trouvons les noms suivants :

1748.

Élisabeth-Françoise Fallet, 17 ans.
Anne Gautier, 18 ans.
Anne Boisne, 18 ans.

1750.

Marie-Jeanne Donnet, 16 ans.

1752.

Catherine Hérout, 14 ans.

1759.

Marie-Charlotte Daniel de Grangue, 5 ans.
Marie-Anne, sa sœur.

1762.

Jeanne et Marie L'Honoré, 20 et 19 ans. Nous retrouverons ces deux jeunes filles au chapitre XXVIII. Elles avaient pour prénoms : l'une, Jeanne-Catherine ; l'autre, Marie-Simonne.

1764.

Marie-Anne Haupois, 10 ans.

1771.

Françoise Donnet, 16 ans.

1772.

Anne Debleds, 32 ans.

Marguerite-Françoise Bourdon, 17 ans.
1773.
Marie-Françoise-Charlotte de Cyresme, 17 ans.
Marie-Jeanne Le Boiteux, 22 ans.
Marie-Jeanne Bourdon, 15 ans.
1775.
Marie Mecflet, d'Assiville, 11 ans.
1776.
Françoise-Louise Donnet, 21 ans.
1777.
Suzanne Boisne, 24 ans.
1778.
Marie-Catherine Deliot, 16 ans.

Les années 1780, 1781 et 1782 ne constatent aucune entrée. Les années suivantes en offrent : 1783, une; 1784, une ; 1785, aucune ; 1786, trois ; 1787, deux ; 1788, une, et 1789, aucune.

Ces états, qui renferment des omissions nombreuses et des inexactitudes, fournissent encore, à partir seulement de 1765, un assez curieux renseignement, c'est le nombre des abjurations obtenues. Si sur ce point ils sont exempts de lacunes, ce qui est plus que probable, on restera frappé du minime résultat obtenu au prix de tant de larmes versées dans les familles. En voici le tableau :

	Garçons.	Filles.
1765	0	0
1766	0	3
1767	0	0
1768	0	3
1769	0	2
1770	1	4
1771	1	2
1772	1	4
1773	0	5
1774	0	2
1775	1	5
1776	3	6
1777	1	3
1778	4	2
1779	0	0
1780	2	1
1781	2	0
	16	42
Total	58	

A partir de 1781 jusqu'en 1789 inclusivement, le zèle s'était probablement ralenti, car, encore bien que les colonnes d'abjuration soient maintenues sur les états, elles y restent vierges de toute annotation. Il en résulte que le nombre des abjurations obtenues en vingt-quatre années ne se serait élevé qu'à 58 !

La comptabilité des Nouveaux-Catholiques,

séparée jusqu'en 1730 de celle des Nouvelles-Catholiques, était arrêtée tous les ans. En voici les résultats pour les quatre années suivantes :

Années.	Recette.	Dépense.
1701	2,823 ₶	2,573 ₶
1710	2,632	2,529
1720	11,645	6,431
1730	4,500	3,986

En 1733, époque à laquelle Nouveaux et Nouvelles-Catholiques ne formaient plus qu'un seul établissement, la recette totale de l'année s'élevait à 10,550 ₶, composée :

Des pensions des Nouveaux-Catholiques. . . . . 2,758 ₶
Des pensions des Nouvelles-Catholiques 5,792
Du don du Roi pour la subsistance des enfants. 2,000
      Somme égale. . . 10,550 ₶

La dépense était arrêtée tous les semestres. Le tableau ci-après donne, pour l'un des semestres de chacune des années suivantes, le nombre par distinction de sexe des enfants existant dans la maison, et le montant, en chiffres ronds, de leurs dépenses pendant ce semestre :

ANNÉES.	NOMBRE D'ENFANTS.		DÉPENSES D'UN SEMESTRE.	
	Garçons.	Filles.	Garçons	Filles.
1733	19	38	1,425ᵗᵗ	2,850ᵗᵗ
1740	16	39	1,350	2,925
1745	30	44	2,250	3,226
1750	24	22	1,776	1,780
1755	5	19	225	1,304
1760	12	21	667	1,370
1765	6	13	425	875
1770	9	19	502	1,253
1775	18	26	1,335	1,831
1780	20	17	1,500	1,325
1785	15	10	1,080	770
1789	12	14	900	1,100

La dépense attirait l'attention du ministre d'État, qui se plaignait parfois de la fréquence des admissions. Cette préoccupation n'avait pas échappé à nos intendants; aussi, par humanité, omettaient-ils rarement dans leurs rapports sur les enlèvements projetés, de signaler, quand elle existait, la détresse des parents et la charge nouvelle qu'elle imposerait au Roi, ce qui a valu peut-être à plus d'une de ces iniquités de n'avoir pas été réalisée.

Le 18 mars 1747, Louis XV arrêta à Versailles un nouveau règlement pour les Nouvelles-Catholiques. On y énonça dans le préambule que la Normandie était une des provinces du royaume où l'esprit de l'erreur et l'éloignement de la religion catholique s'étaient maintenus avec le plus d'opiniâtreté, grâce aux facilités que les prédicants trouvaient pour s'y introduire et se répandre dans les campagnes; que le plus grand nombre des Protestants résidait dans la ville de Caen et dans les bourgs de Condé-sur-Noireau, d'Athis et de Tinchebray; et que les Nouvelles-Catholiques, établies dans les trois généralités de cette province, devaient être composées de filles distinguées par l'instruction et les talents, et autant que possible d'anciennes Réformées qui, revenues de leurs erreurs, seraient plus propres à anéantir chez d'autres les préjugés de l'éducation.

La maison établie à Caen avait pour supérieures ou dépositaires :

En 1728 et en 1740, la sœur de Malfilastre;

En 1729, la sœur Marie de Cyresme;

Et en 1731, la sœur de La Joubretière.

Elle était la seule qui reçût à la fois les garçons et les filles. Après l'abjuration et la première communion, ces dames étudiaient les aptitudes des garçons pour une profession quelconque, en informaient le ministre et passaient, sur ses ordres, les marchés d'apprentissage.

Anticipant sur les événements, nous dirons qu'en 1790 les Nouvelles-Catholiques subirent le sort commun des autres établissements ecclésiastiques. Elles cherchèrent vainement à y échapper. Une pétition qu'elles avaient adressée aux administrateurs du Directoire pour le district de Caen, le 13 octobre 1790, pour obtenir de ne pas être assimilées aux établissements religieux, renferme l'historique de leur origine. Elles ne faisaient point les vœux suspendus par l'Assemblée nationale. Exemptes de la clôture, elles restaient filles séculières, réunies en communauté, sous le nom de Sœurs de l'Union-Chrétienne. Elles devaient leur origine à une dame qui, devenue veuve, s'était retirée du monde pour se consacrer au soulagement de l'humanité. Quelques personnes s'étaient jointes à cette dame pour se livrer à l'éducation religieuse de jeunes filles, principalement d'orphelines et de nouvelles-catholiques, tant de la France que de l'étranger. Des prélats leur avaient demandé d'ouvrir de semblables maisons dans leurs diocèses, notamment à Caen, qui avait été une de leurs premières fondations. Établies dans cette ville, elles avaient reçu l'aide de nombreux auxiliaires et obtenu, par lettres-patentes, l'autorisation de s'engager par une règle. Elles ne possédaient ni fiefs, ni terres, et n'avaient que quelques rentes. Leurs dépenses étaient fort élevées. Elles recevaient chez elles les enfants protestants qui s'y rendaient de plein gré ou qu'on y amenait sur l'ordre du Roi ou par la volonté de leurs parents. Enfin, pour toute indemnité de nourriture, de logement, d'entretien et d'instruction, le Roi ne leur accordait, pour chaque enfant mis à sa pension, que 150 livres par an. Les sœurs, en terminant, demandaient au Directoire sa protection près de l'Assemblée nationale, à l'effet de continuer leur association et leurs travaux, et d'obtenir le paiement des pensions arriérées. A cette époque, elles avaient encore à la pension du Roi vingt-trois enfants, dont neuf garçons et quatorze filles.

La pétition n'eut aucun résultat.

Le 16 octobre, les papiers trouvés dans la communauté étaient placés sous les scellés.

Des commissaires en faisaient plus tard l'inventaire.

Et la maison rue Guilbert, vendue comme bien national, fut adjugée à un sieur Le Page, le 3 thermidor de l'an XIII. Une partie de cette maison appartient aujourd'hui à M. Auguste Liais et porte le n° 28 de la rue Guilbert.

CHAPITRE XXVI.

DÉSARMEMENT DES RÉFORMÉS.—PAIX DE RYSWICK. — ÉDITS CONTRE LES RELIGIONNAIRES. — CONFÉRENCES A CAEN.

1688-1700.

En 1685, l'entourage de Louis XIV lui avait assuré que l'hérésie était pour ainsi dire morte, et que les Réformés étaient rentrés dans le giron de l'Église romaine. Toute manifestation contraire aurait dérangé cette assertion mensongère; aussi le ministre, l'œil en éveil sur tout ce qui pouvait éclairer le Roi, réprimait-il avec une incroyable barbarie toutes les réunions qui venaient à sa connaissance. Prévenu par l'intendant Foucauld que des assemblées occultes étaient tenues en Poitou pour la célébration du culte, il lui prescrivait, le 1er mars 1688, de commander aux dragons, dans le cas où les Protestants seraient surpris, d'en tuer le plus qu'ils pourraient, même sans épargner les femmes, afin d'intimider les autres et de les empêcher de recommencer. Quant aux femmes arrêtées, disait le ministre, Sa Majesté « trouvera bon

« qu'on en condamne quelques-unes au fouet ;
« pour ce qui est des hommes, son intention est
« que tous soient condamnés aux galères (1). »

Au premier moment de la coalition formée par l'étranger contre la France, le Roi ne tarda pas à craindre, sous le nom de Nouveaux-Convertis, ceux que jadis, comme Réformés, il avait tenus pour ses sujets les plus fidèles. Il prescrivit d'en faire le dénombrement, et l'intendant de Caen, de Gourgues, écrivit à cette occasion, le 25 avril 1688, aux curés de sa généralité :

« Monsieur, vous ferez incessamment mé-
« moire contenant le nom, l'âge et qualité des
« personnes de votre paroisse faisant profession
« de la religion P. R. au temps de la révocation
« de l'édit de Nantes, conformément au formulé
« ci-après :

« N., âgé de . . .

« Son état avec le nom et le nombre de ses
« enfants et domestiques, s'il en a.

« A abjuré.

« N'a abjuré.

« N'a fait son devoir à Pâques.

« Fait des assemblées, va par les maisons ou
« prête la sienne.

« Est aux Nouveaux ou Nouvelles-Catho-
« liques.

« Est aux Jésuites.

(1) Mémoires de Foucauld, p. 539.

« Est à l'hôpital de...
« Ne paraît pas sincèrement converti.
« Agit mystérieusement dans sa conduite.
« Parle avec irrévérence de la religion catho-
« lique.
« Vous enverrez ce mémoire à M. votre
» Doyen, qui aura soin de l'envoyer au plus tôt
« à mon secrétaire, et en conserverez un
« double (1). »

Devant les dangers du pays, de zélés citoyens n'hésitèrent pas à proposer de revenir sur tout ce qui avait été fait depuis quelques années, de relever les temples, et de laisser à ceux qui n'avaient abjuré que par contrainte la faculté de suivre leur ancienne religion. Vauban développa ces idées et leurs conséquences dans un mémoire qu'il remit lui-même à Louvois. Il y déplorait la sortie du royaume de plus de 60 millions de livres ; l'émigration de 100,000 Français ; la ruine du commerce ; la perte de 600 officiers, de 12,000 soldats aguerris et de 9,000 excellents matelots enrôlés maintenant à l'étranger et augmentant, sur terre et sur mer, la force des adversaires de la France. Il y disait :

Que la contrainte des conversions avait inspiré une horreur générale et fait croire que les ecclésiastiques n'ajoutaient plus foi aux sa-

---

(1) Lange, t. I, p. 281.

crements, puisqu'ils se faisaient un jeu de les profaner;

Que si l'on voulait continuer, il fallait exterminer les prétendus nouveaux convertis comme rebelles, ou les bannir comme relaps, ou les enfermer comme furieux, moyens exécrables comme contraires à toutes les vertus chrétiennes, morales et civiles, et en outre dangereux pour la religion, parce que les sectes s'étaient toujours propagées par les persécutions;

Qu'après les massacres de la St-Barthélemy, le dénombrement des Huguenots avait démontré que leur nombre s'était accru de 110,000;

Enfin qu'il restait un seul parti plein de charité, utile, politique et convenable : celui de les contenter.

Il terminait par cet aphorisme judicieux :
« La prudence, qui sait à propos se rétracter
« et céder aux conjonctures, est une des parties
« principales de l'art de gouverner (1). »

La partie était trop engagée pour reculer; aussi, au lieu d'écouter ces sages conseils, recourut-on à de nouvelles rigueurs.

Un mandement du Roi, en date du 24 septembre 1688, obligea les Réformés convertis depuis moins de cinq ans à remettre, dans la quinzaine, aux magistrats de leur demeure,

---

(1) Lange, t. I, p. 92.

leurs armes offensives de toute nature, même la poudre, le plomb et les mèches, sous peine d'être envoyés aux galères sans autre forme de procès et sans délai. Les gentilshommes, par exception, purent conserver 2 épées, 2 fusils, 2 pistolets, 6 livres de poudre et 6 livres de plomb, à peine de 1,000 écus d'amende pour chaque nature d'armes en plus, et de 10,000 écus en cas d'excédant de poudre et de plomb.

A Caen, deux échevins, délégués à cet effet, Dauval et de Croisilles, reçurent les armes des paroisses de cette élection et en donnèrent récépissé. L'un tenait le registre, l'autre le contrôlait. L'opération, commencée en octobre 1688, fut terminée le 22 février suivant, date de la clôture du procès-verbal dressé par Dauval. Elle donna comme résultat : 114 fusils, 94 mousquetons, 2 carabines, 3 arquebuses à rouet, 36 pistolets, 309 épées de fer et de cuivre, 48 piques et demi-piques, 41 hallebardes, 1 pertuisane, 1 coutelas de Damas, 2 poignards et 1 sagaie, le tout déposé par 355 individus, dont 215 de la ville et 140 de la campagne.

Le procès-verbal, conservé dans les archives de la ville, indique, par noms et quantités, les déposants et les objets remis. Le nombre des déposants, qui n'y est porté qu'à 350, est subdivisé par paroisses :

Paroisse St-Pierre, 79 déposants, parmi lesquels on cite Pierre Massieu et Jean Du Mont, sieur du Rosel.

Paroisse St-Jean, 13, parmi lesquels Augustin Osmont.

Paroisse Notre-Dame, 33 : Pierre Osmont Courtisigny, Chastry, sieur de La Fosse.

Paroisse St-Étienne, 12.

Paroisse St-Sauveur, 9.

Paroisse St-Martin, 9 : Samuel Paisant, une épée de fer.

Paroisse St-Nicolas, 10 : François Perrotte, un fusil et une épée à garde d'acier.

Paroisse St-Ouen, 8.

Paroisse St-Michel de Vaucelles, 8.

Paroisse St-Julien, 32 : Jean Paisant, un fusil et une épée ; Nicolas Le Cavelier, également un fusil et une épée, et le sieur de Lion, cinq vieux mousquets.

En marge du dépôt de Jean Paisant est écrit : « Le 1er juillet 1699 rendu à son fils » et au-dessous : la signature *Guillaume Paisant*.

Paroisse St-Gilles, 3 : Philippe Le Cavelier et Pierre Le Cavelier.

Campagne de Mondeville, 1.

Périers-en-Bessin, 14.

Beuville, 21 : Jacques Beaujour, pour lui et pour son fils, deux mousquets, deux épées et une pique.

Biéville, 5.

Blainville, 2.

Cresserons, 21.

Plumetot, 6.
Mathieu, 5.
Lion-sur-Mer, 9.
Basly, 4.
Anguerny, 1.
Courseulles, 17.
Bernières-sur-Mer, 9.
Thaon, 3,
Colomby-sur-Thaon, 4.
Cairon, 1 : Michel Mesnil, un fusil et une épée.
Le Fresne, 10.
Et Lantheuil, 1 (1).

La guerre avec la Hollande devenait imminente. Une flotte considérable, sous les ordres du prince d'Orange, s'était approchée des côtes de la Normandie. Trois cents bourgeois de Caen, détachés de leurs compagnies pour marcher sous les ordres du Roi, furent passés en revue le 7 octobre 1688 par le maire de la ville, lieutenant-général du bailliage, et dirigés vers Bayeux. Le surplus des compagnies fut réuni le même jour devant les maisons de leurs capitaines, pour former un second détachement de 500 hommes, réclamé par Matignon ; et le commandant de La Croisette, arrivé au Château le soir même, fit réparer les portes de la ville et remettre leurs herses en bon état.

(1) Registre des délibérations de l'Hôtel-de-Ville.

Les bourgeois détachés, réunis à une partie de la noblesse, prirent en armes la direction de Cherbourg. En leur absence, et sans cause exactement connue, la population se trouva saisie d'une de ces paniques fréquentes en temps de crise, et d'après laquelle le prince d'Orange, arrivé aux portes de la ville, et les Protestants d'accord avec lui, allaient mettre tout à feu et à sang. Les villages voisins accoururent en ville, apportant avec eux ce qu'ils avaient de plus précieux. L'émotion s'en accrut. On ne parlait de rien moins que d'un massacre général de tous les Réformés. Des rixes particulières commencèrent; plusieurs y périrent; et, sans l'arrivée du gouverneur de La Croisette, qui se mit à la tête de la garnison, une seconde édition de la St-Barthélemy eût pu devenir, en ville, la conséquence de cet affolement général (1).

La guerre, déclarée à la Hollande en novembre 1688, s'étendit, quelques mois plus tard, à l'Espagne, à l'Angleterre et à l'Écosse. L'intendant Foucauld raconte qu'en arrivant à Caen, au mois de mars 1689, il trouva la population fort peu disposée à prendre les armes, même parfaitement décidée, pour s'en dispenser, à mettre en œuvre tout ce que la plus « fine chicane » pourrait inventer (2).

(1) Mancel, octobre 1688. *Mémoires de la Société des Antiquaires de Normandie*, t. XIV, p. 386.
(2) Foucauld, *Introduction*, cxxiii.

Le nouvel intendant avait fait en Poitou ses preuves contre les Réformés. Il ne se montra pas animé de meilleurs sentiments envers ceux de notre pays. A peine arrivé à Caen, il leur défendit, le 12 mars 1689, de tenir aucune assemblée, et, apprenant au même moment que ceux d'Athis et de Condé-sur-Noireau, qui étaient au nombre de plus de 3,000 sur une étendue de cinq à six lieues, se réunissaient au Désert, par 3 et 400, pour y célébrer leur culte, il provoqua l'envoi d'une compagnie de dragons et fit arrêter trois personnes accusées d'y avoir prêché.

Les Réformés n'avaient pas à se disculper seulement de leurs propres actes ; ils avaient encore à se défendre parfois de ceux qui leur étaient attribués. Un gentilhomme de Bayeux, nommé de Bellefontaine, manqua d'en être victime. Des faussaires avaient adressé, sous son nom, à la femme d'un orfèvre de Caen, nommé Jue, une lettre engageant celle-ci à prendre courage, parce que sous peu le prince d'Orange vengerait les Religionnaires des tyrannies qu'on leur faisait subir. La lettre, transmise par un nommé Montagny à l'archevêque de Paris, fut renvoyée à Foucauld par le Conseil d'État avec ordre d'instruire. L'accusation mettait en jeu la vie et les biens de Bellefontaine qui, fort heureusement, parvint à se disculper. Il établit la fausseté de cet écrit qui avait été fabriqué par des époux Taire. Ces derniers, traduits au Présidial de Coutances, y furent condamnés au mois de septembre 1689 (1).

Malgré les pénalités rigoureuses dont elles étaient frappées, les émigrations allaient croissant de jour en jour. En Normandie, la mer était la voie généralement adoptée, malgré les dangers qu'elle présentait et qui s'aggravaient trop souvent de la mauvaise foi des gens présidant au passage. Les émigrants, chargés de ce qu'ils avaient de plus précieux, éveillaient facilement la cupidité; plusieurs y perdirent la vie.

Le 3 février 1689, le Présidial de Caen condamnait à la roue un nommé Reigle, convaincu d'avoir passé des Religionnaires à Jersey et à Guernesey, et d'en avoir volé un après l'avoir étranglé (2).

Le 13 mars 1697, le Présidial condamnait au même supplice un maître de bateau, nommé Goupil, et son matelot, Tilloc, convaincus de s'être livrés à l'émigration de Réformés passant en Angleterre, et d'en avoir fait périr plusieurs, parmi lesquels se trouvait un bourgeois de Caen. Ces misérables conduisaient leur bateau entre les deux îles de St-Marcouf, dans un endroit où la mer, se retirant, laissait le sable à sec. Ils faisaient descendre, sous un

---

(1) Foucauld, p. 249.
(2) Mancel, p. 395.

motif spécieux, les passagers à fond de cale, fermaient l'écoutille, pratiquaient une ouverture au bateau et s'éloignaient, laissant la haute-mer, dont le niveau dépassait le dessus du pont, remplir son office (1).

Un édit de décembre 1689 confisqua tous les biens des fugitifs et les transmit à leurs héritiers, avec entrée en jouissance à compter du décès de l'émigré, le Roi se réservant jusque-là l'emploi et la distribution du revenu de ces biens, dont l'administration restait confiée aux enfants de l'émigré, et, à leur défaut, à des gens désignés par le juge.

La veuve d'un gentilhomme de Caen nommé Brasney, fervente protestante, avait deux enfants, un fils et une fille. Foucauld les lui enleva en 1690. Il fit entrer le fils aux mousquetaires et renferma la fille, d'abord aux Nouvelles-Catholiques de Caen, et ensuite, la trouvant trop rapprochée de sa mère, aux Nouvelles-Catholiques de Paris, où elle fit son abjuration. De retour chez sa mère, cette jeune fille donna lieu de suspecter la sincérité de la foi qui lui avait été imposée, et fut l'objet d'un nouvel enlèvement. Des archers envoyés par Foucauld, après avoir inutilement fouillé toute la maison, allaient se retirer lorsqu'ils parvinrent à la découvrir entre deux matelas, où elle s'était tenue cachée, et la ra-

---

(1) Mancel, p. 411. — Foucauld, p. 320.

menèrent aux Nouvelles-Catholiques de Caen. Le frère quitta plus tard les mousquetaires, moins converti que jamais et mieux affermi au contraire dans les opinions religieuses de son enfance (1).

Le 18 décembre 1691, Foucauld jugeait au Présidial Richard Onfroy, ses deux filles et d'autres inculpés, dont tout le crime consistait à s'être réunis à Fresnes, près Tinchebray, dans la maison d'Onfroy, pour y célébrer le culte en grand secret. Il condamna Onfroy à mort, et ses deux filles à servir les pauvres dans un hôpital. Un plus ample informé fut prononcé contre tous les autres. La condamnation pouvait avoir pour excuse l'atroce législation que le juge était tenu d'appliquer; mais, ce qu'il est regrettable d'avoir à signaler ici, c'est l'insistance mise par l'intendant à s'opposer à la commutation. Les galères n'en furent pas moins substituées à la peine de mort; et le malheureux Onfroy, qui y fut envoyé, ne se trouva pas en état d'y servir (2).

Dans une autre circonstance, Foucauld ne se montra pas moins impitoyable. Le jour de Noël 1690, une quinzaine de Religionnaires, réunis chez un nommé Trianon, avaient chanté des psaumes et écouté la lecture d'un sermon. Trianon et quatre femmes furent saisis et jugés au Présidial. Foucauld les condamna tous à mort.

(1) Mancel, p. 395. — Faucauld, p 271.
(2) Foucauld, p. 279. — Mancel, p. 398.

D'après son opinion, dût le Roi faire grâce aux autres, Trianon méritait d'être pendu : il avait prêté sa maison ; il avait entonné les psaumes ; il avait lu lui-même le sermon ! La peine fut néanmoins commuée, moins par humanité, on a le regret de le dire, que par nécessité, les galères manquant alors de bras. Trianon y fut mis à perpétuité ; c'était l'équivalent d'une peine de mort à bref délai. Les quatre femmes furent rasées et enfermées au couvent de la Charité (1).

Le Gouvernement reçut l'avis, en 1692, que les Anglais et les Hollandais réunis allaient tenter une descente sur les côtes de la Normandie. Le maréchal de Bellefonds, en le transmettant à Foucauld, appela son attention sur les Réformés, qu'on accusait de connivence avec eux. L'inculpation pouvait s'étayer tout au plus de la communauté de religion et de la situation intolérable qui leur était faite en France. Elle n'était rien moins que justifiée. Mais elle suffit pour indisposer l'opinion publique ; et, après la perte de la flotte française incendiée à La Hougue le 31 mai 1692, la population crut pouvoir s'en prendre aux Réformés, comme s'ils eussent été la cause indirecte de ce désastre. La position devenait inquiétante, et des menaces on aurait passé facilement aux dernières extrémités, si

(1) Mancel, p. 396. — Foucauld, p. 270.

Foucauld, alors à La Hougue, n'était revenu précipitamment à Caen et n'avait commandé au gouverneur du château, aux échevins et aux juges de contenir les Catholiques et de punir sévèrement les auteurs de tous troubles. Il manda près de lui les principaux d'entre les Religionnaires, qui composaient encore, dit-on, le vingtième de la population, et s'efforça de les rassurer en leur promettant la protection du Roi tant qu'ils se conduiraient en bons et fidèles serviteurs (1).

Foucauld raconte qu'à partir de ce moment, les nouveaux convertis montrèrent de la mauvaise volonté, et par leurs discours, et par leurs actions ; et qu'il reçut du ministre de Pontchartrain, le 7 juin 1692, l'ordre de les observer, de châtier ceux qui s'écarteraient du devoir, mais, autant que possible, d'intimider plutôt que de sévir (2).

L'année suivante, l'un des notables Réformés des environs de Caen, seigneur de Bougy, maître de camp de la cornette blanche, s'évada du royaume. Il avait, comme beaucoup d'autres, signé le formulaire de l'abjuration pour se soustraire à la persécution ; mais il feignit une maladie, se fit ordonner les eaux d'Aix-la-Chapelle, obtint un passeport et en profita pour se réfugier en Hollande. Sa terre de

(1) Foucauld, p. 293. — Mancel, p. 407.
(2)   Id.   ibid.

Bougy fut immédiatement saisie sur l'ordre de Foucauld (1).

Pendant la guerre, surtout dans les dernières années, les Réformés avaient joui relativement de quelque relâche. Mais, à la paix de Ryswick conclue avec la coalition européenne, les mesures de rigueur recommencèrent. Le premier soin du Roi fut de confirmer, par édit du 13 décembre 1698, la révocation de l'édit de Nantes. Le nouvel édit, abandonnant la fiction qui réputait tout Réformé converti et le traitait comme relaps en cas d'exercices, reconnut enfin que tous les sujets du Roi n'étaient pas encore revenus de leurs erreurs et se contenta, au lieu de les y contraindre, de les exhorter à assister révérencieusement à la messe et à observer les commandements de l'Église; mais il prescrivit :

Aux parents, de faire baptiser les enfants à l'église paroissiale dans les vingt-quatre heures de leur naissance, de les envoyer aux écoles jusqu'à quatorze ans, et de les présenter aux curés chaque fois que ceux-ci voudraient se rendre compte de leur instruction religieuse;

Aux médecins, apothicaires et chirurgiens, à peine d'amende et d'interdiction en cas de récidive, de prévenir les curés chaque fois qu'une maladie leur paraîtrait dangereuse ;

---

(1) Foucauld, p. 298. — Mancel, p. 408

Aux conseils de famille, de ne choisir pour tuteurs que des personnes remplissant exactement les devoirs de la religion catholique;

Aux paroisses, d'ouvrir des écoles pour apprendre aux enfants le catéchisme et les prières, les conduire à la messe les jours ouvriers, et les faire assister aux offices divins les dimanches et les jours de fêtes;

Et aux personnes sollicitant des charges de judicature, le titre de licencié et de docteur en droit ou en médecine, ou voulant exercer les professions de notaire, procureur, greffier, huissier, de justifier d'un certificat de catholicité émané du curé ou du vicaire de leur paroisse.

L'édit fut accompagné d'une instruction particulière recommandant aux évêques une certaine tolérance envers les Réformés. On y lisait : « Si, à cette manière d'instruire, les curés et « autres ecclésiastiques joignent une conduite « pleine de douceur et de charité envers les « nouveaux convertis; si, loin de se rendre « leurs délateurs, ils prennent le parti d'intercéder et de demander grâce pour eux dans « les occasions, s'ils les aident dans leurs besoins et s'ils s'appliquent à attirer leur con« fiance et à gagner leurs cœurs, ils auront « sans doute la consolation d'en faire avec le « temps de bons catholiques. »

La persécution n'ayant pas réussi, on faisait appel à la bienveillance; et un autre édit, rendu dans le même esprit, le 29 du même mois, offrit aux fugitifs de rentrer en France et d'y reprendre leurs biens, à la condition d'abjurer dans les six mois. A défaut d'abjuration, les biens devaient rester définitivement à ceux qui en avaient été mis en possession provisoire.

Cette dernière partie de l'édit fut critiquée par Foucauld, qui transmettait ses idées, au ministre d'État, le 24 avril 1699. A son avis, ces successions anticipées seraient préjudiciables à la Religion, les bénéficiaires, quoique astreints à professer le catholicisme, étant restés au fond du cœur, la plupart du temps, aussi calvinistes que ceux qui étaient partis. C'était un tort de n'en faire aucune enquête. Il aurait fallu exiger des certificats de catholicité délivrés par le curé et certifiés par l'évêque, et conserver provisoirement les biens sous sequestre, pour n'en faire l'abandon que plus tard, et seulement à ceux dont la sincérité aurait été démontrée d'une manière indiscutable.

L'édit du 13 décembre donna aux nouveaux Réformés la crainte d'être forcés, désormais, de fréquenter les églises et de participer aux sacrements. Il détermina de nombreuses émigrations. Un mercier de Caen, saisi de panique, vendit sa boutique, ses meubles et son lit pour passer à l'étranger; Foucauld le fit jeter en prison. Les émigrations ayant atteint rapidement des proportions inquiétantes, de nouvelles mesures furent prises pour y faire obstacle ; et une déclaration du 11 février 1699 fit défense aux Réformés de quitter leur résidence ordinaire, même pour en prendre une autre, sans en avoir obtenu une permission écrite traçant la marche à suivre, et d'autoriser, sous peine d'en répondre, la sortie de leurs enfants avant l'âge de dix-huit ans.

Les prétendus convertis de Caen refusaient constamment d'envoyer leurs enfants aux catéchismes catholiques, et ne tenaient aucun compte des injonctions faites et réitérées (1). L'édit du 13 décembre, en prescrivant de nouveau cette mesure, n'eut d'autre effet que de les affermir encore dans leur résolution ; et, au mois d'avril 1699, ils en firent à Foucauld la déclaration formelle. Celui-ci y répondit par l'arrestation de l'un d'eux, qu'il fit mettre en prison, et par l'enlèvement de plusieurs enfants, qu'il enferma aux Nouvelles-Catholiques, rigueurs qui furent généralement désapprouvées par les autorités de la ville. A Caen, d'après le témoignage même de Foucauld, les officiers de justice mettaient peu d'empressement à accueillir les plaintes des curés. Le procureur du Roi, Ruel, peu sévère avec les nouveaux convertis, souffrait leurs mariages sans ministère de prêtres, et fermait les yeux

(1) Foucauld, p. 331.

sur quelques-unes de leurs assemblées, même quand elles lui avaient été signalées à l'avance. Aussi, Foucauld, élevé à une autre école, dénonça-t-il ce magistrat, en demandant qu'il fût traduit au parlement de Rouen, ou que du moins on le contraignît à vendre sa charge. C'est à ce dernier parti qu'on s'arrêta (1).

L'édit du 13 décembre avait frappé d'amendes les parents ou tuteurs qui n'enverraient pas les enfants aux écoles et aux catéchismes. Une déclaration du 16 octobre 1700 en rendit quelques-unes exécutoires par provision et nonobstant appel.

En 1700, sur l'ordre du contrôleur général Chamillard, l'inspecteur des manufactures fit dresser l'état des manufacturiers, fabricants et ouvriers protestants qui existaient dans le pays. On y inscrivit, pour notre généralité :

A Caen, cinquante-neuf noms, parmi lesquels Jean Perrotte, qualifié de *garçon très-obstiné à demeurer dans la religion prétendue réformée.*

A Périers-en-Bessin, un seul.

A Beuville, deux.

Puis vient, sur l'état, cette mention :

« Tous les Religionnaires ci-dessus sont
« presque tous fabricants et maîtres peigneurs,
« tous très-obstinés dans leur religion, ne vou-
« lant point se soumettre à aller aux instruc-
« tions, ni y envoyer leurs enfants, suivant ce

(1) Foucauld, p. 331.

« qui a été rapporté par MM. les Curés, que
« l'inspecteur a eu soin de voir. Il est à croire
« qu'ils font entre eux des prières particulières,
« mais si secrètement que l'on ne les peut sur-
« prendre. Il paraît beaucoup de liaison et d'ac-
« cord entre eux..... et sont persuadés que toutes
« les perquisitions que l'on fait n'est que par un
« esprit de curiosité de savoir ce qu'il y en a
« en France. Il est constant qu'il est très-petit
« dans les manufactures, à proportion du grand
« nombre de fabricants qu'il y a dans cette
« généralité. »

A St-Lo, seize, dont Pierre Dieu de Bellefontaine, avec cette annotation : « Le plus obstiné
« Religionnaire qu'il y ait dans le royaume,
« l'ayant marqué publiquement et dans le par-
« ticulier, qui empêche de changer même ceux
« qui en auraient l'intention. »

A Condé-sur-Noireau, quatre.

A Fresnes, dix.

A Montsecret, dix.

A Tinchebray, un.

Avec cette mention : « Condé, Fresne, Mont-
« secret et Tinchebray sont dans un pays de
« bois et de montagnes, ce qui peut beaucoup
« favoriser les assemblées des Religionnaires
« pour faire leurs prières. Mais, soit qu'ils les
« fassent nuitamment, ou qu'ils prennent bien
« leurs mesures, on ne peut les surprendre. Ce
« qui est certain, c'est qu'ils sont très-obstinés

« et paraissent ne rien appréhender, parce que,
« disent-ils, on les a plusieurs fois recherchés
« sans que cela ait eu de suites. A peine ont-
« ils voulu croire que (l'ordre) qui a été donné
« à l'inspecteur des manufactures par Monsei-
« gneur de Chamillard fût véritable. »

C'est à l'année 1700 que se rapporte une tentative assez curieuse, faite par Foucauld pour hâter la conversion des Religionnaires de la ville. Voyant les mesures violentes n'obtenir aucun résultat, l'idée lui vint d'ouvrir des conférences publiques où les Réformés pourraient exposer leurs objections religieuses et recevoir la solution de leurs doutes. Il s'en entendit avec l'évêque de Bayeux qui désigna, pour y présider, un ecclésiastique, nommé Grandcolas; et il les inaugura en personne, dans l'église St-Jean de Caen, au commencement du mois de décembre. Dans son discours d'ouverture, il se plaignit du peu de ferveur des nouveaux convertis qu'il dépeignait comme protestants de fait avec interdiction de tout culte extérieur, et catholiques seulement de nom; sinon comme plus rebelles et plus endurcis que par le passé, du moins comme plus indolents sur la religion, et indolents à un point tel qu'on pouvait demander s'ils étaient encore chrétiens. Il les prévint que cette situation les constituait à l'état de relaps; que tout espoir leur était fermé du côté des puissances étrangères, et qu'ils auraient, sous peine de désobéir au Roi, à se rendre, le jeudi et le dimanche de chaque semaine, aux conférences où Grandcolas leur expliquerait les passages encore douteux pour eux et résoudrait leurs difficultés.

Il paraît que ces difficultés, de jour en jour plus épineuses, finirent par lasser la patience de l'ecclésiastique ; et, comme la multitude faisait cause commune avec les Réformés et accueillait leurs objections de ses applaudissements, on jugea opportun d'y mettre un terme. Foucauld reprit la parole le 6 janvier 1701. Il déclara aux Réformés que leurs difficultés n'étaient pas soulevées par le désir de chercher la vérité;

Que leurs cœurs étaient moins attachés aux principes de la Réforme qu'acharnés contre le Catholicisme;

Qu'à la vérité, les préjugés de naissance et les principes sucés avec le lait étaient difficiles à surmonter, mais que leur persévérance volontaire rendait leurs véritables motifs suspects;

Que l'esprit de discorde et de ténèbres avait transformé ces instructions en disputes subtiles;

Qu'ils n'avaient cherché que les acclamations d'une multitude qui avait souvent applaudi ce qu'elle n'entendait pas et ne pouvait entendre.

Il termina en ces termes : « Comme ces « conférences sont faites pour vous instruire « et non pour exercer des esprits présomptueux, « il a été jugé à propos de vous expliquer doré-

« navant l'évangile et la doctrine de l'Église,
« sans vous laisser la liberté de professer publi-
« quement vos erreurs et d'en triompher à la
« face des autels..... Ainsi, ce temple ne servira
« dans la suite que pour vous y annoncer la
« parole de Dieu. Vous viendrez l'entendre avec
« respect et silence. Vous irez ensuite proposer
« vos doutes, en particulier, à celui dont vous
« avez souvent abusé de la patience, et dont vous
« n'épuiserez jamais la charité (1). »

De cette manière, le public ne fut plus initié aux difficultés soulevées et qui étaient parfois embarrassantes; et les conférences, après avoir duré deux mois, prirent fin sans les résultats qu'en avait attendus leur auteur.

(1) Mancel, p. 414.—Foucauld. p. 337.

CHAPITRE XXVII.

AGGRAVATION DES ÉDITS. — PERSÉCUTIONS. — MORT DE LOUIS XIV. — SITUATION DES RÉFORMÉS PENDANT LA PREMIÈRE MOITIÉ DU XVIIIe SIÈCLE.

1700-1750.

Les médecins, chirurgiens et apothicaires tenus, quand ils jugeaient la maladie d'un Réformé dangereuse, d'en prévenir les curés, ne s'y prêtaient qu'avec une négligence calculée et un mauvais vouloir évident. Une déclaration du 8 mars 1712 vint les y contraindre. Elle leur enjoignit d'engager le malade, dès la seconde visite, à se confesser, ou de lui en faire donner l'avis par sa famille; de prévenir immédiatement, quand l'avis ne serait pas suivi, le curé ou le vicaire, et d'en retirer certificat à peine de 300 livres d'amende pour la première fois, d'interdiction de trois mois pour la seconde et d'interdiction perpétuelle avec radiation du tableau pour la troisième; enfin, de suspendre toute visite tant que ce certificat n'aurait pas été retiré, à moins qu'il n'apparût, d'un autre certificat, signé également du curé ou du vicaire, soit que le malade se fût confessé, soit qu'il eût été préparé à recevoir les sacrements.

L'appel fait à l'homme de l'art conduisait donc fatalement à l'annonce brutale donnée au malade de la gravité de son état et, en outre, à l'intervention du prêtre, c'est-à-dire à un acte religieux réprouvé par la foi du moribond, ou à un refus formel de sa part ayant pour conséquences : les galères à perpétuité s'il recouvrait la santé, la claie et la voirie s'il venait à succomber et, dans les deux cas, une confiscation générale réduisant la famille à la détresse la plus absolue. Aussi, les Réformés, pour échapper à cette atroce législation, dissimulaient-ils avec soin leurs moindres maladies. Dumanoir et Drieu, qui régissaient les revenus des Religionnaires fugitifs ou relaps pour les années 1710 et suivantes, s'en plaignaient en ces termes dans l'un de leurs états que nous ont conservé les archives de la Préfecture du Calvados :

« L'on n'a pu mettre en régie les biens des
« relaps par deux raisons. La première, par
« la difficulté de trouver les actes d'abjuration
« desdits Religionnaires ; la seconde, parce que
« le Parlement de cette province n'a jamais
« voulu entendre à faire le procès auxdits Reli-
« gionnaires. Il faut joindre à cela que les
« Religionnaires prennent tant de soin de cacher
« leurs maladies que ni les curés, ni même les

« voisins n'en peuvent apprendre autre chose « que le décès qui en est la première nou- « velle. »

D'autres agents avaient sans doute signalé la difficulté relative aux actes d'abjuration, car une déclaration du 8 mars 1715 y remédia d'une manière radicale. Elle exposa, dans son préambule, qu'il était souvent difficile de rapporter la preuve d'une abjuration sans laquelle la confiscation et les peines accessoires ne pouvaient atteindre les moribonds ou leurs héritiers ; mais que le séjour fait dans le royaume depuis la révocation de l'édit de Nantes était la preuve plus que suffisante que le moribond avait embrassé la religion romaine, sans quoi il n'y aurait été ni souffert ni toléré ; et elle ordonna, par son dispositif, que tout Réformé ayant refusé les sacrements dans sa maladie, ou déclaré vouloir mourir dans la religion prétendue réformée, qu'*il eût ou non abjuré*, ou que les actes n'en pussent être rapportés, serait réputé relaps et condamné aux peines portées par la déclaration du 29 avril 1686.

Quelle abominable législation ! Par quelle amère dérision pouvait-on présenter, comme libres d'abandonner le royaume ou d'y rester à leur choix, des malheureux que l'on y retenait de force et que l'on frappait impitoyablement des galères à perpétuité et de la confiscation quand ils étaient surpris voulant en sortir !

La paix d'Utreck, conclue en 1713, avait stipulé, entre les hautes parties contractantes, la liberté des communications internationales pour le commerce. Les Réformés conçurent l'idée que ce traité avait implicitement annulé les interdictions antérieures et leur avait rendu la liberté de leurs mouvements ; mais leur joie fut de courte durée. Une ordonnance du 18 septembre 1713 renouvela les anciennes défenses. Il fut interdit de nouveau aux prétendus convertis, à leurs femmes et à leurs enfants, de sortir du pays ; et les réfugiés, même naturalisés à l'étranger, leurs femmes et leurs enfants nés avant ou depuis l'émigration, eurent défense de rentrer en France.

Louis XIV, mourant le 1er septembre 1715, recommanda par son testament à son successeur d'accomplir l'œuvre entreprise contre la Réforme et de maintenir les lois faites à ce sujet. François de Nesmond qui, pendant sa longue existence à la tête du diocèse de Bayeux, s'était signalé par un zèle outré contre la Réforme et par l'absence de toute modération dans les mesures employées, le précéda de quelques mois dans la tombe. Ce prélat avait poursuivi, bien avant la révocation de l'édit de Nantes, la démolition de tant de temples et en avait fait condamner un si grand nombre que l'édit, en 1685, avait trouvé, pour ainsi dire, table rase dans le pays (1).

La régie des biens des Religionnaires réfugiés ou relaps constituait, à l'origine, une administration importante dirigée par l'État directement et confiée, par arrêt du Conseil rendu le 20 juillet 1700, à un conseiller secrétaire du Roi, nommé Boucher, qui déléguait ses pouvoirs par généralités. Elle était représentée dans celle de Caen : en 1705, par Jean-Baptiste de La Forterie ; en 1709, par Gilles Le Chanoine du Manoir, et, en 1716, par Nicolas Drieu. Les biens ainsi régis dans notre généralité produisaient annuellement : en 1707, 7,230 livres ; en 1708, 7,315 livres ; en 1710, 7,875 livres ; en 1711, 6,190 livres ; en 1712, 6,134 livres ; et, en 1716, 3,495 livres.

Une instruction de 1717, donnée pour l'exécution d'un arrêt du Conseil d'État du 6 septembre de la même année, contenait l'énumération suivante des personnes dont les préposés devaient mettre les biens en régie :

1° Ceux qui ont fait des assemblées ou exercices de la R. P. R. depuis la révocation de l'édit de Nantes ;

2° Ceux qui, jouissant des biens des fugitifs depuis l'édit de décembre 1689 jusqu'au 13 septembre 1699, ne s'acquittent pas de leurs de-

(1) Lange, t. I, p. 316.

voirs de religion, ou envoient le revenu de ces biens à l'étranger ;

3° Ceux qui sont sortis du royaume par permission du Roi et n'y ont pas laissé d'enfants, ainsi que les ministres sortis par suite d'injonction ;

4° Ceux qui en sont sortis depuis la déclaration du 13 septembre 1699 ou qui en sortiront à l'avenir au préjudice des défenses renouvelées par l'ordonnance du 18 septembre 1713 ;

5° Ceux qui se sont fait envoyer en possession des biens des Religionnaires sortis depuis la déclaration du 13 septembre 1699, en vertu de laquelle le bénéfice des confiscations devait être réservé au Roi ;

6° Ceux qui ont aidé à l'évasion des fugitifs, l'ont favorisée ou y ont contribué ;

7° Ceux qui ont envoyé leurs enfants à l'étranger pour y être élevés dans la religion protestante et ne les ont pas fait revenir en exécution de la déclaration du 11 février 1699 ;

8° Enfin ceux qui, malgré les déclarations du 29 avril 1686 et du 8 mars 1715, ont refusé dans leurs maladies de recevoir les sacrements (1).

La régie fut plus tard convertie en ferme et eut pour premier concessionnaire, Pierre du Chesne, qui se fit représenter, dans la géné-

---

(1) Archives de la Préfecture du Calvados.

ralité de Caen, par Jean Chesnefront. Tant qu'elle était restée aux mains de l'État, elle avait conservé une certaine mesure ; mais il en fut tout autrement quand un bénéficiaire particulier put, sous les grands mots *d'intérêt de la vraie religion*, travailler en réalité à l'accroissement de ses bénéfices. A peine en possession, le fermier général présenta requête au lieutenant général criminel du bailliage de Caen, Jean-Léonor Le Gardeur de Croisilles, exposant :

Que les déclarations du Roi obligeaient les juges à se transporter chez les Religionnaires en danger de mort, pour s'assurer de la religion dans laquelle ils voulaient mourir ; et les médecins, apothicaires et chirurgiens, à prévenir les curés, sous peine d'amende, et d'interdiction en cas de récidive ;

Que, par abus ou négligence, les uns et les autres ne faisaient aucun état des dispositions de Sa Majesté, et que l'on affectait de tenir secrets les maladies et les décès ;

Que de pareilles négligences intéressaient *uniquement la vraie religion*, pour le soutien de laquelle le feu Roi avait imposé, outre des peines corporelles, la confiscation des biens contre tous ceux qui mourraient dans la religion prétendue réformée, qu'ils l'eussent ou non abjurée ;

Et il conclut en requérant le lieutenant général d'enjoindre aux gens de l'art médical d'exécuter ponctuellement la déclaration à l'égard de tous

Réformés ayant ou non abjuré, et aux curés de dénoncer aux juges ceux qui voudraient mourir dans leur erreur.

La requête fut suivie d'une ordonnance conforme rendue en la chambre criminelle du bailliage, le 16 mars 1718 ; et, sans perdre un seul instant, le fermier général la fit placarder, le jour même, dans les rues et les carrefours de la ville (1).

Le fermier général avait pour préposés en 1716 et 1717 : à Caen, René-Paulin du Boulay ; et, à Bayeux, Gilles Le Chanoine du Manoir.

A partir de la fin du XVII° siècle, il n'est plus fait mention de dragonnades dans nos contrées. Mais les autres modes de persécution : la condamnation aux galères pour les hommes, la mise au couvent pour les femmes, la confiscation des biens, la voirie, et principalement l'enlèvement des enfants y étaient restés en vigueur. Les archives du département en renferment de trop nombreux exemples. En voici quelques-uns.

Samuel Le Sueur, sieur de Colleville, petit-fils par sa mère de Samuel Bochart, avait été forcé par l'ordre du Roi de se défaire, en 1683, de sa charge de conseiller au Parlement de Normandie (2). Noté comme Religionnaire opiniâtre,

---

(1) Mancel, p. 386.
(2) Page 404.

il fut enfermé, à la révocation de l'édit de Nantes, d'abord au château de Caen, puis au Val-Richer ; ensuite, le 18 mai 1690, à la Bastille, où il resta plus de deux ans et demi ; et, enfin, à l'abbaye de St-Martin-des-Champs, en décembre 1692. Il avait été remis en liberté depuis quelque temps déjà, lorsqu'en 1702, l'intendant Foucauld lui enleva ses deux filles et les fit mettre au couvent des Ursulines de Caen. Toutes deux escaladèrent les murs et s'évadèrent. Le père, arrêté, fut de nouveau renfermé au château de Caen, pour n'en sortir qu'après avoir révélé le lieu de leur retraite. Mais sa fermeté ne se démentit pas. Rien ne put vaincre son silence ; et ses persécuteurs, lassés de n'en pouvoir rien obtenir, finirent par le laisser en repos (1).

Marguerite Le Cloutur, veuve Le Duc de Bernières, avait deux fils que l'intendant de Caen lui enleva et fit placer aux Nouveaux-Catholiques de cette ville. Tous deux étant tombés malades en 1728, leur mère demanda à les reprendre chez elle, en offrant de les confier à un ecclésiastique qui resterait chargé de leur éducation. L'intendant consulté par le ministre répondit, le 27 février 1728, que la bonne foi de cette dame lui était suspecte à cause des préjugés qui faisaient la règle de ses sentiments et

---

(1) Foucauld, p. 354. — Floquet, t. VI, p. 169. — Mancel, p. 420.

de sa conduite ; que la maison des Nouvelles-Catholiques, destinée aux filles, se soutenait assez bien ; mais qu'il n'en était pas de même de celle des garçons, qui ne ressemblait plus à ce qu'elle avait été autrefois et ne convenait guère aux enfants d'un certain état et d'une condition distinguée de la bourgeoisie ; que, Mme de Bernières ne pouvant payer deux pensions au collége de La Flèche, le parti le plus convenable était d'accepter son offre, mais en l'obligeant à remettre ses deux fils à un avocat de Caen, nommé Desmarais-Dudouet, ancien catholique connu, qui les élèverait avec les deux siens sous la direction d'un précepteur. C'était, rappelait l'intendant, le moyen dont on s'était déjà servi à l'égard de la famille de Pierrepont, dont une fille, retirée des Nouvelles-Catholiques, avait était confiée à Mme d'Audrieu, sa tante, bonne catholique ; et on en avait été satisfait.

Les deux fils de Bernières entrèrent donc chez l'avocat Desmarais ; et leur mère plaça près d'eux, sous le titre de précepteur, un simple domestique dont elle eut plus tard à se plaindre, et qu'elle renvoya. Celui-ci s'en vengea en dénonçant sa maîtresse à l'intendant, près duquel cette dame dut se défendre et établir la fausseté de l'accusation. Repoussé, le domestique renouvela sa dénonciation ; mais il s'adressa cette fois au cardinal Fleury ; et l'intendant reçut du ministère l'ordre d'instruire de nouveau, d'obliger Mme de Bernières à faire rentrer, chez l'avocat, ses fils qui l'avaient momentanément quitté, et de réprimander ce dernier pour n'avoir pas su résister aux sollicitations de cette dame.

L'aîné des fils demanda plus tard l'autorisation de quitter Dudouet et d'entrer, comme pensionnaire, à l'Académie de La Guérinière établie à Caen, pour y faire ses exercices. Le garde des sceaux, Chauvelin, en prévint l'intendant le 21 janvier 1729, et le chargea de s'assurer si ce désir n'avait pas pour cause l'éloignement de Mme de Bernières pour une maison trop disposée à inspirer des principes religieux qui lui étaient antipathiques. L'autorisation ne fut pas accordée. Huit mois après, ce jeune homme, alors âgé de quinze ans, s'évadait de la maison Dudouet et se réfugiait à Paris. Le 7 septembre, l'avocat en donnait avis à l'intendant ; et, le 7, celui-ci le transmettait au garde des sceaux. Le dossier ne contient pas d'autres pièces.

Indépendamment de ces deux fils, Mme de Bernières avait un troisième enfant, une jeune fille, qui lui fut également enlevée, et que l'on renferma aux Nouvelles-Catholiques. Cette jeune fille y étant tombée malade, la mère obtint de la reprendre, mais à condition de la confier, pendant tout le temps de sa sortie, à une dame de Corday, née Mannoury, reconnue comme bonne et ancienne catholique. Le délai étant sur le point d'expirer, Mme de Corday écrivit, d'Argentan où elle se trouvait, à l'intendant de Caen, le 3 décembre 1730, que la malade était dans un tel état de faiblesse qu'il y aurait danger à la transporter, et le supplia de la lui laisser pendant deux mois encore, parce qu'en cas de refus, il y aurait nécessité, Argentan ne possédant pas de brancard, d'en faire construire un, la malade ne pouvant supporter d'autre mode de locomotion. La lettre était accompagnée du certificat d'un médecin nommé Goupil. Onze jours après, Mme de Corday réitérait ses instances en faisant remarquer que la distance qui séparait la jeune fille de sa mère faisait obstacle à toute suspicion; et le 28 du même mois, elle prévenait l'intendant que des amis puissants lui offraient d'obtenir du garde des sceaux l'autorisation de conserver définitivement la jeune fille chez elle, mais qu'elle ne voulait rien faire sans avoir obtenu son agrément.

Mlle de Bernières dut rentrer aux Nouvelles-Catholiques et y resta encore trois ans et demi. Sa mère n'obtint de la reprendre qu'en 1733, sur lettre de cachet, en date, à Marly, du 16 janvier; mais on lui imposa, comme condition, de l'envoyer exactement au service divin et de la remettre aux Nouvelles-Catholiques, pendant quinze jours, à chacune des quatre grandes fêtes de l'année.

Si les enlèvements dans chaque famille offraient autant de complications, une bureaucratie nombreuse devait y être exclusivement employée.

Une dénonciation fut adressée, en 1728, à l'intendant de Caen, de Vastan, contre une famille Dieu de Bellefontaine, composée d'un père et de quatre enfants, dont trois filles et un garçon. La fille aînée, arrachée à sa famille, avait été élevée aux Nouvelles-Catholiques et en était sortie à dix-huit ans, sur l'ordre de l'intendant, après y avoir fait son abjuration. Le dénonciateur prévenait que cette jeune fille, alors âgée de vingt ans, s'était absentée de Caen pendant six mois; qu'elle y était revenue, mais toute pervertie; que la plus grande charité que l'on pût faire était de la remettre aux Nouvelles-Catholiques, et que ses sœurs et son frère en avaient aussi le même besoin. Il avait grand soin d'ajouter que, le père étant veuf et remarié, le bien laissé par la mère suffirait, et au-delà, pour subvenir aux besoins des enfants; qu'ainsi le Roi n'aurait rien à payer; et que l'exemple de cette fille, pervertie par ses parents et renfermée de nouveau, produirait le meilleur effet.

Six mois s'étant écoulés sans que l'intendant s'en fût occupé, le dénonciateur revint à la charge. On lui répondit que sa pétition avait été égarée; et il écrivit alors au premier secrétaire, nommé Lasalle :

« Monsieur,

« J'ai l'honneur de vous écrire, comme vous
« l'avez souhaité de moi, pour vous faire res-
« souvenir d'une requête qui vous a été envoyée
« au sujet d'une jeune fille huguenote de notre
« ville, qui s'appelle de Bellefontaine. Il y a
« plus de six mois que cette requête vous a été
« envoyée de M....., qui atteste la chose énoncée
« véritable. Je vous supplie, Monsieur, de vous
« donner la peine de la chercher comme vous
« me l'avez promis, et aussi d'avoir la bonté de
« présenter à M. l'Intendant cette requête, et
« vous supplie aussi qu'elle ne soit pas oubliée,
« et pour cela je prie M..... de vous en faire
« souvenir. Le Seigneur aura soin de vous tenir
« bonne récompense de travailler à gagner des
« âmes qui lui ont coûté sa vie; et je l'ai prié
« de tout mon cœur de vous conserver en bonne
« santé. »

L'intendant se contenta d'écrire au haut de la lettre : *Chercher la requête.* C'est tout ce qui est resté de l'affaire.

Le 14 septembre 1728, c'est au garde des sceaux directement que le dénonciateur s'adresse. Il demande au ministre de faire mettre aux Nouvelles-Catholiques une fille de sept ans, prévenue de grâces particulières pour le catholicisme, mais victime de la haine que son père et sa mère portent à la Religion. Il indique que

le père, possédant 1,500 livres de rentes, paiera bien la pension, et il continue en ces termes :
« Si Votre Grandeur était informée du mal que
« cette maison fait à notre religion, vous arrête-
« riez leur hardiesse et leur insolence. Les do-
« mestiques se trouvent pervertis chez eux. Ils
« ont retiré et élevé chez eux une de leurs cou-
« sines, fille de M. Loisel, marchand de Caen,
« qu'ils ont élevée et instruite dans leur mau-
« vaise religion. Elle est à présent âgée de vingt
« ans et est pernicieuse. »

La pétition est renvoyée à l'intendant. L'instruction établit que l'enfant n'était âgée que de cinq ans et que son père l'avait confiée à une de ses parentes catholiques. Un certificat de médecin vint attester que le grand air était indispensable à sa santé, et le rapport conçu en ce sens fit avorter cette œuvre d'iniquité.

Le fanatisme n'était pas toujours le seul mobile des dénonciations. Il s'y mêlait aussi parfois de vils sentiments. Nous en trouvons deux exemples en 1729 et en 1731.

Un Réformé était décédé le 28 décembre 1728, laissant deux filles mineures « nées, dit le « dénonciateur, à l'ombre d'un mariage. » La veuve sommée de livrer ses enfants s'y refuse, les fait évader, et est jetée en prison. Alors intervient le propre frère du défunt, par conséquent l'oncle paternel des deux jeunes filles, pour demander au garde des sceaux d'être mis en possession des biens de la succession. Il énonce, dans une requête présentée le 14 avril 1729, qu'il professe la religion catholique après abjuration faite en 1686 ; qu'il s'est adressé au juge pour être autorisé à disposer des biens de son frère et assurer les titres de la succession ; mais que ce magistrat a voulu entendre la veuve dans sa défense, et qu'il en résultera des procès et des lenteurs. Il continue en ces termes : « Le « suppliant est hors d'état de pourvoir aux frais « dans lesquels il serait entraîné, n'ayant qu'un « médiocre bien qui peut à peine suffire pour « sa subsistance et celle de sa famille. Il a re- « cours à votre autorité supérieure, protectrice « de la religion, pour lui être pourvu, ou sur « la voie qu'il doit tenir en cette occasion, ou « sur un envoi en possession de la succession « de son frère, sur laquelle il a néanmoins « porté ses vues, moins pour dépouiller les « mineures, que pour satisfaire aux devoirs « qu'exigent de lui sa religion et sa proximité. »

La veuve parvint à recouvrer sa liberté ; mais on emprisonna à sa place deux parents paternels, Desmarets, orfèvre à Bayeux, et Le Fauconnier, marchand à Caen, que l'on supposait devoir connaître le lieu de retraite des enfants ; et la régie s'empara des biens du défunt. La levée du séquestre ne put être obtenue que le 7 mars 1732, époque à laquelle les deux jeunes filles, que l'on croyait retirées en Angleterre, furent représentées, à l'intendant de Caen, par Louis Cornet, seigneur d'Écrammeville, et Esther Graindorge, femme de Daniel du Mont, sieur de Rosel, qui attestèrent, à ce fonctionnaire, qu'elles n'avaient pas quitté le pays.

Un autre misérable, non encore converti, mais qui avait, disait-il, l'intention de faire une abjuration prochaine, s'adresse au cardinal Fleury, en juin 1731, pour faire enlever à la fois et conduire aux Nouvelles-Catholiques sa propre femme âgée de vingt-six à vingt-sept ans, la sœur de sa femme âgée de vingt ans, toutes deux protestantes, et en outre une nièce, âgée de dix-huit ans, que la mère de celle-ci et un oncle paternel élevaient dans les principes de la Réforme. L'enquête, faite à Caen, fournit, sur le compte de cet individu, les renseignements les plus déplorables; mais l'intendant n'en émit pas moins l'avis qu'il y avait lieu de mettre au couvent la nièce âgée de dix-huit ans, et d'enlever deux autres enfants de la même famille pour les placer, soit chez des parents catholiques, soit à l'hôpital. Cet avis ne fut suivi qu'en partie. La nièce, arrachée des bras de sa mère le 4 novembre 1731, fut seule mise au couvent. Elle y resta dix-huit mois et n'en sortit qu'après avoir abjuré et s'être en outre engagée, par écrit, à ne demeurer, ni avec sa mère, ni avec son oncle, ni avec aucune autre personne suspecte des erreurs de la religion prétendue réformée, engagement dont le curé de la paroisse fut chargé de surveiller l'exécution.

En 1734, une demoiselle Osmont, mise sans ordre préalable aux Nouvelles-Catholiques de Caen, y fut retenue. Le père la réclama. Le ministre Chauvelin la lui fit rendre, mais en l'obligeant de la confier aux mains d'une dame d'Escajeul. Quelques mois plus tard, le ministre, averti que cette dame ne mettait pas la jeune fille à l'abri des insinuations de ses parents et du danger qu'ils la fissent passer à l'étranger, donna l'ordre de l'enlever de nouveau et de la renfermer au couvent des Bénédictines de Bayeux. Elle y était encore le 6 août 1743, date à laquelle le délégué de l'intendant de Caen émettait l'avis qu'on pouvait la renvoyer chez ses parents, pour y recevoir une éducation convenable à son âge, mais en l'obligeant à rapporter, tous les six mois, un certificat de catholicité émané du curé ou du vicaire de sa paroisse.

L'enfant rendu à sa famille, après un séjour plus ou moins prolongé dans les couvents et une abjuration plus ou moins sincère, ne restait pas libre de ses mouvements. Une inquisition des plus pénibles continuait de peser sur lui. Surveillé dans son observance des prescriptions romaines, il était souvent astreint à fournir, soit annuellement, soit à des époques plus rapprochées, des certificats de catholicité émanés du curé ou du vicaire ; et, pour peu que sa conduite devînt suspecte, il ne tardait pas à être de nouveau enlevé et renfermé. Un des dossiers de la Préfecture donne la preuve de la minutie qui présidait à cette surveillance.

Un zélé Protestant de Caen, nommé du Mesnil-Morin, qui possédait une maison de campagne à Vieux-Fumé, avait deux filles qu'on lui enleva et qui furent renfermées, d'abord aux Nouvelles-Catholiques d'Alençon, et ensuite aux Nouvelles-Catholiques de Caen. L'ordre de transfert, donné à Compiégne par le comte de Muy, le 26 juillet 1739, leur avait interdit toutes sorties et toutes communications secrètes avec leurs parents. En 1748, ces deux demoiselles étaient rentrées dans leur famille, mais avec l'obligation de fournir périodiquement des certificats de catholicité. Dans l'un de ces certificats, délivré à Vieux-Fumé, le 10 juillet de cette année, le curé, en attestant que ces demoiselles avaient satisfait à leurs devoirs de religion catholique, apostolique et romaine, avait ajouté qu'elles avaient résidé toute l'année sur sa paroisse, sauf le temps de Pâques, où elles s'étaient rendues à Caen. Cette exception éveilla l'attention du ministre de Saint-Florentin, qui, sans tarder, car sa dépêche à l'intendant de Caen est datée du 16 juillet, rejeta le certificat comme insuffisant et enjoignit à du Mesnil-Morin de produire un certificat supplémentaire, émané du curé de sa paroisse de Caen et s'appliquant au temps pendant lequel il n'avait pas été à sa campagne. « Vous aurez, s'il vous « plaît, agréable, dit le ministre en terminant, « que, s'il ne satisfait pas pour cette année et « plus régulièrement à l'avenir, on s'assurera « d'une autre manière de la religion de ses « filles. »

Quand les parents, à l'aide de démarches et d'influences puissantes, obtenaient, dans de rares occasions, que leurs enfants leur fussent rendus, c'était toujours à la condition de les élever dans la religion romaine; et l'on avait soin d'entourer cet engagement de garanties suffisantes pour en assurer l'exécution. Une lettre de cachet, du 21 avril 1743, en fournit un exemple :

« De par le Roi,

« Il est permis au sieur de Verrières, demeu-
« rant en la ville de Caen, de retirer de la
« maison des demoiselles de Boishibou les deux
« demoiselles de Verrières, ses filles, qui y
« sont actuellement, en vertu des ordres de
« S. M., du 16 février 1740, qu'Elle a révoqués,
« et de les élever chez lui, à condition de leur
« donner une gouvernante, née de parents an-
« ciens catholiques et faisant elle-même profes-
« sion de ladite religion catholique ; de les
« envoyer régulièrement aux messes, au service
« divin et aux instructions dans l'église de leur

« paroisse ; et de faire certifier, tous les six mois,
« au sieur Amelot, secrétaire d'État, par le curé
« de ladite paroisse, la pleine et entière exécution
« desdites conditions, et la catholicité desdites
« demoiselles de Verrières, dont ledit sieur de
« Verrières donnera sa soumission par écrit au
« sieur Intendant de la généralité de Caen, le
« tout à peine de désobéissance. Enjoint S. M.
« audit sieur Intendant de tenir la main à l'exé-
« cution du présent ordre. Fait à Versailles, le 21
« avril 1743.   « LOUIS.
                                    « AMELOT. »

Ces sortes d'engagements, on le comprend aisément, n'étaient pas toujours scrupuleusement exécutés. Certains parents, après avoir ainsi recouvré l'enfant, le sauvaient, par la fuite, de la perte de sa foi, et abandonnaient eux-mêmes famille et biens pour le suivre à l'étranger. Parmi les nombreux exemples que l'on en pourrait citer, on en trouve un qui remonte à l'année 1740. Suzanne Paisant, enlevée à son père et à sa mère, leur avait été rendue sur la promesse de l'élever sans contrainte dans la religion romaine. La mère étant venue à mourir, le père fit passer sa fille en Angleterre, sous prétexte d'y visiter ses parents, et n'hésita pas, pour la suivre peu de temps après, à abandonner la France sans esprit de retour et à y laisser tous ses biens, dont la régie des fugitifs se mit immédiatement en possession.

Malgré l'expérience tant de fois faite de l'inutilité des enlèvements au-delà d'un certain âge, on en rencontre de fréquents exemples concernant des jeunes gens de dix-huit ans et même encore plus âgés. Le ministre Amelot s'y montrait peu favorable. On lit, dans une de ses dépêches adressée à l'intendant de Caen, le 22 février 1743, à l'occasion de l'enlèvement projeté de deux enfants de la ville : « M. l'Évêque de
« Bayeux propose de mettre dans la maison des
« Nouvelles-Catholiques la demoiselle Marie-
« Anne du Mesnil, et son frère dans la maison
« des Nouveaux-Catholiques. Vous aurez, s'il
« vous plaît, agréable de vous assurer de leur
« âge, de la qualité de leur esprit et de la force
« de leurs préjugés, ayant été souvent éprouvé
« qu'au delà de l'âge de douze ans pour les filles
« et de quatorze ans pour les garçons, il y a
« plus d'inconvénients pour la religion de mettre
« des jeunes gens dans les communautés. Ils y
« persistent dans leur croyance, et leur opi-
« niâtreté est prise, par les autres, pour une
« constance, et proposée par les pères de famille
« pour modèle à leurs enfants. »

La même réserve se révèle encore à l'occasion d'une dénonciation faite au ministre de Saint-Florentin, en 1745, et qui concernait une demoiselle Marthe du Chemin, âgée de vingt-quatre ans. Le dénonciateur, dont les œuvres ont laissé de trop nombreuses traces dans nos archives départementales, avait écrit que la jeune fille, d'abord instruite dans la religion catholique, en avait suivi les observances ; mais que, retombée aux mains de ses parents, elle avait « pris pour le moins des sentiments d'indiffé- « rence pour tout ce qu'on appelle religion, parce « qu'à vrai dire lesdits parents, qui n'étaient « catholiques que par la force des édits, n'avaient « plus rien, ni de leur ancienne croyance qu'ils « avaient abjurée, ni de celle qu'ils faisaient « semblant de professer » ; et que, les parents étant morts et la fille entourée d'une famille en entier protestante, il était urgent de la reconduire à la maison de la Propagation de la Foi pour y être raffermie et y continuer ses exercices. L'instruction, faite à Caen sur le renvoi du ministre, établit que la mère de cette demoiselle, malgré son abjuration, était réellement morte dans le protestantisme; et la demande d'enlèvement fut rejetée. On donna pour motifs à la décision, que Marthe, à vingt-quatre ans, devait être affermie dans la religion qu'elle professait, sans qu'on pût présumer qu'elle voulût en changer ; et qu'on acceptait rarement, dans les couvents, des enfants au-delà de quatorze ans pour les garçons et de douze ans pour les filles, parce qu'au-dessus de cet âge il était difficile, sans des grâces particulières, de surmonter la force des préjugés.

Le 26 juillet 1747, Catherine Bénard, fille

d'un fermier de Cintheaux, fut enlevée et conduite aux Nouvelles-Catholiques de Caen. Le 3 septembre, le ministre de Saint-Florentin chargea l'intendant de Caen d'instruire sur la situation du père et sur ses moyens d'acquitter la pension de sa fille, que l'on avait fixée à 200 livres. L'enquête établit que cet homme, âgé de soixante-dix ans, ne possédait que 250 livres de rentes, qu'il était chargé d'une femme et de cinq enfants, et qu'il se trouvait même en retard avec son propriétaire. Des certificats joints à l'enquête prouvaient l'exactitude de ces faits et l'impossibilité, pour le malheureux père, d'acquitter la pension mise à sa charge. Tout échoua. Le ministre écrivit à l'intendant, le 8 septembre 1749 : « On ne peut attribuer qu'à une opposi-
« tion bien opiniâtre à ce qui regarde la religion
« catholique, la persévérance avec laquelle le
« nommé Bénard..... demande à être affranchi
« de la pension de sa fille; » et ordre fut donné d'exiger la pension, que l'on réduisit à 150 livres.

Les guerres avec l'étranger apportaient constamment aux Protestants quelque relâche dans l'exécution des mesures édictées contre eux. Leur patriotisme était ainsi mis à une rude épreuve, car la fin des hostilités ouvrait ordinairement pour eux l'ère d'un redoublement de persécutions.

Après la paix de 1748, conclue avec l'Angleterre, on entrevit une recrudescence dans l'enlèvement des enfants. De nombreuses émigrations s'en suivirent, surtout à Caen, où des familles entières, de toutes les classes de la population, sortirent du pays. Jacques Beaujour, chef de l'une d'elles, se réfugia à Jersey, accompagné de tous les siens, avec beaux-frères, belles-sœurs, neveux et nièces. Toute cette famille rentrait en France l'année suivante, à l'exception d'une nièce de Jacques, nommée Marie-Jeanne Beaujour, qui était décédée dans l'île en 1749.

Le premier soin des parents, à l'avis d'un enlèvement projeté, était de faire disparaître l'enfant. Le ministre s'en plaignait à l'intendant de Caen, le 31 juillet 1748, à l'occasion d'un frère des demoiselles du Mesnil-Morin, placé à Caen chez une femme Lépine, connue, disait le ministre, pour être investie de la confiance des Religionnaires tant de la ville que des campagnes, et dont on avait perdu la trace la veille même du jour où il devait être arrêté ; d'un nommé Pierre Fallet, qui avait soustrait celle de ses filles que l'ordre du Roi prescrivait d'enlever, et d'un autre Religionnaire nommé Lecointe, « sur lequel la vigilance aurait dû « s'étendre davantage, parce qu'il s'est déjà « rendu coupable, dans une autre occasion, de « l'évasion de ses enfants », et qui n'avait précisément gardé chez lui que ceux qu'il n'y avait pas ordre de lui prendre. « Ces incidents,

« continue le ministre, me font de la peine,
« parce que, le Roi voulant être obéi, ils con-
« duisent à la nécessité de faire arrêter les pères
« des enfants qui seront disparus. Vous man-
« derez donc, s'il vous plaît, les nommés
« Lecointe et Fallet à votre audience pour leur
« enjoindre, de la part du Roi, de représenter
« leurs enfants..... »

L'année suivante, le ministre de Saint-Florentin insistait encore sur les précautions à prendre afin d'éviter de semblables mécomptes. « J'ai une longue expérience, écrivait-il, le 7
« janvier 1749, à La Breffe, intendant de Caen,
« de la prévention des Religionnaires, et qu'ils
« portent leur entêtement au point de tenter
« toutes sortes de voies pour priver leurs en-
« fants de l'éducation dans les maisons des
« Nouvelles-Catholiques. Il n'y a de remède à
« cet obstacle qu'un grand secret qui laisse
« ignorer les ordres du Roi à tout autre qu'à
« vous, M^r, personnellement, à l'évêque diocé-
« sain et, en son absence, à son grand vicaire.
« Ainsi, vous aurez agréable de vous con-
« certer avec M. l'abbé Hugon, grand vicaire
« de M. l'Évêque de Bayeux, pour l'exécution
« des ordres ci-joints et de ceux que je vous
« envoierai dans la suite dans cette matière.
« Vous choisirez un officier fidèle pour exécuter
« les ordres ; la surveillance empêchera qu'il ne
« s'écarte de ses devoirs, ou servirait à le

« faire punir s'il les oubliait. Ce sont là les
« intentions du Roi. »

Une lettre de cachet, du même jour 7 janvier, ordonna d'enlever un des enfants d'une famille protestante de Caen, Jean-Nicolas-Guillaume Paisant-Duclos, fils de Guillaume-François Paisant-Duclos, et de Marguerite Paisant, âgé d'après cette lettre de onze ans, de douze en réalité, et de le conduire aux Nouvelles-Catholiques de la ville. On craignait sans doute l'influence des parents sur l'enfant, car la lettre de cachet, signée Louis et contresignée Philippeaux, prescrivait de garder l'enfant « *sans
« le laisser parler, écrire ou avoir autrement
« relation avec ses père et mère ou autres parents,*
« qui ne font pas leur devoir de la religion
« catholique, si ce n'est en présence du su-
« périeur de ladite maison. »

Quelques années plus tard, un rapport des Nouvelles-Catholiques annonça que Nicolas Guillaume avait abjuré, qu'il manifestait du goût pour le commerce du père, que les 6 ou 700 livres exigées pour l'apprentissage étaient trop élevées pour supposer qu'on les accordât, et que l'enfant se bornait à demander à rentrer dans sa famille. « Il est suffisamment instruit,
« disait ce rapport, et dans la résolution de se
« bien soutenir. Mais, comme son père est pro-
« testant et qu'il a déjà fait passer plusieurs de
« ses enfants en pays étranger, il sera bon de

« l'engager à le représenter toutes fois et
« quantes, et de charger M. Briand, curé de
« Notre-Dame de Caen, de veiller à ce qu'il
« fasse son devoir de catholique. »

Un ordre du Roi, arrivé à Caen en mars 1754, autorisa la sortie du fils aux conditions qui viennent d'être indiquées ; mais le père refusa de les subir. Alors s'engagea, entre le ministre d'État, l'intendant, la supérieure des Nouvelles-Catholiques et autres, une longue correspondance qui conduisit à l'acquiescement du père. Guillaume François consentit à reprendre son fils ; mais il dut se conformer à un nouvel ordre du Roi, daté du 13 décembre 1754 et renfermant le passage suivant : « Enjoint Sa
« Majesté audit G. Paisant de représenter ledit
« N.-G. Paisant, son fils, toutes fois et quantes
« il en sera requis ; de le faire connaître sans
« aucun délai au s^r curé de sa paroisse ; de
« l'envoyer régulièrement aux offices et in-
« structions de ladite paroisse, et de faire
« certifier, tous les six mois, sa catholicité au
« s^r comte de Saint-Florentin, ministre secré-
« taire d'État, par ledit s^r curé de sa paroisse,
« le tout à peine de désobéissance. »

Les Religionnaires, en promettant d'abjurer, obtenaient quelquefois la levée du séquestre mis sur leurs biens. Dans d'autres circonstances, ces biens étaient abandonnés aux parents, réputés catholiques, du propriétaire dépouillé. Mais

on comprend que les conversions obtenues à ce prix ne pouvaient guère être sincères. Le ministre d'État de Saint-Florentin s'en plaignait à l'intendant de Caen, le 15 janvier 1749. « Le
« Roi, disait le ministre, est informé : que
« nombre de parents de Religionnaires, réfrac-
« taires à ses ordres, se sont rendus indignes de
« la grâce qu'il leur a faite en leur accordant la
« mainlevée ou le don des biens de ces Reli-
« gionnaires ;

« Qu'ils ont discontinué tout exercice de la
« religion catholique, mais encore qu'ils ont
« publiquement apostasié et ont assisté aux as-
« semblées ;

« Et qu'ils ont manqué à la condition imposée
« de vivre exactement dans la religion catho-
« lique, apostolique et romaine ; c'est pourquoi
« le Roi a décidé de remettre ses biens sous sa
« main. »

En conséquence, l'intendant recevait l'ordre d'indiquer les parents réfractaires, de reprendre les biens dont ils avaient été gratifiés et de les remettre en régie.

La dernière affaire à signaler, au milieu de beaucoup d'autres se rapportant à la première moitié du XVIII° siècle, est celle d'un nommé Noël, qui se présente entourée de circonstances d'inhumanité toutes particulières. Auguste Noël, né à Caen, tailleur comme son père, et n'ayant, ainsi que lui, d'autres moyens d'existence que sa profession, s'était rendu à Jersey avec une jeune fille réformée de Caen, sa voisine, et l'y avait épousée. Quelques années plus tard, les deux époux rentrent en France avec deux enfants issus de leur union. Ils sont immédiatement dénoncés. Le comte de Saint-Florentin donne, le 27 septembre 1749, l'ordre d'informer, en termes probablement pressants, car, malgré la lenteur traditionnelle pour ces sortes d'affaires, en cinq jours l'intendant de Caen fait l'enquête et la transmet au ministre. Les faits sont constants, et le curé a échoué dans ses efforts pour ramener Noël à d'autres sentiments. Cependant l'intendant ne charge pas ce malheureux. Il insinue même, par humanité, que le père a de la peine à gagner sa vie; que la position du fils est plus que précaire, et qu'il y aurait nécessité, si l'on enfermait les deux époux, de les mettre l'un et l'autre à la pension du Roi, père et fils étant hors d'état de contribuer à la dépense. Cette considération n'arrête pas le ministre, et, le 28 octobre, arrive l'ordre de mettre Augustin Noël, pour crime d'apostasie, au pain du Roi dans les prisons du bailliage; « sa prétendue femme, » à l'hôpital général, où le Roi ne juge pas à propos de payer sa pension, parce que cette femme est de Caen, et que les villes doivent supporter les charges de leurs hospices; et les deux enfants, également sans pension du Roi par le même motif, à l'hôpital des Petits-Renfermés de Caen. Le ministre devait attacher une certaine importance à la prompte exécution de ces mesures inhumaines, car au bas de l'ordre, qui n'est revêtu que de sa signature, se trouve placée une addition écrite de sa propre main, et qui est ainsi conçue : « Vous me donnerez « avis, M^r, de l'exécution aussitôt qu'elle sera « faite. » Le 2 novembre, Noël est emprisonné ; sa femme, enfermée à l'hôpital général ; l'aîné des enfants, âgé de vingt mois, jeté à l'hôpital des Petits-Renfermés ; l'autre, âgé de onze mois, alors en nourrice aux environs de Caen, ramené en ville et remis, aux frais de l'hôpital, aux mains d'une autre nourrice ; et l'avis, transmis au ministre dès le surlendemain, le prévient que Mme Noël, enceinte de huit mois, est sur le point d'accoucher, et que la supérieure de l'hôpital propose de la placer, en attendant, chez une accoucheuse qui se chargera de la garder et de la représenter.

Le 6 novembre, l'intendant adressait au ministre l'écrou du geôlier et les récépissés des hôpitaux ; et celui-ci donnait, le surlendemain, son approbation à tout ce qui avait été fait !

CHAPITRE XXVIII.

ÉVÉNEMENTS DE LA SECONDE MOITIÉ DU XVIIIe SIÈCLE JUSQU'EN 1787.

1750-1787.

La position des Réformés, vers le milieu du XVIIIe siècle, n'était pas devenue plus tolérable que par le passé. Courbés sous de monstrueux édits, ces malheureux avaient défense de quitter le royaume à peine des galères à perpétuité et de la perte de tous leurs biens ; et là, privés de ministres, de culte et d'état civil, écartés des fonctions publiques et des charges, réputés légalement catholiques et frappés comme relaps en cas d'exercices, ils n'osaient, d'après le dire d'un contemporain, prier Dieu qu'au coin de leur feu, les portes closes et dans le plus grand secret. Tenus en dehors de la vie civile, religieuse et politique du pays, leur existence se consumait dans des transes continuelles, en butte aux vexations de toute nature ; et l'on peut s'étonner à bon droit qu'en 1789, après tant d'afflictions et de misères, ils se soient trouvés plus nombreux encore qu'ils ne l'étaient à la révocation de l'Édit de Nantes.

Les enlèvements d'enfants continuaient de faire la terreur des familles. Nous pouvons dire, en limitant nos investigations à la ville de Caen et à ses environs, qu'il n'existe peut-être pas un seul d'entre nous qui n'en ait été directement ou indirectement victime (1). Quel long martyrologe on pourrait faire avec ces douleurs qui ont duré près d'un siècle ! A une époque de tolérance comme la nôtre, maintenant que la liberté de conscience a pris place dans la plupart des constitutions politiques, il est utile de remettre quelquefois ces tristes souvenirs en mémoire, non certes pour ranimer des haines aujourd'hui fort heureusement éteintes, mais pour n'en pas perdre l'enseignement, et afin de rappeler à la juste appréciation du temps où ils ont eu le bonheur de naître, tant de gens qui exaltent volontiers, au préjudice du présent qu'ils méconnaissent, un passé qu'ils n'ont ni vu, ni étudié.

A Caen et dans les environs, le genre de persécution dont les Religionnaires avaient le plus à souffrir était l'enlèvement de leurs enfants. Les archives de la Préfecture ne sont que trop riches en documents de cette nature.

En 1753, un bourgeois, nommé Jean du

(1) Voir les intéressants et tristes détails donnés par M. Wadhington dans son ouvrage : *Le Protestantisme en Normandie*, publié en 1862.

Tilloy, est mis en prison pour avoir fait passer ses deux enfants en Angleterre, et est condamné à y rester jusqu'à leur retour. Il y était encore en 1758. Tombé gravement malade, il obtient d'en sortir sur le certificat d'un médecin constatant que sa vie était compromise ; mais il fournit caution solvable d'y rentrer à l'expiration du délai.

En 1754, une zélée dénonciatrice signale, au ministre de Saint-Florentin, une famille de deux frères, Jacques et Louis La Ferté. Elle indique leurs moyens d'existence, et demande qu'on leur enlève quatre enfants pour les mettre aux Nouvelles-Catholiques. L'intendant de Caen, de Fontette, consulté par le ministre, répond, le 29 septembre, que sur les quatre enfants de Jacques, un seul est d'âge à entrer aux Nouvelles-Catholiques ; que, des trois enfants de Louis, un seul a atteint l'âge requis, et ajoute qu'un enlèvement chargerait le Roi de la totalité des pensions. Le ministre ne s'arrête pas devant cette considération ; il donne l'ordre de passer outre ; et c'est à cette occasion que l'intendant lui adresse, le 16 janvier 1785, la lettre suivante :

« J'ai fait usage des précautions que vous
« m'avez indiquées par la lettre dont vous
« m'avez honoré le 4 de ce mois, pour éviter
« aux Protestants ou au domaine du Roi les
« frais de conduite de leurs enfants dans les

« maisons des Nouveaux ou Nouvelles-Catho-
« liques. J'ai chargé mon subdélégué à Vire
« d'en faire l'épreuve à l'occasion des enfants
« des nommés La Ferté....., en faisant venir par
« devant lui les pères de ces enfants et en leur
« proposant de les conduire eux-mêmes aux
« Nouveaux-Catholiques de Caen, suivant l'ordre
« du Roi, qu'il leur présenta. Mais leur refus
« ayant été constant, quelques remontrances
« qu'il pût leur faire, il envoya sur le champ à
« leur domicile, et comme je le lui avais pres-
« crit, des cavaliers de maréchaussée pour faire
« usage de la deuxième expédition des ordres
« du Roi et enlever les enfants. Mais non-seu-
« lement les enfants avaient disparu, mais les
« pères aimèrent mieux accepter le parti de la
« prison, où les cavaliers avaient ordre de les
« conduire, que de les représenter. J'attendrai
« vos ordres sur la durée de leur détention.

« Vous jugerez de là, Monsieur, qu'il n'y a
« pas lieu de compter que les Protestants se
« prêtent à aucune facilité pour l'éducation de
« leurs enfants. J'avais cependant pensé que les
« nommés La Ferté, qui sont de simples pay-
« sans, se seraient plutôt rendus, étant plus
« susceptibles de crainte et moins en état que
« d'autres d'élever leurs enfants, ce qui m'avait
« déterminé à les prendre de préférence pour
« asseoir mon sentiment sur le succès du projet
« que vous aviez en vue et sur lequel vous

« m'aviez fait l'honneur de me consulter par
« votre lettre. »

Cette affaire suggère certaines réflexions sur la tolérance, surtout à partir de cette époque, de nos intendants à l'égard des Religionnaires. Les dénonciateurs pullulaient dans nos contrées, et ne se faisaient pas faute, en provoquant l'enlèvement des enfants, de porter le deuil dans les familles. Mais il est consolant, en parcourant nos archives départementales, d'y trouver à chaque instant la preuve de la répugnance mise par l'Autorité provinciale à favoriser ces manœuvres, et du soin qu'elle apportait, la plupart du temps, à en prévenir ou à en atténuer les conséquences. Le dénonciateur était assez souvent un individu de bas étage. Circonstance à l'honneur de l'intendant, c'était rarement à lui qu'il s'adressait. La requête était directement envoyée au secrétaire d'État ; l'intendant n'en avait connaissance que par l'ordre d'informer, émané du ministère, et il est curieux de suivre, dans les dossiers, la marche qu'il imprimait alors à l'affaire. D'abord, la plainte restait assez longtemps dans les cartons. Des rappels successifs du ministre, provoqués probablement par le dénonciateur, l'en faisaient sortir. L'instruction suivait son cours, sans précipitation, avec une lenteur calculée ; et les minutes de quelques réponses, restées encore dans les dossiers, permettent d'apprécier l'esprit d'après lequel elles étaient rédigées. L'intendant, tenu de ménager à la fois et le dénonciateur qui pouvait être l'émissaire d'un parti puissant, et le ministère dont il dépendait, était dans une position souvent difficile. Si le fait allégué était faux ou exagéré, il le rectifiait et le réduisait à sa juste valeur. Dans le cas contraire, il en atténuait autant que possible la gravité. Dans les espèces analogues à celle dont nous venons de parler, il ne manquait pas d'appeler l'attention sur la pension que le Roi aurait à payer, considération qui n'était pas toujours sans influence sur la décision définitive. D'autres fois, il représentait que la famille était peu en évidence, que l'exemple portant sur des inconnus resterait sans utilité sérieuse ; ou il invoquait d'autres motifs au fond desquels on découvre aisément l'honnête homme placé entre sa conscience et sa position, cherchant à ménager l'une et l'autre, et ne prenant qu'à regret les mesures rigoureuses qui lui étaient imposées.

On trouve encore, dans la réponse du 16 janvier, la trace de certaines inquiétudes du Pouvoir sur les impressions fâcheuses causées par ces exécutions inhumaines. Il est évident qu'on eût préféré, de beaucoup, obtenir les enfants sans contrainte apparente ; mais il n'est pas étonnant que nos malheureux ancêtres aient repoussé toute complicité dans ces déplorables mesures et aient tenu à en laisser, sans la moindre atténuation, tout l'odieux à leurs auteurs.

La famille de Gabriel L'Honoré, dont les descendants existent encore dans la ville, fut victime, en 1762, d'une tentative d'enlèvement en partie réalisée. L'Honoré avait plusieurs enfants issus de deux mariages et habitait l'ancienne Neuve-Rue, aujourd'hui rue Neuve-St-Jean. Un grand matin, grâce au guet continuellement exercé par les habitants du quartier, on l'avertit que la maréchaussée vient pour lui enlever ses trois jeunes filles, et il les avait à peine arrachées de leur lit, que les soldats arrivent et frappent à sa porte. Les deux filles aînées, Jeanne-Catherine et Marie-Simonne, qui avaient dépassé l'âge requis, se présentent seules. Elles parlementent, gagnent quelques instants et permettent ainsi au malheureux père de jeter, par les fenêtres, les trois enfants menacés, aux voisins accourus. Les soldats parcourent la maison, la fouillent sans rien découvrir, et, furieux de leur insuccès, s'en prennent aux deux filles aînées. Ils les saisissent malgré leur résistance désespérée, et, quoiqu'ils n'eussent reçu aucun ordre, les conduisent aux Nouvelles-Catholiques. Nous avons trouvé les noms de ces deux demoiselles sur les états semestriels de ce couvent (1).

(1) Page 376.

Les trois jeunes filles, ainsi lancées par le père affolé et passées par les voisins de maison en maison, furent promptement mises en lieu de sûreté. L'une d'elles, reçue par un ouvrier inconnu, dont on avait momentanément perdu la trace, ne put être réunie à ses sœurs que le soir, tant, à ces époques désastreuses, la moindre démarche devenait difficile et compromettante. Cachées d'abord dans des chantiers de bois, sur le quai, près de l'ancienne tour au Massacre, elles furent plus tard transportées à dos de cheval, jusqu'à Granville, blotties au fond de paniers remplis d'articles de pacotille ; et l'on parvint, après des dangers sans nombre, à les embarquer pour Jersey et à les faire passer de là en Angleterre.

Les deux aînées, qui avaient fait preuve de courage, ne défaillirent pas dans ces circonstances. Cachot, mauvais traitements, coups même, ne purent avoir raison de ces vaillantes filles, ni leur arracher une abjuration. Elles étaient restées en relations secrètes avec leur famille au moyen de pelotons de fil ou de laine qu'on leur faisait passer, et qui renfermaient des écrits. Elles apprirent ainsi, quelques mois plus tard, qu'un projet d'évasion était organisé. Une nuit, à l'aide de leurs draps découpés en lanières, elles descendirent d'une des fenêtres de l'établissement, avec une de leurs jeunes compagnes qui les avait suppliées de l'emmener avec elles. Elles trouvèrent, en bas, leur frère Charles et deux de ses amis qui, depuis plusieurs nuits, s'y tenaient en sentinelles et avec l'aide desquelles elles escaladèrent les murs extérieurs. Peu de temps après, elles étaient passées en Angleterre.

Cette famille, ainsi dispersée, n'eut plus le bonheur de se revoir complètement réunie; et l'on raconte que ses différents membres, parvenus à l'âge le plus avancé et racontant ces tristes événements aux générations nouvelles, ne pouvaient le faire encore que les larmes aux yeux.

Le ministre d'État se plaignait à l'intendant de Caen, le 1er octobre 1758, du trop grand nombre d'enfants qui, dès l'âge la plus tendre, se présentaient aux Nouvelles-Catholiques sous prétexte de se convertir. Il s'agissait d'une enfant de dix ans, Marie-Catherine-Louise Lecointe, fille de parents réformés. Cette maison ayant été établie pour l'instruction catholique en faveur des enfants des Protestants, disait le ministre, l'admission de cette jeune fille paraît en remplir l'objet. « Mais je m'aperçois que cette « prétendue vocation se répète souvent. Si on « pouvait s'assurer qu'elle est sincère, je ne « pourrais que m'en réjouir; mais vous avez « pu être informé des abus que le règlement a « réformés..... » La vocation sérieuse d'une enfant de cet âge pouvait avec raison être mise en doute.

Dans une autre circonstance, c'est une fille de neuf ans que l'on y amène, et la personne qui l'y conduit est elle-même une enfant. La supérieure de la maison écrivait à cette occasion, le 21 décembre 1758, au secrétaire de l'intendant de Caen :

« Il nous arriva, hier au soir assez tard, « une enfant conduite par une autre. Elle nous « dit qu'elle voulait être catholique, et elle me « pria avec instances de la recevoir et de l'in- « struire. Je ne crus pas pouvoir, en con- « science, lui refuser l'asile, et il fut heureux « pour cet enfant que ses parents cherchèrent « presque aussitôt. Elle est de Condé, s'appelle « Madeleine Binard, âgée de viron neuf à dix « ans, fille de Pierre Binard.....; sa mère est « morte ; je ne sais pas son nom. Elle était ici « chez une tante, où son père l'avait mise pour « la cacher. Toute sa famille est protestante.....
« Je vous prie, Monsieur, de nous obtenir une « décision favorable; ce sera une nouvelle obli- « gation que nous vous aurons. »

Les enfants ainsi enlevés n'acceptaient pas toujours passivement le sort qui leur était fait. Les évasions étaient assez fréquentes. Nous venons de voir celle de Mlles L'Honoré et de leur jeune compagne. Les dossiers en mentionnent beaucoup d'autres sur lesquelles on éveillait le moins possible l'attention publique. Une d'elles fut même entourée d'une notoriété suffisante pour appeler l'intervention du ministre d'État.

Un soir, c'était le 9 août 1759, sur les dix heures, la porte des Nouvelles-Catholiques se trouva crochetée pour favoriser l'évasion de deux jeunes gens nommés, l'un Blondel, l'autre Denis (1). Les recherches faites pour reprendre les évadés étant demeurées sans résultat, l'intendant de Fontette, dont nous avons déjà signalé l'humanité, fut probablement dénoncé comme y ayant mis peu de zèle, car une dépêche ministérielle du 7 septembre, relative à l'événement, contient le passage suivant : « La « punition d'une action si criminelle à tous « égards ne doit pas être négligée au point de « ne faire aucunes diligences. Je suis persuadé « que vous emploierez des personnes intelli- « gentes, qui useront de tous les moyens pos- « sibles pour découvrir le lieu de retraite des « deux fugitifs..... »

Le 27 mai 1760, l'intendant reçoit du ministre l'ordre d'arrêter et de conduire, aux Nouvelles-Catholiques de Caen, deux enfants de cette ville : François Vasnier, âgé de neuf ans, et Jacques-Nicolas de La Vauterie, fils du sieur de La Vauterie, et de les mettre, le premier à la pension du Roi, l'autre à la pension de ses parents.

(1) Page 375.

Le 15 février 1764, le ministre prévient l'intendant que l'évêque de Bayeux sollicitait un ordre du Roi pour faire conduire aux Ursulines de Bayeux une demoiselle Henriette-Suzanne-Victoire Du Mesnil de Saint-Pierre, de la paroisse de St-Pierre-du-Mont, et aux Nouvelles-Catholiques de Caen une jeune fille de la paroisse St-Julien de cette ville, nommée Philippine Gohier. Il continue en ces termes : « Outre « que la première n'a pas l'âge prescrit par le « règlement, il est à craindre que l'enlèvement « d'une fille de condition ne jette l'alarme parmi « les Protestants de ce canton et ne porte ceux « d'entre eux qui sont assez riches pour cela, « à envoyer leurs enfants chez l'étranger. Quant « à la seconde, vous aurez pour agréable de « vous faire informer si ses parents sont assez « entêtés dans leurs erreurs pour empêcher « leur fille d'aller aux instructions de la « paroisse, et assez instruits pour qu'il soit à « craindre qu'ils en détruisent l'effet. »

Il ne fallait pas une grande perspicacité pour reconnaître que le ministre n'était pas plus favorable à l'un de ces enlèvements qu'à l'autre, et qu'il ne demandait qu'un motif plausible pour écarter la requête du prélat. Aussi, l'intendant ne se hâte pas d'instruire. Il charge un de ses agents de l'enquête; et celui-ci ne lui transmet son rapport que le 11 avril. Le père et la mère de la jeune fille ne l'avaient point envoyée aux instructions; le curé et le vicaire de St-Julien la croyaient intelligente et de beaucoup d'esprit, mais ils n'avaient jamais eu l'occasion de lui parler religion. « Il me paraît, dit l'agent en « terminant, que cette jeune fille ne désirant « point apprendre la religion catholique aposto- « lique et romaine, il ne dépend que du Roi « de la faire conduire par force aux Nouvelles- « Catholiques, quoique cependant ce parti nous « paraisse rigoureux. » On voit que déjà, du haut au bas de l'échelle administrative, de nouvelles tendances commençaient à se manifester. Le rapport de l'intendant, dont on ne trouve aucune trace dans le dossier, fut très-probablement conçu dans le même sens que celui de l'agent; et il serait possible que la jeune Gohier eût ainsi échappé au malheur dont elle était menacée.

Le 9 juillet 1764, Pierre Haupois, de Bernières-sur-Mer, se plaint que sa fille, âgée de treize ans, lui a été enlevée par une sœur, maîtresse d'école, et par des inconnus qui l'avaient emmenée sans ordres supérieurs et conduite aux Nouvelles-Catholiques de Caen. L'intendant donne l'ordre d'informer, et fait écrire le jour même à la supérieure du couvent.

Une lettre de celle-ci, en date du 23 février de l'année suivante, à l'occasion de renseignements réclamés sur un double enlèvement, jette quelque lumière sur le mode d'exécution de ces

tristes opérations. « Il peut être vrai, répond-
« elle à l'agent administratif, que ces deux filles
« aient la volonté de se convertir ; mais ordi-
« nairement ces enfants n'ont point assez de
« force d'esprit pour se tirer de la maison pa-
« ternelle. La crainte d'encourir l'indignation
« et les mauvais traitements de leur famille,
« s'ils sont surpris dans leur dessein, les arrête.
« Pour éviter ces inconvénients, ils s'adressent
« à quelque personne de confiance pour solli-
« citer un ordre de la Cour qui les tire de chez
« eux et les mette en état de se faire instruire
« librement. Ils ont recours assez communé-
« ment à des voisins qui ne veulent pas être
« connus ou à des prêtres qui en donnent avis
« à nos seigneurs les évêques pour en conférer
« avec le ministre et recevoir ses ordres con-
« formément au règlement du 18 mars 1747.
« Par là, ils évitent le mécontentement de leurs
« parents, ce qui en retient un grand nombre. »

L'enlèvement n'était pas toujours précédé
d'un ordre de l'autorité ; mais l'enfant, illéga-
lement amené, n'en était pas moins reçu, et
l'on sollicitait ensuite l'ordre de le conserver.
On en rencontre de nombreux exemples, notamment dans une lettre où la supérieure des
Nouvelles-Catholiques de Caen prévient l'intendant, le 27 mars 1769, que, sur le désir ardent
d'une jeune fille, nommée Louise Le Conte,
d'embrasser la religion catholique, elle lui a

accordé l'entrée de la communauté, et qu'elle espère que l'intendant lui obtiendra de S. M. un ordre l'autorisant à la garder. A cette lettre étaient joints le certificat du curé et la requête de l'enfant.

L'enlèvement, opéré en 1766, d'un jeune Anglais, né à Jersey et nommé Chepmel, mit en jeu les relations diplomatiques. Cet anglais, conduit sans ordre aux Nouvelles-Catholiques de Caen, y avait été retenu pour être élevé dans la religion catholique. Son tuteur le réclama. Le ministre d'État Bertin répondit que les parents étaient admis à voir leurs enfants et à les engager à retourner chez eux; mais qu'en cas de refus des enfants, on ne devait pas les y contraindre. Le tuteur se présenta et n'obtint aucun résultat. Bien plus, on fit écrire par Chepmel au ministre que son tuteur et d'autres Anglais venaient à chaque instant le solliciter; que ces instances, auxquelles il était résolu de ne pas céder, dérangeaient sa santé; qu'il demandait que le tuteur seul fût autorisé à le voir, et encore que ses visites n'eussent lieu qu'en présence des directeurs ou d'une religieuse de la maison. Le ministre répondit à l'intendant que le Roi trouvait convenable que le tuteur fût admis près de Chepmel et que ce dernier eût « la liberté d'avoir, sans affec-
« tation, une ou deux personnes avec lui lors-
« que son tuteur viendrait le voir, tout en

« laissant le tuteur le voir quelquefois seul
« lorsqu'il le demanderait. »

L'ambassadeur du Roi d'Angleterre le fit réclamer. Le ministre en donnait avis à l'intendant de Caen, le 28 février 1766; et le gouverneur de Jersey, intervenant aussi de son côté, demanda en termes précis et positifs que l'enfant fût immédiatement rendu.

Le rapport présenté sur cette affaire concluait à un refus et invoquait, comme précédent, une jeune fille de Jersey, nommée Du Maresq, enlevée dans les mêmes circonstances, renfermée dans une communauté française et que les parents, malgré leurs démarches multipliées, n'avaient pu reprendre, le Roi ayant refusé de la rendre et lui ayant même accordé une pension. Mais ce rapport ne fut pas adopté. La situation politique n'était plus la même, et le Roi désirait que l'affaire fût promptement terminée. L'intendant de Rouen, qui reçut l'ordre d'en conférer avec le procureur du Parlement, traçait, le 12 juin 1766, à son collègue de Caen, la marche suivante :

La requête adressée au lieutenant-général du bailliage de Caen et renvoyée au Roi pouvant tarder à revenir, il faut engager le tuteur à en présenter une nouvelle au bailliage, auquel on écrira, à part, pour l'inviter à s'en occuper immédiatement. Si le bailliage ordonne la remise de l'enfant, la supérieure s'y conformera.

Dans le cas contraire, le tuteur se pourvoira devant le Parlement, et il est assuré d'y avoir prompte expédition.

Une nouvelle requête fut, en conséquence, présentée. Le bailliage de Caen, par sentence, du 18 juin 1766, décida que, vu sa qualité d'étranger, Chepmel devait être rendu à son tuteur; et cette cause de conflit international s'évanouit sans laisser d'autres traces.

A mesure que l'on approche de la fin du XVIIIe siècle, on sent qu'un esprit nouveau s'insinue dans les habitudes administratives. Le zèle des dénonciateurs ne s'est en rien ralenti; mais les agents du Pouvoir s'y montrent de moins en moins favorables et accentuent, avec plus de netteté, leurs tendances humanitaires. Nous citerons, comme exemple, une sorte de déclaration de principes renfermée dans une instruction de l'intendant de Caen à l'un de ses subdélégués, à l'occasion d'un enlèvement projeté et qui, probablement, ne fut pas exécuté. L'un des curés de la ville avait écrit au ministre, le 16 mai 1777, qu'il avait sur sa paroisse une famille composée de mauvais Catholiques : le père, François Essillard, la mère, Gillone Françoise-Maurice et quatre enfants, de quatre, huit, onze et douze ans; que la mère et ses sœurs, enlevées jeunes, avaient abjuré aux Nouvelles-Catholiques; que les quatre enfants étaient d'autant plus exposés à recevoir une mau-

vaise éducation, qu'ils avaient, par surcroît, des oncles et des tantes protestants; et il demandait que les enfants fussent retirés du milieu où ils vivaient pour être mis aux Nouvelles-Catholiques. Le ministre avait renvoyé l'affaire à l'intendant de Caen, Esmangart, qui en avait accusé réception le 4 juin suivant; et c'est à cette occasion que celui-ci, confiant l'instruction de l'affaire à Paulmier, son subdélégué, lui écrivait : « Il n'est pas dans les principes de l'Admi-
« nistration d'enlever les enfants à leurs parents.
« Il faut que ces enfants forment eux-mêmes la
« demande, ou qu'elle soit faite au nom de la
« plus grande partie de la famille. Vous vou-
« drez donc bien vérifier si les enfants dont
« il s'agit sont en âge de faire un choix, et
« s'ils désirent être instruits dans la religion
« catholique. »

En 1780, les mêmes tendances se manifestent, d'une manière encore plus prononcée, dans deux circonstances, étrangères il est vrai à nos localités, mais qui démontrent de quel esprit nouveau l'Administration se trouvait animée.

Une demande d'enlèvement avait été faite, au nom d'une fille de vingt-et-un ans habitant le Chefresne, par le curé de cette paroisse et par celui de la paroisse de Montabot. Cette fille, disait-on, demande elle-même à être enlevée, parce qu'une retraite volontaire de sa part mortifierait ses parents, tandis qu'un départ forcé les mettrait à l'abri de toutes disgrâces de la part de leurs frères, les Protestants. L'intendant de Caen, en transmettant la requête à son subdélégué le 11 avril 1780, lui écrivait : « D'après ce que vous me dites, je conçois que « cette jeune fille est, vis-à-vis de ses parents, « dans une situation fâcheuse ; mais, y eût-il « des motifs encore plus puissants, l'Adminis- « tration, d'après les principes qu'elle a adoptés, « ne se portera pas à faire enlever avec éclat « une enfant d'entre les mains de ses parents. « Il résulte toujours de ces coups d'autorité « une sorte de trouble dans les familles ; et, « s'ils devenaient fréquents, ils pourraient di- « minuer l'affection que les sujets doivent à la « personne du Roi ; et je me garderai bien de « rien proposer à ce sujet au ministre. »

La jeune fille se rendit ou fut conduite, sans intervention administrative, aux Nouvelles-Catholiques de St-Lo qui la reçurent sans ordre, et demanda ensuite, au ministre, d'y être retenue et mise à la pension du Roi. La demande fut renvoyée le 4 mai à l'intendant de Caen. Celui-ci, alors à Paris, la transmit le 9 à son subdélégué, en lui recommandant de vérifier si cette fille s'était en effet rendue d'elle-même aux Nouvelles-Catholiques, et il termine, en ces termes, sa lettre que l'on peut supposer avoir été écrite sous l'inspiration du souffle ministériel : « Et dans

« le cas où elle aurait été retenue dans cette
« communauté sans autorisation, vous ferez
« connaître à la Supérieure que l'intention du
« Roi n'est pas que l'on prévienne ses ordres
« en recevant d'avance les sujets qui se pré-
« sentent et qui sont dans le cas de les solli-
« citer, et qu'il convient de les attendre. J'ai
« établi cette règle pour les Nouveaux-Catho-
« liques de Caen. Je vous prie de tenir la main
« à son exécution. »

L'autre fait concerne une jeune fille de douze ans, de la paroisse de Fresnes, emmenée au presbytère de Tinchebray et conduite de là, sans ordre, par le vicaire et un domestique, au couvent des Dames hospitalières de Vire, où elle avait été retenue. Jean La Fontenelle, son père, porte plainte à l'intendant de Caen. Il énonce qu'il s'est rendu à trois reprises au couvent et qu'il n'y a reçu que des réponses évasives, tantôt, qu'on ne connaissait pas sa fille; tantôt, qu'elle n'avait jamais mis le pied dans la maison; réponses démenties par la citation qu'un huissier, assisté de trois sergents, lui avait commise, le 9 novembre 1780, à la requête du procureur du Roi au bailliage de Tinchebray, pour le contraindre à faire remettre, à ce même couvent, tous les linges et hardes de l'enfant.

L'intendant charge son subdélégué à Vire, Demortreux, d'instruire sur la plainte. Celui-ci répond, le 7 février 1781, que La Fontenelle avait vu librement sa fille à l'Hôpital général; mais que celle-ci avait refusé de s'en retourner avec lui, et déclaré n'avoir été conduite à l'hôpital que sur sa propre demande. Il continue en ces termes :

« Je crois que cela n'a rien de contraire aux
« lois; loin de là. Elles veulent qu'il n'y ait
« qu'une religion, que les enfants soient bap-
« tisés dans l'Église, qu'ils soient instruits dans
« les principes de la vraie religion, qu'on re-
« garde même comme relaps ceux qui persévé-
« reraient dans le protestantisme. Où peut-il
« donc y avoir de la faute de la part d'un en-
« fant qui, suivant les lois, demande l'instruc-
« tion ? Où est la faute de ceux qui la lui
« donnent en conformité ? En quoi l'autorité
« paternelle peut-elle être blessée en donnant,
« à un enfant, l'instruction prescrite par les
« lois ? L'enfant peut-il être blâmé de ne vou-
« loir pas rester dans une ignorance crasse où
« le père, par le préjugé de sa naissance, veut
« le laisser? Cette fille reste-t-elle moins la fille
« de La Fontenelle à l'effet de conserver, sur
« elle, toute l'autorité paternelle pour tous les
« actes civils, instruite ou ignorante ? Cela ne
« donne aucun changement et ne coûte rien, ni
« à l'État, ni à lui. Au surplus, Monsieur, soyez
« très-persuadé que tout ce que j'en dis n'est
« que par forme d'observation et non par un
« motif d'opposition..... »

De si belles théories n'eurent raison, ni de l'intelligence, ni de l'humanité de l'intendant, car, au haut de la lettre dont on vient de lire l'extrait, se trouve la mention suivante émanée de ce fonctionnaire : « Une enfant de douze ans « n'a pas d'elle-même de telles volontés. Le « père la réclame ; les religieuses hospitalières « et personne n'est en droit de la garder. Ré- « pondre à M. Demortreux que, sur la lettre « que je lui ai écrite, on devra la remettre sur « le champ au père. Le charger de la lui faire « rendre s'il la réclame de nouveau (1). »

On comprend que nous n'ayons cité que quelques spécimens des faits nombreux révélés par ces archives. Tous d'ailleurs ne peuvent être livrés à la publicité. Mais ce qui précède est suffisant pour révéler l'esprit qui régnait alors dans les sphères administratives et les modifications qu'il subissait sous l'influence d'idées nouvelles qui n'allaient pas tarder à faire explosion.

Comme obstacle aux émigrations, il avait été défendu à tous ceux qui avaient fait profession de la religion réformée d'aliéner leurs biens sans la permission du Gouvernement, défense que l'on renouvelait à époques périodiques et, en dernier lieu encore, par une déclaration du 14 février 1778. Les Archives départementales

(1) Archives de la préfecture du Calvados.

renferment, sur ces aliénations, de nombreuses requêtes que nous passons sous silence. Elles ne concernent que des particuliers, et elles n'ont aucun rapport avec l'intérêt général.

CHAPITRE XXIX.

ÉTAT DE L'ÉGLISE A PARTIR DE LA RÉVOCATION DE L'ÉDIT DE NANTES JUSQU'EN 1787.

1686-1787.

Les précédents chapitres consacrés à l'état de l'Église (1) avaient pour principal élément d'information les actes d'état civil retrouvés au Bostaquet et ceux qui existaient déjà dans les Archives soit de la ville, soit du département. Mais, à partir de la révocation, tout s'évanouit. Réunions officielles et culte public disparaissent; les ministres passent à l'étranger; les troupeaux se dispersent, et les Réformés, gémissant sous l'odieuse législation de ces temps déplorables, ont d'autres sujets de soucis que leur état civil et leurs annales. Aussi, n'est-ce qu'à l'aide de rares documents échappés au désastre général, de pièces de toute nature éparses dans les dépôts publics, et surtout de traditions de famille, qu'on peut renouer la chaîne des événements, et retrouver les fidèles sous les débris accumulés des Églises.

(1) Pages 23, 92, 135, 172, 292, 402, 403, 438.

Le culte public avait cessé à Caen près d'un an avant la révocation de l'édit de Nantes. Nous avons vu que le juge d'Argentan l'y avait provisoirement interdit quelques jours avant la fête de Noël 1684 (1), et que cette interdiction, devenue définitive par l'arrêt du 6 juin 1685, avait été immédiatement suivie de l'émigration des ministres ; en sorte que l'édit d'octobre 1685 avait trouvé table rase dans la ville et n'avait eu, pour les Réformés qui l'habitaient, d'autre conséquence immédiate que de les priver du droit, qu'ils avaient jusque-là conservé, de réclamer pour leurs enfants le baptême du ministre désigné par le juge.

A partir de ce moment, soumis à la législation générale, ils n'eurent plus que l'alternative ou de rester inébranlables au milieu des persécutions, ou d'acheter une tranquillité relative au prix de l'apparence d'une abjuration. La formalité consistait en une simple signature apposée au bas d'un formulaire. La plupart des convertisseurs, faisant appel au respect dû aux volontés du Roi, ce qui n'était pas un vain mot à cette époque, s'efforçaient d'ailleurs d'en atténuer les conséquences. Ils la représentaient comme n'obligeant, pour ainsi dire, à rien, comme laissant chacun libre de pratiquer ou de ne pas pratiquer, de rester, en un mot, aussi protes-

(1) Page 314.

tant après qu'auparavant ; ce qui explique la quantité d'actes de cette nature que renferment les registres de certaines paroisses. Mais les malheureux ne tardaient pas à reconnaître que cet acquiescement les avait soumis à la loi des relaps, et qu'en cas de pratique, même secrète, de leur culte, ou de refus des sacrements de l'Église romaine, ils encouraient les galères à perpétuité, la confiscation des biens, la claie et la voirie. Il est vrai que le sort de ceux qui persévérèrent ne devint pas meilleur que le leur; nous avons vu qu'une atroce fiction réputa converti tout Protestant demeuré en France, et que tous furent frappés, le cas échéant et sans distinction, des peines portées contre les relaps (1).

A part quelques défections, principalement dans la noblesse et parmi les personnes d'un rang élevé, nos Réformés demeurèrent fermes dans leur foi. Reliés les uns aux autres, se consolant et s'encourageant mutuellement, ils ne cessaient d'aspirer à des temps meilleurs ; et, malgré tant de motifs qui eussent pu les en dispenser, ils restaient sujets fidèles de rois qui ne s'occupaient d'eux que pour les écraser et les détruire.

A une époque où l'état des citoyens, remis aux mains du clergé, résultait d'un acte purement religieux accompli conformément au culte

(1) Page 409.

dominant, où le baptême seul constatait la naissance ; le sacrement de mariage, l'union contractée ; l'inhumation, le décès, il devint pour ainsi dire impossible aux dissidents d'obtenir un état civil régulier.

Pour les baptêmes, la difficulté était moins grande, car les Réformés se soumettaient généralement à l'édit d'octobre 1685, qui les obligeait, sous peine de 500 livres d'amende, à porter les enfants au curé de la paroisse. Ils mettaient en pratique le principe en vertu duquel tout baptême est valable quand il est administré par un chrétien. Mais il en était autrement pour les mariages et les décès, surtout pour les mariages que l'Église Romaine ne confère qu'à des conditions emportant adhésion plus ou moins complète au catholicisme. Aussi, plutôt que d'en accepter même l'apparence, les Réformés s'abstenaient-ils de la consécration religieuse et se mariaient-ils *au Désert*, s'exposant volontairement, par scrupule de conscience, aux conséquences désastreuses d'unions contractées en dehors des formalités légales.

Le mariage était alors, dans notre pays du moins, précédé d'un contrat passé ou au moins déposé devant notaire, comme formant l'unique titre ostensible de l'union contractée. Au jour fixé, futurs, parents et amis se réunissaient en secret. L'un des assistants lisait les prières liturgiques ; et, les promesses échangées, la cérémonie était assez souvent terminée par la remise d'un certificat, signé par l'un des assistants d'un nom imaginaire, et constatant la célébration religieuse du mariage. Voici la copie littérale d'un de ces actes :

« Nous soussigné Antoine Daule, prestre,
« curé de Nullancour, attestons à qui il apar-
« tiendra avoir resus les promesses de mariage
« de Mathieu Mesnil, de la paroisse de Queron
« (Cairon), fils de défunt Michel Mesnil et de
« Marie Roger, ses père et mère, d'une part, et
« de Anne Rivière, de la paroisse de Beuville,
« fille de Jacob Rivière et de Marie Deblez, ses
« père et mère, d'autre ce. Après avoir vu et
« lu leurs contrat de mariage passé par re-
« congnoissance devant Marin Fallet, notaire
« royal à Douvre et dépendance et Jean Jacq.
« Lamy, sergent royal aud. lieu, prins pour
« adjoint, le vingt-deuxième jour de juillet 1706,
« controllé et sellé à La Délivrande le 24 dud.
« mois de juillet aud. an, et aussi avoir pris
« leur mutuel consentement, en foy de quoy
« nous les avons conjoint en mariage et donné
« la bénédiction nuptialle et leurs avons délivré
« la présente pour leur servir et valloir ainsy
« que de raison aux présence de Guillaume
« Sallomon et d'Estienne Le Tellier, tesmoings
« Ce vingt septembre mil sept cent six.

« Le Tellier, Sallomon, Daule, prestre. »

La rédaction de ce certificat, les fautes d'orthographe qu'il renferme, l'absence du mot d'Église Romaine et la mention inusitée et très-détaillée du contrat de mariage, viennent à l'appui du témoignage, émané d'un des descendants de Michel Mesnil, sur l'origine et la valeur de cette pièce. On peut y joindre encore l'origine latine du nom du curé, *Dolus*, qui signifie *ruse, supercherie,* ainsi que le nom de la prétendue paroisse qui, sans l'incorrection peut-être calculée de la septième et de la dixième lettres, aurait formé Nullentout (nul en tout), mot qui, d'après le même témoignage, se rencontrait quelquefois sur ce genre de pièces. Nous avons trouvé de semblables certificats chez plusieurs familles protestantes, et notamment celui du mariage de Jacques Beaujour avec Marie Paisant délivré, le 3 mai 1707, par *Ant. Daule*, curé de Nullencour.

Les curés et les vicaires, considérant ces unions comme radicalement nulles, traitaient les époux, ainsi mariés, de concubinaires et ne baptisaient leurs enfants qu'en les qualifiant : d'*enfants naturels,* de *nés hors mariage*, de *nés des œuvres de...* et *de...*, enfin, les plus tolérants, de *nés du prétendu mariage de... et de... de la R. P. R.* Leur validité fut l'objet de vives controverses. A Grenoble et à Toulouse, les Parlements, acceptant l'opinion du clergé, les annulaient fréquemment ; mais il en était autrement partout ailleurs. On en vint à décider que ces mariages ne pouvaient être attaqués ni par les époux, ni par leurs père et mère, ni par les collatéraux ; que les enfants, devenus légitimes par le seul fait de la possession d'état, étaient aptes à recueillir les successions, même collatérales ; et le Parlement de Rouen, allant encore plus loin, déclara légitime un enfant dont la mère était encore vivante, et que le prêtre avait qualifié d'illégitime dans son acte de baptême, par le motif que le fils, ayant pour titre sa possession d'état, ne pouvait fournir par lui-même la preuve du mariage de son père, et qu'on ne pouvait le rendre victime du silence conservé par sa mère.

Les décès donnaient lieu à des difficultés d'une autre nature. Pour recevoir la sépulture ecclésiastique, il fallait n'avoir pas refusé, à ses derniers moments, les sacrements en usage dans l'Église Romaine ; et l'on sait que tout Réformé, ayant ou non abjuré, et qui les avait repoussés, était traité en relaps, c'est-à-dire condamné, dans tous les cas, à la confiscation des biens, et en outre aux galères à perpétuité, s'il recouvrait la santé ; dans le cas contraire, à la claie et à la voirie.

C'était un lamentable spectacle donné aux populations que ce supplice posthume infligé à un moribond pour n'avoir pas voulu profaner des sacrements repoussés par sa conscience. Son corps était traîné, le visage contre terre, à travers les rues ou chemins de la ville, du bourg ou du village, abandonnant de place en place les chairs, les parties molles, les entrailles ; et, lorsqu'il était réduit en lambeaux, ce qui en restait encore était jeté à la voirie publique pour servir de pâture aux animaux.

On aurait tort de croire que cette législation barbare fût restée à l'état de lettre morte et de simple épouvantail. Le Gendre, dans la vie de Du Bosc, en rapporte trois cas arrivés à Caen : Jacqueline de La Rue, Jean Louvet, Étienne Louis, remontant à l'époque de la révocation de l'édit de Nantes. Ajoutons que ces exemples ne sont pas les seuls que l'on pourrait citer.

Mais il arrivait souvent que le défunt n'avait pas été appelé à se prononcer. Une maladie mortelle restée ignorée, l'abstention fortuite ou intentionnelle du prêtre pouvaient l'avoir soustrait à ce danger. Alors naissait la question de savoir quel avait été, à ses derniers moments, son état religieux. La sépulture ecclésiastique, que la famille ne réclamait pas, était ordinairement évitée, et l'inhumation, soumise aux dispositions d'une déclaration du 11 décembre 1685, était réduite à une formalité purement civile ordonnée par le juge. Les parents ou les voisins présentaient requête au lieutenant général de police du bailliage ; ce magistrat accordait l'autorisation demandée ; et l'inhumation était faite, dans un lieu privé désigné par la famille, sous la surveillance du commissaire de police qui en dressait procès-verbal.

Il existe, dans les Archives de la préfecture, un grand nombre de ces requêtes, reliées en volumes par les soins et aux frais du Consistoire de Caen, et qui contiennent de précieux renseignements pour les travaux généalogiques (1).

Parmi les nombreuses procédures faites à l'occasion de cadavres, contentons-nous de rappeler deux faits concernant des familles qui ont encore aujourd'hui des représentants parmi nous.

Le 19 décembre 1686, mourait, à La Vacquerie, à l'âge de soixante-dix ans, Suzanne Dan, veuve de Pierre Hémery. La défunte, comme beaucoup de ses coreligionnaires, avait acheté, au prix d'une abjuration apparente, la tranquillité de son foyer, mais n'en était restée que plus attachée à sa croyance. Tourmentée à son lit de mort pour faire acte de catholicisme, elle s'y était refusée avec énergie et avait déclaré vouloir mourir dans les sentiments qui avaient été ceux de sa vie entière.

Le refus fut immédiatement dénoncé au sub-

---

(1) Archives du Consistoire de l'église réformée de Caen. Délibérations des 19 février 1845 et 7 janvier 1846.

stitut de Thorigny, et une enquête fut ouverte. Deux curés et un troisième prêtre y affirmèrent la sincérité des faits ; et le lieutenant criminel de Thorigny, après avoir déclaré la défunte morte dans l'opiniâtreté de la Religion réformée et convaincue du crime de relaps, la condamna, par sentence du 24 décembre, à 50 livres d'amende envers le Roi et à la confiscation de tous ses biens. Il ordonna en outre que le cadavre serait traîné, le jour du marché, par l'exécuteur des supplices criminels, sur une claie, la face en bas, dans les rues du bourg de Thorigny, puis ensuite jeté à la voirie.

Son fils, Louis Hémery, chez lequel elle demeurait et qui avait été nommé curateur au corps, se pourvut en distraction de biens compris à tort dans la saisie générale, et demanda en outre que le corps, dont la corruption, l'état de décomposition avancée et l'odeur méphitique rendaient la conservation à l'air libre dangereuse pour la santé publique, fût provisoirement inhumé. Le dossier renferme deux arrêts du Parlement : l'un, du 18 janvier 1687, ordonnant au greffier qui s'y était jusque-là refusé, de faire au greffe criminel l'apport des pièces de l'affaire, et autorisant, à titre de mesure provisoire, la mise dans le sable du cadavre, qui était resté trente jours entiers à l'air libre ; l'autre, du 19 mars 1687, ordonnant que le procès serait recommencé aux frais des juges de première instance, pour irrégularités de forme, commises dans le cours de la procédure, et que le corps serait provisoirement mis en terre profane pour y attendre l'arrêt définitif. Il y est probablement resté.

L'autre espèce, qui se complique d'une lutte entre deux juridictions rivales se disputant le corps à l'envi l'une de l'autre, offre l'exemple d'un défunt, *salé* ni plus ni moins que s'il se fût agi d'un des animaux immondes des basses-cours de nos campagnes.

En juin 1686, mourait Guillaume Houel. Le 26, le substitut du procureur de la haute justice de Varanguebec, à Maisy, expose dans une requête au bailli, que le défunt, auquel il donnait par erreur le prénom de Nicolas, après avoir promis pendant sa maladie d'abjurer, n'avait cependant fait aucune fonction catholique, ce qui le constituait criminel de lèse-majesté, et requiert le juge de se transporter au domicile mortuaire, aux fins d'y dresser procès-verbal du cadavre, « de faire assigner tesmoins « pour estre informé des vie et mœurs, relli- « gion et actions du dict deffunct Houel », de saisir le mobilier, « et de faire transférer le « dict cadavre aux prisons de la dicte, pour « esvitter à l'enlevement que ses enfans en « pouroient faire pour l'entérer, et *de faire « saller le dict cadavre* pour esvitter à la cor- « ruption et putréfaction d'iceluy et pour le con-

« server jusques à la perfection de son pro-
« cez (1). »

Le 27 juin, transport du juge, assignation aux témoins de l'enquête, inventaire du mobilier, apposition des scellés, sentence ordonnant le transport du corps à la prison et le séquestre des biens. Enfin, le lendemain, procès-verbal du chirurgien constatant que le corps a été ouvert et salé, conformément à l'ordre du juge.

Pendant le cours de ces formalités, accomplies avec une rapidité si vertigineuse, les juges de Bayeux, alléguant que Houel est leur justiciable, interviennent pour revendiquer l'affaire. Le haut justicier de Varanguebec persiste ; et, à partir de ce moment, l'on voit se dérouler une double procédure suivie, l'une à Varanguebec, l'autre à Bayeux, et commencées l'une et l'autre par la nomination d'un curateur au corps. Le haut justicier de Varanguebec désigne pour cet office Jean Houffroy, parent du défunt ; les juges de Bayeux, Pierre Le Marchand.

A Varanguebec, Houffroy prête interrogatoire. L'information continue. Margueritte Houel et ses deux sœurs sont assignées pour être entendues. La même assignation est commise à Jacob Le Fauconnier, à Jacques Le Marchand et à une femme Des Solliers, signalés comme nouveaux

(1) Extrait textuellement du *Vidimus* de l'arrêt du 31 octobre 1686.

convertis, et que l'on avait trouvés auprès du corps.

A Bayeux, requête du substitut tendant à revendiquer l'affaire. Sentence conforme du 1ᵉʳ juillet ordonnant l'apposition des scellés sur les portes de la maison et le séquestre des biens sous la garde du sergent Le Breton. Information. Interrogatoires. Sommations aux juges et aux officiers de Maisy.

L'intendant ayant donné gain de cause aux juges de Bayeux, ceux-ci par sentence du 9 juillet ordonnent la saisie du cadavre salé et son transport aux prisons de Bayeux, pour y être le procès fait et parfait. Le lendemain, les archers se rendent aux prisons de Maisy, se font remettre le corps, le transfèrent « du « dict lieu en un endroit nommé la Fosse-« Borel de Haulte-Coste, du faulxbourg du dict « Bayeux, auquel lieu tels cadavres sont jettez ; « et, icelluy délaissé sur le bord de la dicte « fosse », en constituent gardien le concierge des prisons de Bayeux. Un exécutoire de 50 livres leur est immédiatement délivré sur la succession pour les remplir, tant de leurs peines, salaires et vacations, que du coût du harnais qui avait servi au transport du corps.

Un jugement du 11 juillet ayant ordonné l'inhumation provisoire du corps « *hors terre sainte* » jusqu'à l'issue du procès, Nicolas Houel, fils du défunt, se pourvut, par voie d'appel, devant le Parlement. Grâce à l'humanité d'un vicaire de St-Pierre de Caen, qui délivra un certificat de quelques actes de catholicité faits par le défunt et à l'attestation du curé d'Estanteville, il parvint à obtenir, le 31 octobre 1686, un arrêt déchargeant la mémoire du défunt et ordonnant l'exhumation du corps, « du lieu « de la Fosse-Borel, pour ensuitte estre inhumé « en terre saincte » ; et la restitution des 50 livres délivrées aux archers, sauf le recours de ces derniers contre le domaine. Le pauvre corps avait ainsi, pendant plus de quatre mois de procédures multipliées, attendu sa sépulture régulière et définitive (1).

C'est avec un état civil aussi défectueux que s'est écoulée, pour la Réforme, la période dont nous nous occupons.

Sans églises apparentes, sans ministres, sans culte, il ne restait aux fidèles isolés que le for intérieur et les prières particulières ; et encore celles-ci ne pouvaient-elles être faites qu'en grand secret, car, avec la fiction révoltante qui réputait convertis les Protestants retenus en France, tout acte religieux les constituait relaps ; et nous savons qu'il n'y allait pas moins alors que de la vie pour le ministre et, pour les

---

(1) Un des descendants du défunt, qui possède encore aujourd'hui le dossier de l'affaire, a publié l'arrêt *in extenso* chez G. Gounouillou, à Bordeaux, en 1876.

fidèles, de la confiscation générale et des galères à perpétuité.

Groupés en grand nombre dans la rue Neuve-St-Jean, constamment aux aguets, communiquant d'une maison à l'autre au moyen d'ouvertures intérieures soigneusement dissimulées, ils se prêtaient assistance en toute occasion. Nos familles conservent encore maintes légendes parlant de réunions secrètes tenues dans des chambres au fond des cours, de portes et de fenêtres matelassées pour empêcher tout bruit de parvenir à l'extérieur, de familles expatriées, de condamnations aux galères, d'enfants arrachés à leurs parents et d'autres soustraits au même sort, grâce aux communications secrètes et aux avis qui se transmettaient instantanément d'un bout à l'autre de la rue, et dénonçaient l'approche des gens d'armes, ou tout fait anormal révélant un danger prochain.

Telle fut la vie des Protestants, même au-delà du milieu du XVIIIe siècle ; car l'expulsion des Jésuites, prononcée en 1764 et qui aurait pu être l'annonce de temps meilleurs, fut au contraire suivie d'un redoublement de rigueurs. On dirait, comme lors de la célèbre déclaration du clergé en 1682, qu'après toute mesure considérée à tort ou à raison comme moins favorable au catholicisme, on se croyait tenu d'affirmer une foi devenue suspecte, et on en faisait porter le contre-coup à la Réforme (1). Des ordres sévères s'ensuivirent ; les craintes s'accentuèrent et les émigrations recommencèrent avec plus d'ardeur. Sans sortir de la famille immédiate de l'auteur de cet essai, son père et son oncle, encore enfants, furent sur le point d'être envoyés à Jersey et ne conservèrent leur nationalité que grâce à une circonstance fortuite.

Le 31 janvier 1764, le duc de Choiseul prévenait l'intendant de Caen, de Fontette, que des vaisseaux anglais avaient fait passer, en Angleterre, ou aux possessions anglaises, nombre de familles protestantes de diverses provinces, et notamment de la Normandie, ainsi que deux ministres, Gibert et Bouteton, qui les avait *débauchées ;* qu'il était important d'arrêter le cours de ces émigrations, et qu'il eût à s'en entendre avec le duc d'Harcourt. Ce dernier transmit à l'intendant, le 27 février suivant, la copie des mesures qu'il avait arrêtées. Il avait fait recommander aux curés, par l'entremise de l'archevêque et des évêques de la province, d'aviser le commandant de gendarmerie le plus à portée, dès qu'ils sauraient qu'une famille protestante, établie dans leurs paroisses, prenait des dispositions de départ. Le commandant se rendrait alors dans la paroisse, ou y enverrait un cavalier pour s'informer des motifs et du

(1) Page 282.

lieu où elle voulait se rendre. Toute réponse suspecte serait suivie d'une arrestation immédiate. Dans le cas contraire, la marche serait surveillée jusqu'au lieu d'arrivée, et la famille arrêtée, si elle venait à s'écarter de la route tracée. « Je pense, disait le duc en terminant, « que cette disposition, bien établie, empêchera « toute émigration. »

Malgré le malheur des temps et les dangers qui les menaçaient, les Protestants se réunissaient à époques intermittentes, par exemple à l'occasion du passage clandestin d'un ministre ou de quelque circonstance exceptionnelle. Nos traditions parlent encore d'assemblées tenues, la nuit, dans les carrières qui bordent la rue de Falaise à Caen, et qui étaient alors isolées des habitations, ainsi que dans celles qui existaient à peu de distance du point culminant de la route conduisant de Beuville à Colleville-sur-Orne. Une de ces dernières, placée sur la hauteur, éloignée de toute habitation, et qui porte encore le nom de Fosse-aux-Huguenots, convenait parfaitement à cet usage. Accessible par plusieurs routes, on pouvait s'y rendre de divers côtés sans éveiller les soupçons, et les Protestants de Beuville et des environs s'y réunissaient de temps en temps pour vaquer aux cérémonies du culte. On raconte qu'une nuit, les gardes apposés pour la sécurité des fidèles, entendant un bruit de pas et ne recevant aucune réponse aux *qui-vive* réitérés, firent feu; et que le lendemain des laboureurs se rendant aux champs trouvèrent le corps inanimé d'une femme fort âgée, presque sourde, connue dans le pays pour sa piété et son attachement à la Réforme, et qui avait été victime de son zèle et de son infirmité. Cette fosse, qui fait partie d'une pièce nommée les Gailles, inscrite au plan cadastral sous le n° 2 de la section C, est restée ouverte pendant de longues années. Elle vient d'être en partie comblée et rendue à la culture.

En 1759, deux Protestants de Caen, Pierre Massieu de Clerval et une dame de Rosel, eurent l'idée d'une sorte d'association qui, sous le nom de charité, fournirait à leur coreligionnaires un nouveau centre d'union. Ce projet, accueilli avec empressement, fut aussitôt exécuté. On nomma des visiteurs et des quêteurs, qui se répandirent dans les campagnes environnant la ville. Chacun souscrivit généreusement. Les détenteurs de sommes anciennement données pour les pauvres en firent la remise ; et, chaque fidèle ayant consenti tacitement à convertir en contribution annuelle sa première offrande, l'œuvre se trouva promptement constituée. Les Réformés s'en servirent pour réunir les frères disséminés, leur porter, avec la parole divine, les consolations et les prières, et entretenir le feu sacré dont les persécutions avaient plutôt augmenté que diminué l'ardeur.

En 1777, l'horizon était encore bien sombre ; cependant les lueurs d'un meilleur avenir commençaient à poindre, et l'on sentait vaguement, comme nous l'avons déjà signalé, qu'un esprit nouveau allait gagner peu à peu les hautes sphères administratives (1). Les Protestants de Caen crurent le moment opportun pour donner à leur Église un peu plus de consistance. Un registre fut ouvert; c'est le plus ancien de ceux que possède aujourd'hui le Consistoire, et l'on y inscrivit, comme première délibération, le procès-verbal dont suit la copie littérale :

« Aujourd'hui 19 mars 1777,

« Nous... (en blanc)

« Avons arrêté ce qui suit et suivra :

« Pour parvenir à donner à nos *entreprises*
« un ordre plus exact, il a été nommé d'une
« voix unanime M. O. pour faire les fonctions
« de secrétaire et avoir soin de tenir registre de
« tout ce qui a été arrêté aujourd'hui et à l'avenir ;
« lequel registre lui va être déposé aux mains.

« Avons nommé d'entre nous MM. la C^{drie} et
« S. D. de se transporter chez M. L. V. D.
« aux fins de l'inviter à ce que nous sommes
« ce jour ensemble convenus. Lesd. s^{rs} la C^{drie}
« et S. D. chargés de nous rapporter sa ré-
« ponse.

« Très-expressément arrêté entre nous que le

(1) Page 454.

« seul P. pourra faire B. et M., et tous autres
« articles quelconques concernant les choses
« convenues entre nous, promettant sur notre
« honneur et conscience de ne point déroger
« au présent article. Promet led. P. de ne rien
« faire concernant son état qu'en présence de
« l'un ou deux de nous pour le moins, la liberté
« réservée aux autres de s'y trouver.

« Il ne se pourra à l'avenir d'être admis aux
« avantages relatifs à nos congrégations qu'après
« avoir été dûment examinés par le P. en pré-
« sence de notre corps assemblé. En con-
« séquence, nous nous chargeons, chacun
« dans nos quartiers respectifs, d'avertir les
« chefs de famille de se soumettre au pré-
« sent.

« M. O^t. pointé à 3^{tt} pour les pauvres, lesquels
« il remettra à M. B. »

Le troupeau n'était alors guère rassuré, puisque la délibération n'est revêtue d'aucune signature, qu'elle n'indique le nom d'aucun des assistants, et que l'objet même de la réunion n'y est désigné que sous l'expression élastique de *nos entreprises*. Cependant c'était déjà quelque chose que d'oser confier au papier un semblant d'organisation ; et l'on voit qu'il existait déjà un pasteur à la tête de l'Église, car c'est évidemment lui que désigne le P du 6e alinéa, auquel seul est reconnu le droit de faire les baptêmes et les mariages. Ce pasteur était probablement M. Martin, dont il sera parlé plus loin (1).

Une seconde délibération, prise le 7 avril suivant, est empreinte de moins de réserve. Les noms y sont encore passés sous silence et elle ne porte aucune signature; mais on y décide, à la majorité de vingt-six voix contre une, que les procès-verbaux contiendront à l'avenir les noms des conducteurs et autres. On arrête, en six articles, la reconstitution de l'Église. On recommande notamment à toute assemblée la plus grande attention à ne blesser en aucune façon la délicatesse de conscience des ecclésiastiques Catholiques Romains, soit en choisissant des maisons trop à leur proximité, soit en se réunissant à des heures qui pourraient leur déplaire, les chefs de l'Église étant résolus de rendre aux ecclésiastiques romains, non-seulement ce qu'ils sont en droit d'exiger, mais encore de les prévenir par toutes voies d'honnêteté et de décence. Enfin, on décide que, le lendemain de chacune des fêtes de la Pentecôte et de Noël, le colloque se réunira à Caen, à dix heures du matin, et que les Églises de la campagne seront invitées à s'y faire représenter.

La première délibération portant l'empreinte d'une liberté moins restreinte, et qui ait été

---

(1) Page 482.

signée des assistants, fut prise le 26 décembre 1780. Il s'agissait de nommer un successeur à M. Martin. Ce pasteur, qui avait vécu clandestinement au milieu du troupeau en y maintenant une sorte d'organisation occulte, était mort en 1778 ; son collègue, Lasseigne, avait été mis en prison ; l'appel fait à un pasteur nommé Sylva Blanchon était resté sans résultat, son église ayant refusé de le laisser partir, et c'est alors qu'eut lieu la délibération du 26 décembre à laquelle assistèrent les anciens tant de la ville que des campagnes environnantes. Ces dernières étaient au nombre de huit : St-Sylvain, Beuville, Plumetot—Périers—Cresserons, Courseulles — Bernières — Langrune, Tailleville — Graye, Basly, Le Fresne-Camilly et Putot. On adressa vocation à un pasteur du Dauphiné, nommé Voulan La Roche, et on décida que le nouveau ministre bénirait certains mariages auxquels les anciens, privés de pasteurs pendant deux ans, avaient cru pouvoir procéder.

Voulan La Roche se rendit à Caen et desservit l'Église jusqu'en 1783. Le registre des baptêmes, mariages et inhumations de son ministère, continué par Fontbonne Du Vernet, son successeur jusqu'en 1792, est déposé dans les archives de l'hôtel-de-ville.

A partir de 1780, les craintes diminuent de jour en jour ; chacun reprend courage ; l'organisation se complète et l'église, tolérée en fait, ne tarde pas à reprendre une vie plus active. Les fidèles, tout en maintenant à leur culte le caractère privé, se réunissaient d'abord rue St-Jean, cour du Parc, dans la maison de l'un d'eux, nommé Cuminal, et ensuite chez M. Osmont et dans une chambre prêtée par un sieur Chauvin.

Le 13 février 1781, le Consistoire émet l'avis que, pour subvenir aux frais du culte, chaque fidèle devra, conformément à l'ancien usage autorisé par Henri IV, se taxer d'une somme égale à sa capitation envers l'État.

Le 27 juin 1783, il élit, en remplacement de Voulan La Roche, Jean-Antoine Fontbonne Du Vernet, et décide que ce pasteur remplira ses fonctions à Caen « pour aussi long temps que la « bienveillance du Gouvernement permettra qu'il « puisse le faire sans courir la perte d'aucune « de ses facultés civiles. »

Enfin, en 1786 et en 1787, les anciens se complètent par l'adjonction de nouveaux membres.

C'est dans cet état d'organisation que l'Église reçut l'édit de novembre 1787.

CHAPITRE XXX.

ÉDIT DE 1787 SUR L'ÉTAT CIVIL. — RÉUNIONS POUR LE CULTE. — CIMETIÈRES.

1787-1788.

La persévérance mise par les Protestants à se marier au désert était grosse pour eux d'inconvénients sans nombre ; mais elle présentait en outre, au point de vue de l'état social du pays, un extrême embarras. De nombreux esprits s'en étaient occupés. Dès 1693, l'intendant Foucauld en avait entretenu le ministre d'État : « La plupart des Religionnaires qui ont fait « abjuration, disait-il, ne peuvent se marier à « l'Église, les curés refusant de leur administrer « le sacrement de mariage s'ils ne font le devoir « de Catholiques Romains ; ils se faisaient des « promesses de mariage, sur la foi desquelles « ils habitaient ensemble. Il arrivera que ces « mariages seront déclarés clandestins. C'est « un désordre auquel on n'a pas pourvu (1). »

Un mémoire, dont le précis est resté dans

---

(1) Foucauld, p. 298. — Mancel, p. 408.

les archives de la Préfecture, et qui paraît remonter à la guerre de Sept Ans, était parti d'une idée assez ingénieuse pour arracher au Gouvernement d'alors une loi rendant l'état civil aux Réformés. Les Protestants, zélés pour le service du Roi, disait l'auteur inconnu de ce mémoire, demandent à contribuer aux dépenses de la guerre. Il existe un moyen bien facile de leur en procurer l'occasion et d'augmenter pour eux la faveur du Roi : c'est de doubler leur capitation en la portant, par exemple, à un écu par tête. Il existe en France trois millions de Protestants. On obtiendrait d'eux ainsi neuf millions de livres par an ; et alors, sans vouloir mettre de bornes à la bienveillance du Roi, S. M. pourrait leur permettre de se marier devant le juge de leur résidence et de faire inscrire, au greffe du bailliage, leurs baptêmes, leurs mariages et leurs décès. Cette proposition, accompagnée d'une disposition fiscale importante, surtout à un moment où le trésor était vide, pouvait sourire au Pouvoir, et les Réformés l'eussent accueillie avec reconnaissance. Mais elle échoua comme tant d'autres tentatives du même genre.

De longues années devaient s'écouler sans apporter de remède à une situation si intolérable. Mais on finit par reconnaître que la fiction qui réputait converti tout Protestant régnicole était un mensonge aussi grossier qu'inadmissible ; que les ordonnances ne laissaient d'autre alternative aux Réformés que de profaner un sacrement repoussé par leur conscience, ou de compromettre, par une union frappée à l'avance de nullité, l'état civil de leurs enfants ; que la justice et l'intérêt du royaume défendaient de priver des droits civils les sujets et les étrangers domiciliés qui ne professeraient pas le catholicisme ; et ces considérations conduisirent à l'édit de novembre 1787 qui, tout en maintenant à la religion de l'État le privilége exclusif du culte public, pourvut les dissidents d'un état civil régulier que l'on rendit indépendant des formalités religieuses.

En vertu de l'Édit : des registres spéciaux, tenus en double, furent ouverts à la principale justice de tous les villages, bourgs et villes du royaume, pour la réception des actes de baptême, de mariage et de décès des non Catholiques ;

A partir de ce moment, les Réformés eurent l'option de s'adresser, soit au premier officier de la justice royale ou seigneuriale du lieu, soit aux curés ou vicaires ; et l'acte était inscrit, dans le premier cas, sur les nouveaux registres, dans l'autre, sur les registres ordinaires de la paroisse ;

Le Roi se réserva de pourvoir, ainsi qu'il appartiendrait, aux effets civils des unions antérieurement dissoutes ;

Et à l'égard des unions existantes, époux et enfants furent mis en possession de tous les droits attachés aux mariages légalement contractés, à charge par les conjoints d'en faire, dans la même forme, la déclaration expresse et d'indiquer le nombre, l'âge et le sexe de leurs enfants.

Ces nouveaux registres, qui étaient tenus à Caen sous la direction du lieutenant général au bailliage et siége présidial de la ville, sont conservés dans les archives municipales.

Malgré les restrictions relatives à l'exercice du culte, l'édit fut accepté avec reconnaissance. Il rendait, à la Réforme, l'état civil qu'elle avait perdu depuis plus d'un siècle et, moins par son texte que par ses tendances, puisque les pénalités antérieures n'avaient pas été rapportées, il laissait entrevoir un meilleur avenir. Les Protestants y virent le germe d'une liberté plus grande pour leur culte et un moyen de l'étendre peu à peu, pourvu que ce fût sans ostentation et avec prudence. Ils continuèrent donc, mais avec moins de réserve que par le passé, les réunions qui avaient recommencé en ville, comme on l'a dit au chapitre précédent. Ils tinrent même à Caen, le 8 décembre 1787, avec le concours des églises, tant de cette ville que des paroisses de Beuville, de Périers, de Courseulles, du Fresne-Camilly et de Putot, un colloque où furent arrêtées diverses mesures disciplinaires et budgétaires, et où l'on décida qu'à l'avenir le Consistoire de Caen se réunirait une fois par mois dans la demeure du pasteur.

A la chambre prêtée par M. Chauvin, avait été substituée une grande salle sise au bas de la rue Neuve-St-Jean, louée 22 livres par an et à laquelle, par mesure de prudence, on avait continué le nom de maison Chauvin. C'est là que les Réformés tenaient principalement leurs réunions, et en outre, comme par le passé, chez M. Osmont, chaque fois que les circonstances le leur permettaient. Ces deux locaux étaient complètement insuffisants. La plus grande partie du troupeau restant privée des offices, le Consistoire, par délibération du 16 avril 1789, chargea une commission d'acheter un lieu convenable pour les prières, en lui enjoignant de le choisir, non dans la ville, de peur que l'autorité ne le fît fermer, mais dans un des faubourgs. Ce projet était prématuré. L'édit, en accordant certaines libertés, avait pris soin d'interdire les corporations et les acquisitions faites en cette qualité. Aussi, le 12 mai suivant, une nouvelle délibération prise avec le concours des principaux chefs de famille, décida-t-elle de surseoir à l'achat jusqu'après la dissolution des États-Généraux, et de se borner, en attendant, à une simple location qui servirait à la fois de local pour le culte et d'habitation pour le pasteur.

Les Réformés, que l'arrêt du 6 juin 1685 avait privés de leurs cimetières, faisaient leurs inhumations dans des cours, dans des jardins et dans des dépendances de propriétés privées. De là l'origine de tant de cimetières particuliers possédés encore par nos familles et dont l'usage tend, de jour en jour, à disparaître. Vers le milieu du XVIII° siècle, les familles privées de lieux convenables, ou qui préféraient reposer en commun, avaient adopté un jardin, situé à l'extrémité de la rue Pémagnie, le long et à l'intérieur du mur de ville et qui appartenait à Michel-Antoine Massieu de Clerval, frère de Pierre Massieu de Clerval, dont il a été parlé plus haut (1). On y arrivait par une ruelle, en partie disparue, et qui porte encore aujourd'hui le nom de Venelle aux Protestants.

Le bailliage de Caen ayant défendu, le 13 août 1779, d'inhumer dans l'intérieur de la ville, le jardin Massieu fut abandonné et l'on acheta, pour le remplacer, un jardin clos de murs avec petite pièce y attenant, situé à Caen, rue du Magasin-à-Poudre, qui fut vendu moyennant une rente perpétuelle de 90 livres, suivant contrat passé devant M. Ledanois, notaire à Caen, le 8 novembre 1783.

L'article 37 de l'édit de 1787 ayant obligé les villes, bourgs et villages de fournir un terrain

(1) Page 478.

convenable et décent pour l'inhumation de ceux auxquels la sépulture ecclésiastique serait refusée, les Protestants offrirent à la ville de prendre à son compte cette acquisition et la rente de 90 livres qui était encore due. La ville s'y refusa. Devant l'intendant, le maire exposa que les cimetières appartenaient non aux communes, mais aux fabriques; que c'était à chaque culte de s'en fournir; que les Protestants étaient d'autant moins fondés dans leur exigence, qu'ils formaient la classe la plus riche de la ville; qu'ils avaient autrefois possédé un cimetière fort étroit près des murs, entre la porte de Bayeux et la tour Châtimoine; que son insuffisance et l'illégalité de sa situation en ville les avaient conduits à y substituer celui qu'ils avaient acheté rue du Magasin-à-Poudre; qu'il n'y avait pas lieu de leur en fournir puisqu'ils en possédaient un; et qu'en conséquence la ville persistait dans son refus de se charger de la rente.

Le 20 août 1788, l'affaire étant encore pendante, le maire et les échevins adressèrent au ministre d'État une pétition qui renfermait, en parlant des Protestants, le passage suivant :
« Nous nous empresserons toujours de donner,
« à cette classe estimable de nos concitoyens,
« des preuves de notre considération particu-
« lière. Mais permettez-nous de vous demander,
« Monseigneur, si votre intention et celle du

« Gouvernement est de nous obliger à nous
« charger des frais de l'acquisition.....

« A Caen, ils forment dans notre ville, dont
« les charges surpassent de beaucoup le re-
« venu, une classe très-nombreuse, et ce sont
« sans contredit nos plus riches concitoyens.

« ..... C'est un non-catholique qui, dans ce
« moment, nous propose au nom des autres
« d'acquérir un jardin dont il est propriétaire
« et qui sert depuis plusieurs années aux inhu-
« mations des Protestants. Nous nous con-
« formerons dans la réponse qui lui sera faite
« aux ordres que vous voudrez bien nous
« donner. »

Soit par force d'inertie, soit par tout autre motif, la question ne fut pas résolue. Les Protestants, restés en possession de leur acquisition, y ont ajouté trois annexes et en ont fait le cimetière, qui est encore aujourd'hui à leur usage. Les titres de propriété ont été relatés dans une délibération du Consistoire en date du 16 mai 1850.

L'ancien jardin de la rue Pémagnie, vendu d'abord par les héritiers Massieu de Clerval, devant M° Mériel, notaire à Caen, le 25 frimaire an V, a été cédé en partie au département du Calvados, pour servir à l'isolement du palais de justice, devant M° Beaujour, notaire à Caen, le 6 juillet 1848. Quant à la venelle qui y donnait accès, elle a été absorbée presque en entier par plusieurs maisons de la place St-Martin, qui appartiennent à MM. Tullou, Joly, de La Codre et Blanche.

Une des instructions du ministre d'État pour l'exécution de l'article 37 de l'édit relatif aux cimetières fut suivie d'une enquête administrative sur le nombre des Protestants de diverses localités, et sur l'étendue du terrain qui devait leur être réservé. D'après les réponses envoyées en 1788, ce nombre se serait élevé :

Pour Condé-sur-Noireau, à cinq cents.

Pour Bayeux, à un seul, qui était originaire de Caen, et sans famille.

Pour Honfleur, à deux, auxquels un cimetière de cinq toises carrées devait suffire.

Et pour Cherbourg, à trois ou quatre familles.

Pontorson, d'après la réponse du délégué d'Avranches, avait possédé jadis des maisons, un prêche et d'autres établissements à l'usage de la Réforme; mais les habitants du pays s'en étaient emparés après la révocation de l'édit de Nantes, et les avaient dénaturés.

A Caen, la commission d'enquête, composée du comte Louis de Vassy et de MM. Daïgremont et Le Tellier de Vauville, était en fonctions le 23 avril 1788. Nous n'avons pas retrouvé son rapport.

Malgré les dispositions si précises de l'édit, les Protestants de Condé étaient encore sans cimetière en 1789. Leur pasteur, Gourjon de

Monchamps, s'en plaignait à l'intendant de Caen, par lettre du 12 juillet, où il énonçait qu'après un délai de deux ans, l'édit était resté sans exécution, et que l'on continuait à enterrer les morts, « comme dans les temps ci-devant « orageux », c'est-à-dire dans des cours, des jardins et des lieux isolés.

CHAPITRE XXXI.

LIBERTÉ RELIGIEUSE. — ÉGLISE RUE DE GEÔLE. — CONCORDAT. — CRÉATION D'UNE ÉGLISE CONSISTORIALE A CAEN.

1789-1852.

L'année 1789 est une date mémorable pour la Réforme comme pour les cultes dissidents en France, car c'est à elle que remonte la proclamation définitive de la liberté religieuse dans notre pays. L'édit de 1787, en rendant aux Réformés un état civil régulier, avait maintenu la défense expresse du culte public et les pénalités prononcées par les ordonnances antérieures. C'est à l'Assemblée-Nationale que revient l'honneur d'avoir anéanti ces entraves, en décrétant, le 23 août 1789, par l'article 10 de la déclaration des droits de l'homme et du citoyen, que nul ne doit être inquiété pour ses opinions, même religieuses, pourvu que leur manifestation ne trouble pas l'ordre public établi par la loi ; en ordonnant, le 24 décembre 1789, que les non-catholiques seraient admis à tous les emplois civils et militaires, et éligibles dans tous les degrés d'administration; enfin, en classant, le 19 juillet 1791, parmi les délits, le trouble apporté publiquement à l'exercice d'un culte religieux quelconque. Liberté de conscience pour tous, publicité de tous les exercices du culte, admissibilité de tous les citoyens aux charges et aux fonctions publiques : tel fut le régime établi par l'Assemblée. Aussi, nos pères transformèrent-ils, en acclamations enthousiastes, leurs sentiments de reconnaissance pour le nouvel ordre de chose établi.

Les réunions religieuses, continuées avec un redoublement de zèle, ne furent interrompues qu'en 1793. A cette époque, les églises de tous les cultes se fermèrent. Fontbonne Du Vernet, qui occupait alors depuis dix ans le siége pastoral de Caen, abandonna momentanément le ministère ; et le troupeau attendit, dans le silence, la fin de la tourmente révolutionnaire.

Après la Terreur, les réunions recommencèrent. Elles eurent lieu d'abord, rue des Carmes, dans l'ancienne église de ce nom, et ensuite, lorsque cette église eut été vendue comme bien national à M. Duperré, le 29 prairial an IV, dans une salle, au fond d'une cour située sur le côté sud de l'ancienne rue de la Boucherie, aujourd'hui rue de Bras, à 50 mètres environ de la rue St-Laurent. Cette salle exiguë, convenable tout au plus pour des réunions transitoires et fort restreintes, a disparu lors des travaux d'alignement et d'élargissement de la rue.

A quatre kilomètres de la ville, sur la route conduisant de Caen à Bayeux, existe, sous le vocable de Notre-Dame d'Ardennes, une ancienne abbaye de l'ordre des Prémontrés. Vendue comme bien national le 12 mars 1791, elle devint, en l'an VII, la propriété d'un anglais, William Russel, professant le culte réformé, qui l'avait acquise de troisième main devant M⁰ Rameau, notaire à Paris, le 25 pluviôse de cette année, et qui s'empressa d'en mettre l'église à la disposition de ses coreligionnaires. Ceux-ci en firent, pendant plusieurs années, leur principal lieu de culte. M. Fontbonne Du Vernet, qui n'avait pas encore quitté la ville, s'y rendait les jours d'exercices; et les contemporains se rappellent encore que la chaire était placée à gauche en entrant, que le lecteur de l'église se nommait Déterville, et le chantre, Sohier.

Ce local n'avait qu'un seul avantage, sa dimension, qui répondait à toutes les exigences du culte; mais sa distance de la ville ne permettait pas aux Protestants de l'accepter comme temple définitif et d'en faire l'unique lieu de leurs réunions. Aussi voyons-nous le Consistoire convoqué dans le réfectoire du Petit-Séminaire de Caen, le 20 messidor an X, pour procéder au remplacement de quatre de ses membres décédés, Louis Lamy, Osmont, de Magneville et Le Cerf,

les fidèles se réunir dans la salle d'audience du juge de paix, à la mairie de Caen, le 17 pluviôse an XI, et pendant plusieurs autres dimanches, pour assister aux sermons de Darnaud, pasteur à Dieppe, candidat au poste devenu vacant par la démission de Fontbonne Du Vernet; enfin, la même mairie recevoir en assemblée générale, le 27 prairial suivant, les membres du Consistoire et les chefs de famille.

Les inconvénients inhérents à cet état provisoire étaient l'objet de plaintes et de réclamations incessantes. Transmises au préfet du département, au conseiller d'État Portalis, aux autorités supérieures, et constamment réitérées, elles reçurent enfin satisfaction.

Avant la Révolution existait à Caen, rue de Geôle, un couvent de Religieuses Bénédictines, qui avaient pour fondatrice la marquise de Mouy, née Madeleine de Moges, veuve d'un chambellan du frère de Louis XIV. Cette dame, originaire de Caen, où elle possédait plusieurs maisons, avait établi d'abord ses religieuses à Pont-l'Évêque. Trouvant ce lieu peu sûr pour des filles, en temps de guerre, et en outre malsain à cause de ses inondations fréquentes, elle avait demandé aux échevins de Caen l'autorisation de transporter sa communauté dans leur ville. Ceux-ci l'avaient accordée le 4 septembre 1642, à la condition que les religieuses vivraient de leur bien et revenu,

sans « apporter aucune incommodité aux ha-
« bitants de la ville de quelque manière que ce
« fût », et qu'elles obtiendraient du Roi l'autorisation de s'y établir. Des lettres-patentes du 30 janvier 1644 en avaient donné la permission, et la translation avait été opérée.

Le couvent, situé à l'angle des rues de Geôle et du Tour-de-Terre, consistait, en 1789, en un ensemble de bâtiments entourant une cour centrale. Le Gouvernement s'en empara en vertu de la loi des 2 et 4 novembre 1789. Il l'utilisa comme caserne et dépôt du matériel de guerre ; et, en l'an XI, le premier consul en abandonna l'église aux Protestants de Caen pour en faire leur lieu de culte. Le 5 messidor, le conseiller d'État chargé des affaires des cultes en donnait l'avis au chef du département ; et, quatre jours plus tard, un arrêté du préfet, approuvé le 21 du même mois par le ministre de la guerre, mettait à leur disposition cette partie de l'ancien couvent.

Cette église était formée par la réunion de deux bâtiments en équerre, donnant l'un sur la rue de Geôle, l'autre sur la rue du Tour-de-Terre. Le dernier, à l'usage particulier des Bénédictines, leur permettait d'assister aux offices sans être aperçues ; l'autre était réservé au public.

Lors de la remise des lieux, l'officier qui y présidait voulut retenir l'ancienne tribune des orgues, le dessous de cette tribune et une pièce servant de vestiaire; et il fallut l'intervention du directeur général du génie militaire pour aplanir les difficultés, et faire réunir à l'église les parties qu'on en avait momentanément distraites.

Il ne restait plus qu'à murer les portes donnant accès du couvent dans l'église et sur la tribune, charge qui incombait à la ville. Le Consistoire en fit l'avance. Le maire délivra comme chaire provisoire celle du réfectoire du Petit-Séminaire de Caen; et, l'installation ainsi préparée, les Protestants, dans une cérémonie solennelle à laquelle assistèrent les principales autorités de la ville, procédèrent, le 14 brumaire an XII, à la consécration et à la dédicace du nouveau temple.

Une réflexion vient tout naturellement à l'esprit. En 1685, au nom du Catholicisme, la Réforme était privée de son culte, de ses ministres, de ses biens. Les matériaux de son temple entraient dans la construction d'une église contraire à sa foi, et la chaire, où ses principes avaient été si éloquemment développés, allait servir à l'exposition de doctrines opposées aux siennes. Un siècle s'est écoulé; et voilà que, par une sorte de retour, c'est la Réforme que l'on installe dans l'église de ses anciens persécuteurs et à qui l'on abandonne la chaire du Petit-Séminaire! A quoi donc avaient servi tant de malheurs et d'iniquités ? Nous n'avons pas à examiner si la nouvelle spoliation était plus, ou aussi peu légitime que la première; mais ce que nous avons le droit de dire et de proclamer hautement, c'est que la Réforme en était complètement innocente ; c'est qu'elle n'en avait été ni la cause ni le prétexte; c'est qu'enfin elle était restée pure des mesures violentes de la Révolution, et qu'elle n'avait à s'imputer, ni directement, ni indirectement, la ruine de ceux qui l'avaient si longtemps persécutée.

Le banc du Consistoire fut placé à l'angle d'intersection des deux rues, et la chaire fut adossée à la rue du Tour-de-Terre, en vue des fidèles rangés dans les deux bras de l'équerre. L'état de délabrement du local devint l'objet de plaintes incessantes adressées à l'administration départementale. Le Consistoire les reproduisait encore en 1818, date à laquelle elles reçurent satisfaction. De vastes travaux furent ordonnés, et le côté de l'équerre longeant la rue du Tour-de-Terre fut transformé en temple, sous la direction de l'architecte Harou-Romain. Le style grec fut adopté. On plaça au centre, le long du mur opposé à la rue du Tour-de-Terre, une chaire en pierre fort élégante, d'un style très-pur, ornée de quatre colonnes corinthiennes, dont deux étaient encastrées dans le mur; en face, le banc du Consistoire adossé à cette rue; à droite et à gauche, les bancs des fidèles, séparés au milieu par une allée transversale régnant dans toute la longueur du temple; enfin, à chacune des deux extrémités, une tribune soutenue par des colonnes en pierres s'élevant jusqu'au plafond.

Le temple était terminé, et son entrée dans l'autre bras de l'équerre, à peine ébauchée, lorsque les travaux furent interrompus. La suspension durait encore en 1846, époque à laquelle le Consistoire résolut d'y mettre fin. Il fit appel aux souscriptions particulières; il obtint 10,000 fr. de la ville et de l'État; et avec ces ressources, reprenant les travaux abandonnés depuis si longtemps, il édifia, dans une partie du bras longeant la rue de Geôle, un vestibule, où fut reportée l'entrée extérieure qui était restée provisoirement placée à l'extrémité la plus éloignée de l'église, un escalier conduisant à la tribune et au premier étage, et, dans cet étage, un vestibule, une salle des délibérations et une bibliothèque. La délibération désignant l'un des anciens pour arrêter les marchés, est en date du 1er septembre 1847. En 1850, les travaux étaient terminés et réglés.

Depuis cette époque, l'état du temple n'a subi qu'une seule modification : la translation de la chaire, qui a été portée du centre de l'église à l'une de ses extrémités, et le déplacement des bancs qui en a été la conséquence.

Le surplus du couvent, conservé par le Gouvernement en l'an XI, et qui servait alors de caserne, est maintenant occupé par l'école des frères de la doctrine chrétienne.

Le premier consul, s'occupant du concordat avec le chef de l'Église Catholique et voulant en étendre les effets aux Églises françaises de la Réforme, avait fait réclamer, auprès du Consistoire de Caen, des renseignements sur l'état des Églises. On voit dans la réponse faite à cette demande, le 19 vendémiaire an XI, que les Protestants, dans le Calvados, étaient au nombre d'environ 7,000 ; qu'ils y possédaient deux églises organisées, et avaient pour pasteurs : à Caen, M. Fontbonne Du Vernet, et à Condé-sur-Noireau, M. Gourjon ; que ces églises avaient été spoliées de leurs biens à la révocation de l'édit de Nantes et, depuis, n'avaient pu s'en procurer d'autres ; qu'on manquait notamment de temples et qu'on en réclamait trois : un pour Caen, qui n'avait pas encore reçu celui de la rue de Geôle, un pour Condé-sur-Noireau, et un troisième pour Basly, à l'usage des Protestants disséminés de cette localité et des communes environnantes.

Le concordat érigé en loi de l'État, le 18 germinal an X, fut établi sur le principe de la liberté des cultes. Il accorda à tous sûreté et protection, en leur imposant la tolérance comme règle de leurs relations les uns avec les autres. Il interdit toute cérémonie religieuse hors des édifices consacrés au culte catholique dans les villes renfermant des temples destinés à différents cultes, et il régla les rapports du Gouvernement avec les trois religions autorisées ;

Toute modification apportée à la discipline fut soumise à l'autorisation du Gouvernement ;

La nationalité fut imposée aux ministres pour exercer en France les fonctions pastorales ;

Le Gouvernement se réserva la nomination des professeurs dans les académies et les séminaires, et l'approbation des décisions consistoriales portant nomination ou révocation des pasteurs ;

L'Église nationale fut organisée par consistoriales et par synodes. Il y eut une église consistoriale par 6,000 âmes de population, et un synode par cinq églises consistoriales ;

Enfin le Consistoire fut composé de tous les pasteurs exerçant dans la circonscription de l'église consistoriale, et d'anciens, au nombre de six à douze, renouvelés par moitié tous les deux ans ; et le synode, d'un pasteur et d'un ancien de chacune des églises consistoriales de sa circonscription.

Le Catholicisme avait payé, du sacrifice de certaines immunités, l'assistance que lui accordait le Pouvoir politique ; il en fut de même du Protestantisme, qui dut subir certaines modifications dans l'organisation de ses Églises, et dont la plus grave fut la composition du corps électoral chargé de la nomination des anciens. Il en résulta que le cens, élément jusqu'alors inconnu parmi nous, devint une des conditions requises pour concourir à l'élection des Consistoires.

D'après les principes de la Réforme, l'autorité réside dans l'ensemble du troupeau et doit être déléguée, par l'organe de tous les chefs de famille sans exception, aux anciens qui composent le Consistoire, et qui sont soumis à des renouvellements périodiques émanant d'une sorte de suffrage universel. Ce mode d'élection, essentiellement démocratique, ne pouvait convenir aux tendances autoritaires du premier consul; il fut mutilé. Les anciens durent être pris, à l'avenir, parmi les plus imposés au rôle des contributions directes, et les renouvellements, enlevés aux suffrages du peuple, furent confiés aux anciens en exercice et à un nombre égal de notables choisis également parmi les plus imposés. Il est vrai que, le concordat ne fixant pas la ligne de démarcation entre les plus et les moins imposés, tous les fidèles, moins un, se trouvaient aptes à devenir électeurs; mais la mesure n'en constituait pas moins une grave atteinte portée à des principes qui assimilaient le gouvernement de l'Église à celui d'une république ou d'une monarchie parlementaire, conféraient le droit de vote à tous les chefs de famille, et n'admettaient le cens à y jouer aucun rôle.

Le nouveau système d'élection fut inauguré à Caen, le 2 germinal an XII, à l'occasion du renouvellement par moitié des anciens du Consistoire. Les six membres sortants furent remplacés par Moisson le jeune, Charles L'Honoré, Pierre Mesnil, Paisant-Dulongpré, Jean-Baptiste Beaujour et Antoine Osmont.

Le ministre Fontbonne Du Vernet s'étant retiré à Sédan pour y exercer ses fonctions pastorales, le Consistoire élut, le 13 germinal an XI, pour lui succéder, Jean-Scipion Sabonadière. Conformément au concordat, le Premier Consul approuva l'élection le 16 floréal suivant, donnant ainsi une nouvelle consécration à la reconnaissance de l'Église de Caen, comme corps religieux régulièrement et légalement organisé.

Un décret du 30 brumaire an XIII, établissant à *Vaudieu,* faubourg de Caen, le siége d'une Consistoriale à laquelle étaient rattachés tous les Protestants des départements du Calvados et de l'Orne, donna lieu à une grave scission dans le sein du Consistoire. Les uns, considérant la nouvelle création comme avantageuse, étaient disposés à l'accueillir favorablement. Les autres, en minorité, frappés des conséquences qu'elle pouvait entraîner pour les Églises, la repoussaient et faisaient valoir :

Que le concordat, en confirmant les Consistoires en exercice lors de sa promulgation, avait légalisé l'existence des anciens Consistoires de Caen et de Condé, qui n'avaient aucun besoin d'une consécration nouvelle ;

Que l'approbation donnée, le 16 floréal an XI, à l'élection de M. Sabonadière, comme pasteur à Caen, était encore une constatation de l'existence régulière et légale de l'Église de cette ville ;

Que la création d'une consistoriale à Vaudieu était donc une superfétation ;

Qu'à la vérité, sans cette création, les Protestants de l'Orne seraient restés disséminés ; mais qu'il eût suffi de les rattacher à Condé, où ils se réunissaient ordinairement, sans provoquer un changement général dans l'organisation de l'Église.

La question discutée sérieusement alors, mais non résolue, se présenta de nouveau à l'occasion du choix d'un pasteur pour l'Église de Condé-sur-Noireau. La minorité, persistant dans son opposition, voulait que l'élection fût renvoyée à l'Église de Condé et renouvela ses critiques contre le décret de l'an XIII. Le ministre de Caen, Sabonadière, que les opposants visaient particulièrement comme ayant trempé dans l'érection de la Consistoriale, la défendit par un mémoire très-remarquablement écrit. D'après lui, les opposants avaient le tort de confondre l'Église proprement dite, pourvue de ses fidèles, de son Consistoire particulier, de son pasteur et de son temple, avec l'Église Consistoriale, qui n'était autre chose qu'une circonscription de territoire comprenant, dans l'espèce, les deux départements du Calvados et de l'Orne;

Les Églises de Caen, de Condé et les autres continueraient d'avoir leur existence distincte et particulière; seulement elles relèveraient, en tant que circonscription territoriale, de la nouvelle création faite à Caen, et auraient à s'y adresser pour certaines élections ainsi que pour leurs rapports officiels avec le Gouvernement;

Enfin, le choix fait, comme siége de cette circonscription, de Vaudieu, présenté comme faubourg de Caen, n'était que l'application d'une mesure générale, adoptée pour la plupart des autres consistoriales, qui toutes avaient été établies dans l'un des faubourgs de la ville où elles devaient siéger, par exemple, à Blosseville, pour Rouen; à la Croix-Rousse, pour Lyon; aux Chartrons, pour Bordeaux; aux Prêcheurs, pour Nîmes; à Boutonnet, pour Montpellier; à la Cannebière, pour Marseille.

Ces considérations finirent par prévaloir; et le Consistoire, procédant à l'élection, le 8 mars 1806, confia à M. Bétrine le ministère pastoral des Églises de Condé-sur-Noireau et de l'Orne.

Les motifs invoqués par la minorité n'étaient cependant pas sans valeur, car la création nouvelle allait enlever aux Consistoires locaux certaines attributions qu'ils n'ont recouvrées en partie qu'en 1852 ; et l'on voit le Consistoire de Caen s'efforcer lui-même, en 1817, de remédier aux inconvénients qui en résultaient.

Le silence gardé par le Concordat sur la grande institution du Synode national avait permis aux adversaires de la Réforme de mettre en doute que cette clef de voûte de nos Églises eût survécu aux vicissitudes du passé. L'opinion qui la considérait comme anéantie n'était cependant guère admissible, le Concordat, en visant la discipline, ayant implicitement accepté les dogmes et les institutions qui lui servaient de base. Aujourd'hui la question est résolue, le Gouvernement ayant lui-même autorisé la réunion du Synode national qui a été tenu à Paris en l'année 1872.

Le 28 mars 1816, M. Martin Rollin est nommé pasteur de Caen en remplacement de M. Sabonadière.

Le 4 février suivant, une délibération du Consistoire régularise, dans le but d'en atténuer autant que possible les inconvénients, la situation qui avait été faite, par le Concordat, aux Consistoires particuliers des Églises. Après avoir constaté qu'avant l'an X, Caen, Courseulles, Périers, Condé-sur-Noireau, Ste-Honorine-la-Chardonne, Athis, Fresnes et Montilly étaient en possession d'Églises Réformées pourvues chacune d'un Consistoire, elle arrête, pour mettre la loi organique en rapport avec la discipline :

Que ces Églises conserveraient leurs Consistoires particuliers ;

Qu'un pasteur et un délégué laïque de chacune d'elles se réuniraient en Colloque deux fois par an, une fois à Caen et une fois à Condé-sur-Noireau ;

Que le Consistoire de la consistoriale de Caen ne remplirait d'autre rôle que celui d'intermédiaire obligé entre ces diverses Églises et le Gouvernement,

Et qu'en conséquence, il se bornerait à transmettre, comme émanées de son initiative et sans y apporter de modifications, les délibérations ou demandes, soit du Colloque, soit des Consistoires particuliers.

Depuis cette époque jusqu'en 1852, nous ne trouvons, comme intéressant particulièrement la Consistoriale, que les faits suivants :

La réunion, par ordonnance royale du 23 juin 1819, du département de la Manche à la Consistoriale de Caen, qui comprend maintenant, dans sa circonscription, les trois départements du Calvados, de l'Orne et de la Manche ;

La création de quatre nouvelles places de pasteurs :

La première, à Caen, par ordonnance royale

du 24 novembre 1819, pour desservir principalement les campagnes environnant la ville, et dont le siége a été transféré à Cresserons, en vertu d'une décision ministérielle du 27 novembre 1852 et d'une délibération du Consistoire du 23 mai 1866, approuvée par décret impérial du 20 juin suivant;

La seconde, à Athis-sur-Orne, pour les communes d'Athis et de Ste-Honorine-la-Chardonne, par ordonnance royale du 26 décembre 1836, suivie d'un arrêté ministériel du 6 octobre 1848;

La troisième, à Cherbourg, pour les arrondissements de Cherbourg et de Valognes, par ordonnance royale du 12 avril 1840,

Et la quatrième, au Chefresne, pour les arrondissements de St-Lo, de Coutances, d'Avranches et de Mortain, par ordonnance royale du 31 mars 1842, suivie d'un arrêté ministériel du 4 avril suivant, pris en exécution de cette ordonnance;

L'élection faite par le Consistoire, le 2 juillet 1845, en remplacement de M. Rollin, démissionnaire, de M. le pasteur Melon, qui dessert actuellement l'Église de Caen;

Enfin, la création d'une place de pasteur, à Montilly, par arrêté du président du conseil des ministres chargé du pouvoir exécutif en date du 6 octobre 1846, se référant à une délibération du Consistoire, du 15 décembre

1847, qui donne à desservir, au nouveau pasteur, les communes de Montilly, de Fresnes, de Caligny, de St-Germain-du-Crioult, de Tinchebray et de Landisacq.

CHAPITRE XXXII ET DERNIER.

RÉORGANISATION DES ÉGLISES RÉFORMÉES. — PAROISSES ACTUELLES DE LA CONSISTORIALE.

1852-1877.

Les Églises Réformées s'étaient plaintes, à maintes reprises, des mutilations imposées par le Concordat à leur organisation primitive. Le Président de la République, par décret-loi du 26 mars 1852, leur a donné en partie satisfaction. L'ancien Consistoire de la Discipline a reçu le nom de Conseil presbytéral; l'ancien Colloque, celui de Consistoire; et voici, sous ces nouvelles dénominations, d'après ce décret qui a été suivi d'un arrêté complémentaire du 10 septembre, sur quelles bases leur organisation repose :

Il y a paroisse partout où l'État rétribue un pasteur, et toute paroisse est pourvue d'un Conseil presbytéral composé de quatre à sept membres laïques que préside le pasteur ou l'un des pasteurs, et qui l'administre sous l'autorité du Consistoire.

Au-dessus du Conseil presbytéral fonctionne le Consistoire, dont la juridiction s'étend sur toutes les paroisses, ainsi que sur tous les Protestants disséminés de sa circonscription. Sont membres du Consistoire :

1° Tous les pasteurs du ressort ;

2° Tous les membres du Conseil presbytéral du chef-lieu ;

3° Un délégué laïque de chacun des autres Conseils presbytéraux du ressort ;

4° Enfin, les représentants des paroisses, en nombre égal à celui des membres du Conseil presbytéral du chef-lieu.

Les Conseils presbytéraux et les représentants des paroisses sont élus par le suffrage paroissial ; et les délégués laïques des Conseils presbytéraux par le Conseil presbytéral, qu'ils représentent au sein du Consistoire. Tous sont renouvelés par moitié tous les trois ans ; et, après chaque élection, le Consistoire nomme lui-même son président, dont l'élection est soumise à l'agrément du Gouvernement.

Au suffrage paroissial sont admis tous les Protestants français et étrangers, âgés de trente ans et domiciliés dans la paroisse : les Français depuis deux ans, et les étrangers depuis trois ans au moins.

Toute incapacité entraînant privation du droit électoral politique ou municipal fait perdre le droit électoral paroissial.

Le Consistoire nomme et révoque les pasteurs de sa circonscription. Le Conseil presbytéral de l'Église intéressée à la nomination peut présenter une liste de trois candidats rangés par ordre alphabétique; mais le Consistoire n'en conserve pas moins, pour son choix, la plus complète indépendance.

Au-dessus des Consistoires existe le Synode provincial; et au-dessus des Synodes provinciaux, le Synode national à la juridiction duquel sont soumises toutes les Églises Réformées de France.

Le Gouvernement s'est réservé l'approbation des décisions portant nomination ou révocation de pasteurs. Il nomme, après avoir pris l'avis officieux des Consistoires, les professeurs dans les Facultés de théologie.

Enfin il existe, à Paris, un Conseil central, composé de notables Protestants et des deux plus anciens pasteurs de cette ville, qui s'occupe des questions d'intérêt général dont les Églises ou l'Administration jugent à propos de le charger. Ce Conseil, dépourvu de toute autorité, ne remplit d'autre rôle que celui d'intermédiaire purement facultatif et officieux entre les Églises et le Gouvernement.

Telle est l'organisation actuelle de la Réforme en France.

En exécution de ce décret, le Consistoire de Caen, arrêtant le 17 novembre 1852 la circonscription territoriale des paroisses que l'autorité civile n'avait pas déterminée, a désigné celles de Caen, de Cresserons, de Condé-sur-Noireau, d'Athis et de Montilly pour élire chacune un des membres appelés, en qualité de représentants des paroisses, à doubler dans le Consistoire le nombre des membres du Conseil presbytéral de Caen. Il en résulte, aujourd'hui qu'une huitième place de pasteur vient d'être créée à Vire, que le Consistoire est composé de vingt-cinq membres, qui sont :

Les huit pasteurs de la consistoriale ;

Les cinq membres du Conseil presbytéral de Caen ;

Les délégués, au nombre de sept, des autres Conseils presbytéraux ;

Et les cinq représentants des paroisses de Caen, de Cresserons, de Condé-sur-Noireau, d'Athis et de Montilly.

Le décret de 1852 ne pouvait arrêter que les conditions civiles de l'électorat. Il n'avait touché aux conditions religieuses que pour exiger que l'électeur fût Protestant, et il avait laissé à l'Église le soin de reconnaître les siens et de fixer elle-même les conditions auxquelles on obtient et on conserve cette qualité. Le Synode national ayant seul qualité pour réglementer la matière d'une manière générale, et sa réunion n'ayant pas encore été autorisée, le Consistoire de Caen considéra qu'il lui appartenait d'y pourvoir, au moins provisoirement, dans les limites de sa compétence, et il prit, à l'unanimité, une délibération en date du 10 janvier 1867, décidant qu'indépendamment des conditions civiles édictées par le décret de 1852, l'électeur devrait :

1° Justifier de son admission dans l'Église par un certificat de première communion ou par une déclaration de communion signée d'un pasteur ;

2° Participer aux obligations du culte et le pratiquer ;

3° En cas de mariage, avoir reçu dans l'Église la bénédiction nuptiale ;

4° Enfin déclarer, au moment de son inscription sur le registre paroissial, que, conformément à la liturgie de l'Église Réformée, il adhère à la doctrine chrétienne révélée dans les livres sacrés de l'Ancien et du Nouveau Testament, et dont nous avons un abrégé dans la confession de foi commençant par ces mots : « *Je crois en Dieu, le Père tout-puissant* », etc.

Cette délibération, portée à la connaissance de toutes les Églises du ressort, et accueillie partout avec déférence, suscita cependant chez quelques membres du troupeau une opposition peu importante, eu égard au petit nombre des dissidents, mais sérieuse en ce sens qu'elle fut déférée au garde-des-sceaux, ministre de la justice et des cultes, et annulée par ce fonctionnaire le 26 mars 1867.

La décision ministérielle, d'une gravité extrême, ne constituait rien moins qu'un empiétement du pouvoir politique sur le domaine religieux. Le Consistoire s'en émut à juste titre et la déféra au Conseil d'État. La question mettait en jeu les rapports de l'Église avec l'État. Elle intéressait, avec le Protestantisme, toutes les Églises concordataires de France. Elle fut résolue, conformément aux principes, par un décret du 22 décembre 1869 qui, considérant :

Que la détermination des justifications et des garanties religieuses pour l'exercice du culte et des droits électoraux reste en dehors des attributions du pouvoir civil ;

Que la condition imposée par le Consistoire de Caen était d'ordre purement religieux ;

Et que, même dans le cas d'un changement introduit par elle dans la discipline de l'Église, ou d'une entreprise sur les consciences, ce n'était pas au pouvoir civil qu'il appartenait d'en connaître,

Annula, pour excès de pouvoir, la décision du Ministre, et condamna les opposants aux dépens.

Cette affaire avait remis en lumière l'utilité du Synode national. Elle ne fut peut-être pas sans influence sur le Gouvernement qui, donnant enfin satisfaction aux demandes de nombreux Consistoires, en tête desquels nous pouvons placer celui de Caen, autorisa, le 29 novembre 1871, la réunion de cette grande représentation de nos Églises. Les décisions de l'auguste assemblée sortant du cadre de cet essai, nous nous contenterons de dire que ce Synode, réuni à Paris le 6 juin 1872, a renoué la chaîne brisée par la révocation de l'édit de Nantes, et fait suite aux précédents Synodes nationaux dont le vingt-neuvième et dernier avait été tenu à Loudun, le 10 novembre 1659.

Nous n'avons plus à signaler qu'un seul événement intéressant la Consistoriale, c'est la création par décret du Président de la République, en date du 28 octobre 1874, d'une huitième place de pasteur, dont la résidence a été fixée à Vire.

La Consistoriale de Caen renferme donc aujourd'hui huit paroisses, qui ont pour siége Caen, Cresserons, Condé-sur-Noireau, Vire, Athis, Montilly, Cherbourg et le Chefresne, et qui comprennent dans leur circonscription les trois départements du Calvados, de l'Orne et de la Manche, en vertu d'une ordonnance royale du 12 avril 1840, d'un arrêté ministériel du 4 avril 1842, et de deux délibérations du Consistoire de Caen, en date des 17 novembre 1852 et 8 février 1870.

Nous voici parvenu au terme de la tâche que nous avons entreprise, et nous croyons l'avoir remplie sans nous être écarté de la règle que nous nous étions imposée, c'est-à-dire en écartant soigneusement, d'une œuvre purement historique, les questions de théologie et de controverse; car, si nous avons glissé au second chapitre (1) quelques lignes sur les dogmes et la discipline de l'Église, c'est uniquement parce qu'il était difficile, sinon impossible, dans un livre où le mot de Réforme est répété à chaque page, d'éviter de dire en quoi elle consistait.

Protestantisme et Catholicisme sont deux branches du christianisme différentes, sur certains points, de dogmes et de culte, mais ayant une même origine et conduisant, l'une et l'autre, l'humanité au même but. Ils ont pour principe l'amour, cette expression de la plus vivifiante de nos facultés : l'amour, comme lien d'union entre le Dieu vivant et ses créatures ; l'amour, comme lien d'union de celles-ci entre elles, et que résume en quelques mots cette admirable synthèse: *Aimer Dieu de tout son cœur, de toute son âme, de toute sa pensée, et son prochain comme soi-même* (2). Comment expliquer qu'avec une semblable base tant de faits déplorables, qui la contredisent de tout point, viennent attrister, souvent même ensanglanter leur histoire? C'est que, derrière les principes, sont les hommes qui les appliquent, et que ceux-ci, dans les temps de troubles surtout, n'ont que

---

(1) Page 19.
(2) Évangile selon saint Mathieu, ch. xxii, v. 37 et 39.

trop de tendance à se livrer aux excès et à compromettre ainsi la cause qu'ils entendent servir. Aussi, ne peut-on imputer au Catholicisme, pas plus qu'au Protestantisme, les crimes commis en leur nom et dont doivent rester seuls responsables ceux qui en ont souillé les emblèmes.

Aux époques troublées, cependant, deux grandes pensées devraient corroborer, dans tous les cœurs, les enseignements féconds du christianisme. L'un, c'est que vainqueurs et vaincus changent alternativement de rôle, et que la modération doit être d'autant plus la loi du vainqueur qu'il dicte, aujourd'hui, la conduite que l'on tiendra à son égard demain. L'autre, c'est que jamais mauvais moyen n'a réellement profité, même à la meilleure des causes. Sans sortir de notre sujet, l'abominable massacre de la Saint-Barthélemy, loin de détruire la Réforme, ne servit qu'à augmenter le nombre de ses partisans; et la révocation de l'édit de Nantes, impuissante à l'anéantir, n'a pu l'empêcher de reparaître un siècle plus tard, aussi vivace que jamais. Hélas! qu'a gagné le pays à ces mesures aussi cruelles qu'impolitiques? La dépopulation, la misère, les désastres et l'émigration des arts, des manufactures, du commerce, qui sont allés à l'étranger et lui ont transmis, à nos dépens, une partie des forces vives de la nation!

N'arriverons-nous donc jamais à comprendre que les vérités de l'ordre religieux ne sont pas susceptibles d'une démonstration tellement mathématique qu'un fidèle puisse trouver dans sa ferveur, quelle que soit l'ardeur de son zèle, le droit de mettre en doute la sincérité de croyances différentes des siennes. Aucune religion n'est dispensée de faire appel à la foi ; et comme, en cette matière, l'éducation de la première enfance, les dispositions particulières de l'esprit et le milieu où l'on vit exercent une influence souvent prépondérante, il en résulte que le caractère de vérité absolue attaché par l'un aux dogmes qu'il professe, peut être appliqué par l'autre, avec la même bonne foi et le même caractère de certitude, à des doctrines diamétralement opposées. Puisqu'il en est ainsi, et l'expérience de chaque jour le démontre, pourquoi ne pas accepter, comme règle de conduite, dans les questions religieuses, une tolérance mutuelle conduisant à respecter les opinions d'autrui, au nom du respect que nous lui demandons pour les nôtres, et à reconnaître à chacun le droit d'aller au ciel par le chemin qu'il croit préférable ? Une idée vraie finit toujours par s'imposer d'elle-même en ne laissant à ses adversaires que le tort de l'avoir combattue. Si elle est fausse, pourquoi lui donner l'auréole du martyre, sans laquelle elle aurait disparu complètement ignorée.

Les antagonistes de la Réforme poursuivaient contre elle un projet chimérique et complètement irréalisable, l'unité religieuse. Mais cette unité, souvent plus apparente que réelle, même chez ceux qui croient le mieux la posséder, est-elle donc un bien si désirable ? Quels avantages a-t-elle procurés aux peuples qui l'ont conservée ? Trouve-t-on chez eux plus d'esprit religieux, plus de respect de la loi, plus de vitalité ? Y est-on meilleur citoyen, meilleur père de famille, plus pénétré du sentiment du devoir ? Les mœurs y sont-elles plus pures, les révolutions moins fréquentes, la tranquillité sociale plus assurée ? La réponse n'est pas douteuse. Alors à quoi bon, et dans quel intérêt poursuivre cette unité à l'aide d'excès et de crimes ? N'y a-t-il pas, au contraire, dans l'existence simultanée de deux cultes, un puissant motif d'émulation, lorsque tous deux prêchent l'amour du prochain, s'excitent mutuellement à mieux faire pour parvenir à la perfection, et sont l'un à l'autre ce qu'une opposition sage et bien entendue est à tout gouvernement, c'est-à-dire un avertissement, un frein, un contre-poids salutaire et une sauvegarde contre les écarts. La lutte intellectuelle à laquelle le Catholicisme s'est vu contraint au XVII° siècle, n'a pas été sans influence sur cette époque de son histoire, où il a brillé d'un si vif éclat ; et il serait difficile de méconnaître que la quiétude où l'a plongé la révocation de l'édit de Nantes soit demeurée étrangère à la situation qu'il a occupée pendant le cours du siècle suivant.

Pour en revenir à notre ville, il est consolant de voir qu'au milieu des péripéties sanglantes et des persécutions acharnées qui ont sévi dans d'autres régions, nos concitoyens des deux cultes ont su vivre en paix les uns avec les autres, et conserver entre eux des sentiments de tolérance, de bienveillance et d'union. Ce qu'il convient également de mettre en lumière, c'est la conduite de la plupart de nos intendants qui, bien avant l'époque où les idées de tolérance avaient gagné les sommités administratives, s'efforçaient de faire prévaloir les principes d'humanité. Placés entre le dénonciateur qui surveillait et signalait leur tiédeur, et les ministres d'État qui donnaient des ordres rigoureux, leur position était souvent bien délicate; et il est intéressant de voir, en parcourant les dossiers, le tact avec lequel ils savaient tourner les difficultés, la lenteur calculée qu'ils apportaient à l'instruction des affaires, et comment, après avoir plaidé les circonstances atténuantes, ils en appelaient souvent à la force d'inertie pour paralyser l'ardeur des persécuteurs.

S'il entre dans les vues de la divine Providence de conserver, pendant de longs siècles encore, les deux cultes dans notre ville, nos concitoyens n'auront aucune peine à s'incliner devant ses décrets. Ils se diront que l'un, sous le drapeau de l'autorité, l'autre, sous celui de la liberté, sont appelés à concilier les deux principes, à les compléter l'un par l'autre, à les mettre à l'abri de leurs propres exagérations, le despotisme et la licence ; et, distingués seulement par le lieu où ils se rendront pour prier le Dieu commun qu'ils adorent, ils continueront à se donner fraternellement la main au-dessus des barrières qui les séparent.

FIN.

PRINCIPAUX DOCUMENTS CONSULTÉS

Archives du Consistoire et du Conseil presbytéral de l'Eglise Réformée de Caen.

Archives de l'Hôpital Général de Caen.

Bulletin de la Société de l'Histoire du Protestantisme français.

Cartons des Nouvelles-Catholiques et documents historiques déposés aux Archives de la préfecture du Calvados.

Historiens français : Mézeray, de Thou, Martin, Duruy, Guizot, etc.

Registres des Délibérations de l'Hôtel-de-Ville de Caen.

Registres d'État civil protestant, retrouvés au Bostaquet et déposés aux Archives de la préfecture du Calvados.

Registres de même nature, déposés aux Archives, soit de la municipalité de Caen, soit de la préfecture de cette ville.

Revue des Deux-Mondes.

Anquetil. — Esprit de la Ligue.

Aymon. — Synodes nationaux, précédés de cinquante lettres écrites par le nonce du pape auprès de Catherine de Médicis. La Haye, 1710.

Benoist (Élie). — Histoire de l'Édit de Nantes. Delft, 1693.

Bèze (Théodore de). — Histoire des Eglises réformées, 1580.

Idem. — Histoire ecclésiastique, 1580.

Beziers. — Histoire sommaire de la ville de Bayeux. Caen, 1773.

Bras (de). — Antiquités de Caen, 1833.

Canivet (E.). — Articles extraits des Archives municipales de Caen et publiés en partie dans *La Quinzaine*, revue normande. Caen, 1863.

Dumont de Bostaquet. — Mémoires inédits. Paris, 1864.

Ferrière (de La). — La Normandie à l'étranger. Caen, 1873.

Floquet. — Histoire du Parlement de Normandie. Rouen, 1841.

Formeville. — Les Huguenots et la St-Barthélemy à Lisieux.

Foucauld. — Mémoires publiés dans les documents inédits sur l'histoire de France. Paris, 1862.

Gendre (Le). — Vie de Du Bosc.

Goude. — Histoire de Normandie, 1815.

Gourjon (Horace). — Le massacre de Vassy, 1844.

Haag. — La France protestante. Paris, 1859.

Hardy (Le). — Histoire du Protestantisme en Normandie. Caen, 1869.

Hippeau. — Histoire de l'abbaye St-Étienne de Caen, 1855.

Huet. — Origines de la ville de Caen, 2e édition.

Isambert. — Recueil général des anciennes Lois françaises.

Laffetay. — Histoire du diocèse de Bayeux. Bayeux, 1855.

Lair. — Histoire du Parlement de Normandie. Caen, 1861.

Lange. — Éphémérides normandes publiées à Caen, 1832-1833.

Mancel (Georges). — Extraits du journal d'un Bourgeois de Caen. Caen, 1848.

Marchand (Simon Le). — Manuscrit inscrit à la Bibliothèque de Caen sous le n° 78.

O (d'). — Notice archéologique sur Rots, 1863.

Osmont de Courtisigny. — Les Huguenots et la St-Barthélemy à Lisieux ; extrait du *Bulletin* de la Société de l'Histoire du Protestantisme français. Année 1877.

Paulmier. — Éloge historique de Samuel Bochart. Rouen et Paris, 1840.

Pluquet. — Histoire de la ville de Bayeux. Caen, 1829.

Rulhières. — Éclaircissements historiques sur l'édit de Nantes.

Segrais. — OEuvres diverses. Amsterdam, 1723.

Smith (Edward-Herbert). — Recherches sur la vie de Samuel Bochart. Caen, 1833.

Tissot. — Voyage au pays des milliards, 1875.

Waddington. — Le Protestantisme en Normandie

TABLE ALPHABÉTIQUE

(Les articles complémentaires qui ne renvoient à aucune page du volume sont suivis d'un zéro).

A.

ABJURATION. — Défense de recevoir celle d'un Catholique, 252. — Obtenues aux Nouvelles-Catholiques, 380. — Les convertisseurs en dissimulent les conséquences, 462.

ACADÉMIE DE CAEN. — Fondée par Jacques Moisant, 297.

ACCOUCHEURS. — Profession interdite aux Réformés, 258. — Plaintes générales, 263. — Tolérance secrète, 263.

ALENÇON. — Fondation de l'Eglise, 13. — Conversation sur les moyens d'obtenir la ruine d'un temple, 286. — Destruction du temple, 273.

ALIÉNATIONS. — Annulées en cas d'émigration du vendeur dans l'année, 281. — Requêtes à fin d'aliénation, 459.

ALLEMAGNE (village près Caen). — Azire, ministre, 95. — Reçoit l'Eglise de Caen, 154, 173. — Invasion des Ligues d'Honfleur, 157, 173. — Interdiction du culte, 156, 173, 270.

ALLEMAGNE. — Se peuple de réfugiés, 345. — Réponse d'un Roi de Prusse à l'ambassadeur français, 345.

ALLOCATIONS du Roi pour les Eglises, 168, 306.

AMBOISE. — Premier édit en 1559, 15. — Second édit en 1562 (v. s.), 61. — Son exécution eût pu satisfaire les Religionnaires, 63. — Mutilations qu'il subit, 85. — Les Réformés ne se soumettent à la réduction de leurs lieux de culte, à Caen, qu'après plus d'un an, 93.

ANCIENS de l'Eglise de Caen, 102.

ANGERS pris par l'armée royale, 49.

ANGLETERRE. — Au Havre, 76. — Abandonne La Rochelle, 214. — Accueille les réfugiés, 267, 348. — Adresse des remontrances à Louis XIV, 278.

APOTHICAIRES. — Voir *Médecins*.

ARDENNES. — L'église de cette abbaye sert au culte des Réformés, 496.

ARGENTAN. — Pris par l'armée protestante, 114.— Poursuite du juge d'Argentan contre l'Eglise de Caen, 313.

ARNAULD. — Son opinion sur la révocation de l'Édit de Nantes, 346.

ASSEMBLÉES A L'HOTEL-DE-VILLE. — Délégation à la Cour, après la bataille de Dreux, 51. — Curieux formulaire, 52. — Réception de La Curée, 65. — Paix maintenue à Caen pendant la guerre civile, 86. — Affaire des Jésuites, 190, 196.

ASSEMBLÉES CLANDESTINES. — Instructions atroces de Louvois, 384. — Réunions secrètes rue Neuve-St-Jean, 475. — Dans les carrières de la rue de Falaise, 477. — A la Fosse-aux-Huguenots de Beuville, 477.

ASSOCIATION CHARITABLE DE 1759. — Prétexte pour réorganiser l'Eglise de Caen, 478.

ATHIS. — Dragons envoyés par Louvois, 392. — Ancienne Eglise, 508. — Création d'une place de pasteur en 1836, 510. — Nomme un représentant de sa paroisse dans le Consistoire de Caen, 515. — Consécration, en 1866, d'un temple élevé sur un terrain donné pour cette destination, 0. — Le Consistoire de Caen autorise, le 27 février 1866, l'aliénation de deux anciens temples situés, l'un à Athis, l'autre à Ste-Honorine, rendus inutiles par la nouvelle construction, 0.

AUDRIEU. — Cimetière particulier des Protestants, 304.

AVENAY. — L'Eglise de Caen s'y réunit, 136. — Possède Eglise avant 1585, 141.

AVERTISSEMENT PASTORAL, 282, — notifié aux Eglises, 283, — et à Caen, 283.

AVOCATS. — Avocats Protestants, 99. — Nombre limité par le Parlement, 229, 242, 247. — Profession interdite aux Réformés, 341. — Avocats obligés d'abandonner leur profession, 351.

AVRANCHES. — Pris par le duc d'Étampes, 49.

AZIRE. — Ministre d'Allemagne, 95.

B

BAILLEHACHE (Jean de), s^r de Beaumont. — Ministre de Caen, 294, 296.

BAILLEHACHE (Jean de). — Ministre des Veys, 294.

BAILLEHACHE (Louis de). — Résiliation de son bail, pour cause de religion, 90.

BAILLEHACHE (Pierre de), s^r de Beaumont. — Condamné pour cérémonies lors de l'inhumation de sa fille, 228.

BAILLEUL (Jean de), s^r du Renouard, gouverneur du château de Caen, 52. — Fait fermer les portes de la ville à l'armée de Coligny, 56. — Met en danger la tour de l'église St-Pierre, 58.

BAPTÊMES. — Noms donnés aux enfants révélant l'inspiration biblique, 27. — Baptême catholique imposé, 227, 234, 343, 398. — Baptêmes depuis l'interdiction du culte à Caen jusqu'à la révocation de l'Édit de Nantes, 306, 314, 319, 348. — Soumission des Réformés au baptême catholique, 464.

BAPTÊMES (Statistique des) de 1560 à 1568, 54, 96; — de 1570 à 1585, 138, 141; — de 1590 à 1611, 186; — de 1612 à 1684, 305; — en 1685, 306, 314, 319, 348.

BARBESSIN. — Eglise condamnée, 266.

BARON. — Pierre Leroy, dit de Bouillon, ministre, 95 ; — passe probablement en Angleterre à la St-Barthélemy, 113. — Cimetière pour les Réformés, 304.

BAS (Vincent Le), sieur du Val, l'un des premiers ministres de Caen, 21, 93 ; — assiste à l'assemblée tenue pour maintenir la paix à Caen, 86 ; — disparaît après 1572, 140.

BASLY. — Eglise censurée au 26ᵉ Synode national, tenu à Charenton en 1631, pour ne s'être pas libérée de ce qu'elle devait à Bayeux, son ministre, 0 ; — condamnée par le Parlement, 263 ; — Binet, ministre, 313 ; — dépouillée de ses biens, qui passent aux hospices de Caen, 322, 324. — Importance de ces biens, 325. — Jacques Le Sens, écuyer, sʳ de Lion, trésorier de cette Eglise, rend, en 1684, le compte de sa gestion, s'appliquant tant à Basly qu'à Bernières. On y voit que ces deux églises étaient encore réunies en 1676, mais qu'à partir de cette époque Bernières avait pris un ministre particulier, 0. — Prend part à la délibération de 1780, à Caen, 482. — Voir *Bernières* et *Registres (anciens) d'état civil.*

BATRESSE. — Lieutenant du gouverneur du château de Caen, 71 ; — révoqué et remplacé par Laguo, 71 ; — défend la ville devant le Conseil du Roi, 74. — Remerciements des échevins, 74.

BAUDART (Daniel). — Ministre de Caen, 294.

BAUDART (Jean). — Ministre de Caen, 140, 185.

BAVENT. — Cimetière des Réformés, 304.

BAYEUX. — Eglise fondée en 1555, 13, 141. — Dévastation de la cathédrale et de l'évêché, 39. — Cathédrale sauvée de la destruction, 44. — Montgommery quitte la ville, Étampes et Matignon y entrent, 49. — Pierre Loyseleur, ministre de Bayeux, 95. — Eglise, alors recueillie à Vaucelles, condamnée, 266. — Des Réformés de Bayeux célèbrent la fête de Noël 1684 à St-Vaast, 315. — Biens de l'Eglise attribués aux Hospices, 325. — Dénombrement de 1788, 492. — Voir *Registres*.

BAYEUX. — Ministre de Basly. — Voir *Basly* et *Bernières*.

BEAUJOUR (Jacques) et son fils, compris dans le désarmement des Religionnaires de Beuville, 389. — Jacques et sa famille émigrent à Jersey, 431. — Certificat de mariage d'Ant. Daule, 466. — Jean-Baptiste et Jean-Baptiste-David son frère sont sur le point d'émigrer, 476. — Jean-Baptiste, membre du Consistoire, 505.

BEAULART (Pierre), s^r de Maizet, présenté par les échevins pour la lieutenance à Caen du duc de Joyeuse, 123. — Sr de Lébisey, condamné par le Parlement pour avoir refusé de tendre, 155. — Prisonnier à Allemagne et conduit à Honfleur, 158, 174.

BEAUMONT. — Eglise condamnée, 266. — Ses biens, 326.

BEAUVOIR. — Sa lettre sur les prisonniers détenus à Honfleur par la Ligue, 157. — Sa lettre sur le Carel, 173, 174.

BELLEFONTAINE (de). — Son procès, 392.

BÉNARD (Catherine). — Son enlèvement, 429.

BENCE. — Ministre à Courseulles, 95-113.

BÉNÉDICTINES. — Voir *Religieuses*.

BENOIST (Élie). — Mention du temple de Caen, 184. — Son témoignage sur l'état social des Réformés à Caen, 237. — Son récit sur le procès du temple de Caen, 277. — Son opinion sur une des causes du gain du procès, 278.

BERNAY. — L'amiral de Coligny s'en empare, 56.

BERNIÈRES (Eglise de). — Antérieure à 1589, 141. — Reçoit la notification de l'avertissement du clergé, 283. — Rapports avec Caen, 304. — Reçoit un legs du sieur de Calix, 309. — Le sixième des biens de l'Eglise est attribué aux Petits-Renfermés de Caen, 322. — Importance de ces biens, 325.

— En 1734, l'ancien cimetière des Réformés de Bernières était loué à Renvoisé, moyennant 2 livres par an. Le locataire ayant disparu, le seigneur s'empare du terrain, 0. — Bernières prend part, en 1780, aux délibérations de l'Eglise de Caen, 482. — Un vicaire de la paroisse St-Julien de Caen, nommé Guillaume Le Roux, possédait en 1631 un registre relié en brochure, sans couverture, contenant 75 feuillets, intitulé : « Baptêmes faits par Bayeux, depuis « qu'il a été employé au saint ministère, commençant à « Noël 1598 et finissant le dimanche 15 mars 1654, conte- « nant les baptêmes faits par led. Bayeux, tant à Bernières, « Basly, Manneville, que Lasson ; » registre représenté aux notaires de Caen, Faguet et Boulin, le 14 juillet 1631, pour obtenir la délivrance, à cette date, de la copie collationnée d'un de ces actes de baptême, 0. — Voir *Basly*.

BERNIÈRES (famille DE). — Voir *Duc (le)*.

BÉTRINE. — Nommé ministre de Condé-sur-Noireau, 507.

BEUVILLE (Eglise de). — Antérieure à 1589, 141. — Dénombrement de 1700, 402. — Fosse-aux-Huguenots, 477. — Femme tuée par accident, 478. — Des pasteurs, souvent inconnus, s'y rendent pour les exercices, 0. — Prend part, en 1780, aux délibérations de l'Eglise de Caen, 482, — et au Colloque tenu à Caen en 1787, 487. — La famille Mahy donne aux Protestants, par acte notarié des 14 et 17 mars 1828, un terrain pour bâtir un temple et fonder un cimetière, 0. — Beuville, devenu une des annexes de la paroisse de Cresserons, possède un temple élevé en 1835 sur un terrain vendu aux Protestants, devant Me Le Rouget, notaire à Colleville-sur-Orne, le 9 juillet 1834, 0. — Le Consistoire de Caen, par délibération du 19 mars 1835, délègue l'un de ses membres pour aliéner le terrain donné par la famille Mahy, 0. — Deux délibérations du Conseil municipal de Beuville, en date du 11 décembre 1849 et du 15 mai 1850, ont affecté, pour l'usage des Protestants, une partie du cimetière communal, 0.

BÈZE (Théodore de). — Son opinion sur l'effet des persécutions, 5. — Parle des dévastations de l'Église de Rouen, 33. — Prêche dans l'église St-Jean, à Caen, 58. — Administre le baptême en cette ville, en 1562, 95.

BIBLE traduite par Le Fèvre et Olivetan, 3. — Répandue en France par de prétendus marchands colporteurs, 3, 23.

BIENS DES CONSISTOIRES. — Les biens des pauvres sont enlevés aux Consistoires, 246, 255. — Biens de divers Consistoires, 325. — Comptes du trésorier de Caen, 328.

BIENVEILLANCE entre les deux cultes. — On ne veut qu'un Réformé pour gouverneur de la ville, 67. — L'accord commun maintient la ville en paix, 87. — Candidats présentés après la mort d'Olivier de Brunville, 87. — Beaulart proposé comme lieutenant du duc de Joyeuse, 123. — Le vicomte constate que Protestants et Catholiques vivent en paix, 175. — Sentiments révélés par l'enquête sur l'admission des Jésuites, 201. — Témoignage de Ségrais, 208. — Présentation d'un Réformé comme régent de la Faculté de Caen, 219. — Résumé de l'impression générale, 523.

BIÉVILLE-EN-BESSIN. — L'Eglise de Caen s'y réunit, 139. — Eglise antérieure à 1585, 141.

BINARD (Madeleine). — Enfant mise aux Nouvelles-Catholiques, 447.

BINET, ministre de Basly. — Compris dans la poursuite contre le temple de Caen, 313.

BLANCHON (Sylva). — Appelé à Caen comme ministre, et retenu par son Eglise, 482.

BLOIS. — L'armée royale s'en empare, 49.

BLONDEL. — S'évade de la maison des Nouvelles-Catholiques, 375, 448.

BOCHART, ministre de Caen. — Sa famille avait probablement conservé les anciens registres de l'Eglise, vi. — Conférences

— 534 —

avec Véron, 209, 296. — Nommé ministre à Caen, 294, 296. — Sa vie, 295. — La *Geographia sacra*, 297. — Se rend en Suède, 297. — Membre de l'Académie de Caen, 297. — Beau-père de Le Sueur de Colleville, 298. — Sa lettre à Du Bosc, 298. — Interruption de ses rapports avec Huet, 298. — Son décès, 299. — Son inhumation à Cormelles, 299. — Opinion de ses contemporains, 300. — Humboldt et Cuvier, 300. — Son nom donné à l'une des rues de la ville, 302. — Inhumation de la veuve de Bochart, 301. — Reçoit Du Bosc au ministère pastoral, 329.

BOIS (du). — Envoyé à Caen comme commissaire du Parlement, 25. — Y court des dangers, 26.

BOISSEL (François), s^r de Parfouru. — Donne trois quartiers de terre à l'Eglise de St-Vaast, 326.

BOSC (du), ministre de Caen, reçu par Bochart, 236, 294, 295. — Exilé à Châlons-sur-Marne, 237. — Lettre de Bochart, 298. — Revient à Caen, 238, 273. — Délégué des Eglises de la Normandie, 238. — Audience de Louis XIV, 239, 330. — Revient à Paris, 241. — Dénoncé au Roi par l'Archevêque de Paris, 241. — Dresse la requête générale des Eglises, 242. — Défend l'Eglise de Caen, 273, 278. — Obtient le désistement des Religieux de St-Étienne, 276, 331. — Est autorisé à appeler un opérateur de son choix pour l'accouchement de sa fille, 263. — Son sonnet, 279. — Sa réponse à l'avertissement du clergé, 283. — Décrété d'ajournement, 313. — Prêche à St-Vaast, 315 — Condamné, 318. — Plaide devant le Parlement, 319. — N'obtient que quinze jours pour quitter le pays, 329. — Se fixe en Hollande, 329. — Sa vie, 329. — Son départ de Caen, 331. — Se rend à Rotterdam, 332, 362. — Sa mort, 332. — Sa fille le rejoint en exil, 333. — A-t-il porté le nom de Thomine ? 334.

BOSC (le président du). — décapité à Rouen, 50.

BOSQUAIN (Guillaume Le). — Détenu dans les prisons de l'Officialité, 89.

BOSTAQUET (ferme du). — M. Read y découvre les anciens registres de l'Église réformée de Caen, vi, 27.

BOUGY (D^{lles} de). — Bal du comte d'Harcourt, 331.

BOUGY (seigneur de).—Voir *Révérent (Le)*.

BOUILLON (duc de). — Vient à Caen une seconde fois, 44. — Fait porter au château de Caen les objets pieux des églises, 44. — Spoliation, 44.

BOULEY, s^r de Vaux.—Attaque ayant pour but la destruction du temple de Caen, 312. — Reconnue sans fondement, 316. — Condamnation, 318.

BOULON (Eglise de). — Lislays, ministre, 95.

BOURGEOIS DE CAEN. — Désarmés par Laguo, 71, 124. — Principaux Protestants, 105. — Réarmement des bourgeois, 124. — Gardes de jour et de nuit, 128. — Défense de prêter les armes pour que chacun s'en munisse, 132. — Voir *Précautions*.

BOURGET (Gilles). — Avocat et conseil des Réformés de Caen, 119.

BOURGUÉBUS. — Cimetière protestant, 304.

BOUVIER (Jean Le), s^r de La Fresnaye. — Ministre à Caen, 185, 294.

BRANDEBOURG. — Reçoit de nombreux ministres après la révocation de l'édit de Nantes, 348.

BRAS (de). — Fugitifs rentrant à Caen après l'édit d'Amboise, 15. — Limite à tort, au peuple, les progrès de la Réforme en ville, 31. — Dévastation des églises, 40. — Salaire donné aux saccageurs, 42. — Sa taxe pour contribution de guerre et logement des militaires, 58. — Son témoignage suspect à l'égard de la Réforme, 57-60. — Ses plaintes probablement exagérées, 59.— Son accusation erronée contre de Brunville, 59, 67. — Suppose à tort les Réformés renvoyés de la ville après l'édit d'Amboise, 69.— Fait fermer, lors d'un tumulte, les portes de l'Hôtel-de-Ville, 72. — Son opinion sur la St-Barthélemy, 111.

BRASNEY (veuve). — Enlèvement de ses enfants, 391.

BRIDOU (Jacques). — Ministre à Caen, 294.

BRICQUEVILLE. — Eglise antérieure à 1585, 141.

BRUNVILLE (Olivier de). — Erreur de de Bras à son égard, 59, 67. — Envoyé vers La Curée pour la publication de l'édit d'Amboise, 67. — Réunion à l'Hôtel-de-Ville avec les commissaires de l'édit, 75. — Meurt en 1568, 87.

BUISSON-EN-AUGE. — Son ministre échappe à la St-Barthélemy, 113.

BULLY. — Cimetière des Réformés, 304.

C.

CADAVRES. — Procès aux cadavres, 469. — Cadavre salé, 471.

CAEN (Eglise réformée de). — Fondée en 1558, i, 13, 15, 24. — Culte autorisé pour la première fois, mais hors des villes, 30. — Maintenu en ville, à Caen, malgré la défense, 93. — Progrès de la Réforme dans la ville, vii, 31, 89, 91, 305, 314. — Migrations de l'Eglise de Caen, 91, 119, 135, 139, 154, 173, 314. — Première attaque contre l'existence de l'Eglise, 269. — Son insuccès, 277. — Importance de l'Eglise de Caen, 277, 302. — Son éclat, 293. — Seconde attaque, 311. — Condamnation du temple, 318, 320. — Biens de l'Eglise, 325. — Colloque tenu à Caen en 1787, 487. — Voir *Culte réformé*, *Dénombrements*, *États de situation*, *Temple du Bourg-l'Abbé*.

CAILLOUÉ. — Condamné pour avoir reçu son gendre chez lui, 248.

CAIRON. — Ministre de Falaise. — Sermon incriminé pour obtenir l'interdiction de l'Eglise, 287.

CALIX (POULAIN, Sʳ DE). — Son testament, 309.

CALVIN. — Fonde à Strasbourg la première Eglise de la Réforme, 6.

CAMILLY (Eglise de). — Rémon des Moulins, ministre, 95. — Cimetière des Protestants, 304. — Camilly, maintenant réuni au Fresne, forme une des annexes de la paroisse de Cresserons. Un temple y a été élevé en 1842, avec les souscriptions des fidèles et les subventions de la commune et de l'État, sur un sol donné par les Protestants à la commune, suivant acte passé devant Mᵉ Morice, notaire à Creully, le 6 février 1840, et accepté par celle-ci devant le même notaire, le 22 juillet 1841. Les Protestants y ont joint une parcelle de terrain, qu'ils ont acquise devant le même notaire, le 15 février 1846, 0. — Voir *Fresne (Le)-Camilly*.

CAMUS (LE), seigneur de Tambleville. — Commissaire de l'édit, fixe comme lieu de culte : aux Réformés de Rouen, le Grand-Quevilly, 170 ; — et à ceux de Caen, le Jardin de la Carrière, 170, 176.

CARBONNEL. — Trésorier du Consistoire de Caen, rend ses comptes après la condamnation du temple, 328.

CAREL. — Lieu de culte, 173.

CARENTAN. — Fondation de son Eglise, 13. — Son faubourg est désigné comme lieu de culte en 1570, 90. — L'armée protestante s'empare de la ville, 114. — Eglise condamnée en 1681, 266.

CARLO. — Ingénieur, requiert des vaisseaux pour la digue de La Rochelle, 214.

CARMES. — Troubles à l'occasion de la Réforme, 4, 23, 31. — Dévastations, 69. — L'église des Carmes sert aux réunions des Réformés, 495.

CARPIQUET. — Matignon y passe la revue des troupes Catholiques, 114. — Les Protestants y possèdent un cimetière, 304.

CARRIÈRE (Jardin de la). — Lieu de culte pour l'Eglise de Caen, 170, 175, 275, 292. — On veut en expulser les Réformés, 175. — La Vérune les y maintient, 175. — Les Réformés l'achètent, 176. — Les Catholiques brûlent tout ce qui se trouve dans le lieu de l'exercice, 166. — Son échange contre le jardin du Bourg-l'Abbé, 179, 270.

CARROUGE. — Gouverneur du Roi, ne peut soustraire les Réformés de Rouen aux massacres de la St-Barthélemy, 108. — Plus heureux à Lisieux, 109.

CATÉCHISMES. — Les Réformés de Caen refusent de faire conduire leurs enfants aux cathéchismes catholiques, 401.

CATHERINE DE MÉDICIS. — Laisse prêcher Théodore de Bèze dans les cours du château de St-Germain, 30. — Son mauvais vouloir pour Caen, 71, 78.

CATHOLICITÉ (certificats de).— Exigés des magistrats, 11.— Des gradués en droit ou en médecine, des notaires, procureurs, greffiers et huissiers, 399.

CATHOLIQUES. — Changent de sentiments après avoir assisté aux prêches, 32, 285.

CATHOLIQUES (Nouveaux). — Maison distincte à l'origine de celle des Nouvelles-Catholiques, 368. — Leur réunion avec les Nouvelles-Catholiques en 1730, 368.— Leur comptabilité, 379.

CATHOLIQUES (Nouvelles). — Nombre de conversions obtenues, 378. — Comptabilité, 378. — Nombre et dépense des enfants, 380. — Règlement de 1747, 381. — Leur historique, 382.

CAUDEBEC (Eglise de). — Sa fondation, 13.

CAUVIGNY (DE). — Envoyé par la ville à Henri III, 124.

CAVELIER (LE). — Conserve un écrit du procès de l'évêque de Bayeux contre le temple de Caen, 273. — Se réfugie en Hollande, 336. — Sa fille mise aux Nouvelles-Catholiques,

369. — Une autre d^lle Le Cavelier y est également renfermée, 373.

CAVELIER (Marie Le). — S'enfuit deux fois des Nouvelles-Catholiques, 369.

CENSURE. — Défense de publier aucun livre religieux sans la permission de la Censure, 233. — Équivalant à une interdiction absolue, 235.

CERISY. — Eglise constituée avant 1589, 304.

CHAMBRES DE L'ÉDIT (les) comprenaient au plus deux juges Réformés. — Bruit de leur suppression, 238. — Leur suppression, 241.

CHAMBRES MI-PARTIES. — Leur création, 118, 168. — Louis XIV déclare à Du Bosc qu'il s'est opposé à leur suppression, 240. — Leur suppression en 1679, 260. — Ces Chambres, à la différence des Chambres de l'Édit, comprenaient autant de Réformés que de Catholiques, 0.

CHANTS. — Défendus en public et tolérés dans les maisons, s'ils ne peuvent être entendus, 225, 251. — Interdits dans les temples pendant le passage du Saint-Sacrement, 232.

CHARLES IX. — Monte sur le trône en 1560, 29. — Se rend au Havre, 76. — Ville reprise par les Catholiques et les Réformés, 76. — Charles IX fait son entrée joyeuse à Rouen et y déclare sa majorité, 77. — Vient à Caen avec sa mère, 77. — Sort peu en ville, 77. — Frais de voyage et contributions levées sur la ville, 79. — Revendique pour lui la St-Barthélemy, 108, 112. — Écrit à Matignon, 110. — Décède en 1574, 115.

CHATEAU DE CAEN. — Le duc de Bouillon y fait transporter les objets précieux des églises, 44. — Complot pour le lui enlever, 45. — Coligny assiége le château, qui capitule, 57. — Le duc d'Elbeuf y entre, 125.

CHATEAUNEUF. — Rapporteur au Conseil d'État de la requête rédigée par Du Bosc, 244; — et dans le procès de l'Évêque de Bayeux contre les Réformés de Caen, 276. — Rédacteur de l'édit portant révocation de celui de Nantes, 342.

CHAUVIN. — Prête une chambre aux Réformés pour les réunions du culte, 483. — Son nom est conservé à un nouveau local, 488.

CHEFRESNE (Le). — Condamnation de l'Eglise, 263. — Devient siége pastoral, 510. — Une Eglise nouvelle est en cours de construction sur un terrain composé de l'emplacement de l'ancien temple, dont le sol avait été acheté le 13 janvier 1817, et de deux parcelles contenant ensemble 7 a. 63, dont le Consistoire de Caen a autorisé l'acquisition en 1846, 0.

CHEMIN (du). — Enlèvement refusé par le ministre, 429.

CHEPMEL. — Enlèvement d'un jeune anglais, 452.

CHERBOURG. — Nombre des Protestants, 492. — Devient siége pastoral en 1840, 510. — Possède un temple consacré dès 1835 et une école élevée sur un terrain dont l'acquisition a été autorisée par décret du 12 février 1873, 0.

CHEVALIER (Raoul Le). — Ministre de Caen, 93. — Son premier baptême, 93. — Assiste à l'assemblée tenue pour maintenir la paix en ville, 86.

CHICHEBOVILLE. — Luard, ministre, 95. — Rapport avec Caen, 141. — L'Eglise de Caen s'y réunit, 136.

CHIRURGIENS. — Voir *Médecins*.

CHOMABLES (jours). — Défense aux Réformés de travailler les jours chômables de l'Eglise catholique, 85. — Les Catholiques de Caen se plaignent de l'inexécution de la défense, 119. — Violations de domicile, 221, 234.

CHRISTINE, reine de Suède, désire connaître Bochart, 297.

CIMETIÈRE ACTUEL. — Son achat, 489. — Offert à la ville, qui le refuse, 490.

CIMETIÈRES ANCIENS. — L'édit de 1576 accorde des cimetières, en tous lieux, aux Réformés, 118. — Même disposition dans l'édit de 1577, 119. — Les Réformés de Caen obtiennent le cimetière de l'Hôtel-Dieu, 119. — On leur vend un ancien cimetière, 158. — Déjà en possession du cimetière de Jérusalem, ils en demandent un troisième, 176. — Cimetière du Bourg-l'Abbé, reçu en échange du cimetière de Jérusalem et du Jardin de la Carrière, 179, 292. — Cimetières des Protestants disséminés, 304. — Situation du cimetière de l'Hôtel-Dieu, 327. — Ce cimetière est attribué aux Petits-Renfermés, et celui du Bourg-l'Abbé à l'Hôpital Général et à l'Hôtel-Dieu indivisément, 327. — Vente du cimetière de l'Hôtel-Dieu à l'Hôpital-Général, 327. — Cimetières enlevés aux lieux privés d'exercice, 340. — Inhumations après la révocation de l'édit de Nantes, 488. — Cimetière Massieu, 489. — Son aliénation, 491. — Voir : *Inhumation; Massieu de Clerval.*

CLAIE. — Le corps du Réformé décédé après avoir refusé les sacrements de l'Eglise catholique est traîné sur la claie et jeté à la voirie, 352. — Mode de ce supplice, 467. — Exemples à Caen, 468.

CLERCS. — Cléricature chez les juges, avocats, notaires, etc., interdite aux Réformés, 340.

CLERGÉ CATHOLIQUE (Assemblées du). — Cahier contre la Réforme, 213, 222. — Assemblée de 1660, 222. — Assemblée de 1682, formulant les libertés de l'église gallicane, 282.

CLOCHES. — Les églises n'en peuvent avoir dans les villes possédant citadelle ou garnison, 232.

COLIGNY présente à l'Assemblée de Fontainebleau les demandes des Protestants de Normandie, 26. — Ramène, après la bataille de Dreux, l'armée protestante à Orléans, 56. — Prend Bernay et campe à Dives, 56. — Entre à Caen, 56. — Lève des contributions sur la ville, 58, 80. — Y laisse Montgommery pour gouverneur, 64. — Tentative de meurtre contre lui, 107. — Meurt une des premières victimes de la St-Barthélemy, 108.

COLLÉGE (maison du). — Lieu de culte des Réformés, 138.

COLLÉGE DES ARTS. — Réclamé pour l'établissement des Jésuites, 191. — La Faculté et le Principal s'y opposent, 191. — Protestation de l'Université, 193, 194.

COLLÉGE ROYAL ou DU MONT. — Acquis en 1591, 194. — Local convenable pour les Jésuites, 191. — Protestation de l'Université, 194. — Nombre de ses élèves, 194, 200. — Protestation du Principal, 200.

COLLOQUES. — Défendus en 1657, 220. — Défendus hors du temps des synodes, 233. — Édits sur les colloques, 254. — Colloque tenu à Caen en 1787, 487. — Reçoivent en 1852 le nom de Consistoires, 512.

COLLOMBIÈRES. — Interdiction de l'Eglise, 263.

COLOMBY-SUR-THAON. — Ursin Bayeux, son ministre, échappe à la St-Barthélemy, 113. — Eglise existant avant 1589, 304.

COMMERCE. — Les Réfugiés entretiennent le négoce de la ville, 275 — Anéanti à Caen par la révocation de l'édit de Nantes, 293-365. — Même résultat pour le royaume, 386. — La paix d'Utreck fait croire aux Réformés qu'ils ont recouvré la liberté de leurs mouvements, 410.

COMMISSAIRES. — Du deuxième édit d'Amboise, 75. — De l'édit de Nantes, 170, 225, 272, 276. — Chargés d'inquiéter les Eglises, 224.

CONCHES. — Fondation de son Eglise, 13.

CONCORDAT, 22, 502. — Ses bases, 502. — Enlève au catholicisme quelques-unes de ses immunités, 503. — Agit de même à l'égard de la Réforme, 22, 503. — Organisation des Eglises Réformées, 503.

CONCORDE. — Voir *Bienveillance*.

CONDÉ-SUR-NOIREAU. — Son Eglise existe avant 1589, 186, 304, 508. — Elle est condamnée en 1680, 263, 277. — Foucauld envoie les dragons dans cette localité, 392. — Dénombrement des manufacturiers, fabricants et ouvriers protestants, 403. — Enquête sur le nombre des Réformés, 492. — Encore sans cimetière public en 1789, 492. — Pose de la première pierre du nouveau temple, le 13 janvier 1826, 0. — Voir *Gourjon, Bétrine* et *Registres (anciens) d'état civil*.

CONDÉ (prince DE). — S'empare d'Orléans après le massacre de Vassy, 37, 49. — Attaque Paris sans succès, 50. — Arrive à Dreux, 50. — Y livre bataille et est fait prisonnier, 51.

CONFÉRENCES. — De Bochart avec Véron, 209, 296. — Du château de Caen, où l'avocat Le Cavelier défend énergiquement les principes de la Réforme, 336. — Instituées à Caen en 1700 par Foucauld, 401.

CONFESSION DE FOI de La Rochelle, 18. — On en fait trois copies sur parchemin, 18.

CONNÉTABLE. — Haquenée offerte à l'occasion de la prise du Havre, 78. — L'Université charge un Protestant de le haranguer, 78.

CONSEIL D'ÉTAT. — Danger de ses arrêts provisoires, 245.

CONSEIL (Grand) des Eglises réformées de France, 164. — Refuse le retour pur et simple à l'édit de Poitiers, 165. — Le Pouvoir compte avec lui, 166. — Réclamations du Conseil, 167.

CONSEIL PRESBYTÉRAL. — Dénomination donnée, en 1852, aux anciens Consistoires de l'Eglise réformée, 22, 512.

CONSEILLERS au siége présidial, réformés, 98.

CONSISTOIRE DE CAEN. — Revendication relative au legs du seigneur de Lasson, 309. — Dépouillé de ses biens, 319, 325. — Délibération de 1777, 479. — Délibération de 1780, un peu moins réservée, 481. — Se réunit une fois par mois chez le Pasteur, 487. — Projet d'achat d'un lieu de culte,

488. — Paroisses nommant des représentants dans le Consistoire, 515. — Composition du Consistoire, 515. — Instance devant le Conseil d'État, 515. — Voir *Réorganisation*.

CONSISTOIRES. — Défense de les réunir plus d'une fois en quinze jours, 252. — Reçoivent en 1852 le nom de Conseils presbytéraux, 512.

CONSISTORIALE DE CAEN. — Circonstances de sa création, 505. — Remèdes apportés aux inconvénients de sa composition, 508. — Réunion de la Manche, 509. — Circonscription actuelle de la Consistoriale, 518.

CONSEIL CENTRAL des Eglises réformées de France, 514.

CONTE (Louise Le), entrée aux Nouvelles-Catholiques, 451.

CONVERSIONS. — Interdiction au converti de retourner à la Réforme, et aux prêtres et religieux d'abjurer, 225. — Avantages offerts, 261. — Achetées à prix d'argent, 262. — Obtenues en petit nombre aux Nouvelles-Catholiques, 378. — Tout Réformé ayant ou non abjuré est réputé converti, 409, 463, 474. — Peu sincères, 400, 435, 462.

COQ. — A St-Lo, le coq d'une des tours de l'église reçoit le procès-verbal de la démolition du temple, 288.

CORDELIERS. — Les Réformés célèbrent la Cène au couvent des Cordeliers, 69. — Le Parlement de Rouen, transféré à Caen, y siége, 133.

CORDIER (Arnould). — Ministre de Noyers, 95.

CORPS DE GARDE placé à l'Hôtel-de-Ville par Brissac, 41. — Établi au même lieu pour maintenir le calme en ville, 130. — La Vérune s'empare de l'Hôtel-de-Ville et y place un corps de garde, 151.

COSTIL-BRISSET. — Persécution relative à la maladie de sa femme, 264.

COSTUME. — Les robes, soutanes, ou habits distinctifs, défendus aux ministres hors des temples, 232.

COTON. — Lettre aux échevins sur l'admission des Jésuites en ville, 193. — Lettre leur annonçant que Henri IV l'imposait, 205.

COULOMBIERS. — Ancienne Eglise, 304.

COULOMBS. — Cimetière des Réformés, 304.

COURSEULLES. — Pierre Bence, ministre, 95. — Échappe à la St-Barthélemy, 113. — Eglise antérieure à 1585, 141. — Concourt en 1780 à la réorganisation de l'Eglise de Caen, 482, 487, 508. — Courseulles, devenu une des annexes de la paroisse de Cresserons, possède un temple élevé, avec les ressources des fidèles, sur un terrain donné par M. Osmont le 14 avril 1821. Une portion du cimetière communal a été affectée à l'usage des Réformés, 0.

COURT (Étienne Le). — Brûlé en 1533 à Rouen comme hérétique, 5.

COURTOMER. — Commissaire protestant pour la généralité de Caen, 225, 276.

COUSIN. — Ministre de Caen, 25, 93.

COUTANCES. — Les Réformés se rendent au culte à St-Vaast, 315.

COUTEUX (Le), — Ministre de Caen, 294.

CRÉATION de places de ministres dans la Consistoriale de Caen, 509, 510, 518.

CRESSERONS. — Eglise antérieure à 1585, 141. — Concourt en 1780 à la réorganisation de l'Eglise de Caen, 487. — Devient le siège du second poste pastoral créé à Caen en 1819, 509. — Cresserons, devenu une des paroisses de la Consistoriale de Caen, comprend quatre annexes pourvues de temples : Beuville, Courseulles, Le Fresne-Camilly et Périers. Le nouveau temple de Cresserons, inauguré le 23 août 1877, a été élevé avec les souscriptions des fidèles et les secours de la commune et de l'État, sur un terrain dont M. Haupois a gratifié le Conseil presbytéral, suivant acte passé devant M⁰ Costard, notaire à Caen, le 13 février 1874. Les Protestants possèdent dans cette commune un cimetière de 5 ares, qui leur a été vendu devant M⁰ Beaujour, notaire à Caen, le 7 mai 1866, 0.

CRIQUETOT. — Culte interdit en 1685, 337.

CRIQUEVILLE. — Culte interdit en 1681, 266. — Biens du Consistoire de Beaumont, Géfosse et Criqueville, 326. — Voir *Registres*.

CROCY. — Temple démoli en 1683, 283.

CROISMARE, archevêque de Rouen. — Son chapitre l'engage à s'opposer au trafic des indulgences, 2.

CULTE CATHOLIQUE. — Interrompu à Rouen pendant près de six mois, 39. — Interrompu à Caen pendant plus de treize mois, 42, 55, 72. — Rétabli à St-Étienne seulement en 1626, 43.

CULTE RÉFORMÉ. — Autorisé pour la première fois, mais hors des villes, 30. — Maintenu en ville, à Caen, malgré l'édit 29, 31. — Réduction du nombre des lieux de culte à deux au plus, 62, 83, 90. — Interruption du culte à Caen, vii, 89, 91, 135, 305, 314. — Exercé hors de la ville, 91, 135, 139, 154, 173, 314. — Interdit hors du lieu de la résidence du ministre, 218. — Interdit au siége d'un archevêché ou d'un évêché, 219, 339. — Dans les seigneuries ecclésiastiques, 219. — Dans les seigneuries tombées des mains d'un Réformé en celles d'un Catholique, 220. — Hors des temples, 227, 232. — Suspendu pendant la visite de la localité par les archevêques ou évêques, 251. — Interdit à ceux qui ont abjuré, 252. — Défendu hors de la présence des ministres, 252; — dans les lieux habités par moins de dix familles réformées, 252; — aux Catholiques, 252; — hors des temples et en l'absence du ministre, 281. — Interdit si l'on reçoit un relaps dans le temple, 312; — à Caen, par la condamnation définitive du temple, 319; — aux siéges d'archevêchés ou d'évêchés, 339 ; — sur mer, 343. — Aggravation des persécutions relatives à l'exercice du culte, 349. — Culte clandestin à Caen après la destruction du temple, 337. — Après la révocation de l'édit de Nantes, 403, 477 ; — à Beuville, 477. — Voir *Réformés* et *Lieux de culte.*

CULTES (liberté des). — Accordée en 1789, 494.

CURÉE (La). — Apporte à Caen l'édit d'Amboise, 65. — Conseille de surseoir à sa publication, 67. — Gentilhomme du même nom parmi les seigneurs reconnaissant Henri IV comme Roi, 147.

CUVIER. — Recommande à ses élèves la lecture d'un des ouvrages de Bochart, 300.

D.

DAMOURS, avocat du Roi, envoyé par le Parlement à Caen, 25. — Court des dangers et s'en retourne, 26.

DANEMARK. — Accueille les réfugiés, 267, 348.

DANIEL. — Poursuivi pour l'inhumation de sa femme, 228.

DARNAUD. — Pasteur à Dieppe, présenté pour Caen, 497.

DAULE. — Certificats apocryphes de mariage, 465-466.

DÉCÈS (actes de) après la révocation de l'édit de Nantes, 467. — Voir *Registres.*

DÉFENSES aux Eglises, 232, 233, 251.

DÉFENSES aux Ministres, 219, 227, 232, 253, 283, 312, 340.

DÉFENSES aux Réformés, 217, 219, 225, 232, 233, 281, 339, 340, 341.

DENIS s'enfuit des Nouvelles-Catholiques, 375, 448.

DÉNOMBREMENTS. — Les Réformés forment, en 1608, le tiers des habitants de Caen, 199, 208. — Dénombrement fait secrètement en 1674, 249. — En 1688, 385. — En 1692, les Réformés de Caen forment, dit-on, le 20ᵉ de la population, 397. — Manufacturiers, fabricants et ouvriers, en 1730, 402. — Dénombrement de 1788, 492. — De l'an XI, 502.

DÉNONCIATIONS. — Le dénonciateur reçoit la moitié de la confiscation, 341. — Faits de dénonciation, 419 et suiv., 440, 442. — Mode d'action, 442, 523.

DÉSARMEMENT des Religionnaires en 1621, 213. — La Reine-Mère fait rendre leurs épées aux gentilshommes, officiers et pères de famille, 215. — En 1688, 387.

DÉSERT (Mariages contractés au). — Inconvénients, 484. — Mode, 464. — Certificats apocryphes, 465-466. — Voir *Mariages*.

DÉVASTATION de l'église réformée à Caen. — Les Catholiques brûlent tout ce qui se trouve dans le lieu d'exercice, 166.

DÉVASTATION des églises catholiques à Rouen, 38; — à Caen, 39, 54; — à Dieppe, 39; — au Havre, 39; — à Bayeux, 39; — à Rots, 43.

DIACRES de l'Eglise de Caen, 102.

DIEPPE. — Eglise fondée en 1555, 13, 15. — Dévastation des églises catholiques, 39. — Mathieu Cartaut et Antoine de Licques, ministres, meurent pendant le synode national tenu à Gap en 1603, 0.

DIEU DE BELLEFONTAINE, 392. — Compris au dénombrement de 1700, 403. — Persécution, 419.

DIVES. — Coligny y campe en 1562, 56.

DISCIPLINE DE LA RÉFORME. — Proposition d'adopter une discipline commune, 17. — Elle est adoptée, 19.

DOMESTIQUES. — Défense aux Réformés de prendre des domestiques catholiques, 340. — D'avoir d'autres domestiques que des Catholiques, 352.

DOMFRONT. — L'armée protestante s'en empare, 114, 116.

— 549 —

DRAGONNADES. — Instructions de Louvois, 356. — Préliminaires, 357. — Excès, 357. — Le Pouvoir les encourage, 357. — La Normandie les subit, 359. — Dragonnades à Caen, 361. — Dépenses de deux dragons dans une auberge de Caen, 363. — Instructions atroces, 384. — Dragonnades à Condé, 392. — Il n'en est plus question en Normandie à partir de la fin du XVIIe siècle, 414.

DREUX (bataille de), en 1562, 50.

DROUET. — Ministre de Caen, 185.

DUC (Le), de Bernières. — Persécution contre cette famille, 415.

DUMONT (Isaac), s^r de Bostaquet, vi.

E.

ÉCHEVINS. — Délégation de Fernagu après la bataille de Dreux, 51. — Curieux formulaire à lui remis, 52. — Délégation à Henri IV, avec demande d'intérêts particuliers pour eux, 147. — Privés de leur Hôtel-de-Ville par La Vérune, 152. — En rentrent en possession, 152.

ÉCHIQUIER (Jardin de l'), au quartier St-Jean. — Un des premiers lieux de culte de la Réforme, 94, 138.

ÉCOLES. — Les Réformés ne peuvent en tenir, 107. — Interdites à St-Lo, 217. — Ne peuvent être ouvertes que dans les lieux pourvus de culte, et seulement pour la lecture, l'écriture et le calcul, 233. — Interdites en 1685, 343. — Les paroisses tenues d'ouvrir des écoles pour faire suivre aux enfants les exercices catholiques, 399. — Parents et tuteurs obligés d'y envoyer les enfants, 402.

ÉCOLES (Grandes). — Un des premiers lieux de culte de la Réforme, 94.

ÉCOVILLE (Hôtel d'). — Porte plus tard le nom d'Hôtel du Grand-Cheval, 115. — Montgommery, prisonnier, y loge en 1574, 115. — Appartient à Jacques Moisant de Brieux, qui y réunit l'Académie de Caen, 297. — Appartient ensuite à son fils, le ministre Moisant de Brieux, 335. — Remeublé aux frais de ce dernier, pour y loger des militaires, 362. — Remis à la régie des biens des Religionnaires fugitifs, 366. — Demandé par la ville comme Hôtel-de-Ville, 366. — La ville ne l'obtient qu'à titre de locataire, 366. — Elle en devient propriétaire en 1733, 366.

ÉCRIVAINS. — De Bras, seul écrivain contemporain, dans la ville, des événements primitifs de la Réforme, 60. — Défense aux Réformés, en 1685, de composer aucuns livres sur la doctrine catholique, 341.

EGLISE RÉFORMÉE de Caen. — Voir *Caen*.

EGLISES (premières) organisées par la Réforme, 15.

EGLISES RÉFORMÉES des environs de Caen, 95, 141, 304.

EGLISE ST-ÉTIENNE. — Le culte catholique n'y est rétabli qu'en 1626, 43. — Voir *Dévastation*.

EGLISE ST-PIERRE. — Danger couru par sa flèche, 58.

ELBEUF (marquis d'). — Commande au château de Caen pendant le siége de Coligny, 57. — La réception du duc d'Elbeuf à Caen mécontente Henri III, 124, 125. — De Cauvigny, délégué pour l'expliquer, 124.

ÉMIGRATIONS. — Surveillées, 214. — Défendues, 261, 343, 353, 410. — Nombreuses après l'édit de 1681 sur l'âge de conversion des enfants, 267. — Prime accordée aux dénonciateurs, 341. — Pénalités, 352. — Sortie du royaume après la révocation de l'édit de Nantes, 347, 364, 393, 400, 431, 476. — Évasions par mer, 393. — Danger de ces évasions, 393. — Instructions du duc d'Harcourt, 476.

ÉMOTIONS POPULAIRES en 1563, 72. — Prévenues en 1589, 129. — Panique en 1688, 391 ; — en 1692, 396.

ENFANTS de pères convertis, âgés de moins de quinze ans,

non soufferts dans les temples, 252. — Ont l'option de rentrer dans leurs familles ou de se faire payer pension, 230, 256, 268. — Ne peuvent avoir de tuteurs Réformés, 340. — Razzia générale ordonnée après la révocation de l'édit de Nantes, 351.— Inquisition exercée sur les enfants sortis des Nouvelles-Catholiques, 424. — Voir *Enlèvements*.

ENLÈVEMENTS D'ENFANTS. — Craintes et précautions des parents, 222, 226. — Jugements ordonnant de rendre les enfants enlevés souvent illusoires, 226. — Parlement de Normandie favorable aux enlèvements, 226. — Age fixé pour les enlèvements, 227. — Age non observé, 229. — Option laissée aux enfants de rentrer chez leurs parents ou d'exiger pension, 230, 256, 268. — Aggravation des édits contre les enfants, 256. — Abjurations autorisées à sept ans, 257, 266. — Frayeur des parents, 267. — Conséquences d'enlèvements d'enfants plus âgés, 360, 428, 429. — Exemples d'enlèvements, 414. — Parents faisant passer à l'étranger les enfants menacés, 427, 431. — Secret, 432. — Toutes les familles atteintes, 439. — Souvenirs bons à rappeler, 439. — Exemples d'enlèvements, 439. — Désir d'éviter les esclandres, 440, 443. — Mode des enlèvements, 450. — Faits quelquefois sans ordre, 444, 451. — Derniers principes de l'administration, 455, 456. — Voir *Enfants ; Nouvelles-Catholiques*.

ENQUÊTE des commissaires de l'édit, conservant le culte dans le jardin de la Carrière, 175.

ÉPIDÉMIES en 1592, 158 ; — en 1593, 159. — Peste en 1618, 0.

ESSARTS (Les). — Condamnation du culte, 351.

ESSILLARD (famille). — Persécution, 454.

ÉTAMPES (duc d').— Combat les Protestants en Normandie, 49.

ÉTAMPES (duchesse d'). — Favorable aux Réformés auprès de François Ier, 5.

ÉTAT CIVIL. — Après la révocation de l'édit de Nantes, 463.—

Édit de 1787, 484. — Accueil fait à l'édit par les Réformés, 487. — Voir *Registres (anciens) d'état civil.*

ÉTATS DE SITUATION de l'Eglise de Caen. — Jusqu'en 1560, 23. — De 1561 à 1568, 92. — De 1568 à 1589, 135 ; — De 1590 à 1611, 172. — De 1612 à 1685, 292. — De 1686 à 1787, 402, 403, 438, 461.

ÉVASIONS d'enfants. — Voir *Nouvelles-Catholiques*

ÉVRECY. — Cimetière des Réformés, 304.

ÉVREUX (Eglise d'). — Sa fondation, 13, 15.

F.

FALAISE (Eglise de). — Sa fondation, 13. — L'armée protestante s'empare de la ville, 114. — Donation annulée par le Parlement, 246. — Culte interdit, 287.

FALLET (Pierre). — Fait disparaître ses filles menacées d'enlèvement, 431.

FAMILLES BOURGEOISES. — A l'origine de la Réforme, 105.

FAMILLES NOBLES. — A l'origine de la Réforme, 102.

FANU (Étienne Le). — Condamné par provision à représenter ses filles, 244. — Mis en prison, 245.

FARE (marquis de La). — Son opinion sur la révocation de l'édit de Nantes, 346.

FAREL. — Annonce en Sorbonne le salut gratuit, 2. — Plus jeune que Le Fèvre d'Étaples, 2. — Fonde à Strasbourg, avec Calvin, la première Eglise de la Réforme, 6.

FAUCON (Siméon). — Condamné à fournir le pain bénit, 247.

FEMMES (persécution contre les), 350.

FERNAGU. — Délégué à la Cour après la bataille de Dreux, 51. — Curieux formulaire à lui remis, 52. — Réclame une enquête sur le tumulte de 1563, 73.

FERTÉ (famille La). — Enlèvement d'enfants, 440.

FERVAQUES (de). — Commande les troupes levées à Caen par le maréchal de Bouillon, 45.

FÊTES ROMAINES. — Leur observance est imposée aux Réformés, 234.

FEUARDENT. — Sauve la cathédrale de Bayeux, 44.

FIEFS. — Exercices interdits aux seigneurs de fiefs si la haute justice n'est pas antérieure à l'édit de Nantes, 253. — Défense de recevoir aux exercices ceux qui n'ont pas un an de domicile, 253.

FINANCES (désordres dans les). — Cause ou occasion de perturbations politiques ou religieuses, 1, 23.

FONCTIONS PUBLIQUES. — Égalité des Réformés et des Catholiques pour l'admission aux fonctions publiques, 168. — Difficultés élevées, 222. — Plaintes, 246. — Égalité rétablie en 1789, 494.

FONTAINE-ÉTOUPEFOUR. — L'Eglise de Caen s'y réunit, 139, 186.

FONTAINE (La). — Opinion sur la révocation de l'édit de Nantes, 346.

FONTAINES. — Démolition du temple, 283.

FONTBONNE DU VERNET. — Ministre à Caen, 482, 483. — Le Consistoire s'occupe de son successeur, 495, 496, 497, 505.

FONTENAY-LE-PESNEL (prêtre de). — Supplicié à Rouen comme hérétique, 10.

FONTENELLE. — Opinion sur la révocation de l'édit de Nantes, 346.

FONTENELLE (La). — Enlèvement de sa fille, 457.

FONTETTE (de), intendant de Caen. — Affaire de La Ferté, 440. — Affaire Blondel et Denis, 448.

FORT (Abraham et Benjamin Le). — Présentés comme souf-ferts dans le temple de Caen, quoique catholiques, 317.

FORT (Le). — Second mari d'Élisabeth Vaultier, 317.

FORT (Estienne Le). — Membre du Consistoire de Caen, compris dans la poursuite contre le temple, 314.

FORTIN (Antoine), seigneur de Verrières. — Donne asile à l'Eglise de Caen, 139.

FOUACE. — Ministre, condamné comme auteur d'un livre contre la Religion catholique, 216.

FOUCAULD. — Intendant de Caen, 392. — Envoie des dragons à Athis et à Condé-sur-Noireau, 392. — Fait enlever les enfants, 394. — S'oppose à des commutations de peines pour délits religieux, 395. — Critique l'abandon des biens des fugitifs à des héritiers dont le catholicisme n'est pas bien établi, 400. — Calme l'émotion populaire après l'incendie de La Hougue, 397. — Dénonce le procureur du Roi Ruel comme trop modéré envers les Réformés, 401. — Établit à Caen des conférences religieuses, 404. — Signale les dangers sociaux des mariages contractés au Désert, 484.

FRANÇOIS Ier. — Nomme sa mère régente, 4. — Ses variations, 5. — Assiste aux supplices religieux, 5. — Meurt en 1547, 10.

FRANÇOIS II. — Monte sur le trône en 1559, 14, 15. — Décède en 1560, 29.

FRANQUEVILLE. — Cimetière des Réformés, 304.

FRESNE-CAMILLY (Le). — Cimetière des Réformés, 304. — Prend part, en 1780, aux délibérations de l'Eglise de Caen, 482. — Et au Colloque assemblé à Caen en 1787, 487. — Voir *Camilly*.

FRESNES-DE-L'ORNE. — Interdiction de son Eglise en 1680, 263, 277. — Dénombrement des manufacturiers, fabricants et ouvriers protestants, 403. — Cité comme ancienne Eglise par le Consistoire de Caen, 508, 511. — Annexé à la paroisse actuelle de Montilly. Le pasteur Gourjon, par acte notarié du 7 août 1865, fait don au Conseil presbytéral de Montilly d'un terrain pour la construction d'une nouvelle Eglise à Fresnes, 0.

FUGITIFS (Régie des biens des). — D'abord administrée par l'État, 411. — Convertie en ferme, 412.

G.

GARDEMBAS (Roger et Abraham). — Anciens de l'Eglise de Caen, compris dans la poursuite contre le temple, 314.

GARDES DE CORPORATIONS. — Deux élections annulées à Caen dans les corporations des selliers et des apothicaires, 246.

GAUTIER (Gilles), s^r de La Beuserie, ministre de Caen. — Reçoit l'imposition des mains, 136, 140, 185. — Préside un des services faits à Venoix lors de la St-Barthélemy, 111-137.

GAVRAY. — Le Parlement y maintient le culte, 263. — Condamnation de l'Eglise, 287. — Son ministre meurt en prison, 287. — Biens de l'Eglise, 326.

GÉFOSSE. — Culte interdit, 266. — Biens de cette Eglise, 326. — Voir *Registres*.

GEMMES. — Commande le château de Caen et découvre la conspiration de Picard, 45.

GENDRE (Le). — Ancien ministre de Rouen, épouse la seconde fille de Du Bosc, 334.

GENDRE (Jacques Le). — Ancien de l'Eglise de Caen, compris dans la poursuite contre le temple, 314.

GENÈVE. — Seize religieuses de l'abbaye Ste-Trinité de Caen

s'y retirent, 4, 31. — Possède une copie de la confession de foi de La Rochelle, 18.

GENTILSHOMMES. — Persécutions particulières ordonnées contre eux par Louvois, 358.

GEOGRAPHIA SACRA. — Œuvre remarquable de Samuel Bochart, 297.

GEORGELIER (Le) Du Bois, envoyé à Caen par le Parlement, 9, 23.

GISORS. — Fondation de son Eglise, 13.

GOHIER (Philippine). — On sollicite son enlèvement, 449.

GOURJON. — Ministre de Condé-sur-Noireau, 502.

GOURJON (Horace). — Publie en 1844 la relation du massacre de Vassy, 34.

GOUPIL. — Condamné pour avoir noyé sur mer des Réformés passant à l'étranger, 393.

GOUVILLE (Estienne). — Chanoine du Sépulcre, meurt de chagrin de la destruction de la tour du Sépulcre et de l'abattis des arbres de ce cimetière, 46.

GRAND-CHEVAL (Hôtel du). — Voir *Écoville (Hôtel d')*.

GRANDES-ÉCOLES. — Lieu de culte des Réformés, 76. — On en parle en 1564 pour la dernière fois, 94.

GRANDS JOURS. — On les tient à Bayeux, 7.

GRAYE. — Concourt, en 1780, à la réorganisation de l'Eglise de Caen, 482.

GROUCHY. — Eglise interdite en 1679, 263.

GROULARD (Pierre). — Premier président du Parlement de Rouen, préside la séance d'ouverture du Parlement à Caen, 133. — Réunit, à la mort de Henri III, les autorités de la ville, 143. — Intervient pour rattacher La Vérune au parti royaliste, 151.

GRULÉ (Pierre). — Exécuté à Rouen pour hérésie, 10.

GUERRES CIVILES. — Le massacre de Vassy, cause de la première guerre civile, 49. — En 1567, 85. — Caen y reste étranger; mesures de précautions prises en commun, 85. — En 1568, 88. — En 1572, 114. — En 1574, 114. — En 1580, 121. — Les Réformés de Caen n'y prennent aucune part, 122. — En 1585, 127. — En 1621, 213. — En 1625, 214.

GUESLE (JEHAN DE LA). — Commissaire de l'édit d'Amboise, 75.

GUILBERT (local de la rue). — L'un des premiers lieux de culte, 25.

GUILLEBERT (FRANÇOIS), sr de Secqueville, reçoit l'Eglise de Caen sur son fief, 139.

GUILLEBERT (JEAN). — Ministre de Caen, 295. — Compris dans le procès du temple, 314. — Condamné, 318. — Passe en Hollande et y meurt, 335.

GUILLEBERT (PIERRE), sr de Secqueville, reçoit l'Eglise de Caen sur son fief, 136.

GUISE (le duc DE). — Furieux de l'édit d'Amboise, 34. — Assassiné devant Orléans, 57.

GUISE (duc et cardinal DE). — Massacre de Vassy, 34. — Assassinés aux États de Blois, 129.

H.

HARCOURT (comte D'). — Veut donner un bal aux dlles de Bougy, 330.

HARFLEUR. — Fondation de l'Eglise, 13.

HARMONVILLE. — Condamnation de son Eglise, 286.

HAUPOIS (PIERRE). — Enlèvement de sa fille, 450.

HAVRE. — Eglise réformée fondée en 1558, 13. — Dévastation des églises catholiques, 39. — Assiégé par Charles IX en 1563, 76. — Repris sur les Anglais, 76. — Haquenée offerte

— 558 —

au Connétable à Caen à l'occasion de ce succès, 78. — Plainte sur la situation faite au ministre, 221. — Culte interdit, 337.

HÉMERY (veuve). — Procès fait à son corps, 469.

HENNUYER (Le), évêque de Lisieux. — On conteste le rôle qui lui a été prêté lors du massacre de la St-Barthélemy, 109.

HENRI II. — Succède à François Ier en 1547, 10. — Déclare n'avoir fait la paix que pour avoir le loisir d'exterminer la Réforme, 14. — Se lasse de payer les procédures contre les hérétiques, 10. — Meurt en 1559, 14, 15.

HENRI III. — La guerre civile reprend à son arrivée en France, 117. — Veut enlever de Caen la recette générale, 124. — Se rapproche de la Ligue en 1585, 126. — Annule les édits favorables à la Réforme, 127. — Fait assassiner les Guises aux États de Blois, 129. — Se rapproche du Roi de Navarre, 133. — Traite avec lui, 133. — Meurt assassiné en 1589, 134, 143.

HENRI IV. — Abjure à la St-Barthélemy, 108. — S'échappe de la Cour et se rend à Alençon, 117. — Se relève de son abjuration à La Rochelle, 117. — Henri III se rapproche de lui, 133. — Leur traité, 133. — Annonce à Caen la mort de Henri III, 143. — Délibération des échevins sur leur réponse, 143. — Demande des vivres à Caen, 151. — Annonce la victoire d'Arques, 152. — Entretient de nombreux rapports avec Caen, 152. — Ses couleurs, 153. — Prend Sées, Argentan, Falaise, Honfleur, 153. — Fait la Cène à Falaise, 153. — Annonce la victoire d'Ivry, 153. — Rapporte les édits rendus contre la Réforme, 156, 165.—Abjure, 161. — Annonce sa prochaine entrée dans Paris, 161. — Soumission de Rouen, 161. — Perd le titre de Protecteur des Eglises réformées, 161.—Revendications des Réformés, 163, 167.—Négocie avec eux pour réduire leurs prétentions, 166. — Rend l'édit de Nantes, 167. — Protége les Jésuites, 187.

— Observe fidèlement l'édit de Nantes, 211. — Sa réponse au Parlement de Paris lors de l'enregistrement de l'édit, 211. — Meurt assassiné en 1610, 212.

HÉRÉSIE. — L'exil remplace la peine de mort, 29.

HÉRÉTIQUES. — Mode de condamnation, 6, 10. — Jugés sans être entendus, 12.

HERMONVILLE. — Eglise condamnée en 1681, 286.

HÉRICY (Robert de), seigneur de Marcelet. — Fait donation d'une rente à l'Eglise de St-Vaast, 326.

HEUDREVILLE (Le Roy d'). — Commissaire de l'édit de Nantes en Normandie, 170.

HOLLANDE. — Accueille les réfugiés pour cause de religion, 267, 348.

HONFLEUR. — Mouy-Saint-Phale s'en empare, 56. — Le Gendre, ministre en 1670, 0. — Beaulart y est emmené prisonnier, 158, 174. — Culte interdit en 1681, 266. — Ministres venant à Caen, 304. — Dénombrement de 1688, 492.

HONORÉ (Charles L'). — Membre du Consistoire de Caen, 446, 505.

HONORÉ (Jeanne et Marie L'). — Enfermées aux Nouvelles-Catholiques, 376. — Leur enlèvement, 444. — Leur fuite, 446.

HOPITAL. — Lieu de culte pour les Réformés, 94. — Abandonné, 94.

HOPITAL GÉNÉRAL. — Reçoit partie des biens des Consistoires de Caen et des environs, 318. — Son origine, 322. — Conserve les matériaux de la démolition du temple de Caen, 324. — Se rend adjudicataire du sol du temple de Caen et du cimetière l'entourant, 327. — Achète le cimetière de l'Hôtel-Dieu attribué aux Pauvres-Renfermés, 327.

HOSPITAL (chancelier de L'). — Ses conseils sont écoutés à la Cour, 30. — Fait rendre l'édit d'Amboise, 61. — Décède en 1573, 0.

HOTEL-DIEU. — Administre les biens du Consistoire de Caen pendant la suspension du culte, 314. — Reçoit partie des biens des Consistoires de Caen et des environs, 318, 324.— Son origine, 322.

HOTEL-DE-VILLE. — Laguo s'en empare pour y placer un corps de garde, 71. — La Vérune y met un corps de garde en 1589, 151. — Les échevins en reprennent possession l'année suivante, 152.

HOUEL (Guillaume). — Salaison de son cadavre, 471.

HOUGUE (La). — Incendie de la flotte française en 1692, 396.

HOUSTEVILLE (Gilles de). — Ministre de Ranville, 95. — Ministre de Caen, 140. — Madeleine Le Cœur, sa veuve, décède à Caen, paroisse St-Nicolas, le 12 février 1618, 0.

HUBERMONT. — Annonce à l'Hôtel-de-Ville les troubles du carrefour St-Jean et du Marché-Neuf, 73.

HUE DE CARPIQUET. — Enlèvements : Marie, 368.—Anne et Madeleine, 369. — Mme de Carpiquet, 371.

HUET, évêque d'Avranches. — Accompagne en Suède le ministre Samuel Bochart, 297. — Interruption de leurs rapports, 298. — Son admiration pour Bochart, 300.

HUMBOLDT. — Opinion sur l'œuvre scientifique de Bochart 300.

I.

IMPOSITIONS. — Taxe imposée à l'Eglise de Caen pour jouir de l'édit de pacification, 122.

IMPRIMEUR. — Protestant à Caen, à l'origine de la Réforme, 101. — Profession interdite aux Protestants, 340. — Défense de débiter certains livres religieux, 341.

INDULGENCES. — Leur trafic réprouvé par le chapitre de Rouen, 2.

INFLUENCE protestante à Caen. — Choix de Fernagu comme délégué près de la Reine, 51. — Les bourgeois réclament pour commander en la ville et bailliage un homme vivant en la crainte de Dieu et de la religion réformée, 67, 69. — Choix d'un Réformé pour haranguer le Connétable, 78. — Élection des gouverneurs, 78. — Délibération sur la peste, 81. — Deux Réformés représentent les bourgeois au Conseil de ville institué après le décès de Henri III, 144. — Plaintes de La Vérune sur l'influence des Réformés, 150. — Voir *Bienveillance*.

INHUMATIONS. — Les Réformés doivent s'abstenir de cérémonies, 228. — Heures fixées et nombre limité des assistants, 225, 233. — Requêtes à fin d'inhumation, 459, 469. — Le jardin Massieu, 489. — Défense d'enterrer en ville, 489.—Cimetière de la rue du Magasin-à-Poudre, 489.—Voir *Cimetières* et *Massieu de Clerval*.

INQUISITEURS. — Pleins de zèle, 6. — L'emportent sur les officialités, 6. — Mis en demeure de poursuivre les hérétiques, 10.

INQUISITION sur les enfants rendus à leur famille après enlèvement, 424, 426, 434.

INTENDANTS. — Appellent l'attention du ministre sur les dépenses des enlèvements, 380, 436, 443.—Lenteur calculée dans l'instruction préalable aux enlèvements, 36, 442, 449. — Rigueurs odieuses à l'autorité, 401. — Tendances administratives vers la fin du XVIIIe siècle, 454, 523.— Obstacles apportés aux enlèvements, 455, 459, 523.

INTERRUPTIONS du culte. — Voir *Culte catholique*, *Culte réformé*.

INTERRUPTION des registres d'état civil, VII. — En 1568, 89, 135.— En 1572, 137. — En 1577, 119, 138.— En 1585, 172.

ISLES (Les). — Le temple où les Réformés de Condé se réunissaient est interdit et démoli, 263, 277.

J.

JACOBINS. — Troubles préparatoires à la Réforme, 4, 31.

JÉRUSALEM (Cimetière de), place du Sépulcre. — Encombré en 1592, 158. — Les Réformés en réclament un autre, 176. — Échange avec le jardin du Bourg-l'Abbé, 179.

JÉSUITES. — Leur installation à Caen, 187. — Henri IV les appuie, 189. — Première assemblée, irrégulièrement réunie, les acceptant sous une condition potestative, 192. — Portent leurs vues sur les bâtiments de l'officialité, 195. — Seconde assemblée refusant de les admettre dans la ville, 203. — Le Roi les impose, 205. — Demandent à s'agrandir, 207. — Obtiennent l'emplacement d'une église rue St-Laurent avec place pour y accéder, 207. — Leur influence sur les affaires de la Réforme, 208. — Opinion de Turenne sur leur participation à l'exil de Du Bosc, 237. — Expulsion des Jésuites, 475. — Recrudescence des persécutions contre les Réformés, 475.

JEUNE observé dans les Eglises de Normandie, 268.

JOURS CHOMABLES. — Voir *Chômables*.

JURIDICTION pour le cas d'hérésie, 11. — La connaissance des crimes de relaps ou apostasie, de blasphèmes ou injures est renvoyée aux Parlements, 233, 235. — Juridiction contre les Réformés après 1666, 260.

L.

LA FONTAINE. — Son opinion sur la révocation de l'édit de Nantes, 346.

LAFOSSE. — Arrête le charron d'Angers pour avoir proféré des menaces contre les Réformés, 130.

LAGUO. — Successeur de Batresse, lieutenant du gouverneur du château de Caen, 71. — Désarme les habitants, 71, 124. — Leur suscite à plaisir des difficultés, 124.

LAMY. — Décède membre du Consistoire, 496.

LANGRUNE. — Prend part, en 1780, aux délibérations de l'Eglise de Caen, 482.

LASSEIGNE.—Pasteur clandestin à Caen, est mis en prison, 482.

LASSON. — Relations de son ministre avec Caen, 186-304. — Legs du seigneur de la paroisse, 307. — Le vingt-sixième synode national tenu à Charenton en 1631 refuse de laisser prélever sur ce legs la dette contractée par cette Eglise envers son ministre, Bayeux, 0. — Une créance de cette Eglise est attribuée aux hôpitaux après la condamnation de l'Eglise de Caen, 328. — Voir *Bernières (Eglise de)*.

LAURENTIN. — Fait à Caen, comme inquisiteur, des procès d'hérésie, 6, 23, 31.—L'emporte sur l'officialité de Bayeux, 7.

LEVANDIER (Gilles). — Ministre de Noyers, 95.

LECERF. — Décède membre du Consistoire, 496.

LECOINTE. — Fait disparaître ses enfants menacés d'enlèvement, 431.

LECOQ (Élisabeth). — Condamnée pour n'avoir pas livré une enfant qu'on voulait enlever, 245.

LEFÈVRE D'ÉTAPLES. — Annonce en Sorbonne le salut gratuit en 1512, 2. — Traduit les livres saints, 3.

LE FRESNE-CAMILLY. — Voir *Camilly*.

LÉGAT DU PAPE. — Lettres sur la Réforme en France, 47, 63, 83.

LIBRAIRES protestants à l'origine de la Réforme à Caen, 101. — Profession interdite aux Réformés, 340.

LICQUES (Pierre de). — Ministre à Caen, 185, 294. — Voir *Dieppe*.

LIEUX DE CULTE. — A l'origine, le Tripot et un local de la rue Guilbert, 25. — Plus tard, le Tripot, les Grandes-Écoles, l'Hôpital, le jardin de l'Échiquier, 94. — Réduits en 1564 au Tripot et au jardin de l'Échiquier, ou quartier St-Jean, 83, 93, 94. — Pérégrinations de 1570 à 1572, 136. — Jardin de l'Échiquier, 138. — Maison du Collége, 138. — Pérégrinations de 1577 à 1585, 139. — Allemagne, 154, 173. — Le Carel, 173. — La Carrière, 175. — Le Bourg-l'Abbé, 179. — Lieux de culte privés de marques extérieures, en 1666, 233.

LIGUE. — Formée par la réunion de plusieurs ligues particulières, 126. — Henri III s'en rapproche, 126. — Caen refuse toute alliance avec elle, 127, 129. — Les ligueurs se rendent maîtres dans Rouen, 129. — Cherchent des adhérents à Caen, 132. — Interdisent la sortie de Rouen, 133. — Parviennent à compter quelques partisans à Caen, 149. — Augmentent de nombre dans cette ville après l'avénement de Henri IV, 149. — La Vérune paraît pencher de leur côté, 149. — Les prédicateurs de la Ligue entrent en lutte avec le Parlement, 153. — La Ligue s'avance jusqu'au village d'Allemagne, massacre des Protestants et emmène des prisonniers à Honfleur, 157, 173.

LILLEBONNE (Eglise de). — Sa fondation, 13.

LINNETOT. — Ancienne Eglise, 304.

LION-SUR-MER. — Jean Marie, son ministre, échappe à la St-Barthélemy, 113. — Eglise antérieure à 1585, 141.

LISIEUX. — La St-Barthélemy dans cette ville, 109. — Rôle de l'évêque Le Hennuyer, 109.

LISLAYS. — Ministre de Boulon, 95.

LIVRES religieux envoyés d'Allemagne et des Flandres, 9. — Leur entrée en France est interdite, 11. — Colportés en Normandie par Venable, 23.

LONGCHAMP (Guy de), sr de Fumichon. — Sauve les Protestants à Lisieux, 109.

LOUIS (Étienne). — Cadavre traîné à Caen sur la claie, 468.

LOUIS XIII. — Monte sur le trône, 212. — Marie de Médicis confirme l'édit de Nantes, 212. — Le Roi, devenu majeur, le confirme de nouveau, 213. — Déclare illicite l'Assemblée de La Rochelle, 213. — Rassure, en partant pour cette ville, les Réformés éloignés du théâtre de la guerre, 213. — Meurt, 217.

LOUIS XIV. — Monte sur le trône, 217. — Aggravation des persécutions à partir du nouveau règne, 218. — Donne audience à Du Bosc, 239, 330. — Paraît étranger à certaines iniquités commises contre les Réformés, 244. — Révoque l'édit de Nantes, 341. — Meurt, 410.

LOUIS XV. — Arrête un nouveau règlement pour les Nouvelles-Catholiques, 381.

LOUVET (Jean). — Cadavre traîné à Caen sur la claie, 468.

LOUVOIS (le chancelier). — Hâte la révocation de l'édit de Nantes, 343, 347.

LOUVOIS, ministre de la guerre. — La Fare déclare qu'il n'était pas partisan de la révocation de l'édit de Nantes, 347. — Ses instructions, 356, 357. — Ordres atroces pour les dragonnades, 384.

LOYSELEUR, ministre de Bayeux, 95.

LUARD, ministre de Chicheboville, 95.

LUNERAY (Eglise de). — Sa fondation, 13, 15. — Son ministre échappe à la St-Barthélemy, 113.

LUTHER. — Affiche ses thèses sur les portes de la cathédrale de Wittemberg, 2.

LUZERNE (fief de La), à Bernières-sur-Mer, 335.

M.

MAÇON (Le), dit La Rivière. — Premier ministre de l'Eglise de Paris, 13.

MAGNEVILLE (de). — Décède membre du Consistoire, 496.

MAHAUT. — Ministre de Caen, 294.

MAITRISES. — Arrêts du Conseil d'État, 243.

MALADES. — Persécutions, 221, 234, 235, 248, 252, 258, 263, 408. — Recrudescence après la révocation de l'édit de Nantes, 352, 398. — Conséquences de l'avis d'une maladie grave, 408.

MALADIES PUBLIQUES. — La contagion en 1540, 7. — En 1563, 80, 81. — Le Prieur de la Maison-Dieu de Caen demande aux échevins, le 23 février 1585, la remise des trois dernières années de son fermage du cimetière de l'Hôtel-Dieu, par le motif que « depuis, et à cause de la « contagion, tout le dit cimetière avait été foui pour l'en- « terrement des morts », 0. — En 1592, 158. — Peste et flux de sang en 1593, 159. — Peste en 1618, 0.

MALHERBE. — Le père du poète Malherbe avait embrassé la Réforme, 98, 105.

MANNEVILLE, hameau de la commune de Lantheuil. — Eglise antérieure à 1585, 95, 141. — Jean Vautier, ministre, 95. — Rapports avec Caen, 304. — Voir *Bernières (Eglise de)*.

MARCHAND (Pierre Le), sr du Rosel. — Prend part à l'assemblée réunie lors de l'admission des Jésuites, 191.

MARÉCHAL (fief au), situé à Venoix. — Lieu d'asile pour l'Eglise de Caen éloignée de la ville, 111, 136, 140. — Créé par les ducs de Normandie pour rémunérer l'officier chargé de leurs écuries. On en parle dans une charte de 1136, donnée par Henri 1er à l'abbaye St-Étienne. Le Roi de France en devient propriétaire par suite de la réunion de la Normandie à la Couronne. Le possesseur de ce fief lui en rend aveu en 1476, 0.

MARGUERIT (François de), sr de Guibray, commissaire du Parlement dans l'affaire contre le temple de Caen, 316. — Son enquête à Caen, 317.

MARIAGES. — Mixtes défendus, 252, 256. — Au Désert, 464. — Certificats apocryphes, 465, 466. — Validité de ces mariages, 466. — Observations de Foucauld, 484.

MARIAGES (Statistique des). — De 1560 à 1568, 96. — De 1570 à 1585, 141. — De 1590 à 1611, 186. — De 1612 à 1684, 305.

MARIE (Jean). — Ministre de Périers-en-Bessin, 95.

MARLORAT. — Ministre de Rouen, pendu après la prise de cette ville, 50.

MARTIN. — Ministre clandestin à Caen, 480, 482.

MASCLARY. — Beau-père du ministre Moisant de Brieux, le suit en Hollande, 335.

MASSIEU DE CLERVAL (Michel-Antoine). — Son jardin sert de cimetière aux Réformés après la révocation de l'édit de Nantes, 489. — Ce jardin est vendu au département, en 1848, pour servir à l'isolement du Palais-de-Justice, 491. — Le Consistoire, par délibération du 3 décembre 1850, charge une commission de l'exhumation et de la translation, dans le cimetière de la rue du Magasin-à-Poudre, des restes trouvés dans le jardin Massieu, lors des terrassements exécutés par l'administration départementale, 0.

MASSIEU DE CLERVAL (Pierre). — Prend l'initiative d'une Société charitable destinée à servir de lien entre les Protestants disséminés, 478.

MASSYS (Daniel). — Ministre de Caen, 294.

MATHIEU. — Cimetière des Protestants, 304.

MATIGNON. — Réuni au duc d'Étampes, combat les Réformés en Basse-Normandie, 49. — Soustrait des Réformés au massacre de la St-Barthélemy, 109. — Passe, dans la plaine de Carpiquet, la revue des troupes catholiques, 114, 116. — S'empare de Domfront, où il fait Montgommery prisonnier, et de St-Lo, 115. — Quitte Caen après y avoir fait séjourner ses troupes pendant environ vingt-cinq jours, 116.

MAUNY (marquis de), gouverneur du château de Caen. — Désarme les Réformés de la ville, 214.

MEAUX (hérétiques de). — Nom donné aux premiers Réformés, 3.

MÉDECINS. — Premiers médecins Réformés, 97, 101. — Vicquemand proposé comme régent de la Faculté de Caen, 219. — Le Parlement défend de recevoir à Rouen plus de deux médecins, 227, 242, 247. — Défense étendue à tout le royaume, 227. — Reception, comme apothicaires, refusée à Caen à deux Réformés, 246.— Chirurgiens et apothicaires Réformés obligés de cesser leur profession, 340. — Les Réformés ne peuvent se faire recevoir médecins, 341. — Médecins, chirurgiens et apothicaires tenus de dénoncer les malades, 398. — Leur répugnance à cet égard, 407, 413. — Édit rendu pour les y contraindre, 407.

MÉDICIS (Catherine de). — Accompagne Charles IX à Caen, 77. — Son mauvais vouloir pour la ville, 78. — Défiance inspirée par son caractère, 63.—Reprend la Régence jusqu'à l'arrivée de Henri III, 115. — Poursuit de sa vengeance Montgommery, 115.

MÉDICIS (Marie de). — Confirme l'édit de Nantes après la mort de Henri IV, 212.

MELON. — Ministre à Caen, 510.

MERCIER (Antoine Le). — Se plaint d'avoir été insulté en se rendant à la messe, 82.

MESNIL (Mathieu). — Certificat de son mariage par Antoine Daule, 465.

MESNIL (Michel). — Dépose ses armes, 390.

MESNIL (Pierre).—Élu membre du Consistoire de Caen, 505.

MESNIL-EN-JOUÉ (Eglise du). — Galand, ministre, 313.

MESNIL (du).— Enfants dont on projette l'enlèvement, 428.— Demande d'enlèvement d'une jeune fille du même nom, 449.

MESNIL (du) MORIN. — Enlèvement de ses deux filles, 425. — Leur frère disparaît au moment où il allait être enlevé, 431.

MÉZIÈRES. — Eglise antérieure à 1585, 141.

MIGRATIONS de l'Eglise de Caen, 91, 119, 135, 139, 154, 173, 314.

MINISTRES. — S'opposent aux excès, 16, 38. — Réfugiés à l'étranger après la St-Barthélemy, 112. — Listes de ministres de la ville, 24, 93, 140, 185, 294, 481, 482, 508, 510. — Ne peuvent prendre le titre de pasteurs, 219, 232. — Ne peuvent porter hors des temples des robes ou soutanes, 232. — Défense aux ministres d'avoir plus de deux pensionnaires, 233. — De conserver le même poste plus de trois ans, 254. — Mérite des ministres de Caen, 293. — Les ministres de fiefs ne peuvent conserver le même poste plus de trois ans, 340. — Refugiés après la révocation de l'édit de Nantes maintiennent des rapports avec leurs anciens fidèles, 349.

MINISTRES ÉTRANGERS en passage dans la ville, 94.

MINISTRES (création de places de) dans la Consistoriale de Caen, 509, 540, 518.

MISÈRE. — Excessive en Normandie en 1558, 13, 24. — En 1563, 80. — En 1574, 115. — En 1579, 116. — Avant l'édit de Nantes, 160, 171.

MOISANT DE BRIEUX (Jacques). — Fondateur de l'Académie de Caen, 297. — Épouse Catherine Van-der-Thombe, 335.

MOISANT (François), sr de La Luzerne, possède le fief de ce nom, à Bernières-sur-Mer, 335.

MOISANT DE BRIEUX (Robert). — Ministre à Senlis, 335. — Neveu de la première femme du ministre Du Bosc, 335. — Hérite de l'hôtel d'Écoville, 335. — Épouse la fille de Gaspard de Masclary, 335. — Son hôtel est désigné pour loger les militaires, et son représentant le remeuble, 362.

MOISSON. — Nommé membre du Consistoire, 505.

MONT (Collége du). — Réclamé pour l'établissement des Jésuites, 191. — Protestation de l'Université, 194. — Protestation du Principal, 200.

MONTGOMMERY. — Accueilli au Havre par les Anglais, 49. — Vole au secours de Rouen et en part à la prise de la ville, 50. — Laissé par Coligny comme gouverneur à Caen, 64.— Enlève les cloches des églises et les plombs de l'abbaye St-Étienne, 64. — Échappe à la St-Barthélemy et se rend à Jersey, 112. — Est fait prisonnier à Domfront, 115. — Passe par Caen, 115.

MONTSECRET. — Dénombrement de 1700, 403.

MONTILLY. — Ancienne Eglise réformée, 508. — Devient siége d'une paroisse en 1848, 510. — Un décret impérial, du 28 juin 1854, approuve l'achat, par le Conseil presbytéral, d'un terrain destiné à la construction d'un nouveau temple, 0.

MONTIVILLIERS (Eglise de). — Sa fondation en 1555, 13.

MONTMORENCY (connétable de). — Fait prisonnier à la bataille de Dreux, 51.

MOREL (LÉONARD). — Préside au culte lors du massacre de Vassy, est blessé et fait prisonnier, 35. — Est rendu à la liberté par l'intervention du prince Portien, 36.

MOREL (FRANÇOIS DE), sr de La Collonge, préside le premier synode national, 17.

MORIN, seigneur de Mondeville. — Charles IX, se rendant à Caen, descend chez lui, 77.

MORIN (ÉTIENNE). — Ministre de Caen, 295, 298. — Compris dans le procès du temple, 314. — Sa condamnation, 318.— Se retire en Hollande, 329. — Y meurt en 1700, 336.

MORIN (GUILLAUME). — Lecteur de l'Eglise de Caen, 313. — Compris dans la poursuite dirigée contre l'Eglise, 316. — Condamné, 318. — Devient fou des suites du procès, 336.

PAISANT-DUCLOS. — Enlèvement d'enfant, 433.

PAISANT-DULONGPRÉ. — Nommé membre du Consistoire, 525.

PALATINAT. — Accueille les réfugiés après la révocation de l'édit de Nantes, 348.

PAQUES. — L'année ancienne, qualifiée de *vieux style*, commençait à Pâques et maintenait ainsi, à la partie de notre année annuelle antérieure à cette fête, le millésime de l'année précédente. Le jour de Pâques est tombé :
    En 1559, le 26 mars.
    En 1560, le 14 avril.
    En 1561, le 6 avril.
    En 1562, le 29 mars.
    En 1563, le 11 avril.
    En 1564, le 2 avril.
    En 1565, le 22 avril.
    En 1566, le 14 avril.
    En 1567, le 30 mars.
    En 1568, le 18 avril. — Voir *Style* (*vieux*).

PARC (cour du). — Les fidèles se réunissent rue St-Jean, dans la cour du Parc, 483.

PARENT (Claude). — Ministre à Caen en 1600, 185.

PARFOURU (de). — Voir *Boissel*.

PARIS (Eglise de). — Fondée en 1555, 12. — Le Maçon, son premier ministre, 12. — Reçoit notification de l'avertissement pastoral, 283.

PARLEMENT de Rouen. — Ses répressions impitoyables contre la Réforme, 5. — Envoie des commissaires à Caen, 8, 9. — Sévit, de Louviers, contre les dévastateurs de 1562, 46. — Réclame des modifications à l'édit d'Amboise, 62. — Tenu en suspicion par les Réformés, 118. — Interdit le culte dans les villes réduites, 162. — Son mauvais vouloir contre les Réformés, 163. — S'oppose à l'enregistrement de l'édit de

O.

O (D'). — Successeur de Laguo au commandement du château de Caen, 125. — Prévient les échevins de la translation du Parlement de Rouen à Caen, 131.

OFFICIALITÉ DE CAEN. — Les Jésuites en réclament les bâtiments, 195. — L'Official s'y oppose, 197.

OFFICIERS ROYAUX. — Doivent être admis aux prêches, 30. — Conséquences inattendues de cette disposition, 32. — Limite apportée au nombre de ces officiers, 33.

OLIVETAN. — Publie une traduction des Livres Saints, 3.

ONFROY. — Sa condamnation pour exercice du culte, 395.

ORBEC. — Ministre envoyé dans cette localité, réclamé en 1607 par le Consistoire de Caen, 309.

ORLÉANS. — Condé s'en empare, 49.

OSMONT. — Reçoit chez lui les fidèles de Caen pour l'exercice clandestin du culte, 483.

OSMONT (Antoine). — Nommé membre du Consistoire de Caen, 505.

OSMONT (D^{lle}). — Enlevée à ses parents, 424.

OSMONT (Jacques). — Donne une rente au Consistoire de St-Sylvain, 326.

OSMONT (Michel). — Appelé à l'Hôtel-de-Ville lors des dragonnades, 361.

P.

PAIN BÉNIT. — Réformés condamnés à le fournir, 247.

PAISANT (Jean et Guillaume). — Désarmement de 1688, 389.

PAISANT (Suzanne). — Enlèvement d'enfant, 427.

NOTAIRES protestants, à Caen, à l'origine de la Réforme, 101. — Les Réformés ne peuvent plus être nommés notaires, 258. — Un arrêt du Conseil, du 3 février 1685, oblige les notaires professant la religion réformée à se défaire de leurs charges au profit de Catholiques, et ceux d'entre eux qui avaient conservé leurs minutes, à les remettre, dans les deux mois, aux greffes des justices royales, 0. — Les notaires ne peuvent prendre pour clercs des Réformés, 340. — Tenus, avant d'entrer en fonctions, de fournir des certificats de catholicité, 399. — Pierre Le Danois, tabellion à Caen, abjure en 1619, 0.

NOUVEAUX-CATHOLIQUES. — Étaient établis à Caen, rue de l'Odon, en 1682, 368. — Les Nouvelles-Catholiques en prennent l'administration en 1698, 368. — Les réunissent à leur maison, rue Guilbert, en 1730, 368. — Leur comptabilité, 379. — Situation peu florissante en 1728, 416.

NOUVELLES-CATHOLIQUES. — Prennent part à l'aubaine des biens enlevés aux Églises, 318, 324. — Leur établissement à Caen, 367. — États des filles à la pension des parents, 368. — États d'enfants à la pension du Roi, 374. — Abjurations obtenues, 378. — Subissent à la Révolution le sort des autres établissements ecclésiastiques, 382. — Leur origine, 382. — Le ministre d'État se plaint de la fréquence des admissions, 446. — Une enfant y conduit une autre enfant, 447. — Évasions, 370, 372, 373, 375, 415, 445, 447, 448.

NOYERS. — Arnould Cordier et Gilles Lavandier, ministres, 95. — Rapports des ministres avec Caen, 304. — On procède à l'adjudication du cimetière de Noyers, à l'Hôtel-de-Ville de Caen, le 4 novembre 1694. Il ne se présente pas d'acquéreurs. La mise aux enchères est renvoyée au 26 du même mois, et David Richard est alors déclaré adjudicataire, 0.

NOYRE (de), sr de Chicheboville, reçoit sur son fief l'Eglise de Caen, 136.

MORIN (Henry). — Désigné, après l'interdiction provisoire du temple de Caen, pour administrer les baptêmes, 305, 314. — Son registre conservé à l'Hôtel-de-Ville, 306, 348.

MOULINES. — Ancienne Eglise, 304. — Biens de son Consistoire, 325.

MOULINS (Rémon des). — Ministre de Camilly, 95.

MOUY-SAINT-PHALE. — S'empare d'Honfleur en 1562, 56. — Précède Coligny à Caen, 56.

N.

NANTES (Édit de), 167. — Son influence sur l'état général du pays, 171. — Voir *Révocation*.

NAVARRE (Reine de). — Favorable aux Réformés, 5.

NÉEL, sr de La Bouillonnière, épouse la fille du ministre Du Bosc, et passe avec elle en Hollande, 330, 333. — Dépenses de deux dragons dans une auberge de Caen, 363. — Dévastation de sa propriété de Verson, 364.

NESMOND, évêque de Bayeux. — Son procès contre l'Eglise de Caen, 269. — Confie la maison des Nouvelles-Catholiques aux sœurs du séminaire de l'Union-Chrétienne de Paris, 307. — Meurt avant Louis XIV, 410.

NIMÈGUE (paix de), 250, 262.

NOBLES ou seigneurs. — Parmi les premiers Réformés, 97, 102. — Localités dont les sieurs ou seigneurs figurent sur les premiers registres de la Réforme, 103, 141, 302. — Persécutions spéciales contre les nobles, 358.

NOEL (Augustin). — Persécution, 435.

NOEL (fête de). — Célébrée par les Réformés de Caen à St-Vaast, en 1684, 289.

NONCE DU PAPE. — Lettres sur l'état de la Réforme, 47, 63, 83.

Nantes, 169. — Renonce, pour conserver les affaires, à s'opposer à la création des chambres mi-parties, 169. — Favorise l'enlèvement des enfants, 226. — Aggrave les prescriptions de l'édit sur le respect imposé aux Réformés à l'égard du St-Sacrement, 234. — Refuse de procéder contre les Religionnaires repoussant les sacrements, 408.

PARLEMENT de Rouen à Caen. — Sa translation à Caen en 1589, 131.—Séance d'ouverture, 133.—Son activité, 134.— Reçoit l'avis de l'assassinat de Henri III, 143. — Réunions chez le premier président, 143. — Reconnaît Henri IV, 147. — Surveille les prédicateurs de la Ligue, 154. — Sévit contre les gentilshommes casaniers, 154. — Demande les intentions de Henri IV à l'égard des Réformés, 155. — Ordonne aux Réformés de tendre, 155. — Condamne Beaulart et refuse de sévir contre les autres, 155. — Reçoit les reproches de Henri IV, 156. — Interdit le prêche à Allemagne, 156, 173. — Enregistre partiellement et tardivement l'édit de 1591, 157. — Ordonne, en 1593, un *Te Deum* en désir de la paix, 161. — Retourne à Rouen, 161. — Caen fait de vains efforts pour le conserver, 162.

PAROISSES dont les sieurs ou seigneurs avaient embrassé la Réforme, ix, 97, 103, 141, 302.

PARTAGE des biens des Consistoires, 321. — Difficultés entre les bénéficiaires, 321.

PASTEUR (titre de). — Interdit aux ministres, 219, 232.

PAUVRES-RENFERMÉS (Hôpital des). — Réclame sa part des biens des Eglises interdites, 322. — Son origine, 322.— Obtient une part, 323. — Reçoit le cimetière de l'Hôtel-Dieu, 327. — Le vend à l'Hôpital Général, 327.

PÉLISSON. — Directeur de la caisse des conversions, 262.

PELLEVÉ (Jean de). — Reçoit le commandement des troupes levées à Caen par le duc de Bouillon, 45.

PÉRICARD. — Envoyé à Caen comme commissaire du Parlement, 9, 23.

PÉRIERS-EN-BESSIN. — Privé de curé en 1557, 24. — Eglise antérieure à 1585, 141. — Jean Marie, ministre, 95. — Les Réformés y possèdent un cimetière particulier, 304. — Adjudication du cimetière à l'Hôtel-de-Ville de Caen, le 30 août 1695, 0. — Dénombrement de 1700, 402. — Prend part aux délibérations de l'Eglise de Caen en 1780, 482;— et au Colloque tenu à Caen en 1787, 487. — Avait Eglise avant l'an X, 508. — Devenu une des annexes de la paroisse de Cresserons, possède un temple élevé en 1817, à l'aide des souscriptions des fidèles, sur un terrain légué par M. Gautier, aux termes de son testament du 25 avril 1817, accepté en 1818. Une portion du cimetière communal a été affectée, le 4 octobre 1846, à l'inhumation des Protestants, 0.

PERROTTE (JEAN), 402.

PERSÉCUTIONS. — En 1525, 4. — Plus profitables que nuisibles à la cause qui les subit, 6. — En 1540, 7. — En 1557, 12. — Impuissantes, 12. — En 1585, 127. — Suspendues à partir de l'édit de Nantes, 167. — Premiers indices du mauvais vouloir de la Cour en 1644, 217. — Plaintes au Roi en 1656, 219. — Aggravées par la déclaration de 1666, 232. — Aggravées après la paix de Nimègue, 250.—Relâchés pendant les guerres, 398, 430. — Inutiles, 520.

PESTES. — Voir *Maladies publiques*.

PÉTREMOL. — Délégué du Parlement à Caen, 8.

PHILIPPE. — Ministre de Tilly, 95.

PICARD (GERVAIS). — Décapité pour avoir conspiré contre le duc de Bouillon, 45.

PIÉDELEU (CHARLES DE), seigneur de Fontaine-Étoupefour.— Donne asile sur son fief à l'Eglise de Caen, 139.

PINSON (PIERRE). — Ministre de Caen, organise l'Eglise, 24,

93. — Assiste à l'assemblée tenue à Caen pour le maintien de la paix, 86. — A été à tort nommé Pinchon, 93. — Préside le dernier culte avant la nouvelle de la St-Barthélemy, 111, 137. — Cesse de paraître vers 1577, 140.

PLACES DE SURETÉ accordées aux Protestants en 1570, 91.

PLAIN (Le). — Fondation de son Eglise, 13.

PLAINTES des Réformés. — En 1597, 165. — En 1659, 221. — En 1656, 219. — En 1657, 220. — En 1663, 226. — En 1666, 235. — En 1668, 236. — En 1670, 242. — Louis XIV fait lire, en Conseil, la requête rédigée par Du Bosc, 244. — Liasses de preuves annexées à cette requête, 244, 268. — En 1685, 289.

PLUMETOT. — Privé de curé en 1557, 24. — Prend part aux délibérations de l'Eglise de Caen en 1780, 482.

PLUQUET. — Son témoignage sur les Réformés, 354.

POITIERS. — L'armée royale s'en empare, 49.

POMMIER. — Nouveau converti, dénonce Du Bosc, 237.

PONT-AUDEMER. — Fondation de son Église, 13. — L'édit de St-Germain-en-Laye établit le culte dans un de ses faubourgs, 90. — Son ministre échappe à la St-Barthélemy, 113.

PONT-L'ÉVÊQUE. — Le prince Portien s'en empare, 56. — Baudart, ministre, 294. — Rapports de ses ministres avec Caen, 304.

PONTORSON. — Le duc d'Etampes s'en empare en 1562, 49. Après la révocation de l'édit de Nantes, les habitants s'emparent des établissements et du prêche des Réformés, 492. — Dénombrement, 492.

PORTES DE VILLE. — Leur réparation en 1585, 127.

PORTIEN (le prince). — Obtient la liberté du ministre Morel, 36. — S'empare de Pont-l'Évêque en 1562, 56.

POULAIN (Pierre), sieur de Calix, fait un legs à l'Eglise de Bernières pour y entretenir un ministre, 300.

— 578 —

PRÉ-AUX-CLERCS. — Lieu de réunion des Réformés de Paris avant 1555, 12.

PRÉCAUTIONS prises sous Henri III, 123, 127, 130. — Après la mort de Henri III, 143. — Ordres de La Vérune, 149. — La Vérune occupe l'Hôtel-de-Ville, 150. — Voir *Bourgeois*.

PRÉSIDENCE des corps judiciaires, même en l'absence du titulaire, interdite aux Réformés, 234.

PRÉTENDUE RÉFORMÉE. — Formule imposée pour la première fois, en 1576, à la Religion réformée, 118.

PRIÈRE. — paraissant se rapporter à la destruction du temple de Caen, 338.

PRINCIPAUX de collége, ou régents, protestants à l'origine de la Réforme, 101.

PRISONS DE L'OFFICIALITÉ. — Détention de Guillaume Le Bosquain ; traitement qu'il y subit, 89.

PROCUREURS protestants à l'origine de la Réforme, 100. — Voir *Notaires*.

PROFESSION de foi de la Réforme. — Idée d'une profession de foi commune, 17. — Elle est adoptée, 19.

PROFESSIONS des premiers Réformés, 98, 302.

PROFESSIONS interdites aux Réformés, 257, 260, 263, 340, 351. — Professions rendues libres en 1789, 494.

PROTECTEUR des Eglises de la Réforme. — Henri IV perd ce titre par son abjuration, 163. — Fonction anéantie et conférée à un Conseil, 164.

PUTOT-EN-BESSIN. — Privé de curé en 1557, 24. — Cimetière particulier des Protestants, 304. — Prend part aux délibérations de l'Eglise de Caen, 482 — et au Colloque tenu en 1787, 487.

Q.

QUALITÉS (États et) des premiers Réformés, 98, 302.

QUARTIER ST-JEAN. — Voir *St-Jean (quartier)*.

QUÊTES. — Interdites aux Réformés hors des lieux d'exercice, 85.

QUÉVILLY. — Désigné comme lieu de culte des Réformés de Rouen, 170. — Condamné en 1685, 337.

R.

RANVILLE. — Gilles de Housteville, ministre, 95.

READ. — Découvre, au Bostaquet, les anciens registres de l'Eglise de Caen, VI.

RECETTE GÉNÉRALE. — Henri III veut l'enlever à la ville, 124.

RÉFORME. — Peut dater en France de 1512, 2. — Ses progrès dans la ville de Caen, 8, 9, 42, 66, 92. — Sa confession de foi, 18. — Cause et principes de la Réforme, 19, 504, 519. — Sa discipline et son organisation, 21. — Ses idées pénètrent de bonne heure à Caen, 23. — Sa reconnaissance légale en France, 30. — Voir *Réorganisation*.

RÉFORMÉS. — Se maintiennent en ville malgré l'édit de 1561. 30. — Très-nombreux en ville en 1562, 42. — Ouvrent à Coligny les portes de Caen, 56. — Refusent de se soumettre à l'édit limitant à deux le nombre des lieux de culte dans les villes, 93. — Principaux Réformés de 1560 à 1562, 97. — De 1562 à 1568, 98. — Jouissent à Caen d'une grande considération, 237, 275. — Importance de l'Eglise de Caen, 277. — Préventions en 1692, 396. — Refusent d'envoyer leurs enfants aux catéchismes, 401, 402. — Tolérance des autorités de Caen, 401, 413. — Unis entre eux, 403. — Fermes dans leur foi, 463. — Fidèles à la royauté, 249, 276, 463. — Réformé, ayant ou non abjuré, réputé converti et déclaré relaps en cas d'exercice ou de refus des sacrements, 409, 463, 474. — En grand nombre rue Neuve-St-Jean; s'aver-

— 580 —

tissent mutuellement à l'approche de tout danger, 444, 475. — Voir *Dénombrements; Influence.*

RÉGENTS. — Voir *Principaux.*

RÉGIE des biens des Religionnaires fugitifs, 411. — Convertie en ferme, 412. — Requête au bailliage de Caen, 413. — Préposés à Caen et à Bayeux, 412, 414.

REGISTRES (anciens) de l'Eglise de Caen, retrouvés au Bostaquet, v, 27.

REGISTRES (anciens) d'état civil. — Les plus anciens registres déposés aux Archives publiques jusqu'en 1860, ne remontaient pas au-delà de 1607, v. — Découverte de registres plus anciens, vi. — Le Conseil presbytéral de Caen en obtient la restitution, vii. — Il en ordonne le dépôt aux Archives de la Préfecture du Calvados.

Suit la nomenclature des registres de cette nature existant actuellement dans diverses archives publiques.

I. ARCHIVES DE LA PRÉFECTURE DU CALVADOS.

Eglise de Caen.

Baptêmes du 20 novembre 1560 au 3 octobre 1568.
     du 10 septembre 1570 au 31 août 1572.
     du 27 mai 1576 au 21 juillet 1585.
     du 28 janvier 1590 au 28 mars 1607.
Mariages du 20 novembre 1560 au 17 octobre 1563.
     du 30 juin 1566 au 3 octobre 1568.
     du 10 septembre 1570 au 31 août 1572.
     du 27 mai 1576 au 21 juillet 1585.
     du 20 novembre 1590 au 29 décembre 1613.
Décès du 8 mars 1607 au 10 juillet 1614.
     du 11 juin 1647 au 23 juin 1657, v, vii.

Eglise de Basly.

Baptêmes et mariages du 24 juin 1654 au 21 janvier 1680.

Eglise de Bernières.

Baptêmes, mariages et décès du 12 mai 1676 au 24 décembre 1679 et du 12 janvier 1681 au 25 décembre 1683.

Eglise de Condé-sur-Noireau.

Baptêmes, mariages et décès du 1er janvier 1678 au 8 janvier 1679.
Décès de 1754 à 1788.

Eglise d'Honfleur.

Baptêmes, mariages et décès du 6 janvier 1670 au 19 octobre 1670.

Eglise de St-Sylvain.

Baptêmes et mariages du 8 mai 1650 au 12 décembre 1654.
Baptêmes, mariages et décès du 13 janvier 1669 au 9 janvier 1684.

Eglise de St-Vaast.

Baptêmes, mariages et décès du 29 janvier 1668 au 18 février 1685.

Bailliage de Calligny.

Registres ouverts en vertu de l'édit de 1787 pour l'année 1788.

Bailliage de Vire.

Mêmes registres pour 1788 et 1789.

Ancienne justice de Condé-sur-Noireau.

Mêmes registres pour 1788, 1789 et 1790.

On peut encore consulter, avec fruit, dans les mêmes archives, plusieurs volumes de requêtes tendant à inhumation. — Voir *Requêtes à fin d'inhumation.*

II. Archives municipales de Caen.

Eglise de Caen.

Baptêmes du 1er avril 1607 au 8 décembre 1684.
     du 11 janvier 1685 au 21 octobre 1685.
     du 28 mars 1780 au 23 décembre 1792.
     du 15 avril 1788 au 28 décembre 1792.
Mariages du 1er janvier 1614 au 8 décembre 1684.
     du 28 mars 1780 au 23 décembre 1792.
     du 15 avril 1788 au 28 décembre 1792.
Décès du 4 août 1614 au 31 juillet 1656.
     du 1er janvier 1668 au 8 décembre 1684.
     du 15 avril 1788 au 28 décembre 1792, 482, 487

III. Greffe du tribunal civil de Bayeux.

Eglise de Bayeux, recueillie à Vaucelles.

Baptêmes, mariages et inhumations du 1er janvier 1676 au 31 décembre 1680.

Eglise de Trévières.

Baptêmes, mariages et inhumations, à partir du 26 avril 1676 jusqu'en 1685.

Géfosse.

Baptêmes, mariages et inhumations, du 28 mai 1675 au 6 août 1676.

Géfosse et Criqueville.

Baptêmes, mariages et inhumations, du 25 septembre 1676 au 8 janvier 1679. — Voir *Bernières (Eglise de)*.

REGISTRES des délibérations de l'Hôtel-de-Ville. — Lacune de plus de 21 mois, 82.

REGISTRES des Eglises. — Dépositaires tenus de les communiquer, 256.

— 583 —

REGNAULD (veuve de JEHAN), sieur d'Avenay, donne asile, sur ce fief, à l'Église de Caen, 136.

RELAPS. — Le relaps est frappé du bannissement, de la confiscation et de l'amende honorable, 260. — L'Eglise où il a été souffert ou reçu est interdite et le temple démoli, 312. — Tout Protestant ayant ou non abjuré est réputé converti et condamné comme relaps en cas d'exercice ou de refus des sacrements catholiques, 409, 413, 463, 474.

RELIGIEUSES de l'abbaye Ste-Trinité. — Se retirent à Genève ou chez leurs parents, 4, 23. — Bénédictines, d'abord à Pont-l'Évêque, s'établissent à Caen, 497.

RELIGIEUX de St-Étienne. — Obtiennent l'interdiction du culte à Allemagne, 156, 173. — Interviennent tardivement au procès contre le temple, 272. — S'en désistent, 276, 331. — Leur esprit de tolérance, 280.

RELIGION prétendue réformée. — Formule imposée pour la première fois en 1576, 118.

RENOUARD (DU). — Voir *Bailleul*.

RÉORGANISATION (dernière) des Eglises réformées. — Paroisses et Conseils presbytéraux, 512. — Consistoires, Synodes provinciaux et Synode national, 512. — Conseil central, 514. — Paroisses nommant des représentants pour le Consistoire de Caen, 514. — Conditions civiles et religieuses de l'électorat, 515. — Annulation par le ministre des cultes d'une délibération du Consistoire de Caen, 516. — Pourvoi du Consistoire, 517. — Annulation de la décision du ministre par le Conseil d'État, jugeant au contentieux, 517.

RÉPARATIONS des églises catholiques et des maisons curiales. — Exemption enlevée aux Réformés, 291.

REQUÊTE au Roi de 1685, 289.

REQUÊTES à fin d'inhumation, 469. — Elles sont déposées

aux archives de la préfecture et s'appliquent aux territoires suivants :

Bailliage de Caen.

Du 5 décembre 1736 au 22 janvier 1788.

Bailliage de Condé-sur-Noireau.

De 1740 à 1785.

Marquisat de Bellemare.

Du 14 octobre 1738 au 25 février 1756.

RÉUNIONS. — Interdites, dans les temples, en l'absence des ministres, 252. — Suspendues en 1793, 495. — Rue des Carmes, 495. — Rue de la Boucherie, 495. — Abbaye d'Ardennes, 496. — Réfectoire du Petit-Séminaire, 496. — Salle d'audience du juge de paix, 497. — Demande d'un local définitif, 497. — Ancienne église des Bénédictines, rue de Geôle, 497. — Voir *Temple*.

RÉVÉREND (LE), seigneur de Bougy. — Sa déposition sur l'admission des Jésuites, 202. — Député au Roi pour s'opposer à la mesure, 203. — Le seigneur de Bougy émigre, 397.

RÉVOCATION de l'édit de Nantes, 341. — Commerce de Caen anéanti, 293, 365. — Ses causes, 314, 347. — Son iniquité, 344. — Approuvé par plusieurs, 346. — Communications des ministres exilés avec leurs anciens fidèles, 349. — Aggravation des édits antérieurs, 349. — Situation des Réformés après la révocation, 353, 461.

RIVIÈRE (JEAN LE MAÇON dit LA), premier ministre de l'Eglise de Paris, 13.

ROCHELLE (LA). — Confession de foi dite de La Rochelle, 18. — Les Réformés échappés à la St-Barthélemy se rendent en grand nombre à La Rochelle, 112. — Belle défense de La Rochelle, 114. — Le Roi déclare illicite l'assemblée tenue à La Rochelle, 213. — Ingénieur requérant à Caen des vaisseaux pour l'établissement de la digue devant La Rochelle,

214. — Subsides réclamés, 215. — Les Anglais se retirent, 215. — Bourgeois de Caen condamné pour avoir tenté de porter des secours, 216. — Condamnation de Coltée pour propos tenus, 216. — Prise de La Rochelle, 216.

ROHAN (chevalier DE). — Sa conspiration, 249. — Les Réformés y restent étrangers, 249.

ROI (LE) D'HEUDREVILLE. — Commissaire de l'édit de Nantes en Normandie, 170.

ROLLIN. — Ministre à Caen, 508.

ROTS. — Eglise supposée dévastée en 1562, 43.

ROUEN. — Réformés nombreux dès 1542, 8. — Eglise fondée en 1557, 13. — Les Réformés surprennent le château après le massacre de Vassy, 33. — L'armée royale assiége la ville, 49. — La prend, 50. — Le culte Catholique, après avoir été interrompu pendant près de six mois, recommence en 1562, 50. — La St-Barthélemy à Rouen, 108. — Son ministre y échappe, 113. — Lieu de culte fixé au Grand-Quevilly, 170. — Condamnation du temple de Quevilly, 337.

ROY (PIERRE LE) dit de Bouillon. — Ministre de Baron, 95, 148.

RUE (JEAN DE LA). — Ministre à Caen, 185.

RUE (JACQUELINE DE LA). — Traînée sur la claie à Caen, 468.

RUEL. — Dénoncé par Foucauld comme trop tolérant, 401.

RUSSEL (WILLIAM). — Acquéreur de l'abbaye d'Ardennes, en met l'église à la disposition des Protestants, 496.

RUVIGNY (Marquis DE). — Écrit à Du Bosc à l'occasion de l'exil de ce dernier, 237. — Le conduit à l'audience du Roi, 239. — Entretient Louis XIV de la dénonciation portée contre Du Bosc, 241. — Entend dire au Roi qu'il donnerait un de ses bras pour ramener les Réformés à l'Eglise catholique, 268.

RYSWICK. — A la paix, la persécution recommence, 398.

S.

SABONADIÈRE. — Ministre de Caen, 505. — Défend la création de la Consistoriale, 506.

SACCAGEMENTS. — Voir *Dévastations*.

SACREMENTS. — Malades tenus de recevoir les sacrements ou condamnés comme relaps, 407.

SAGE (Le). — Avocat à Caen, fait casser l'arrêt du Parlement lui défendant d'exercer sa profession, 229, 247.

SAGES-FEMMES. — Profession interdite aux Réformés, 258, 263.

SAINT-BARTHÉLEMY. — L'Eglise de Caen, alors recueillie à Venoix, 111, 137. — Ministres passés à l'étranger, 112. — Le nombre des Réformés, loin de diminuer, augmente, 387. — Effets de la St-Barthélemy à Rouen, 108; — à Dieppe, 109; — à Lisieux, 109; — à Caen, 110. — Proclamation recommandant la paix, 110. — Opinion de de Bras, 111. — Compagnie d'armes pour maintenir l'ordre à Caen, 113. — Citation de Vauban, 386.

SAINT-CONTEST (Mlle de). — Émigre et passe en Hollande, 332.

SAINT-ÉTIENNE (Religieux de). — Voir *Religieux*.

SAINT-FRANÇOIS (couvent de). — La Serre émet l'avis que ce couvent soit abandonné aux Jésuites, 191.

SAINT-JEAN (quartier). — Situation du jardin de l'Échiquier, un des premiers lieux de culte de la Réforme, 76, 94.

SAINT-LO. — Eglise fondée en 1555, 13, 15. — Les troupes catholiques s'en emparent en 1562, 49. — Les Protestants le prennent en 1574, 114, 116. — Le Parlement maintient le culte à St-Lo, 263. — Temple condamné, 287, 315. — Procès-verbal de démolition renfermé dans le coq d'une des tours de l'église catholique, 288. — Dénombrement de 1700, 403. — St-Lo est cité comme Eglise au premier Synode national de 1559, 0.

SAINT-PIERRE (Église). — Sa flèche mise en danger, 58.

SAINT-PIERRE-SUR-DIVES. — Coligny s'en empare, 56. — Du Mesnil-Jembelin, ministre en 1672, 0. — Rapports de ses ministres avec Caen, 304.

SAINT-SACREMENT. — Les Réformés tenus de se mettre en état de respect à sa rencontre, 234. — Le Parlement de Rouen aggrave cette prescription, 234, 235. — Plaintes sur abus, 248. — Le Parlement en exige l'exécution même hors la vue du prêtre, 250.

SAINT-SYLVAIN. — Eglise antérieure à 1585, 141. — Charles IX, quittant Caen, va coucher à St-Sylvain, 78. — Le Parlement interdit le prêche par arrêt du 20 juillet 1645. Le Conseil d'État casse cet arrêt le 29 janvier suivant, et autorise la continuation des exercices du culte et la tenue des Petites-Écoles par le ministre, 0. — Ministres : en 1650, Morin; en 1672, Delacroix, 0. — Reçoit la notification de l'avertissement pastoral, 283. — Biens de cette Eglise, 325. — Prend part aux délibérations de l'Eglise de Caen en 1780, 482. — Voir *Registres (anciens) d'état civil*.

SAINT-VAAST, près Tilly-sur-Seulles. — Eglise antérieure à 1585, 141. — Rapports de son ministre avec Caen, 304. — Reçoit les fidèles de diverses Eglises à la fête de Noël en 1684, 288, 314. — Ses biens profitent aux trois hospices de Caen, 322, 324. — Importance de ces biens, 325. — Voir *Registres (anciens) d'état civil*.

SAINTE-HONORINE-LA-CHARDONNE (ou d'Athis). — Culte interdit en 1679, 263. — Citée comme ancienne Eglise dans la délibération du Consistoire de Caen en 1817, 508.

SAINTE-HONORINE-DU-FAY. — Eglise existant avant 1585, 141. — Rapports de ses ministres avec Caen, 304.

SAINTE-MÈRE-ÉGLISE. — Eglise interdite en 1680, 277. — Rapports avec Caen, 304. — Ses biens, 326.

SALAISON d'un cadavre, 471.

SAVARY. — Demande au nom de la ville, sans mandat de celle-ci, l'introduction des Jésuites à Caen, 188.

SCELLE (La). — Eglise condamnée en 1679, 263.

SECQUEVILLE-EN-BESSIN. — Privé de curé en 1557, 24. — Jean Vautier, ministre, 95. — L'Eglise de Caen s'y réunit en 1570, 136; — et quelques années après, 139. — Eglise antérieure à 1585, 141.

SEIGNEURS. — Voir *Paroisses*.

SEGRAIS. — Témoignage sur les rapports entre fidèles des deux cultes, 208. — Accompagne, comme échevin, l'ingénieur Carlo, 214.

SENS (Jacques Le). — Remet aux Hôpitaux la copie du testament du seigneur de Lasson, 307.

SÉPULCRE (tour du). — Abattue par le duc de Bouillon, 45.

SÉVIGNÉ (la marquise de). — Son opinion sur la révocation de l'édit de Nantes, 346.

SIEURS. — Voir *Paroisses*.

SIGOGNE. — Sauve les Réformés de Dieppe du massacre de la St-Barthélemy, 109.

SILVESTRE. — Ministre de Caen en 1563, 93.

SITUATIONS de l'Eglise de Caen. — Voir *États de situation*.

SOLIERS. — Cimetière particulier des Protestants, 304.

SONNET de Du Bosc sur le gain du procès et la conservation du temple de Caen, 279.

SORIN (Tanneguy). — Harangue le connétable à Caen, 78. — Préside la réunion tenue lors de la peste de 1563, 81. — Porté sur la liste des candidats au poste de lieutenant général du bailliage, 88.

SOUPÇONS contre les Réformés, 396. — Situation inquiétante faisant revenir Foucauld de La Hougue, 397. — Les Réformés manifestent de mauvais vouloirs, 397.

STATISTIQUES. — Voir *Baptêmes*, *Mariages*.

STRASBOURG.— Calvin et Farel y fondent la première Eglise de la Réforme, 6.

STYLE (Vieux). — Qualification donnée jusqu'en 1567 à la partie de l'année écoulée du 1ᵉʳ janvier au jour de Pâques suivant, et qui conservait le millésime de l'année précédente, Pâques étant alors considéré comme le premier jour de l'année, 84. — Voir *Pâques*.
La réforme grégorienne adoptée par lettre patente de Henri III, en 1582, retranche dix jours sur le cours de cette année, et conduit à donner au 10 décembre la date du 20, 0.

SUBSIDES accordés par l'édit de Nantes aux Eglises réformées, 168, 306.

SUÈDE. — Accueille les Réfugiés après la révocation de l'édit de Nantes, 348.

SUEUR (LE). — Conseiller au Parlement, envoyé pour procéder à Caen contre la Réforme, 8.

SUEUR (PIERRE LE), sʳ de Colleville, gendre du ministre Samuel Bochart, III, 298.

SUEUR (SAMUEL LE), petit-fils du ministre Bochart, contraint de céder à un Catholique sa charge de conseiller au Parlement de Rouen, 301, 414. — Emprisonné pour n'avoir pas voulu livrer ses enfants, 415.

SUISSE. — Accueille les Réfugiés et se montre inépuisable dans ses charités, 348.

SUSPENSIONS du culte. — Voir *Culte Catholique*; *Culte Réformé*.

SYNODES. — Le 1ᵉʳ Synode national arrête la confession de foi et les premiers articles de la discipline, 17. — Le 7ᵉ

Synode révise la confession, 18. — 27ᵉ Synode, 217. — Le 28ᵉ Synode engage les Eglises, en prévision de persécutions prochaines, à réunir et à conserver leurs titres, 218, 223. — Dresse des instructions pour la défense des églises menacées, 223. — Défenses relatives aux réunions des Synodes, 254. — Le 18ᵉ Synode national tenu en 1607 s'occupe du testament du seigneur de Lasson, 309. — Le Synode national après le Concordat, 508, 517.

T.

TAILLEVILLE. — Les Réformés prennent part, en 1780, à la délibération de l'Eglise de Caen, 482.

TAVANNES. — Son opinion sur l'influence exercée par les martyrs, 6.

TAXE sur les Eglises réformées de 1582, 122.

TEMPLE du Bourg-l'Abbé. — Le jardin du Bourg-l'Abbé reçu en échange de l'ancien jardin de la Carrière et du cimetière de Jérusalem, 179. — Plan du jardin du Bourg-l'Abbé, 181. — La ville achète ce jardin, 182. — Construction du temple, 183. — Reproduction d'un ancien dessin du temple, 184. — Opinion d'Élie Benoist, 184. — Description du temple, 273. — Attaque de l'évêque, 269. — Intervention des religieux de St-Étienne, 272. — Du Bosc défend l'Eglise, 273. — Gain du procès, 266, 276. — Proportions grandioses de ce temple, 292. — Seconde attaque, 311. — Condamnation, 318. — Démolition du temple, 320. — Le sol du temple et le cimetière sont abandonnés à l'Hôtel-Dieu et à l'Hôpital-Général, 318. — L'un et l'autre sont adjugés à l'Hôpital-Général, 327. — Matériaux du temple entrent dans la construction de l'église St-Louis, 327. — Prière se rapportant à la destruction du temple, 338.

TEMPLE de la rue de Geôle. — Le Gouvernement l'accorde

aux Réformés, 498. — Chaire du Petit-Séminaire, 499. — Consécration solennelle du temple, 499. — Situation de l'an XII, comparée à celle de 1685, 499. — Travaux de 1818, 500. — Travaux de 1846, 501.

TENTURES. — Le Parlement oblige les Réformés à tendre pour la fête du Saint-Sacrement, 155. — Il les en décharge, 163. — Femme Poullain, condamnée pour avoir coupé la corde soutenant les tentures, 216. — Les Réformés tenus de laisser tendre, 220.

THÉSART (Jacques), seigneur de Lasson. — Son testament, 307. — Les Synodes nationaux s'en occupent en 1607, 309; — et en 1637, 0.

THOU (de). — Son témoignage sur l'état de la Réforme en 1560, 28. — Sur la fidélité des Réformés, 276.

TILLOC. — Condamné pour avoir noyé des Réformés passant à l'étranger, 393.

TILLOY (Jean). — Mis en prison pour avoir envoyé ses enfants en Angleterre, 439.

TILLY. — Robert Philippe, ministre, 95.

TILLY (Mme de). — Passe en Hollande après la condamnation du temple, 332.

TINCHEBRAY. — Dénombrement des manufacturiers, fabricants et ouvriers protestants, 403.

TIREL. — Ministre de St-Vaast, 289.

TITRES. — Seul moyen de preuve pour établir l'existence régulière du culte, 225. — Titres de la plupart des Eglises défectueux, 223.

TOLÉRANCE. — Voir *Bienveillance*, *Intendants*.

TOUR. — Rapports avec Caen, 304.

TOURS. — Pris par l'armée royale, 49.

TRAVAIL. — Voir *Chômables (jours)*.

TRÉVIÈRES. — Rapports avec Caen, 304. — Biens de l'Eglise, 325. — Voir *Registres*.

TRIANON. — Condamné à mort pour assemblée religieuse, 395.

TRIBUNAL CONSULAIRE. — Le commerce de Caen est tellement anéanti par la révocation de l'édit de Nantes que le recrutement d'un Tribunal consulaire y devient impossible, 293, 365.

TRIPOT ou halle au blé. — L'un des premiers lieux de culte de la Réforme, 25, 76, 94.

TUTEURS. — Défense de nommer des tuteurs ne remplissant pas exactement les devoirs de la Religion catholique, 399.

TURENNE. — Sa lettre à Du Bosc exilé, 237.

U.

UNION. — Voir *Bienveillance*.

UNITÉ DE RELIGION. — Chimère irréalisable; ses prétendus bienfaits nuls; avantages de deux cultes en concurrence, 522, 524.

USSY. — Eglise antérieure à 1585, 141.

UTRECK (paix d'), 410.

V.

VAISSEAUX. — Procès tendant à priver les Réformés du culte en mer, 248. — Culte interdit sur mer après la révocation de l'édit de Nantes, 343.

VALOGNES (Eglise de). — Sa fondation, 13.

VALOIS (JEAN LE), seigneur de Fontaine-Étoupefour, reçoit l'Eglise de Caen sur son fief, 139.

VALOIS (LOUIS LE), seigneur de Fontaine-Étoupefour, reçoit l'Eglise de Caen sur son fief, 139.

VASNIER (François). — Enlèvement d'enfant, 448.

VASSY (massacre de), 34. — Vains efforts pour en décharger la mémoire des Guises, 36. — Justice refusée par la Cour, 37.

VAUBAN. — Son Mémoire en faveur des Réformés, 386.

VAUCELLES. — Lieu d'exercice de l'Eglise de Bayeux, interdit en 1681, 266.

VAULTIER (Élisabeth), épouse en secondes noces de Le Fort, attaquée pour arriver indirectement à faire interdire le temple de Caen, 317. — L'interdiction obtenue, on ne s'occupe plus d'elle, 320.

VAUQUELIN. — Conclusions tendant à conférer à l'Hôtel-Dieu l'administration provisoire des biens du Consistoire de Caen, 314.

VAUTERIE (Jacques-Nicolas de La). — Enlèvement d'enfant, 448.

VAUTIER (Jean). — Ministre de Secqueville-en-Bessin et de Manneville, 95.

VENABLE. — Arrive au Havre en 1557, parcourt la Normandie, 23. — Y répand des traités religieux, 23.

VERRIÈRES. — Lieu de réunion de l'Eglise de Caen éloignée de la ville, 139. — Eglise antérieure à 1585, 141.

VERRIÈRES (d^{lles} de). — Inquisitions sur enfants sortis des Nouvelles-Catholiques, 426.

VÉRON. — Conférences avec Bochart, 209, 296. — Reçoit défense de prêcher et disputer, 210.

VÉRUNE (Gaspard de Pellet, s^r de La). — Nommé, en 1586, gouverneur de Caen et capitaine du Château, en remplacement de d'O, 0. — Préside, en 1589, une délibération à l'Hôtel-de-Ville, 130. — Paraît pencher vers la Ligue, 149. — Fait occuper le poste du pont St-Pierre et l'Hôtel-de-Ville, 150. — Met fin à ses hésitations à l'égard de Henri IV, 151. — Envoie des secours à Henri IV, 152.

VEYS (Les), 186. — Culte interdit en 1681, 266. — Jean de Baillehache, ministre, 294. — Rapports avec Caen, 186, 304.

VIEUX STYLE. — Voir *Style (vieux)*.

VIRE. — Fondation de l'Eglise, 13, 15. — Le duc d'Étampes s'empare de la ville, 49. — L'armée protestante la prend, 114. — Eglise interdite en 1680, 277. — Ses fidèles célèbrent à St-Vaast la fête de Noël 1684, 314. — Création d'un siége pastoral en 1874, 515, 518.

VIOLE (Jacques). — Commissaire de l'édit d'Amboise, 75.

VOIRIE. — Reçoit le corps des Réformés morts après avoir refusé les sacrements de l'Eglise romaine, 352, 467.

VOULAN-LAROCHE. — Ministre de Caen, 482.

W.

WHELER (le chevalier), Anglais. — Vient étudier en France l'état réel des Réformés, 278. — Ses publications amènent l'intervention diplomatique de l'Angleterre, 278.

WURTEMBERG. — Peuplé de Réfugiés, 345.

Z.

ZWINGLE. — Anime la Suisse de sa ferveur religieuse, 2.

TABLE DES CHAPITRES

		Pages
AVANT-PROPOS.		V
Chap. I.	Préliminaires de la Réforme en France avant 1559	1
Chap. II.	Mort de Henri II. — Premier Synode national. — Foi et discipline de la Réforme (1559)	14
Chap. III.	Érection de l'Eglise de Caen, en 1558. — Sa situation en 1560 (1558-1560)	23
Chap. IV.	Reconnaissance légale de la Réforme en France (1560)	29
Chap. V.	Massacre de Vassy. — Dévastation des églises à Rouen et à Caen (1561)	34
Chap. VI.	Guerre civile. — Bataille de Dreux. — Entrée de Coligny à Caen. — Prise du Château par les Protestants (1562)	49
Chap. VII.	Édit d'Amboise (1562-1563)	61
Chap. VIII.	Entrée de Charles IX à Caen (1563-1567)	71
Chap. IX.	Guerre civile. — Paix boiteuse (1567-1570)	86
Chap. X.	État de l'Eglise de Caen (1561-1568)	92
Chap. XI.	La St-Barthélemy. — Guerre civile. — Décès de Charles IX. — Misère à Caen. — Pacification de 1577. — Cimetière de l'Hôtel-Dieu (1572-1580)	107

Chap. XII.	Guerre civile.—Caen repousse toute alliance avec la Ligue. — Translation du Parlement de Rouen à Caen. — Assassinat de Henri III (1580-1589).	121
Chap. XIII.	Interruption du culte à Caen, à partir de 1568. — Migrations et état de l'Eglise (1568-1589)	135
Chap. XIV.	Avénement de Henri IV. — Cimetière de l'Hôtel-Dieu (1589-1593).	143
Chap. XV.	Abjuration de Henri IV. — Édit de Nantes (1593-1598).	160
Chap. XVI.	État de l'Eglise. — Culte à Allemagne. — Le Carel. — Le jardin de la Carrière. — Le temple du Bourg-l'Abbé (1590-1611).	172
Chap. XVII.	Établissement des Jésuites à Caen (1604-1607)	187
Chap. XVIII.	Mort de Henri IV. — Prise de La Rochelle. — Mort de Louis XIII. — Premières atteintes portées à l'Édit de Nantes (1610-1665)	213
Chap. XIX.	Suite des atteintes portées à l'Édit de Nantes (1666-1681).	232
Chap. XX.	Procès de l'évêque de Bayeux contre le Temple de Caen (1681)	269
Chap. XXI.	Suite des atteintes portées à l'Édit de Nantes (1681-1685).	281
Chap. XXII.	État de l'Eglise (1612-1685).	292
Chap. XXIII.	Interdiction du culte à Caen. — Démolition du temple. — Partage des biens du Consistoire. — Cimetières (1685).	311
Chap. XXIV.	Révocation de l'Édit de Nantes (1685-1688).	339
Chap. XXV.	Nouvelles-Catholiques de Caen.	367

Chap. XXVI. Désarmement des Réformés. — Paix de Ryswick. — Édits contre les Religionnaires.— Conférences à Caen (1688-1700).   384

Chap. XXVII. Aggravation des Édits. — Persécutions. — Mort de Louis XIV. — Situation des Réformés pendant la première moitié du XVIIIe siècle (1700-1750)   407

Chap. XXVIII. Événements de la seconde moitié du XVIIIe siècle, jusqu'en 1787 (1750-1787). . .   438

Chap. XXIX. État de l'Eglise à partir de la révocation de l'Édit de Nantes jusqu'en 1787 (1686-1787).   461

Chap. XXX. Édit de 1787 sur l'état civil. — Réunions pour le culte. — Cimetières (1787-1788).   484

Chap. XXXI. Liberté religieuse. — Eglise rue de Geôle. — Concordat. — Création d'une Eglise consistoriale à Caen (1789-1852) . . .   494

Chap. XXXII et dernier. Réorganisation des Eglises réformées. — Paroisses actuelles de la Consistoriale (1852-1877)   512

Caen, Typ. F. Le Blanc-Hardel.

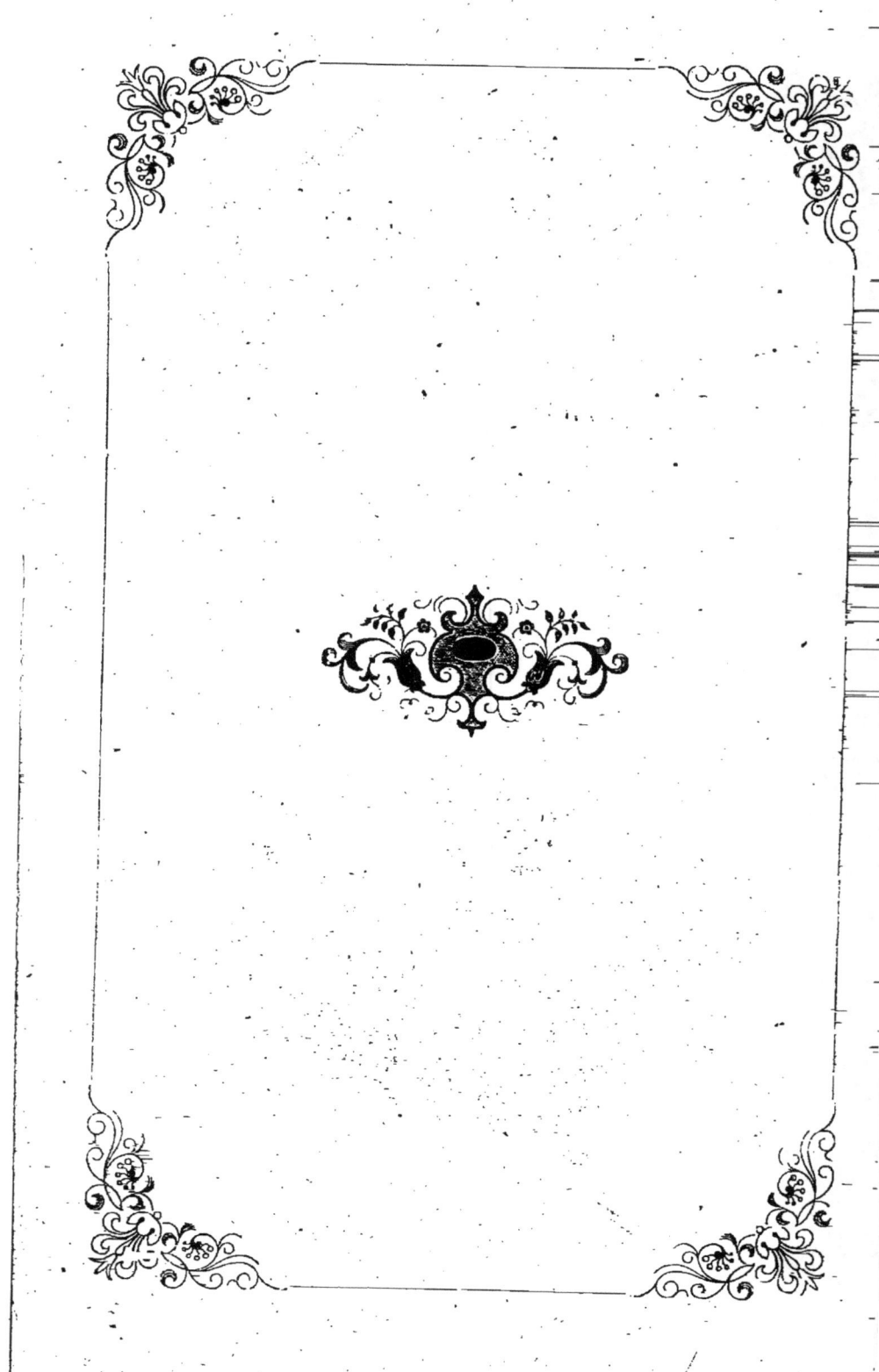

www.ingramcontent.com/pod-product-compliance
Lightning Source LLC
Chambersburg PA
CBHW060411230426
43663CB00008B/1451